LAS POÉTICAS DE
JAMES JOYCE Y LUIS MARTÍN-SANTOS

Perspectivas hispánicas es una colección de estudios de crítica que se dirige a un público académico. Sus autores se dedican a la investigación de alto nivel, en el ámbito de la literatura tanto peninsular como hispanoamericana. Excepcionalmente se publicarán también tesis de doctorado de suma calidad.

La colección se propone ser una tribuna que fomente el intercambio intelectual entre los hispanistas. Además de volúmenes monográficos y antológicos, se prevé la publicación de estudios teóricos que profundicen en cuestiones relativas al debate literario actual dentro y más allá del hispanismo.

PERSPECTIVAS
HISPANICAS

La colección es dirigida por
Georges Güntert (Universidad de Zurich)
y Peter Fröhlicher (Universidad de Zurich)

MARISOL MORALES LADRÓN

LAS POÉTICAS DE
JAMES JOYCE Y LUIS MARTÍN-SANTOS

APROXIMACIÓN A UN ESTUDIO
DE DEUDAS LITERARIAS

PETER LANG
Bern · Berlin · Bruxelles · Frankfurt am Main · New York · Oxford · Wien

Bibliographic information published by Die Deutsche Bibliothek
Die Deutsche Bibliothek lists this publication in the Deutsche Nationalbibliografie; detailed bibliographic data is available on the Internet at ‹http://dnb.ddb.de›.

ISSN 1421-7910
ISBN 3-03910-357-1

© Peter Lang SA, Editorial cientifica europea, Bern 2005
Hochfeldstrasse 32, Postfach 746, CH-3000 Bern 9
info@peterlang.com, www.peterlang.com, www.peterlang.net

Forro: Gilbert Ummel – Neuchâtel (Suiza)

Todos los derechos reservados. Esta publicación no puede ser reproducida,
ni en todo ni en parte, ni registrada en o transmitida por
un sistema de recuperación de información, en ninguna forma ni por ningún medio,
sea mecánico, fotoquímico, electrónico, magnético, electroóptica,
por fotocopia, o cualquier otro, sin el permiso previo por escrito de la editorial.

Impresa en Alemania

A María Jesús y Angelines,
que viven en mí.

A Jesús y Manolita,
que me dieron la vida.

A Juan, Adrián y Saskia,
que lo llenan todo.

"Los lores –cuenta la tradición– vendían sus tierras para comprar *Ulysses*, y estudiante hubo que pasó cuatro días en cama y sin comer, para poder adquirirlo" [...] esto sucedía en los tiempos fabulosos que corremos, en aquellos felices días que han visto circular los raros ejemplares de ese libro que escribiera James Joyce, autor irlandés, contemporáneo nuestro, y más conocido por su turbia leyenda que por su clara labor.
Antonio Marichalar

ANOTHER book about James Joyce? Yes, and very far from being the last or anywhere near the last, indeed. (What, will the line stretch out till the crack of Bloom?) it must be regarded as coming very early in the series. Innumerable Ph.D. candidates yet unborn have their thesis subjects waiting for them [...] Joyce might as well, in his last great dense book, have left us twenty pages of possible titles (perhaps he did; I must look again). Twin heavens for scholars, *Ulysses* and *Finnegans Wake* are, because of the amount of research that already fences them round, being more and more regarded as mystical codices and less and less as masterly novels intended to entertain.
Anthony Burgess

Índice

Abreviaturas 13

Introducción 15

1 James Joyce y Luis Martín-Santos: hacia una poética comparativa .. 21
   1.1 Semblanzas biográfico-literarias 21
      1.1.1 Proyección literaria de Joyce 21
      1.1.2 Proyección científico-literaria de Martín-Santos 26
   1.2 La literatura comparada y sus límites:
      aproximación metodológica 33
   1.3 Joyce y Martín-Santos frente a frente 38
   1.4 Paralelismos con/textuales entre
      Ulysses y *Tiempo de silencio* 44

2 Las relaciones literarias internacionales 51
   2.1 La literatura como sistema 51
   2.2 *Ulysses* y *Tiempo de silencio*:
      entre la tradición literaria y la originalidad estética 54
   2.3 La recepción de la obra de Joyce en la literatura española 66
      2.3.1 La teoría estética de la recepción 66
      2.3.2 La recepción de la obra de Joyce
         a partir de los años veinte 68
      2.3.3 Las traducciones de la obra de Joyce 79
   2.4 Asimilación de la creación joyceana en los años sesenta:
      Tiempo de silencio de Martín-Santos 86

3 Periodización e historia literaria 89
   3.1 La periodización literaria y la historia de las ideas 89
   3.2 El movimiento modernista ante el cambio de siglo 92
   3.3 El *Modernism* de las letras inglesas frente al
      Modernismo hispánico 96
      3.3.1 El Modernism *de las letras inglesas* 96
      3.3.2 La obra de Joyce como exponente modernista 98
      3.3.3 Modernismo hispánico y Generación del 98 104

       3.3.4   La renovación narrativa de Martín-Santos 108
3.4   Recursos discursivos de las poéticas modernistas
       de Joyce y Martín-Santos 112
       3.4.1   La experimentación literaria de Ulysses 112
       3.4.2   Las técnicas narrativas y los recursos literarios
              de Tiempo de silencio 121
       3.4.3   Entre el perspectivismo y el stream of consciousness .. 127
       3.4.4   Experimentación y autoconciencia lingüística 130

4   Genología 137
   4.1   Aproximación comparativa al estudio del género literario 137
   4.2   *Ulysses* y *Tiempo de silencio* como síntesis de lecturas
       heterogéneas 139
       4.2.1   La novela total o novela summa 139
       4.2.2   La novela polifónica 145
       4.2.3   Ruptura de las expectativas del lector: la antinovela .. 151
       4.2.4   Shakespeare y Cervantes:
              disquisiciones (meta)literarias 154
   4.3   El *Bildungsroman* en la construcción de *A Portrait
       of the Artist as a Young Man* y *Tiempo de destrucción* 162
       4.3.1   De Tiempo de silencio *a* Tiempo de destrucción:
              génesis y estructura 162
       4.3.2   El Bildungsroman *en Joyce y Martín-Santos* 165
       4.3.3   Elementos autobiográficos presentes en sus obras 169
       4.3.4   Paralelismos entre personajes: Stephen–Agustín 178

5   Tematología 183
   5.1   Diferentes acercamientos al estudio de los temas literarios 183
   5.2   La ciudad moderna: espacio clave del discurso modernista 185
       5.2.1   La ciudad en la literatura 185
       5.2.2   La ciudad moderna en la literatura inglesa 188
       5.2.3   La ciudad moderna en la literatura hispánica 189
   5.3   La ciudad como microcosmos: Dublín y Madrid 193
       5.3.1   Las pretensiones universalistas de Dublín
              en Ulysses 193
       5.3.2   El determinismo ambiental de Madrid
              en Tiempo de silencio 201
       5.3.3   La función de los ríos en Ulysses
              y Tiempo de silencio 205

      5.3.4 La ciudad como pesadilla de la historia 208
  5.4 La ciudad como viaje: los periplos de los protagonistas 213
      5.4.1 El día 213
      5.4.2 La noche 217
      5.4.3 Personajes paralelos y arquetipos opuestos 220
      5.4.4 El espacio cotidiano y su trasfondo mítico-simbólico.. 224

6 Morfología 235
  6.1 Diferentes aproximaciones al estudio de los
     procedimientos formales 235
  6.2 El *stream of consciousness*: génesis y adaptación literaria.... 237
      6.2.1 Años veinte: novelas de monólogo 237
      6.2.2 Entre el monólogo interior y el stream
           of consciousness*: ambigüedad de conceptos* 240
      6.2.3 El stream of consciousness *y las epifanías joyceanas*.. 252
      6.2.4 El stream of consciousness *y la fenomenología*
           de Martín-Santos 255
  6.3 *Ulysses* y *Tiempo de silencio* como novelas
     de *stream of consciousness* 258
      6.3.1 Representación del stream of consciousness
           en Ulysses *y* Tiempo de silencio 258
      6.3.2 La monologación de Ulysses *ante la multiplicidad*
           de voces y la soledad de los personajes 265
      6.3.3 Los monólogos y soliloquios de Tiempo de silencio
           ante la alienación de los personajes 277
      6.3.4 Finalidad psicológico-temática del stream of
           consciousness *en* Ulysses *y* Tiempo de silencio 286

Conclusiones 293

Apéndices 297
  Apéndice I: Traducciones de las obras de Joyce
     a lenguas hispánicas 297
  Apéndice II: Esquema cronológico de *Tiempo de destrucción* 303

Bibliografía 305
  Fuentes primarias 305
    Obras de James Joyce 305

Obras de Luis Martín-Santos 307
Obras citadas 314

Abreviaturas

Para las referencias a la obra de Joyce se ha seguido el sistema de abreviaturas del *James Joyce Quarterly*, que es el más utilizado por la crítica especializada.

CP	*Collected Poems*
CW	*The Critical Writings of James Joyce*
D	*Dubliners*
E	*Exiles*
FW	*Finnegans Wake*
GJ	*Giacomo Joyce*
JJ	Richard Ellmann, *James Joyce*
P	*A Portrait of the Artist as a Young Man*
SH	*Stephen Hero*
SL	*Selected Letters*
U	*Ulysses*

Para las referencias a la obra de Martín-Santos se ha seguido el siguiente sistema de abreviaturas:

A	*Apólogos y otras prosas inéditas*
D	*Dilthey, Jaspers y la comprensión del enfermo mental*
L	*Libertad, temporalidad y transferencia en el Psicoanálisis existencial*
Tdd	*Tiempo de destrucción*
Tds	*Tiempo de silencio*

Introducción

Qué duda cabe que, a principios del siglo XXI, tras muchas décadas de investigación joyceana, todavía queda por realizar uno de los mayores deseos –y también presunciones– del escritor irlandés: mantener a los críticos ocupados durante trescientos años. El desafío, aunque parcialmente cumplido, ha generado una cantidad ingente de estudios que sigue creciendo de forma imparable. La obra de James Joyce ha sido interpretada desde prácticamente todas las corrientes literarias y acercamientos críticos existentes, a la vez que ha ido evolucionando y adaptándose a una incipiente globalización que se abre a un mayor cruce de conexiones interculturales. Su obra se ha puesto en relación con la de otros grandes nombres y el interés por estudiar su recepción e impacto en muchos países de dentro y fuera de Europa sigue aumentando. Por ello, la literatura comparada, como disciplina de estudio que se aproxima al fenómeno literario desde más allá de sus fronteras lingüísticas y geográficas, ha venido a cumplir un papel sumamente relevante, en su pretensión de sacar a la luz cruces y conexiones que se multiplican gracias a la comparación y el contraste. Es en esta línea donde se inscribe el presente libro.

A pesar de que la producción crítica joyceana es de dimensiones extraordinarias, quedan aún vacíos por cubrir. Si estudios que han vinculado la obra de Joyce a autores de la talla de Flaubert, Beckett, Goethe, Musil, Proust, Svevo o Mann, por citar sólo unos cuantos, han proliferado en las últimas décadas, el análisis de su relación con el mundo hispánico apenas acaba de comenzar a producir sus frutos. El propósito de este libro viene motivado precisamente por el impacto que produjo la recepción de la obra de James Joyce en el contexto de la literatura española, y especialmente en la narrativa de Luis Martín-Santos. Los diferentes órdenes temporales y espaciales que enmarcan las vidas y obras de ambos escritores nos obligan a hablar de diferentes poéticas que, como se intentará mostrar a lo largo de las siguientes páginas, la historia se ha encargado de vincular a través del hilo conductor de la trasmisión y recepción literarias.

Mi atracción por la literatura comparada comenzó antes de que llegase ni siquiera a sospechar lo que un estudio comparativo suponía en cuanto a método de estudio y objetivos. Fue hace más de una década cuando, tras una estancia de fin de carrera en la Universidad de Ámsterdam, comenzaría mi periplo por varias universidades y centros de investigación foráneos, en el Reino Unido, Irlanda y Estados Unidos. Durante todos estos años no he dejado de buscar el contacto con diferentes culturas, lenguas y literaturas pues, de un modo más efectivo que los libros, me han enseñado múltiples facetas de la multiculturalidad, la diversidad, la mezcla étnica y racial y, en definitiva, la riqueza de una realidad plural. Mi atracción por lo "otro", por lo lejano, por lo desconocido y por todo tipo de construcción de diferencia cultural se ha ido desarrollando de forma inseparable a mi vocación comparativa.

A esas tempranas fechas se remontan también mis primeras incursiones en la obra de Joyce, una elección no exenta de razones semejantes, ya que no se me ocurre pensar en ningún otro escritor que ejemplifique de mejor modo la dialéctica entre lo propio y lo apropiado, entre lo uno y lo diverso –si se me permite parafrasear a Claudio Guillén– que la creación joyceana, desde una experiencia de exilio voluntario que irremisiblemente le llevó a lo suyo, a lo irlandés. La elección de Luis Martín-Santos como objeto de estudio vino determinada por la obra Joyce, al ser el primer escritor español que, rompiendo con la tradición narrativa anterior, inició un proceso de renovación de la novela incorporando todo un conjunto de experimentos lingüísticos y literarios de tipo joyceano. Tras él vendrían otros autores, como Juan Goytisolo o Julián Ríos, cuyas obras dan muestras todavía más fehacientes de la profunda huella dejada por Joyce, aunque difícil de separar de la que también ejerció Martín-Santos. A éste le corresponde el papel innovador, al haber abierto a su paso un nuevo cauce de expresión literaria más en la línea de lo que se venía haciendo en Europa desde hacía varias décadas.

Como los pilares sobre los que se asienta la disciplina de la literatura comparada son la teoría, la historia y la crítica literarias, el estudio que presento se escinde en estas tres direcciones. Cada capítulo en que se divide el libro arranca de una postura teórica que enmarca y delimita la crítica que se aplicará al análisis de las obras de Joyce y Martín-Santos. Con ello se pretende estudiar el proceso de escritura y lectura de ambos autores en sus diferentes tradiciones para explicar, desde la problemática de lector y escritor, las poéticas literarias que conforman sus peculiares mundos novelescos. Se trata de una aproximación que parte del mismo proceso creativo de la obra joyceana, para desde ahí estudiar la evolución de su recepción en la trayectoria de la narrativa española. Seguidamente, el acercamiento histórico tratará de situar en contexto los paralelismos y las diferencias que existen entre las soluciones narrativas de Joyce y Martín-

Santos dentro de sus propios marcos histórico-literarios. Finalmente, el análisis textual de las obras pretende definir tanto las bases de las semejanzas, como las funciones de sus divergencias. El propósito principal, por lo tanto, se aleja de la mera búsqueda de fuentes o de deudas literarias que pueda tener Martín-Santos hacia el escritor irlandés y se orienta hacia la apreciación de cada producción literaria de forma individual. Esto es algo que ha formulado Claudio Guillén, en su conocida obra *Entre lo uno y lo diverso* (1985), cuando claramente advierte que no se trata de analizar "lo uno" o "lo diverso", de forma excluyente, sino de partir de una estructura interhistórica que implique la adopción de ambos.

Con estos propósitos, centrándome en el estudio de la tradición y recepción de la obra de Joyce en la narrativa de Martín-Santos, he estructurado el presente libro en seis capítulos. En el primero presento los marcos biográfico-literarios de los dos escritores. He considerado necesario introducir un apartado sobre el desarrollo evolutivo de sus respectivas creaciones porque en ambos se da una inclinación literaria sorprendentemente temprana. La obra de Martín-Santos, además, necesita de un nuevo acercamiento puesto que la crítica especializada ha prestado mucha atención a lo que se suele considerar su única novela, *Tiempo de silencio*, olvidando que también fue el autor de un libro de poemas, una colección de apólogos y una novela inconclusa. Asimismo, el escritor español veía la creación literaria como parte indisoluble de su carrera psiquiátrica y de su ideología política. Finalmente, presento un estado de la cuestión de la crítica que existe hasta el momento sobre la relación de ambos escritores, junto a la metodología comparativa que aplicaré al estudio de las poéticas de Joyce y Martín-Santos.

El segundo capítulo propone explicar el modo en que se establecen las relaciones literarias a partir del diálogo que mantienen de cultura a cultura y de generación en generación. Para ello, he creído necesario incluir la definición de toda una serie de conceptos y términos sobre los que se asientan las relaciones supranacionales en cuanto a su intercambio de ideas y ruptura con las tradiciones preestablecidas. Parto de estructuras diacrónicas porque la evolución de la historia literaria marca los límites de la tradición, sujeta a cambios constantes en sus diferentes espacios y tiempos, al ser una y a la vez diversa. Quizá James Joyce sea en realidad un autor fácil de incluir dentro de esta metodología de estudio porque, a mi entender, es el escritor a la vez más nacional y más universal de la literatura del siglo XX. En este apartado analizo también la recepción que tuvo la producción literaria de Joyce en España desde los años veinte, hasta que Martín-Santos la incorporó a su obra en los sesenta.

En el tercer capítulo me centro en cuestiones de periodización y de historia literaria tratando de situar las producciones de ambos escritores en su contexto. Parto de la base de que el Modernismo, o el *Modernism* de las letras inglesas, fue un movimiento de experimentación que se desarrolló a escala internacional y que afectó tanto a la literatura como a otras formas de expresión artística. Por ello, la amplitud de este movimiento no se puede explicar desde los límites de un único marco literario, sino desde una posición comparativa que permita arrojar nueva luz sobre los distintos vanguardismos, que produjeron muy variadas soluciones en las culturas donde se desarrollaron. En esta sección analizo *Ulysses* y *Tiempo de silencio* como dos novelas de ruptura con sus respectivas tradiciones, cuyo empleo de técnicas narrativas y recursos estilísticos innovadores cuestionan los límites de la expresión literaria, llegando al agotamiento de las posibilidades expresivas. Ambas novelas presentan un grado de experimentación lingüística tal, que llegan a sobrepasar las fronteras del idioma adoptando un nivel de formalismo retórico sin precedentes en sus respectivas tradiciones.

En el cuarto capítulo abordo cuestiones de género literario intentando definir qué es una novela experimental y por qué tanto *Ulysses* como *Tiempo de silencio* han sido consideradas con frecuencia como antinovelas que rompen con las expectativas del lector. Se concibe *Ulysses* como una novela *summa*, total y redonda, no sólo por sus pretensiones de universalidad sino, más aún, por la utilización de un lenguaje asociativo en sus múltiples conexiones y relativo en la pluralidad de sus interpretaciones. Por el contrario, *Tiempo de silencio* responde a la situación social de la realidad española de posguerra, más difícil de trasladar a otro lugar o contexto histórico, aunque igualmente extrapolable a otra realidad. Dedico este capítulo también a analizar la obra inconclusa y póstuma de Martín-Santos, *Tiempo de destrucción*, que comparo con *A Portrait of the Artist as a Young Man* de Joyce, incluyendo a ambas en la misma tradición del *Bildungsroman*. Las concomitancias que surgen de esta comparación enfatizan nuevos paralelismos biográficos que ambos escritores incluyeron en sus respectivas obras.

Dedico el quinto capítulo al tema de la ciudad moderna como *locus* habitual de la poética modernista, según se presenta en *Ulysses* y *Tiempo de silencio*. En estas novelas, la delineación de las ciudades de Dublín y Madrid como microcosmos histórico-sociales cumple la función de revelar la paradoja de un mundo moderno que gira en torno a la multiplicidad de voces impersonales y que contribuye a fomentar el sentido de soledad y alienación del ser humano en su introspección monológic.[1] Los paralelismos entre los periplos de los protagonistas en dos ciudades y periodos históricos distintos resultan sumamente sorprendentes, inscribiendo el tema de la ciudad moderna dentro de una tradición espacio-temporal que viene a definir la novela modernista. Son, a su vez, las dimensiones mítica y simbólica que adquieren *Ulysses* y *Tiempo de silencio* las que unen a ambas en un proceso de desmitificación de arquetipos históricos de los que se alimenta la creación literaria.

Finalmente, en el sexto y último capítulo, me concentro en aspectos de forma y analizo las diversas técnicas narrativas y recursos literarios que definen *Ulysses* y *Tiempo de silencio* como dos novelas de *stream of consciousness*. Este es un término cuya historia ha venido caracterizada por la confusión y la ambigüedad, al haberse puesto en relación con el monólogo interior y el soliloquio. El propósito de este capítulo será asentar las bases que definen la expresión *stream of consciousness*, desde su origen psicológico hasta su paso por la apropiación literaria de la que se hacen eco algunos escritores modernistas. De igual modo, examino la influencia que la educación jesuítica de Joyce ejerció en su empleo de la técnica del examen de conciencia y, de forma paralela, la influencia que la psiquiatría existencial y la concepción del realismo dialéctico ejercieron en la elaboración de los monólogos de la obra de Martín-Santos. Intento, con ello, dar una explicación a la finalidad del empleo de las técnicas del *stream of consciousness* por parte de ambos escritores, así como mostrar las diferencias funcionales que existen entre sus obras.

Y no querría acabar sin dedicar unas palabras a las instituciones y personas que, durante un largo camino investigador, han permitido que este libro viese finalmente la luz. Primeramente, me gustaría destacar que el presente trabajo es una versión revisada, reducida y actualizada de mi tesis doctoral –titulada *La tradición y recepción de la obra de James Joyce en la narrativa de Luis Martín-Santos* (1998)– que realicé y defendí en la Universidad de Alcalá.[2] Mi orientación comparativa se la debo a mis

---

1   Empleo el neologismo "monológico" en un sentido opuesto al dialogismo o a la novela dialógica, a pesar de que, como se verá, ambos conceptos no son completamente opuestos. Sin embargo, se trata de un término ya utilizado por otros críticos, como Claudio Guillén, quien, en su estudio *Entre lo uno y lo diverso*, habla del discurso monológico y su relación con la oratoria (163).
2   La tesis, que dirigió el Dr. Luis Alberto Lázaro, y con la que se me concedió el

estancias en diferentes universidades y centros foráneos, donde he disfrutado en innumerables ocasiones de los beneficios que aporta el cruce de culturas y el intercambio de ideas. Al Vicerrectorado de Investigación de la Universidad de Alcalá, al Consejo Social y al Departamento de Filología Moderna les agradezco la ayuda prestada tanto en la financiación de algunos de estos viajes como en los permisos de ausencia que me permitieron posponer algunos quehaceres docentes. En un orden mucho más personal, a mi familia, y especialmente a mis padres, les debo todo. La fuente de mis estímulos, de mi motivación y de mi amor por el trabajo arranca de ellos. A Juan no tengo palabras para agradecerle la atención con que ha leído este trabajo, así como la comprensión y el amor que infunde en mi vida. A Adrián y a Saskia, que ocupan un lugar muy grande en mi corazón, les he robado algunas horas de disfrute juntos que espero recuperar pronto. Pero muy especialmente, este libro va dedicado a la memoria de mis hermanas, María Jesús y Angelines, quienes me han acompañado y me acompañarán siempre en este largo camino.

Premio Extraordinario de Doctorado (1998/99), se encuentra hoy publicada en formato de microficha.

1 James Joyce y Luis Martín-Santos: hacia una poética comparativa

> Poetic influence –when it involves two strong, authentic poets–, always proceeds by a misreading of the prior poet, an act of creative correction that is actually and necessarily a misinterpretation. The history of fruitful poetic influence, which is to say the main tradition of Western poetry since the Renaissance, is a history of anxiety and self-saving caricature, of distortion, of perverse, wilful revisionism without which modern poetry as such could not exist.
>
> Harold Bloom

1.1 Semblanzas biográfico-literarias

1.1.1 Proyección literaria de Joyce

El canon literario de James Joyce, formado por obras de naturaleza tan diversa como *Dubliners*, *A Portrait of the Artist as a Young Man*, *Exiles*, *Ulysses* y *Finnegans Wake*, constituye un todo indisoluble que evoluciona a partir de nuevos avances de técnicas y estilo. Pero el legado del escritor es más amplio y diverso. Su inclinación por la literatura se manifestó en la publicación de ensayos y artículos críticos sobre las obras de Henrik Ibsen, Clarence Mangan, George Meredith y otros, con los que consiguió varios premios. Y su primera incursión literaria se dirigió hacia la forma poética, cuando publicó un conjunto de poemas líricos bajo el título de *Chamber Music*, seguido más tarde de *Pomes Penyeach*, aunque la fama de Joyce comenzó a consagrarse con sus primeros escritos en prosa.

Dubliners, una colección de quince relatos unidos temáticamente por la representación de la vida de Dublín, fue rechazada por varios editores al considerar que el lenguaje era vulgar e irreverente.[1] En esta obra Joyce

---

[1] La utilización de la palabra "bloody", la indecencia de la historia "Two Gallants", la falta de respeto por la Corona, la Iglesia y algún que otro político e institución fueron las causas por las que durante nueve años se rechazó la edición original, llegando en algún caso incluso a quemarla (*JJ* 329-335).

pretendía reflejar la historia moral de Irlanda, con Dublín como centro de una parálisis que afectaba a todo el país, a través de cuatro perspectivas –la niñez, la adolescencia, la madurez y la vida pública– que encarnan el ciclo de la vida.[2] Todos los relatos enfrentan a los personajes con situaciones que les podrían hacer salir de su inmovilidad pero ante las que se sienten incapaces de reaccionar. Siguiendo una estructura lineal, el característico estilo de *Dubliners*, lo que Joyce denominó *scrupulous meanness*, pretende ser muestra del "special odour of corruption which, I hope, floats over my stories" (*JJ* 210). Aunque sin alejarse de convenciones literarias de tipo tradicional, la elección de cada detalle, su posición estratégica y el orden prefijado de los relatos aportan a los mismos un simbolismo nada despreciable. La última narración, "The Dead", anticipa innovaciones formales y estilísticas que caracterizarán a la siguiente obra de Joyce. Sin acción, y a través de descripciones minuciosas, "The Dead" cuenta una historia en la que parece no ocurrir nada importante, hasta que el final dota de un sentido pleno no sólo al relato sino a la obra completa.

La primera novela de Joyce, *A Portrait of the Artist as a Young Man*, narrada en primera y tercera persona, explora el desarrollo personal e intelectual del personaje Stephen Dedalus y da muestras de una mayor fase en la maduración creativa del escritor. A caballo entre el *Bildungsroman* y el *Künstlerroman*, la historia se centra en el aprendizaje y evolución del joven Stephen desde su niñez hasta el comienzo de la madurez para realizar su deseo de convertirse en artista. El lugar de acción es Dublín y las experiencias del protagonista se describen desde su propio ángulo de visión, ya que el narrador pretende mantenerse de forma irónica como el dios de la creación, "within or behind or beyond or above his handiwork, invisible, refined out of existence, indifferent, paring his fingernails" (*P* 215).[3] La exploración del papel del artista en un mundo moderno con el que Stephen no puede identificarse le lleva a rebelarse contra las mismas fuerzas opresoras de su creador, para experimentar la liberación de la vocación artística en su largo camino a través del silencio, el exilio y la astucia.

Después de *A Portrait*, el escritor decidió experimentar con un nuevo género literario y escribió la obra de teatro *Exiles, A Play in Three Acts*.

---

2 Es conocida su afirmación donde explica que el objetivo era "to write a chapter of the moral history of my country and I chose Dublin for the scene because that city seemed to me the centre of paralysis" (cit. por Johnsen 7).

3 Las ediciones que empleo para las citas de la obra de Joyce son las que incluyo en el apartado de Fuentes primarias, que precede a la bibliografía final.

Con fuertes alusiones autobiográficas, el argumento plantea una historia de celos e infidelidad dentro de un triángulo amoroso y explora temas que se mantendrán constantes en la producción de Joyce, como son la libertad física y espiritual o la traición personal. Esta obra ha pasado casi inadvertida por la crítica especializada, que la ha considerado demasiado influida por el teatro de Ibsen, poco convincente en la caracterización de los personajes y difícil de poner en escena.[4]

La publicación de *Ulysses* marcó una nueva etapa para Joyce. Concebida en un principio como una historia corta, comienza a publicarse por capítulos en la *Little Review* y en *The Egoist*, y acaba siendo censurada por considerarse obscena y pornográfica. Pero lo único que hay de pornográfico en la novela es la claridad y desnudez de un lenguaje no exento de alusiones sexuales y el empleo de palabras tabú. Llevando hasta sus últimas consecuencias la técnica introspectiva de *A Portrait*, el escritor se introduce en la mente de sus personajes para mostrar el fluir de sus pensamientos durante un día y lugar concretos, el 16 de junio de 1904 en Dublín. La pluralidad de estilos, modos, técnicas narrativas, recursos literarios y juegos verbales dotan a la novela de una complejidad sin precedentes, rozando en muchos casos la incomprensión más absoluta. Pero, acaso, lo más significativo de *Ulysses* sea su efectividad, al operar sobre varios niveles al mismo tiempo, oscilando entre la tragedia y la comedia, la ironía y la sátira, el realismo y el simbolismo, y la acumulación masiva de detalles concretos y la fluidez del movimiento de la conciencia.

Finnegans Wake, la obra maestra del escritor, supone también la culminación de la experimentación lingüística y estilística no sólo joyceana, sino de la literatura universal. En un intento por superar las alusiones y juegos verbales de *Ulysses*, Joyce incorpora al texto una relatividad de significados e interpretaciones adoptando un lenguaje que remite al mundo de los sueños y que, como tal, viene representado por el caos. Poner orden en el caos supone concebir *Finnegans Wake* como un cúmulo de sonidos más que de palabras o como un conjunto heterogéneo de sílabas o vocablos más que de frases, todo ello puesto al servicio de una constante reelaboración formal, cuyo mensaje literario se imbrica en las múltiples alusiones del texto. De forma reductiva se podría aducir que la técnica empleada consiste en dotar al significante del mayor número de

---

4   Tras ser rechazada por el Abbey Theatre, la obra se escenificó primero en Munich en 1919 y posteriormente en Nueva York en 1925. Hasta 1970 no se estrenó en un teatro de Londres, cuando comenzó a recibir una mayor atención al reconocerse en *Exiles* el embrión de una temática que orientaría la fase posterior de la obra joyceana.

variaciones, de tal manera que el significado adquiera una pluralidad de sentidos susceptible de ser comprendida a partir de la propia creatividad interpretativa del lector. No sorprende, así, que la elaboración de *Finnegans Wake* fuese larga y llena de dificultades. Joyce tardó diecisiete años en escribirla [5] y mantuvo el título en secreto hasta el último momento, refiriéndose a ella como "Work in Progress"; incluso ofreció mil francos a quien fuese capaz de adivinarlo.[6] El argumento traza los quehaceres de una familia de tres hijos y une el mundo de los sueños con la vida cotidiana, los mitos y las anécdotas. La aparente simpleza de la historia contrasta con las fuentes de las que bebe el escritor, que se encuentran en la literatura, la filosofía, la antropología, el arte, la música, la historia, el periodismo e, incluso, en sus propias experiencias personales. La combinación de todo ello, dentro de un medio –la palabra– que distorsiona la realidad en su afán por evocar la multiplicidad, se realiza a partir de la fusión de vocablos inconexos que remiten a la experiencia onírica del inconsciente. El uso que se hace de palabras que proceden de más de una veintena de idiomas[7] otorga a la novela un carácter universalista sin precedentes en la literatura. No sin razón, Joyce había afirmado que "one great part of every human existence is passed in a state which cannot be rendered sensible by the use of wideawake language, cutanddry grammar and goahead plot" (cit. por Ellmann "James Joyce" 75), que es, precisamente, lo que intentó llevar a cabo en su última creación.

Como obra póstuma se conserva inacabada *Stephen Hero*, versión anterior de *A Portrait*, con la que Joyce nunca se sintió satisfecho por el exceso de detalles circunstanciales y por su falta de efectividad.[8] Tras ser

---

5 Para algunos críticos fueron dieciséis años. La confusión se encuentra en la página final de *Finnegans Wake*, que cita las fechas "Paris, 1922-1939", mientras que, según Ellmann, Joyce no escribió el primer fragmento hasta 1923 (*JJ* 794). Entre 1928 y 1934 Joyce fue publicando fragmentos de la obra en cinco volúmenes distintos titulados: *Anna Livia Plurabelle*, *Tales Told of Shem and Shaun*, *Haveth Childers Everywhere*, *Two Tales of Shem and Shaun* y *The Mime of Mick, Nick, and the Maggies*.

6 Entre los que lo intentaron se encontraban: Stuart Gilbert, Herbert Gorman, Samuel Beckett, Eugene Jolas y Paul Leon. Fue finalmente Jolas quien lo descubrió gracias a las muchas pistas que le dio el escritor (16).

7 Joyce conocía el inglés, anglosajón, francés, alemán, italiano, latín y el griego moderno. Además, aprendió algo de hebreo, ruso, japonés, chino, finlandés y alguna palabra española, entre otras lenguas.

8 Johnsen mantiene que fue la redacción de "The Dead", que se alejaba del *scrupulous meanness* de los relatos anteriores, lo que provocó su rechazo del estilo menos efectivo de *Stephen Hero* (5).

rechazada por veinte editores, el escritor arrojó el manuscrito al fuego y si hoy se conserva es porque su hermana Eileen se apresuró a rescatarlo (*JJ* 314). La historia de *Stephen Hero* marca el desarrollo vital y artístico del joven idealista Stephen en su afán por adquirir una conciencia independiente, liberada de opresiones familiares, religiosas o del ambiente provinciano que respira. Aunque el pilar principal de *Stephen Hero*, construido sobre la definición de las epifanías, sigue siendo una parte fundamental de *A Portrait*, su reescritura supuso la elaboración de una novela nueva, diferente en cuanto a naturaleza narrativa.

También se publicó de forma póstuma *Giacomo Joyce*, una historia de amor escrita en prosa poética que representa, según comenta Ellmann en la introducción, el final de una fase de la vida del escritor y el descubrimiento de una nueva forma de expresión. Si Joyce no había querido publicarla fue por la clara identificación del protagonista con él mismo y por la puesta a la luz de todas sus debilidades (*GJ* xi y xxi).[9] Es igualmente significativo que sea ésta la única obra de Joyce cuyo escenario se aleja de Dublín, pues la acción se traslada a Trieste. La fase de redacción coincide con la etapa final de *A Portrait* y los comienzos de *Ulysses*. De hecho, el mismo texto recrea acontecimientos de la vida de Joyce ocurridos entre 1911 y 1914.

Además de los escritos de ficción mencionados, de la poesía y el teatro, Joyce también mostró cierto interés por cuestiones de teoría literaria y de crítica general, como se desprende de la teoría estética que desarrolla Stephen en *A Portrait*, de la definición de las epifanías en *Stephen Hero* o de la teoría sobre la biografía de Shakespeare en *Ulysses*. Por esta razón, Ellworths Mason y Richard Ellmann recopilaron después de la muerte de Joyce sus ensayos, conferencias, reseñas literarias, cartas a editores, panfletos, notas y algunos artículos periodísticos, en el libro *James Joyce: The Critical Writings*, donde figuran títulos tan significativos como: "The Study of Languages" (1898-1899), "Drama and Life" (1900), "The Soul of Ireland" (1903), "Shakespeare Explained" (1903), "Ireland, Island of Saints and Sages" (1907), "Fenianism" (1907), "Home Rule Comes of Age" (1907), "Ireland at the Bar" (1907) o "The Shade of Parnell" (1912), entre otros.

---

9   Además, el hecho de que el manuscrito no presente ningún tipo de corrección, teniendo en cuenta el nivel de perfeccionismo y de exigencia personal del escritor en sus múltiples fases de revisión, revela que nunca deseó publicarlo.

1.1.2 Proyección científico-literaria de Martín-Santos[10]

La única biografía existente sobre Luis Martín-Santos, el trabajo del médico Pedro Gorrotxategi, *Luis Martín-Santos: Historia de un compromiso* (1995), trata de vincular las tres vertientes principales de su carrera: la medicina, la escritura y la política. Hasta la fecha de su publicación, los datos sobre la vida de Martín-Santos se encontraban dispersos en artículos publicados por sus amigos Juan Benet y Carlos Castilla del Pino, y por Salvador Clotas y José Carlos Mainer en las dos ediciones de sus obras póstumas, *Apólogos y otras prosas inéditas* y *Tiempo de destrucción*. El propósito de este apartado es presentar la evolución de un escritor que llega a la literatura de una forma muy distinta a Joyce.

Martín-Santos comienza a desarrollar su trayectoria literaria después de establecerse profesionalmente como psiquiatra. Siguiendo la tradición familiar, hace el doctorado en cirugía, destinado como estaba a dirigir la clínica quirúrgica "Martín-Santos", pero se marcha a Alemania para cambiar de especialidad, inclinándose por la psiquiatría. Una de las razones de este cambio reside precisamente en su "necesidad de hacerse como intelectual", ya que "la psiquiatría le ofrecía toda suerte de incitaciones a este respecto" (Castilla del Pino "Prólogo" IV).[11] Martín-Santos consigue un reconocido prestigio dentro del ámbito científico-médico al ser uno de los primeros introductores en España del psicoanálisis existencial, dedicándose también a aspectos de psicopatología y de psiquiatría clínica.[12]

---

10 El nombre de Luis Martín-Santos ha originado alguna confusión, pues hay otro Luis Martín Santos que también es escritor. El apellido del primero es compuesto y se escribe con un guión, mientras que en el segundo caso se trata de dos apellidos. El escritor que nos ocupa utilizó su nombre completo, Luis Martín-Santos de Ribera, en sus primeras publicaciones pero decidió acortarlo en las restantes. En realidad, había sido decisión del padre que sus dos apellidos se mantuvieran juntos en los de sus hijos, gracias a "una orden ministerial, en los años treinta" (Gorrotxategi 29).

11 Martín-Santos estudió alemán en el colegio y parece ser que sabía francés, como se intuye por sus reiterados viajes a Francia para asistir a congresos y contactar con otros socialistas en el exilio. Publicó también reseñas de estudios de neurología y psiquiatría en estos idiomas y además, Gorrotxategi cuenta que se solía reunir con Castilla del Pino para traducir del alemán la obra de Heidegger, *Sein und Zeit*, y la de Karl Jaspers, *Allegemeine Psychopatologie* (46).

12 Su mismo director de tesis, el profesor Pedro Laín Entralgo, reconoce el papel que comenzaba a ejercer Martín-Santos en el desarrollo de la psiquiatría en España, afirmando que "habría llegado a ser lo que ya había empezado a ser: el dioscuro de Carlos Castilla del Pino en la renovación de la psiquiatría española. Desde que me

Su inmortalidad, a pesar de un brillante porvenir científico, se cristaliza gracias a una carrera literaria que había adoptado de forma transversal, pero que él mismo veía íntimamente relacionada con la psiquiatría y con el estudio de la tipología humana.[13]

La proyección intelectual del escritor, aunque breve debido a su muerte prematura, fue bastante intensa, como prueban sus numerosas publicaciones entre 1947 y 1964.[14] Su producción, fuertemente influida por una preparación científica, una formación filosófica marxista y existencialista, y una cultura literaria extensa, se escinde en dos direcciones: el ámbito científico o psiquiátrico, y el literario. Su obra psiquiátrica puede clasificarse en: clínica, psicopatológica, analítico-existencial y epistemológica. En su pensamiento hay dos etapas claramente diferenciadas, la fenomenológica hasta 1956 y la psicoanalítica desde esta fecha hasta su fallecimiento.[15] Entre sus aportaciones más significativas destaca su Tesis doctoral, *Dilthey, Jaspers y la comprensión del enfermo mental* (1955), que supuso un nuevo acercamiento a la formación del pensamiento psicopatológico en España.[16] Asimismo, escribió muchos artículos sobre psiquiatría y filosofía que, según Castilla del Pino, poseen un "valor inestimable", pues Martín-Santos "se nos muestra como la cabeza más clara y ordenada que la Psiquiatría española poseía" ("Prólogo" IX).

---

cupo la satisfacción de orientarle en la realización de su Tesis doctoral –en la psiquiatría entonces oficial en España no pudo encontrar camino idóneo–, así lo vi yo" (11).

13   Como señala Gorrotxategi, "la psiquiatría era la faceta de la medicina que le daba a Martín-Santos toda suerte de incitaciones para realizarse como intelectual. Se sabía especialmente dotado para la [...] rigurosa especulación, no para la indisciplinada fantasía, y exigía claridad, objetividad y precisión sobre lo pensado. Todo ello tenía un lugar en el estudio del pensamiento humano que a él tanto le interesaba. También su interés por la literatura tenía un adecuado cauce en esta especialidad. Otro factor que le llevó a elegir la psiquiatría fue la honda huella que en él había causado el padecimiento mental de su madre" (45).

14   En un total de sesenta y cinco trabajos, hay: dos libros de carácter médico-psiquiátrico, veintinueve artículos científicos, dieciséis de tipo literario y filosófico, dos políticos, once reseñas y siete referatas. Véase el apartado de Fuentes primarias para una correlación completa, donde he incluido sus inéditos.

15   Para el contenido y relevancia científica de su investigación, véase el prólogo de Castilla del Pino a la obra de Martín-Santos, *Libertad, temporalidad y transferencia en el psicoanálisis existencial*.

16   López Ibor, que prologó esta obra, explica que la aplicación de los conceptos fundamentales de comprender y entender como método fenomenológico a la psiquiatría convierte al estudio en una innovación para la formación del pensamiento psicopatológico en España (7-8).

Finalmente, la orientación de su segundo estudio científico, *Libertad, temporalidad y transferencia en el psicoanálisis existencial* (1964), publicado de forma póstuma, deriva del psicoanálisis de Freud, que unió al pensamiento de Sartre. Sin embargo, fue la favorable recepción de *Tiempo de silencio* lo que le llevó a ir declinando la psiquiatría en favor de la literatura (Gorrotxategi 21).

En realidad, Martín-Santos había manifestado una temprana atracción por la literatura y la filosofía. Entre los quince y los dieciocho años participa en frecuentes tertulias con amigos para debatir temas de actualidad. Comienza como seguidor de Ortega y Gasset en filosofía, y de Thomas Mann y J. B. Priestley en literatura (Gorrotxategi 34). Pero fue el ambiente universitario madrileño de finales de los años cuarenta lo que despertó su ansia de lucha por la renovación social, que se concretó en un compromiso literario e ideológico. Comenzaron así sus reuniones en el café Gijón, en el Gabiria y en el Gambrinus de Madrid, con el científico Miguel Sánchez Mazas, y con escritores como Rafael Sánchez Ferlosio, Juan Benet, Ignacio Aldecoa, Alfonso Sastre y Josefina Rodríguez, entre otros (Mainer "Prólogo" 10). La finalidad de las tertulias era tanto literaria como política, y en "las dos o tres horas de café la conversación era obligadamente culta, iconoclasta y acalorada" (Gorrotxategi 52). [17] A finales de los cincuenta, Martín-Santos fue detenido, procesado y encarcelado cuatro meses en Carabanchel. Esto se volvió a repetir en mayo de 1959, tras asumir durante algunos meses la dirección clandestina del PSOE, y en agosto de 1962, poco después de la publicación de *Tiempo de silencio*. En la fecha de su muerte, el 21 de enero de 1964, se encontraba en libertad condicional pendiente de juicio por su primera detención (Gorrotxategi 101-119).

Como se tendrá oportunidad de comprobar, los logros científicos del escritor no ensombrecieron su quehacer literario, sino que, de algún modo, contribuyeron a su afán consciente de renovación de las letras españolas. De hecho, este deseo, inseparable de sus aspiraciones intelectuales y de su vocación docente, le llevó a presentarse a varias cátedras de psiquiatría que finalmente no obtuvo. Con su primera y única novela completa, *Tiempo de silencio*, Martín-Santos consigue alejarse de los esquemas tradicionales que

---

17 No hay que olvidar que Martín-Santos se había afiliado al Partido Socialista en 1957 y que fue miembro de su Comité Ejecutivo desde 1961. También la mayoría de los contertulios del escritor ingresaron en organismos políticos clandestinos y fueron considerados individuos problemáticos, activistas en movimientos políticos universitarios y huelgas (Díaz Valcárcel 13).

habían definido la novela social de posguerra, y la crítica reconoce su valor sumamente original e innovador. Si, por una parte, la obra refleja la miseria social de los años cuarenta en España, denunciando duramente los males del país en general, por otra, llama más la atención el despliegue de toda una serie de recursos literarios y lingüísticos novedosos que abre la novela a una pluralidad de niveles de significado.

Tiempo de silencio traza la historia de un joven médico que está realizando una investigación sobre el cáncer con unas ratas de laboratorio. Ante la rápida desaparición de éstas, el protagonista Pedro, acompañado de su ayudante Amador, acude a un barrio de chabolas donde descubre una nueva camada que ha crecido entre los pechos de las hijas del Muecas. La toma de contacto de Pedro con este "submundo" será el detonante de toda una serie de incidentes en los que se verá envuelto, como el aborto dramático de la hija del Muecas y su consecuente expulsión del laboratorio. En cuanto a forma, la acción se interrumpe constantemente para reproducir los monólogos y soliloquios de varios personajes, cuyos pensamientos se imbrican en el discurso del narrador. Las vivencias del protagonista en los diferentes ámbitos de la pensión, las chabolas, los bares y prostíbulos, las conferencias de intelectuales o la misma cárcel sirven para mostrarnos los males de una sociedad extremadamente jerarquizada, la del Madrid de posguerra. La investigación sobre los aspectos congénitos y adquiridos del cáncer, que Pedro intenta llevar a cabo, funciona así a modo de símbolo de la enfermedad que está atacando al país. La imposibilidad de concluir su proyecto, al haberse convertido en víctima de un entorno deshumanizado, refleja que Pedro se encuentra en un tiempo de silencio, sin salida ni posibilidad de solución.

Aunque *Tiempo de silencio* se publicó en 1962, Martín-Santos redactó la novela a finales de los 50 cuando se convocó el I Premio Pío Baroja,[18] al que se presentó bajo el pseudónimo de "Luis Sepúlveda",

---

18 Este premio tuvo una gran acogida en San Sebastián por el prestigio que otorgaría a la ciudad. Se había previsto que los periódicos locales estuvieran presentes en el fallo y que fuera transmitido en directo por radio y diferido por televisión. En el último momento, cuando se temió que la novela de Martín-Santos fuera la ganadora, el Gobernador Civil, el Alcalde y todos los demás medios de comunicación se ausentaron porque habían recibido la orden de no dar ninguna noticia que pudiera convertirse en propaganda socialista. Aunque esto produjo algunas detenciones de grupos de protesta formados por jóvenes socialistas, finalmente el Certamen quedó desierto. Como afirma Antonio Nabal, lo que ocurrió "es un caso ejemplar de cómo, en tiempos de opresión, un libro puede convertirse en un hecho extraliterario, al margen de su calidad estética" (cit. por Gorrotxategi 154-158 y 358-359).

sobrenombre que utilizaba para sus actividades socialistas clandestinas. El dato clave se encuentra en el mismo manuscrito de la obra –hoy guardado como archivo de censura–, cuya página final reproduce las fechas: "San Sebastián, 13-Octubre-1959, 29-Mayo-1960".[19] También se varió el título, que en la primera versión era *Tiempo frustrado*, porque Martín-Santos quiso eliminar cualquier tipo de alusión ideológica. A pesar del reconocimiento prácticamente unánime de la grandeza de la obra, frente a las otras sesenta que se habían presentado, sólo quedó finalista por razones claramente políticas y el premio se declaró desierto debido a las discrepancias y conflictos que se produjeron. Por una parte, Gorrotxategi informa que Antonio Nabal, uno de los miembros del jurado, "se dio cuenta de que el concurso había terminado, porque esta novela sería la ganadora. Esto iba a ser bueno para el libro, pero aún mejor para el Premio, porque se iniciaría con una obra importante". Pero, por otra, algunos miembros no aplicaron el sistema de votación que se había previsto por el peligro que suponía esta elección (54).[20]

A pesar de todos estos incidentes, Martín-Santos consiguió publicar su novela, no sin pasar antes por las diversas mutilaciones de la censura, que en España además era triple: política, moral y religiosa. Durante bastantes años se suprimieron los pasajes más sospechosos de subversión y las escenas que mostraban connotaciones sexuales.[21] Fueron bastantes las

---

19 Los datos de estos archivos son: Expediente 4244-61, Signatura AGA 13446, Topográfico 21/10. La primera instancia solicitando la autorización para imprimir *Tiempo de silencio* se presentó el 24 de julio de 1961, como figura en los documentos que la acompañan.

20 Según el testimonio de uno de los miembros del jurado, Elvira Gallurralde, hubo muchas presiones y "la realidad es que tuvimos miedo, fuimos cobardes y no dimos el premio a la novela de Martín-Santos, que para mí era, sin ninguna duda, la mejor de todas las novelas. Todos estábamos defraudados y todos sabíamos que habíamos cometido un acto de cobardía. A mí, *Tiempo frustrado* me había entusiasmado, porque rompía esquemas y abría cauces nuevos. Destacaba entre todas, por su ironía, por su novedad. Si todavía sigue siendo una gran novela, en aquellos momentos era algo especial" (cit. por Gorrotxategi 159).

21 Juan Goytisolo explica que en 1960 más de doscientos intelectuales y el presidente de la Real Academia de la Lengua, Ramón Menéndez Pidal, se habían quejado del sistema de censura español porque muchos escritores, científicos e investigadores se veían obligados a abandonar el país para poder expresar sus ideas libremente y se estaban perdiendo figuras importantes. Pero "el Ministerio de Información se limitó a desempolvar viejas tesis, según las cuales, 'todo escritor moral se autocensura' y 'lo que es permisible y hasta bueno para una selección, puede ser dañino y hasta gravemente nocivo para la mayoría'" (*El furgón* 53-54).

páginas y los párrafos eliminados, como se comprueba al comparar la primera versión de 1961 y la definitiva de 1980. El manuscrito de *Tiempo de silencio* y del resto de las obras del escritor se guardan hoy como archivos de censura en el Archivo General de Alcalá de Henares –que afortunadamente pude revisar–, junto a las correspondientes notas y apuntes de los censores.

En la primera versión se suprimieron fragmentos y páginas completas, algunas de las cuales se repusieron en la edición de 1965, y se describió como "inmoral y nauseabunda". Sin embargo, los censores no parecían ponerse de acuerdo en los pasajes que debían eliminarse ni en las implicaciones globales de la novela. Así, en el informe del 27 de febrero de 1964, firmado por Manuel Pius, se señala que determinadas frases "rozan en su sentido paródico la blasfemia, cuando no llegan a ella, puesto que originariamente se refieren a cosas santas y aun al mismo Dios", y apunta que el Martirio de San Lorenzo al que se alude al final de la novela "está impregnado de irreverencia". Pero junto a este informe aparece una cuartilla del 3 de septiembre del mismo año –de firma ilegible– en la que se afirma que: "Como toda la novela es igual de sucia (aunque la finalidad del autor sea la de provocar el asco para las cosas sexuales) creo que la novela puede publicarse sin tachadura alguna".[22] Cuando en 1964 se publicó la traducción francesa de la novela –como *Les Demeures du Silence*–, la prensa de ese país calificó la censura española de "curiosa":

> Donc, la suspicion que provoque Luis Martin Santos [sic] a alerté à bon droit la censure de son pays, dès l'annonce de son livre. Curieuse censure, pour nous qui jouissons de l'intégralité du texte! Ses membres sont apparemment si persuadés que la nature des choses réside en ce qui les entoure qu'ils ont méticuleusement élagué l'ouvrage de toutes allusions aux maisons closes et aux amours illégitimes et permis la publication du texte. (Sylvestre 2)

Hasta octubre de 1980 no se publicó la versión completa fiel al primer manuscrito. Ante esto, Goytisolo ha comentado que si hay algo que agradecer a la censura es el estímulo que produjo en los escritores para

---

22 En el manuscrito, las partes censuradas aparecen subrayadas con pinturas de colores, que parecen haber sido hechas por lectores diferentes y probablemente en fases distintas. Algunos de los fragmentos o páginas completas que aparecen tachadas presentan alusiones claras de tipo sexual o religioso, pero en muchos otros casos las razones no son tan claras y, más bien, dan muestra de la ignorancia o falta de preparación de estos "lectores-jueces" para interpretar la riqueza de connotaciones de la novela.

buscar formas nuevas y seguir introduciendo temas prohibidos. Por esta razón, añade, "la novela cumple en España, una función testimonial que en Francia y los demás países de Europa corresponde a la prensa, y el futuro historiador [...] deberá apelar a ella si quiere reconstruir la vida cotidiana del país a través de la espesa cortina de humo y silencio de nuestros diarios" (*El furgón* 60). Y esto es precisamente lo que llevó a cabo Martín-Santos en su obra, pues él mismo reconoció que los novelistas españoles cumplían una función más informativa que los de otros lugares, al mostrar "lo que había bajo el conformismo total impuesto a la prensa cotidiana o periódica" (cit. por Winecoff Díaz 237).

Pese a ser *Tiempo de silencio* la única novela completa del escritor, su trayectoria literaria fue mucho más larga y fecunda. Con una vocación temprana, a los diecinueve años publica un libro de poemas titulado *Grana gris*, que presenta abundantes referencias mitológicas e históricas. En 1963 recibe un premio literario que otorgaba la revista *Triunfo* por su relato "Tauromaquia", hoy incluido en *Apólogos y otras prosas inéditas*. También su amigo, el escritor Juan Benet, cuenta cómo Martín-Santos parecía estar siempre trabajando en un poema épico que nunca llegó a terminar, titulado "Las voces" ("Luis Martín-Santos" 125). Junto a esto, hay que destacar la novela que presentó al premio Sésamo en 1953, titulada *El vientre hinchado*, todavía inédita (Compitello 255-256).[23]

Finalmente, su desgraciada muerte en un accidente de tráfico dos años después de la publicación de *Tiempo de silencio* le obligó a dejar gran parte de su obra inédita.[24] De ámbito literario se han publicado póstumamente dos obras: *Apólogos y otras prosas inéditas*, que editó Salvador Clotas en 1970;[25] y *Tiempo de destrucción*, editada por José Carlos Mainer en 1975. Los *Apólogos* son un conjunto de narraciones breves que poseen menos valor literario que sus dos novelas, aunque algunos podrían relacionarse con el estilo de Kafka. Martín-Santos tenía en proyecto publicarlos después de que apareciese *Tiempo de destrucción*. Y, de hecho, quizá lo más

---

23 Para Gorrotxategi, son cuatro las novelas inéditas del escritor –acabadas o en preparación–, aunque se desconocen los títulos y el lugar donde se encuentran (52).
24 Carlos Castilla del Pino cuenta cómo, cuando se disponía a publicar algunos estudios psiquiátricos de Martín-Santos, los manuscritos se perdieron en el correo antes de que llegasen a la editorial Seix Barral (cit. por Compitello 256).
25 Se ha descubierto con posterioridad que uno de los apólogos incluidos, "El complejo de Ramuncho entre los vascos", se atribuyó erróneamente a Martín-Santos. A partir de unas grabaciones de la "Academia Errante" –una reunión de intelectuales a las que acudía Martín-Santos– Félix Maraña alegó que la autoría del texto correspondía a José María Busca Isusi (Gorrotxategi 302).

valioso de la colección sea la inclusión del prólogo a su segunda obra, donde muestra una mayor preocupación por aspectos estilísticos y formales que por la crítica social.[26]

Tiempo de destrucción supera a la primera novela en complejidad formal y en experimentación tanto narrativa como lingüística. El argumento narra la juventud de Agustín, opositor a judicaturas, en su intento por esclarecer un crimen no resuelto. Las vivencias del protagonista, al igual que las de Pedro en *Tiempo de silencio*, le enfrentan con varias tradiciones hispánicas –como la de los carnavales de Tolosa– que el autor pretende desmitificar, con el inevitable drama final. La destrucción de estos mitos lleva a Martín-Santos a la destrucción del mismo lenguaje que, en opinión de Mainer, se convierte en la "experiencia de liberación y enfrentamiento" de Agustín, ya que "la forma del relato se subleva contra lo establecido" ("Prólogo" 28). Aunque el manuscrito de esta obra se encontraba en manos de los editores poco después de 1964, se tuvo que retrasar la publicación porque el padre de Martín-Santos se empeñó en acabarla, eliminando todo lo que le parecía inmoral o irreverente hacia sus creencias éticas y religiosas. Finalmente, después de la muerte del padre, el sabio destino permitió que la novela se publicara inacabada, pero respetando las decisiones de su creador original.[27]

1.2 La literatura comparada y sus límites: aproximación metodológica

Es cierto que todo análisis crítico es también un ejercicio de comparación y que ninguna obra se puede estudiar fuera de su contexto, pues es el conocimiento de otros textos lo que lleva a la interpretación. Pero la literatura comparada va más allá de la mera comparación literaria, al arrancar de una postura supranacional para explorar cómo se manifiestan las relaciones literarias internacionales empleando una metodología y un

---

26 Con fecha posterior se han publicado los siguientes relatos de forma independiente: "Alex cuenta las losas del aula", fechado en 1946; "Condenada belleza del mundo", escrito en sus últimos años; "Dudas de un activista"; e "Imprevista evolución de una noche de voluptuosidad". Véase el apartado de Fuentes primarias para las referencias bibliográficas completas.

27 Véase el guión-esquema de *Tiempo de destrucción* que reproduzco en el Apéndice II.

marco teórico explícitamente comparativos.[28] Debido a la amplitud del enfoque, cualquier estudio comparado debe comenzar imponiendo sus límites. En este caso concreto, centrarse en los aspectos que comparten las obras de Joyce y Martín-Santos –un trabajo de comparación literaria y no de literatura comparada– podría ser objetable, pues reduciría la riqueza y complejidad del modo en que se han relacionado ambas literaturas a un cúmulo de datos, y dejaría sin resolver cuestiones de mayor profundidad, como porqué este autor y no otro o cuál es la naturaleza del vínculo que hay entre ambos. De igual manera, tampoco un estudio comparativo debe entresacar únicamente las diferencias, por mucho que ilustren lo original que aporta cada cultura, ya que se simplificaría un acontecimiento verdaderamente significativo, como fue la recepción de la obra de Joyce en España. Desde mi propuesta, comparar las poéticas de Joyce y Martín-Santos supone atender tanto a la trayectoria de la narrativa que precede a sus respectivas soluciones literarias como a los cauces estéticos que abrieron con el desarrollo de la novela moderna. Con ello, he tratado de elaborar un estudio comparativo de las tradiciones que conforman los marcos histórico-sociales donde se inscribe cada escritor y de analizar, seguidamente, las condiciones histórico-literarias que favorecieron la recepción de la obra de Joyce en una realidad que responde a parámetros espaciales y temporales distintos, aunque integrada dentro de la historia.

La relación entre las obras de Joyce y Martín-Santos que se asume en este libro se aleja de la mera búsqueda de fuentes o datos, es decir, del tradicional concepto de influencia. Bernheimer ha anunciado que la comparación produce muchas ansiedades en nuestra época contemporánea multicultural (9). También Harold Bloom ha hablado de la *anxiety of influence* que parecen sufrir muchos escritores, distinguiendo a los grandes, que sienten la necesidad de superación de esta ansiedad creando su propia voz, de los menores, que se limitan a idealizar a través de la imitación (*The Anxiety* 5). A diferencia de Bloom, concibo este proceso de una manera menos restrictiva, pues si la influencia no se puede reducir a un análisis de fuentes, paralelismos o hechos causales, sino al estudio de todo el conjunto de elementos que giran alrededor del texto y su contexto, entonces no se pueden aceptar el suceso biográfico o el estético como únicos referentes, que es lo que reclama este crítico al acordar que: "Poetic influence, or [...] poetic misprison, is necessarily the study of the life-cycle of the poet-as-

---

28 Véase mi estudio *Breve introducción a la literatura comparada*, en el que presento un desarrollo más profundo de la literatura comparada como disciplina académica.

poet" (*The Anxiety* 7). Siguiendo a Ahearn y Weisstein, el comparatista aporta al estudio de textos y culturas individuales constancia de otros textos y culturas permitiendo que las artes se enriquezcan de una forma más variada y contrastada que si se restringieran a un sólo campo (79). Desde mi perspectiva, esta aproximación propone una interpretación más dinámica del fenómeno literario en su cruce de infinitas relaciones tanto en el tiempo como en el espacio, a la vez que permite concebir la influencia como un hecho independiente, que forma parte del proceso creativo del escritor, y no como un acto consciente.

Metodológicamente, el acercamiento a la comparación entre las obras de Joyce y Martín-Santos se ha realizado atendiendo a las cinco categorías supranacionales que describe Claudio Guillén en *Entre lo uno y lo diverso*, y que van en línea con Owen Aldridge, en *Comparative Literature: Matter and Method*. Se trata del estudio de las relaciones literarias internacionales, de los periodos, los géneros, los temas y las formas literarias. Aunque cada una de ellas podría constituir un bloque de investigación independiente, es la aplicación conjunta de todas lo que arrojará nueva luz sobre el proceso global de la trasmisión y recepción de la obra de Joyce en España, según se concreta en la narrativa de Martín-Santos. Quizá ningún escritor mejor que Joyce para favorecer una aproximación crítica comparativa, pues lo nacional y lo internacional se imbrican de tal modo en sus escritos que los aspectos más puramente irlandeses no pueden disociarse del ambiente cosmopolita –aunque, en general, restringido a lo europeo– que los circundan. No es gratuita la conversación que mantiene el protagonista de *Ulysses* en el capítulo "The Cyclops", que precisamente tiene como tema central el nacionalismo irlandés, y que reproduzco a continuación:

> —Persecution, says he [Bloom], all the history of the world is full of it. Perpetuating national hatred among nations.
> —But do you know what a nation means? says John Wyse [...].
> —A nation? says Bloom. A nation is the same people living in the same place.
> —By God, then, says Ned, laughing, if that's so I'm a nation for I'm living in the same place for the past five years.
>   So of course everyone had a laugh at Bloom and says he, trying to muck out of it.
> —Or also living in different places. (*U* 271-272)

Joyce, como muchos de sus contemporáneos, vivió una experiencia de exilio voluntario que le permitió distanciarse de condicionamientos sociales, políticos, históricos y literarios, a los que luego se volvería a acercar desde otros márgenes y con otra perspectiva. Aunque pueda resultar exagerado aplicar el mismo tipo de desarraigo a Martín-Santos, lo cierto es que el ambiente que respiró no fue ni puramente español ni precisamente pro-hispánico, y no sólo por sus contactos con las culturas alemana y francesa, sino más bien por su rebeldía contra los órdenes sociales, políticos y religiosos que dominaban el país y que afectaron a su compromiso vital y profesional, como claramente transmite su obra.

El primer acercamiento a las relaciones literarias internacionales arranca de la concepción de la literatura como un (poli)sistema en su continuo intercambio de ideas, desde el que se estudian las tradiciones literarias en las que se inscriben las obras de Joyce y Martín-Santos. De ahí, el análisis se orienta hacia la recepción y el impacto que produjo la obra de Joyce en la literatura española, considerando el papel que jugaron los diferentes instrumentos de mediación, especialmente las traducciones de su obra. Como el propósito de este capítulo es presentar los contextos de ambos escritores para proceder seguidamente a una comparación más exhaustiva de sus obras, en un apartado final me limito a comentar de forma breve la acogida que tuvo la publicación de la novela de Martín-Santos en los años sesenta.

La aproximación al estudio de la historiografía literaria parte de la consideración de toda una serie de unidades estructurales, como son los periodos, movimientos, escuelas o generaciones, que sobrepasan el ámbito nacional, para referirse a acontecimientos similares en diferentes espacios y/o tiempos. Este es el caso del *Modernism* de las letras inglesas, que encuentra su término equivalente en el Modernismo hispanoamericano, aunque se aleja de él en los niveles de experimentación y en las implicaciones ideológicas. El modernismo español, vinculado en parte a la Generación del 98, triunfó fundamentalmente en poesía, y hubo que esperar varias décadas para que la narrativa española se expusiera a la innovación estilística que venía caracterizando a la novela europea. Cuando la adopción de una estética de tipo joyceano comenzó a dar sus frutos en la península, la literatura española hacía varias décadas que había abandonado soluciones modernistas. El lapso temporal que hay entre el Modernismo de Joyce y su transformación en la nueva solución narrativa de Martín-Santos será lo que marque las diferencias entre las poéticas de estos dos autores, y constituirá el asunto central del tercer capítulo.

El estudio de los géneros literarios es uno de los que más intereses está generando en los debates actuales, por la transformación, transgresión y subversión que han experimentado las formas tradicionales –especialmente los géneros populares– al adaptarse a una nueva etapa literaria producto de una realidad en continuo cambio. Es igualmente un ámbito en el que convergen, como apunta Prawer, cuestiones de historia con teoría literaria desde una perspectiva internacional (114). A partir de este marco, en el cuarto capítulo se analizará el fenómeno de la (anti)novela como contrapunto paradójico de la novela total que representa *Ulysses*, para intentar llegar a una definición que acoja y a la vez delimite los múltiples niveles de experimentación de la novela modernista. Con ello, trataré de establecer las características que comparte con una manifestación literaria tan distante en el espacio y en el tiempo como es *Tiempo de silencio*.

Desde el punto de vista comparativo, la tematología, o el estudio sistemático de temas y motivos, es uno de los acercamientos más amplios y universales de la literatura. En el presente libro se analizará el (macro)tema de la ciudad moderna, recurrente a lo largo de la historia de la literatura desde que se estableciera la consabida distinción entre el campo y la ciudad. Se ha escogido este tema por constituir un elemento estructural y estructurador del desarrollo de *Ulysses* y *Tiempo de silencio*. Ligados a él, además, aparecen otros motivos, como los periplos de los personajes por sus respectivas ciudades o los viajes metafóricos que reviven hacia el interior de sí mismos.[29] Este capítulo pretende, a través de la comparación y el contraste, situar el tema, los subtemas y los motivos en un sistema de relaciones que aísle la elección estética individual de las convenciones literarias heredadas o del ambiente literario de la época.

Dedico el último capítulo a analizar los procedimientos formales que caracterizan a las obras de Joyce y Martín-Santos. Parto de una breve presentación de la génesis y adaptación literaria del término *stream of consciousness* desde su primera acepción en psicología, para ilustrar las interpretaciones ambiguas a que ha dado lugar por su reiterada confusión con el monólogo interior. Tomando las teorías de William James como punto de partida, se relaciona el *stream of consciousness* con la filosofía de Henri Bergson, especialmente con su concepción del tiempo psicológico. Seguidamente, analizo el papel que jugó la obra de Édouard Dujardin en la elaboración de *Ulysses*, pues Joyce mismo reconoció haber tomado su técnica del monólogo interior del escritor francés. Finalmente, presento las teorías de Robert Humphrey, que diferencia cuatro técnicas narrativas y diversos recursos literarios en de las novelas de *stream of consciousness*. Mi propósito es demostrar que tanto *Ulysses* como *Tiempo de silencio* se pueden incluir dentro de este tipo de narrativa.

---

29   Levin diferencia motivos de temas señalando que los primeros se refieren a lo que se describe, mientras que los segundos muestran la forma que se adopta para tratar los motivos (*Grounds* 100).

Para cerrar este apartado sólo queda precisar los ámbitos de actuación de la literatura comparada según encontrarán su práctica en este estudio concreto. Con estas cinco categorías de tipo supranacional se atiende a los tres pilares sobre los que se sustenta la disciplina de la literatura comparada, es decir, la teoría, la historia y la crítica. Cada uno de los capítulos, por tanto, se inscribe dentro de su propio marco teórico, que lo define y delimita. La referencia histórica es indispensable para situar los textos en sus respectivos contextos y es, a su vez, inseparable de la comparación entre estos dos autores. El estudio crítico se corresponde con el tercer nivel de comparación, en el que las obras respectivas estarán sujetas al mismo tipo de análisis en su cruce de analogías y contrastes. En definitiva, siguiendo la terminología de Bakhtin, concibo la literatura comparada como una disciplina que sigue un proceso tanto centrípeto como centrífugo. Si la primera fuerza de la similitud, centralizadora y centrípeta, busca lo homogéneo en la unión, como base que asienta lo universal, la segunda fuerza se expande hasta sus márgenes localizando la diferencia, lo centrífugo y disperso, que se convierte en la marca de conexión de lo uno con lo diverso.[30] Se trata de un movimiento que va de la centralización a la descentralización, de la construcción a la deconstrucción, de la homogeneidad a la heterogeneidad, de la jerarquía a la anarquía y finalmente de la similitud a la diferencia. Lo que se busca finalmente son las señas de identidad que definen lo individual en su relación con lo colectivo, o mejor aún, lo local en su diálogo con lo universal.

1.3 Joyce y Martín-Santos frente a frente

Comenzaré anunciando que este estudio no es el primero que une los nombres de Joyce y Martín-Santos. Muy poco después de que *Tiempo de silencio* se publicara, la crítica especializada coincidió de forma casi unánime en apuntar la "influencia" de Joyce que mostraba. Exceptuando algún trabajo breve que paso a comentar seguidamente, la ausencia de un análisis profundo que arrojase luz sobre el tipo de relación que existe entre ambos escritores así como sobre el papel que jugó Joyce en el desarrollo de

---

30 Véase su definición de las fuerzas centrípetas y centrífugas que aparece en el glosario final de *The Dialogic Imagination* (425).

la narrativa hispánica moderna es lo que ha motivado la realización de este libro. Es sorprendente la profusión de interpretaciones a las que han dado lugar *Ulysses* y *Tiempo de silencio* desde perspectivas tan diversas como los aspectos formales, psicoanalíticos, sociológicos, existenciales, postestructuralistas, feministas, marxistas, desconstructivos y un largo etcétera. Ninguna de estas aproximaciones, de forma individual, puede cubrir el sentido completo de cada obra, aunque la aplicación de todas ellas ha contribuido a enriquecer el panorama crítico de una forma más global. El enfoque comparativo que se adopta aquí tiene como objetivo llenar un vacío que existe en la búsqueda de paralelismos y datos que una postura interpretativa de tipo monocultural pasaría por alto.

La primera alusión a los ecos de Joyce en la obra de Martín-Santos se hizo ya a los pocos meses de la publicación de *Tiempo de silencio*, en una reseña de Antonio Vilanova que aludía a la incorporación de "los módulos narrativos del *Ulises*" (51). Pocos años después aparecían estudios más amplios que mencionaban el posible paralelismo. Uno de los primeros fue el del uruguayo Juan Carlos Curutchet, "Luis Martín-Santos, el fundador" (1968), que situaba la novela española en un cruce de influencias y tradiciones, entre las que destacaban las de Joyce, Kafka, Sartre, Valle-Inclán, Cervantes y Quevedo. Seguidamente, Rafael Bosch, en *La novela española del siglo XX* (1970), añade la influencia de Faulkner a la de Joyce y afirma que el estilo de *Tiempo de silencio* arranca directamente de ambos,[31] especialmente en lo que concierne a tres aspectos: el empleo de los monólogos, que define como "clase psicopatológica de monólogos interiores incoherentes"; la distorsión de la representación del mundo exterior; y la ironía burlesca (160). También Guillermo Cabrera-Infante, buen conocedor y traductor de *Dubliners*, pone en relación la novela de Martín-Santos con la del irlandés en su artículo "El armisticio del tiempo" (1971). El estudio de Julian Palley, "The Periplus of Don Pedro" (1971), dio un paso más al comparar *Ulysses* y *Tiempo de silencio* a partir de la referencia a la fuente épica de la *Odisea* de Homero. Según Palley, Martín-Santos retoma el mito tanto de Joyce como de Homero, y explica que las resonancias míticas se encuentran en el argumento y en el "viaje" del

---

31 La presencia de William Faulkner en *Tiempo de silencio* es bastante significativa, aunque es un asunto que no exploro pues la novela de Martín-Santos exhibe tal síntesis de lecturas, que habría que considerar también la presencia de otros escritores como Baroja, Kafka, Proust, Dante, Cervantes, Unamuno, Galdós, etc. Un estudio profundo de las tradiciones literarias que incorpora esta obra sobrepasa las dimensiones y los objetivos de este libro, amplios ya de por sí.

protagonista, cuyo proceso de aprendizaje le lleva desde la entrada en un mundo laberíntico hasta su caída y descenso a los infiernos. En esta misma línea, Ricardo Gullón, en su artículo "Mitos órficos y cáncer social" (1972), vuelve a aludir a la proximidad de *Tiempo de silencio* y *Ulysses* en los elementos míticos, el surrealismo de algunas descripciones y los diferentes tipos de monólogos.

Los editores de las obras póstumas de Martín-Santos han situado de igual modo la obra de Joyce como fuente de influencia. Salvador Clotas menciona al irlandés en su prólogo a los *Apólogos*, aunque en esta obra su presencia es menos representativa que la de Kafka (*A* 10-11). Asimismo, en una entrevista que realicé personalmente, Clotas declaró que los ecos de *Stephen Hero* también se podían percibir en la segunda novela de Martín-Santos ("Entrevista"). José Carlos Mainer, en el prólogo a *Tiempo de destrucción*, califica la primera novela del autor como poseedora de un "aire inequívocamente joyceano", y explica que se aleja de la mera copia de *Ulysses* para adaptar las fuentes joyceanas "a los recursos de la lengua española" (*Tdd* 16). Pero la contribución más significativa, sin duda, es el apartado "*Ulysses* y *Tiempo de silencio*", que Alfonso Rey incorporó a la tercera edición de su estudio *Construcción y sentido de "Tiempo de silencio"* (1988). En este breve, pero acertado análisis, Rey afirma que la originalidad de la obra de Martín-Santos se fundamenta en la de Joyce, que fue el punto de partida sobre el que asentó sus cimientos novelescos, tanto en forma como en contenido. La nómina de críticos que se han referido a la relación que hay entre estos dos autores es todavía más amplia, si se incluyen las meras menciones en numerosos manuales y otros estudios de literatura.[32] Sin embargo, se carecía de un análisis profundo que considerase los paralelismos que existen entre las obras de Joyce y Martín-Santos, sus contextos histórico-literarios, la naturaleza de la relación y la convergencia de las respectivas tradiciones, que son los aspectos que pretende cubrir este libro. Mi trabajo arranca así del estudio de los factores que favorecieron la trasmisión literaria y cultural de la novedosa poética de Joyce, y de su contribución a la renovación de la narrativa en España, que vino de la mano de Martín-Santos.

---

32 De todas ellas, aludo sólo a dos: Carlos Castilla del Pino, en "Evocación de Luis Martín-Santos" (1986), apunta además la influencia de Baroja, Zunzunegui, Ortega y otros escritores existencialistas; y Jacqueline Chantraine de Van Praag, en "Un malogrado novelista contemporáneo" (1965), alude a la influencia del modernismo de Joyce, Woolf y Proust en la renovación literaria que inaugura Martín-Santos.

Pero sobre este asunto hay que comenzar haciendo una aclaración, porque existe una pequeña polémica sobre el hecho de que la novela de Antonio Martínez Menchén, *Cinco variaciones* (1963) –que apareció oficialmente un año después de *Tiempo de silencio*–, presenta un nivel de experimentación que sigue las líneas de Joyce y Martín-Santos. Esto es algo que reconocen G. Santa Cecilia (245-246) y Sanz Villanueva, para quién precisamente por su carácter de ruptura, la obra pasó inadvertida por la crítica (205). Curutchet también alude a que, al parecer, los manuscritos de *Cinco variaciones* estaban en la editorial antes de que la novela de Martín-Santos viese la luz, pero que por una serie de circunstancias no se publicaron. Aunque la obra de Menchén no ha tenido demasiada repercusión literaria, para este crítico, es tan renovadora como *Tiempo de silencio* y, por lo tanto, debe reconocerse el mérito por igual a las dos (*Cuatro ensayos* 96-97). Mi postura diverge de estas apreciaciones pues, como se ha expuesto más arriba, aunque *Tiempo de silencio* no se publicó hasta 1962, la novela ya estaba terminada en 1960, cuando se presentó al Premio Pío Baroja. Además, en julio de 1961 el manuscrito se encontraba en la editorial Seix Barral, según los datos que aparecen en la ficha de los archivos de censura que he consultado. En cualquier caso, no he percibido en *Cinco variaciones* una influencia clara de Joyce, sino más bien una superación del realismo social que caracterizaba a la narrativa de la época, y tampoco he encontrado más referencias o datos relacionados con este hecho, por lo que mi estudio no incluye un análisis profundo de la obra de Martínez Menchén, que merece una atención aparte.[33]

Aunque la propuesta de este libro, el estudio comparado de las poéticas de Joyce y Martín-Santos, concierne a la producción completa de ambos, presto mayor a *Ulysses* y *Tiempo de silencio* por ser el centro de sus respectivas creaciones, mientras que las demás obras serán objeto de referencia constante. Asimismo, en el quinto capítulo dedico un apartado especial a los paralelismos entre *A Portrait* y *Tiempo de destrucción*. A pesar de que esta última novela supera en complejidad temática y formal a la primera, presento un análisis menos detallado por varias razones. En

---

33 La novela de Menchén también tuvo que pasar por un tribunal de censura. Revisando los manuscritos originales, que se encuentran en el mismo lugar que los de Martín-Santos –en el Archivo General de Alcalá de Henares, Expediente nº 4-63, Signatura AGA 14333, Topográfico 21/09.607–, se descubre que la fecha de la instancia de autorización para su impresión es el 2 de enero de 1963. Es más, mientras la novela de Martín-Santos pasó por diferentes censores, que la fueron mutilando sucesivamente, la de Menchén se autorizó tres días después de recibirse, por considerarse –como figura en la ficha que la acompaña– "de buen gusto literario".

primer lugar, porque se trata de una obra póstuma sin terminar y sin ordenar, cuya estructuración se ha llevado a cabo a partir de guiones e interpretaciones de personas cercanas al escritor. Desde mi punto de vista, esta ordenación contradice en algunos casos el contenido del prólogo a *Tiempo de destrucción* que escribió Martín-Santos y que hoy día se incluye en sus *Apólogos*. Y en segundo lugar, porque en la edición final de esta novela se han variado algunos posibles títulos de fragmentos propuestos por el escritor, en favor de otros que parecen resultar más coherentes, pero que no son fieles al manuscrito. Junto a esto, el mismo editor, José Carlos Mainer, ha decidido incluir partes que Martín-Santos había rechazado en sus revisiones donde había marcado los fragmentos definitivos y, además, por alguna razón, no incluye el prólogo del autor, que debería haber encabezado la novela.[34]

Aunque el libro presenta una estructura coherente y la edición contribuye a percibir las distintas fases evolutivas de la creación del escritor, ya que explica sus criterios de organización, Mainer ha reconocido que fue fruto de su interpretación personal y de los juicios de valor del propio hermano del escritor.[35] Por eso, no se puede pasar por alto que, en realidad, Martín-Santos había comenzado a escribir la novela por el final, "por aquellos capítulos cuyo tono exasperado –mezcla de monólogo interior y ensayo que se trueca en desordenado lamento– enlaza con el final de *Tiempo de silencio* y configura en su crisis al personaje central de la nueva obra" (Mainer "Prólogo" 23). Con ello, contribuía a crear una continuidad caótica, si se quiere, pero también experimental, en consonancia con su obra anterior y con una línea que volvía a ser presuntamente joyceana.[36]

---

34 Gorrotxategi señala que en una entrevista mantenida con Josefa Rezola, ésta afirmó que los únicos capítulos de la novela que estaban terminados eran los diez primeros y que el editor no debía haber publicado las variantes de algunos de ellos porque ya los había rechazado Martín-Santos (308).

35 En palabras de Mainer: "La ordenación del material se ha hecho fundamentalmente en base al guión que nos ha facilitado Leandro Martín-Santos y que él a su vez tomó de informaciones orales de su hermano" ("Prólogo" 40).

36 Mainer ha señalado que el manuscrito consta de doscientas cuarenta páginas escritas a máquina de forma descuidada, sin orden numérico correlativo –exceptuando los diez primeros fragmentos–, cuya división se establece por medio de letras y números ("Prólogo" 40). Esta ordenación, en cierto modo aleatoria, podía haber llevado naturalmente a otra solución diferente. Además, Mainer habla constantemente de "capítulos" cuando, si se es fiel a los criterios de Martín-Santos –según la estructuración de *Tiempo de silencio* y según el prólogo de *Tiempo de destrucción*, en

La historia de la edición de *Tiempo de destrucción* fue compleja y problemática ya que, justo después de la muerte de Martín-Santos, Josefa Rezola, que poseía el manuscrito, realizó su propia ordenación del mismo mandando una copia a Carlos Barral y otra a Leandro Martín-Santos padre. A éste último, con estricto rigor moral y preocupado por los datos autobiográficos que su hijo incluía en la novela, se le ocurrió elaborar una nueva versión eliminando las alusiones familiares y todo lo que atacase al dogma religioso. Como había otro original, no se prestó atención a las modificaciones impuestas por el padre, pero tampoco se pudo publicar hasta cuatro años después de su muerte. Además, después de que la editorial pidiese opinión a varios escritores, Juan Benet y Carmen Martín Gaite se manifestaron en contra de la publicación porque la novela constaba de cuatro partes, de las cuales sólo la primera estaba terminada y las otras tres a medio estructurar y redactar, así que, según Benet, este libro no iba a ejercer ningún tipo de influencia (Gorrotxategi 305-306). A pesar de que esta afirmación no es incierta, en este estudio comparativo *Tiempo de destrucción* juega un papel importante, pues pone de manifiesto una continuidad estética en la evolución creativa de Martín-Santos y arroja luz sobre nuevas concomitancias entre ambos escritores. De igual modo, también su libro de poemas *Grana Gris* cobra sentido como ejercicio de juventud que le llevaría irremisiblemente a la creación posterior de *Tiempo de silencio*.

En cuanto al resto de la producción, a lo largo del libro remito varias veces a los *Apólogos*,[37] puesto que aquí se encuentra el germen de su creación literaria y de sus ideas sobre la novela, junto a su no menos significativo prólogo a *Tiempo de destrucción*. El pensamiento médico-psiquiátrico del escritor también forma una parte sustancial de este trabajo, aunque es precisamente el que menor atención crítica ha recibido. Como se verá en las siguientes páginas, Martín-Santos no disociaba la psiquiatría de la literatura, ya que ambas le remitían al análisis del comportamiento del ser humano y su conciencia. La interacción entre estas disciplinas se

---

el que se manifiesta en contra de la distribución en capítulos–, parece más apropiado hablar de fragmentos.

37 La edición de los *Apólogos* también ha recibido sus críticas, ya que no se ordenaron siguiendo ningún criterio estructural ni cronológico. Los manuscritos se encontraban en posesión de Josefa Rezola –prometida del escritor en el momento de su muerte–, quien los envió a Carlos Barral. Ella no quedó conforme con la edición final de Salvador Clotas, que "los mezcló todos, sin separar los más antiguos de los más recientes" y olvidó incluir uno de sus últimos ensayos, "Condenada belleza del mundo" (cit. por Gorrotxategi 301).

manifestó más claramente a partir de su contribución a la teoría literaria con un concepto que él mismo denominó "realismo dialéctico".

1.4 Paralelismos con/textuales entre *Ulysses* y *Tiempo de silencio*

Acaso sea la búsqueda de similitudes y paralelismos entre diferentes obras una de las tareas más comunes dentro de la crítica comparativa tradicional. Pero si resulta fácil localizar y delimitar los mismos, no lo es tanto clasificarlos en diferentes grados o niveles de coincidencia, pues se puede caer en errores reduccionistas que dejen sin explicar la complejidad del proceso creativo del autor. Además, los esquemas de conexión visibles entre diferentes textos responden en la mayoría de los casos a procesos inconscientes derivados de una tradición literaria, del espíritu de una época o del rechazo a ambos. Así, en este apartado me limito a localizar las coincidencias entre *Ulysses* y *Tiempo de silencio* como punto de partida para su posterior explicación desde un contexto histórico-literario, que trascienda los significados inter e intraculturalmente. Por paralelismos textuales me refiero a las concomitancias que hay entre estas dos obras, y por contextuales me refiero a lo que gira alrededor del texto, llámese autor, época, tradición, etc. Como todos los paralelismos, similitudes y también diferencias remiten a diferentes convenciones literarias, que concilian la creación individual con su inserción en una época o un movimiento, dedicaré el capítulo siguiente a las tradiciones de las que parten ambos escritores.

Cuando se señala que, por su construcción, técnicas narrativas y uso del lenguaje *Tiempo de silencio* inaugura la renovación formal de la novela española siguiendo la línea de Joyce,[38] naturalmente no se pretende afirmar que Martín-Santos utilizase todos y cada uno de los recursos estilísticos que aparecen en la obra del irlandés, ni que la novela sólo responda a una influencia joyceana. Muy al contrario, como matiza Rey:

---

38 En la mencionada entrevista con Clotas, éste me comunicó que había una relación entre la segunda obra inconclusa de Martín-Santos, *Tiempo de destrucción*, con la obra también inacabada de Joyce, *Stephen Hero*, "entonces pienso que realmente, a lo mejor, no es la misma influencia que Joyce ha tenido en muchos escritores, sino que realmente, para Martín-Santos, por decirlo así, Joyce era un maestro" ("Entrevista").

> [...] la compleja y flexible fórmula novelística de Joyce, una vez asimilada, posibilitaría nuevas experimentaciones, de manera que Martín-Santos pudo exponer procedimientos literarios y preocupaciones ideológicas personales, que nada tienen que ver con Joyce pero que no serían posibles sin la plataforma que supuso su *Ulises* [...]. Probablemente, sin *Ulysses* no habría habido *Tiempo de silencio*. (6-7)

Según se desprende de esta cita, parece que *Ulysses* supuso un punto de partida más que significativo para la creación de *Tiempo de silencio*, convirtiéndose en un pilar sobre el que Martín-Santos asentó su propia construcción narrativa.

Con un marco espacio-temporal delimitado, unos pocos días del otoño de 1949 en Madrid, *Tiempo de silencio* presenta una radiografía de la España del hambre y del subdesarrollo,[39] cuyo enfoque principal, como en Joyce, es el aspecto psicológico de la mente de los personajes. La estructura externa del libro no aparece dividida en capítulos, sino que consta de sesenta y tres fragmentos o secuencias narrativas, sin títulos o enumeración, separadas únicamente por un mayor espacio entre párrafo y párrafo.[40] Cada una de estas secuencias desarrolla un motivo completo o continúa otro interrumpido anteriormente, y es indicativo que la estructura se presente de este modo porque es el encadenamiento de las circunstancias lo que lleva al protagonista a su fracaso y drama final. Las interrupciones están constituidas por digresiones, descripciones, monólogos interiores y soliloquios, que van en la línea de Joyce, aunque también abunda la narración en tercera persona, junto a la presentación indirecta de los pensamientos de los personajes. La novela en general muestra una ausencia notable de diálogo y acción.

Los dieciocho capítulos de *Ulysses* transcurren en un solo día y en un único lugar. En el caso de *Tiempo de silencio* se cumple la unidad de lugar, con Madrid como centro, y la unidad de tiempo se amplía a cuatro días aunque, como en la novela de Joyce, también hay una clara diferencia entre el tiempo de la acción, el espacio medible en el que se desarrolla la historia, y el *tempo* narrativo en su modificable rapidez o lentitud con que ésta se

---

39 A esta década de los cuarenta se la ha denominado la "España de la autarquía", por su aislamiento económico, político y cultural (Suárez Granda 10).

40 Según Gonzalo Sobejano, la novela tiene 57 fragmentos (*Novela española* 232). Para Edenia y Hernández, contiene 61 secciones (55). Pero según mi propia cuenta, la de Galán Font (39-40) y la de Suárez Granda (30), entre otros, hay 63. Esta estructura en fragmentos es en sí misma una innovación que pudo tomar Martín-Santos directamente de la obra de Juan Rulfo, *Pedro Páramo*, y de otras novelas hispanoamericanas.

desarrolla. El tiempo de la historia sigue siendo breve comparado con el tiempo vivido y con el ritmo con el que se refleja la interioridad de los personajes. Pero en ambas novelas, la adhesión a las unidades sólo se percibe en su estructura externa, porque en la interna, la acción principal tiene lugar en la mente de los personajes, en otros lugares y sobre un tiempo cronológico mucho más largo, a partir de las reminiscencias y las referencias a un pasado histórico, que son constantes en ambas obras.

Una de las diferencias más notables entre las dos novelas reside en el hecho de que *Tiempo de silencio* muestra a un único protagonista, mientras que en *Ulysses* este papel se reparte entre Stephen Dedalus y Leopold Bloom. Joyce sigue un esquema fijo en la presentación de estos personajes, pues los tres primeros capítulos están dedicados a Stephen, mientras que los tres siguientes tienen como protagonista a Bloom. A partir del séptimo capítulo, ambos irán apareciendo de forma independiente pero siguiendo cursos paralelos en la novela, hasta que se vuelvan a encontrar en el capítulo catorce. En *Tiempo de silencio*, Martín-Santos incorpora diversas cualidades de ambos protagonistas a las personalidades de Pedro y de su ayudante de laboratorio Amador. En *Ulysses*, Stephen y Bloom forman dos dicotomías irreductibles, a partir de los paralelismos y contrastes que manifiestan sus respectivas formas de entender el mundo. Mientras a lo largo de la novela Stephen se muestra como el intelectual y el artista, Bloom representa al hombre común de la calle, el ciudadano humano, generoso y práctico. De este modo, si Pedro, en sus idealismos, se podría poner en relación con Stephen, Amador también recoge la ingenuidad y el sentido práctico de Bloom. El contraste que surge de las motivaciones vitales de Pedro y Amador se puede poner en relación también con las diferencias en los pensamientos de Stephen y Bloom. Mientras a Stephen y a Pedro, como intelectuales que son, les caracteriza la búsqueda constante del significado trascendente de la experiencia, a Bloom y a Amador les preocupan los hechos triviales de la vida cotidiana. Estos protagonistas cuentan, además, con otros personajes que sirven de contraste y que les hacen sombra, como es el caso de Buck Mulligan en *Ulysses* y de Matías en *Tiempo de silencio*.

Junto a estas similitudes de caracterización, también a los personajes les unen los periplos que realizan en sus respectivas ciudades. Los vagabundeos de Bloom y de Stephen por Dublín y los de Pedro por Madrid les hacen revivir experiencias similares, que incluyen la tradicional borrachera nocturna y la posterior visita al prostíbulo. Ambas novelas exploran el tema de la ciudad como espacio discursivo, para lo cual dedican un capítulo o apartado específico donde se describe Dublín y Madrid respectivamente. Así, el capítulo décimo de *Ulysses*, "The Wandering Rocks", se puede poner en relación con la larga digresión sobre Madrid como una ciudad "sin catedral" en *Tiempo de silencio* (*Tds* 15-19).[41] Esta identificación hombre-ciudad sentará las bases del determinismo histórico de la novela de Martín-Santos, en correspondencia con el concepto de la historia que, para Stephen, es una pesadilla de la que intenta despertar (*U* 28).

En cuanto a paralelismos situacionales, resulta significativo que ambas novelas incluyan, en momentos claves, divagaciones sobre Shakespeare y Cervantes respectivamente. En "Scylla and Charibdis", Stephen expone en la Biblioteca Nacional de Dublín una teoría sin sentido sobre la vida de Shakespeare que, sin embargo, cobra sentido a partir de la interpretación completa de la obra. A su vez, en *Tiempo de silencio*, Pedro reflexiona sobre la locura de Don Quijote y la grandiosidad de Cervantes, elaborando toda una disquisición teórica que también adquiere sentido pleno al relacionarla con el significado total de la novela.

De igual modo, en *Tiempo de silencio*, Pedro se ve obligado a realizar un aborto clandestino en una chabola sin condiciones higiénicas, que el narrador recrea irónicamente al compararlo con un quirófano. Este fragmento encuentra su paralelo en el capítulo "Oxen of the Sun" de *Ulysses*, que reproduce la visita de Bloom al hospital de maternidad donde la señora Purefoy va a dar a luz, mientras unos estudiantes de medicina borrachos se comportan de un modo inaceptable. El nivel de experimentación lingüística que Joyce exhibe en esta sección, al pretender mostrar la evolución de la lengua inglesa en correspondencia con los nueve meses de gestación, se puede equiparar al lenguaje grandilocuente y fundamentalmente satírico que Martín-Santos emplea para describir el aborto, producto de un incesto, que contrasta con la realidad descrita. Por otra parte, el éxito del parto de Mina Purefoy se contrapone a la muerte de Florita durante el aborto, aunque su entierro también encuentra un paralelismo con el de Paddy Dignam, en cuanto a la función de la descripción de ambos cementerios.

Otro paralelismo que surge de la lectura de ambas novelas es el del encarcelamiento de Pedro, que se corresponde con dos capítulos de *Ulysses*. El narrador describe la entrada de Pedro en prisión comparándola

---

41   Para la edición de las obras de Martín-Santos que se cita en este estudio, véase el apartado de Fuentes primarias que precede a la bibliografía final.

con un descenso a los infiernos, en clara similitud con el capítulo "Hades" de la novela de Joyce. A su vez, el realismo objetivo y minucioso que se emplea para comparar las celdas con el sistema digestivo remite al capítulo "The Lestrigonians", que detalla el proceso digestivo de la comida que está ingiriendo Bloom, según va bajando por el estómago. A todo esto se añade que, en *Tiempo de silencio*, el empleo de diferentes perspectivas, de varios tipos de monólogos y del poder expresivo del lenguaje como elementos directrices de la narración resultan claramente joyceanos.

En un plano simbólico, otro tipo de analogía textual es la que relaciona la "metempsychosis" o transmigración de las almas, que aparece repetidamente en *Ulysses*, con la "mitosis" o transformación de las células cancerígenas de los ratones que analiza Pedro en su laboratorio. Al igual que el motivo de la "metempsychosis", recurrente en los pensamientos de Bloom, sufre alteraciones en la novela formando nuevos juegos de palabras, como su variante "met him what?" o "met him pike hoses", también el cáncer de las ratas de Pedro sufrirá una nueva variación al ser sacadas de su aislamiento en el entorno del laboratorio para criarse entre los pechos de las hijas del Muecas, en una chabola. El espacio cotidiano donde se desarrollan las dos novelas no puede separarse de su trasfondo mítico y simbólico, pues ambas retoman la acción de la *Odisea* para transformarla en su versión moderna degradada. Esta reescritura del mito se manifiesta en los periplos que realizan los personajes por sus respectivas ciudades, en los viajes metafóricos que realizan hacia sí mismos y en la delineación de cada uno de ellos en correspondencia con su paralelo épico. Aunque este es un aspecto que desarrollaré en el capítulo quinto, menciono brevemente el caso de Cartucho, representante de las subchabolas de Madrid, que se convierte a lo largo de la novela en el hombre de la caverna, el cíclope violento, vengativo y asesino.

Junto a las concomitancias textuales ya mencionadas, hay toda una serie de relaciones contextuales que también sitúan a ambos escritores en un plano de correspondencias no menos interesante. Aquí hay que destacar ciertas similitudes, como la presencia de elementos biográficos, en mayor medida en toda la obra de Joyce que en la de Martín-Santos, pero bastante importantes en *Tiempo de silencio* y posteriormente en *Tiempo de destrucción*. Es curioso que ambos escritores revivan en sus obras experiencias personales que forman una base tanto estructural como funcional de las mismas. En este sentido, si no se puede interpretar *A Portrait* sin relacionar la rebeldía de Stephen con la de Joyce, ni tampoco se puede leer "The Dead", *Ulysses* o *Exiles* sin conectar las infidelidades de los protagonistas femeninos con los celos de Joyce por Nora, lo mismo se puede decir de la obra de Martín-Santos.[42] Aunque *Tiempo de silencio* no es una novela autobiográfica, sí explora aspectos que arrancan de la vida del autor durante su estancia en Madrid, al remitir a las prácticas quirúrgicas y a su propia investigación con ratas en el Instituto Ramón y Cajal del Retiro.[43] *Tiempo de destrucción* ficcionaliza su época de estudiante y el tiempo que vive con su abuela debido a la enfermedad mental de su madre. Además, Martín-Santos también estudió en un colegio religioso que le haría renegar de la fe posteriormente, y se vio influido por la voluntad paterna en su elección de carrera como cirujano, que finalmente abandonó para dedicarse a la psiquiatría.[44]

Martín-Santos, como Joyce, incorporó en su obra experiencias personales que es necesario comentar. Durante su investigación con ratas en Madrid tenía un ayudante que cumple una función pareja a la de Amador en *Tiempo de silencio* y que, como él, tenía el "labio belfo [...] un hombre bondadoso que se ocupaba de alimentar las ratas" (Gorrotxategi 332). En esta época vivió en una pensión madrileña propiedad de sus tíos – en la calle del Barquillo–, que también se corresponde con el lugar donde vive Pedro en la novela (Benet "Luis Martín-Santos" 111). Asimismo, Jo Labanyi señala que, en una entrevista con Benet, éste le explicó que los personajes de Pedro y Matías estaban inspirados en el propio Martín-Santos y Benet (*Ironía* 155). De igual modo, la relación que existe entre Pedro y la madre de Matías, una de admiración intelectual y búsqueda de afecto maternal, es la que vivió Martín-Santos con la madre de Benet que, según éste, adoptó casi como hijo interesándose sobre cualquier aspecto relacionado con San Sebastián ("Luis Martín-Santos" 115). Más aún, Martín-Santos solía acudir a un prostíbulo con Benet, cuya dueña sirvió de perfil para la delineación de Doña Luisa en *Tiempo de silencio*, quien permitía que en los ratos libres mantuvieran veladas literarias "no tanto para elevar el nivel cultural del medio cuanto para contar con un público respetuoso y calibrar los efectos de nuestra retórica sobre el pueblo llano".

---

42 Los elementos biográficos presentes en la obra de Joyce son, por supuesto, más abundantes, aunque no profundizo ahora en ellos porque serán objeto de comentario a lo largo del libro. Dedico mayor atención a Martín-Santos porque estos paralelismos son bastante menos conocidos.

43 Véase su artículo "Vaguectomía experimental en el 'test' de la ligadura del Píloro en la rata", que se cita en el apartado de Fuentes primarias.

44 Como dedico un apartado del capítulo quinto a describir los elementos autobiográficos presentes en *A Portrait* y *Tiempo de destrucción*, únicamente me centro aquí en los que aparecen también en *Ulysses* y *Tiempo de silencio*.

Incluso el pintor alemán borracho que aparece en la novela está basado en un encuentro de Benet y Martín-Santos con un artista alemán que, en una librería de Madrid, les pidió opinión sobre su cuadro expresionista en un español incorrecto ("Luis Martín-Santos" 124 y 129).

Sin embargo, muchas de estas recreaciones ficcionales son objeto de parodia en *Tiempo de silencio*. Al principio de la novela, el joven Pedro observa con admiración un cuadro de Ramón y Cajal, pues desea conseguir también un Premio Nobel que dé a conocer sus investigaciones. Pero Gorrotxategi cuenta que durante la época en la que el escritor estudió en la clínica psiquiátrica del Dr. López Ibor, éste se había alejado de la escuela de Cajal, que consideraba parte del pasado, mientras que Ibor representaba el avance y el futuro (46). Esta escena se corresponde en la novela con la parodia de la filosofía de Ortega y Gasset, a quien Martín-Santos seguiría en un principio y rechazaría más tarde. La conferencia del filósofo que reproduce *Tiempo de silencio* tuvo lugar en el cine Barceló en el otoño de 1949, a la que acudió Martín-Santos junto con Benet, como cuenta éste último:

> [...] a la salida nos fuimos a cenar y durante toda la sobremesa, haciendo uso de la manzana, no hicimos otra cosa que remedar las frases, la voz, los gestos y la retórica de Ortega. El juego se prolongó durante meses y no había cena en que a los postres uno de los comensales no cogiera una manzana para repetir –de la forma más caricaturesca posible– la conferencia de Ortega. ("Luis Martín-Santos" 140)

A la luz de todos estos paralelismos no resulta difícil coincidir con Alfonso Rey cuando afirma que Martín-Santos retomó partes aisladas del argumento de *Ulysses*, para unirlas "de manera parcialmente diferente, con el fin de construir sus propios cimientos novelescos" (9). Sin embargo, las diferencias son igualmente destacables. *Tiempo de silencio* arranca de una estructura tradicional en la exposición de la trama, a partir del planteamiento, nudo y desenlace final, que contrasta con el diseño estructural de *Ulysses*, tanto en su apertura *in medias res* como en su final abierto. Además, las implicaciones ideológicas y políticas de la novela de Martín-Santos responden a una realidad social con la que se sentía comprometido, que le distancian de las intenciones del irlandés. Naturalmente, muchas de estas diferencias se pueden explicar a partir de las particulares experiencias biográficas de cada autor. Quedan así por establecer toda una serie de condicionamientos históricos, genéricos y formales, que serán objeto de estudio más detallado en los siguientes capítulos.

2 Las relaciones literarias internacionales

> Literary tradition in our times comes about in a pragmatic manner, and new theories merely describe methods of successful writing which have been previously adopted experimentally. Whatever may have been the situation in the time of Aristotle, formulae in the modern world come after practice.
>
> A. Owen Aldridge

2.1 La literatura como sistema

El presente capítulo se centra en el estudio del tipo de relaciones literarias que se manifiestan entre las obras de Joyce y Martín-Santos. El marco teórico de esta perspectiva viene determinado por la concepción de la literatura como un sistema dinámico, en continuo intercambio, que favorece la exportación y absorción de ideas, textos, autores o movimientos. Este acercamiento arranca del análisis de las tradiciones literarias en las que se inscriben las obras de los dos escritores y estudia sus interrelaciones en un marco literario mayor, que es el internacional. Para establecer estos vínculos se parte de los conceptos de tradición y recepción, como modos de asentar los condicionamientos histórico-sociales que favorecieron la acogida de la obra de Joyce en España desde los años veinte y los mecanismos que favorecieron su consolidación en una época posterior.

Son varias las propuestas que se han lanzado desde la concepción sistémica de la literatura.[1] Claudio Guillén, en *Literature as System* (1971), explica que desde el punto de vista histórico la literatura funciona como un sistema, como un orden de elementos que interacciona y cambia a lo largo de los siglos, y define el sistema literario como algo más que una combinación o suma de sus componentes: "It implies a certain dependence of the parts on the whole, and a substantial impact of the basic inter-

---

[1] Destacan aquí la Teoría Empírica de la Literatura, formulada principalmente por Siegfried J. Schmidt, y la Teoría de los Polisistemas, difundida por Itamar Even-Zohar.

relationships. Our principal models, then, are linguistic and social" (378). Para él, el interés del historiador debe centrarse en el hecho de que un poema o una novela no son simples unidades que se añaden a otras, sino que forman parte de un todo organizado e interrelacionado (5). Devinder Mohan añade que la literatura se apoya en el estudio del sistema del lenguaje, literario o no, que a través de sus signos forma el tan complejo proceso de la comunicación y la lectura (90). En realidad, si el lenguaje es un sistema de signos y el texto se apoya en él para su representación, éste también formará parte del mismo sistema. Es la relación del sistema que ofrece el texto literario, con la realidad histórica de su autor y con el reconocimiento del mismo por parte del lector lo que le convierte en una entidad llena de valores semánticos dentro de la organización social y cultural de la literatura. El sistema literario queda definido así, como un "conjunto solidario que implica múltiples interrelaciones [...]. La obra de arte concilia la unidad con toda clase de diferencia, toda índole de diversidad" (Guillén *Entre lo uno* 192).

La historia de la literatura como manifestación de un diálogo inter e intracultural puede concebirse desde un presupuesto comparativo que localice el hecho literario en un tiempo y un espacio, y que explique el proceso comunicativo que se establece desde la convergencia y la divergencia. Por esta razón, la historia literaria como una construcción distinta de la del lenguaje o la sociedad, se caracteriza

> [...] not so much by the operation of full systems as by a tendency towards system or structuration. Thus it appears that the historian is led to evaluate, for every century or phase in the history of his subject, the precise scope of a limited, persistent, profound "will to order" within the slowly but constantly changing domain of literature as a whole. (Guillén *Literature* 376)

Otros críticos aluden al mismo hecho. Para Prawer, los estudios comparativos deben, en última instancia, ocuparse de un todo, centrándose en obras que forman un sistema en el que cada detalle ocupa un lugar y cumple una función dentro de la estructura global (132). José Lambert considera que el estudio de las relaciones literarias debe concebirse dentro del sistema literario, que nunca existe de forma cerrada

> [...] le concept de «système», d'*organisation* de la littérature conduise vers une interprétation plus fondamentale des phénomènes littéraires, au point que l'autonomie d'auteurs et d'oeuvres au sein d'ensembles régionaux, nationaux et/ou internationaux pourrait être décrite. Nous acceptons [...] de devoir parler de «systèmes littéraires» dès qu'un ensemble d'oeuvres, d'auteurs, de lecteurs sont liés par des principes (des

normes) et des modèles communs qui les opposent aux autres systèmes (environnants). (176)

Para Lambert, la coexistencia de los diferentes sistemas se establece a partir de la continua transgresión de los límites, que vienen representados por las convenciones. Desde la perspectiva del sistema receptor, toda transgresión supone una amenaza para la autonomía del sistema, por lo que el estudio de las relaciones literarias es, en gran parte, una cuestión de recepción (177).

Itamar Even-Zohar prefiere hablar de la literatura como un sistema múltiple o polisistema, que engloba los conjuntos heterogéneos que perviven dentro del sistema literario a partir de las relaciones entre lengua, literatura y cultura, en las que cada una desempeña una función específica. Partiendo de los polisistemas de Even-Zohar, Monserrat Iglesias define la estructura del sistema literario como "heterogénea",

> [...] en la que concurren opciones diferentes a un tiempo, y en la que por tanto coexisten una dimensión diacrónica y otra sincrónica. La dimensión diacrónica, es decir, el cambio que se produce dentro del sistema, no es una faceta de él, sino que nace de las tensiones entre sus propios estratos: la victoria de un estrato sobre otro constituye el cambio en el eje diacrónico. De ahí surge el aspecto dinámico de un estado sincrónico determinado. ("El sistema" 330)

Todas estas definiciones de la literatura como parte de una construcción sistémica sirven de forma central al propósito de este capítulo. Por una parte, trataré de analizar y de describir aquellas características inherentes a las obras de Joyce y Martín-Santos que les asocian a una tradición literaria concreta. Y por otra, intentaré explicar de qué modo una cultura se hace eco de la producción de otra, a través de diferentes instrumentos de mediación como son las traducciones, las revistas literarias o la labor de los críticos. La obra de Joyce se dio a conocer en la península en los años veinte gracias a la labor de todos estos medios y, sin embargo, el vacío de su recepción en décadas posteriores resulta bastante sintomático. Por esta razón, intentaré también dar una explicación al modo en que el fenómeno de la resistencia al cambio, a través del freno social, político o institucional, marcó una brecha importante en el desarrollo de la narrativa española, que se iba alejando de las nuevas soluciones literarias en el marco europeo.

2.2 *Ulysses* y *Tiempo de silencio:* entre la tradición literaria y la originalidad estética

Que no se pueda ser poeta o novelista sin haber leído poesías o novelas parece ser una verdad indiscutible. El discurso literario responde a contextos ideológicos, culturales e institucionales que perviven en sus respectivos creadores y que forman parte de la historia. La literatura que antecede a la actividad de cualquier escritor siempre será susceptible de convertirse en parte de su tradición literaria que, consciente o inconscientemente, puede inspirar su actividad de forma positiva o negativa. Como bien señala Andrés Amorós, es común en los artistas sentir un cierto "adanismo", al pensar que el mundo comienza con uno mismo, cuando la literatura es expresión continua, ya que "la obra literaria se sitúa desde su nacimiento como un eslabón más de una enorme cadena: la tradición literaria" (*Introducción a la literatura* 18).

El concepto de tradición literaria no es fácil de definir ni mucho menos de delimitar, a pesar de que para ello se han venido aplicando conceptos formales, estilísticos, estéticos o conceptuales. Shipley considera que la tradición en sentido amplio denota todas las convenciones, recursos literarios y formas de expresión según van pasando de escritor a escritor (585). Partiendo de este crítico, el propósito del presente apartado es presentar una breve valoración de cómo se ha formulado este concepto desde los postulados críticos anglo-irlandeses e hispánicos, con el objetivo de situar las obras de Joyce y Martín-Santos en los contextos de donde provienen. Para Shipley, al igual que se puede hablar de la tradición de una determinada técnica narrativa, un tema literario o una cultura, también puede hablarse de la tradición en un sentido global, implicando "the essential line of development coming to us out of the past, the main current as distinguished from the accidental and peripheral" (585). Para Guillén, sin embargo, la tradición no deriva de la actividad del escritor sino de la experiencia del lector, que es quien finalmente aporta un contexto de interrelaciones en su acto de lectura (*Entre lo uno* 325). Desde cualquiera de estas dos perspectivas, la tradición se sitúa en el cruce entre el emisor y el receptor ya que el escritor es primeramente lector.

Roger Fowler, en su *Dictionary of Modern Critical Terms*, define la tradición literaria como "a historical scheme made up of formal, stylistic and ideological attributes common to large numbers of works over a long time. It generally implies a casual nexus linking individual works". Y señala que el historiador literario puede acudir a la tradición con fines estrictamente históricos, para mostrar un proceso de cambio o como apoyo a la crítica (196). Para Lachman M. Khubchandani, la tradición proporciona un panorama lingüístico-cultural que comprende la obra literaria en toda su complejidad e identidad. De esta forma, cualquier tradición

> [...] acknowledges an *organic unity* on the time-scale. The binding force of a literary tradition, in Kantian terms the 'collective unconsciousness' as conveyed through creative expression, can be identified with the help of various parameters, such as the linguistic structure, genres and styles, themes, cultural milieu, philosophical vision, ideology and geophysical space. (107)

T. S. Eliot, en "Tradition and the Individual Talent", sostiene que si la tradición consiste en continuar los caminos de la generación anterior, ésta debería romperse. Como la novedad es mejor que la repetición, la tradición adquiere un significado amplio, pues no puede heredarse y sólo puede seguirse a partir de la conciencia histórica: "This historical sense, which is a sense of the timeless and of the temporal together, is what makes a writer traditional. And it is at the same time what makes a writer most acutely conscious of his place in time, of his contemporaneity" (48-49). También para Ihab H. Hassan, estudiar la tradición, la experimentación, la continuidad y el desarrollo supone adoptar una visión más amplia de la historia o de la dinámica de lo que se suele denominar influencia; y estos parámetros son los que deben guiar y dirigir la evaluación de las relaciones de autor a autor, periodo a escritor o periodo a periodo (75). Hassan sigue a Eliot cuando éste señalaba que el escritor debía crear "not merely with his own generation in his bones, but with a feeling that the whole of the literature of Europe from Homer and within it the whole of the literature of his own country has a simultaneous existence and composes a simultaneous order" ("Tradition" 49). Sin embargo, el concepto de tradición según se manifiesta en la literatura de hoy no tiene por qué identificarse con los límites geo-políticos de una determinada cultura, sino que la misma transgresión de fronteras obliga a mirar más allá de la herencia cultural propia.

El planteamiento que sigo en este trabajo parte de la concepción de la tradición literaria y de su relación con la formación de los periodos o movimientos histórico-literarios como hechos diferentes y a la vez complementarios. Si, como explica Gicovate, la tradición define la unidad y la continuidad, la aparición de movimientos innovadores, introductores de un cambio, será asimilada dentro de una nueva tradición:

> Sin una tradición no habría nada que renovar, sin movimientos renovadores no habría más que el comienzo paralizado de una tradición. Lo que se suma al hablar de la tradición es precisamente ese comienzo y todos los movimientos sucesivos que lo han enriquecido aun cuando parecían querer oponérsele y destruirlo. (45)

Pero, también en esta línea, quizá una pregunta que debe hacerse el crítico de la literatura es la que formula Harold Bloom en *A Map of Misreading:* ¿elegimos una tradición o es ella la que nos elige a nosotros? Según Bloom, no hay textos sino relaciones entre textos, por lo que no se puede escribir, leer o interpretar fuera del marco de una tradición: "Literary tradition begins when a fresh author is simultaneously cognizant not only of his own struggle against the forms and presence of a precursor, but is compelled also to a sense of the Precursor's place in regard to what came before *him*" (32). Bloom aquí vuelve a remitirnos al pensamiento de Eliot cuando anunciaba que ningún artista adquiere sentido completo por sí solo, puesto que su significado es la apreciación de su relación con los poetas y artistas del pasado ("Tradition" 49). Sin embargo, en su obra posterior, *The Western Canon*, Bloom da la vuelta completa a esta interpretación aclarando que el escritor no elige una tradición, sino que es él quien resulta elegido y modificado por ella: "Strong writers do not choose their primitive precursors; they are chosen by them, but they have the wit to transform the forerunners into composite and therefore partly imaginary beings" (11).

El estudio de las diferentes tradiciones literarias que conforman las obras de Joyce y Martín-Santos constituye la base sobre la que se asientan sus respectivas poéticas, y también el lugar de encuentro y desencuentro con los aspectos que las separan, convirtiendo sus creaciones en soluciones literarias sumamente originales. Naturalmente, por originalidad no debe entenderse únicamente las innovaciones puras, de forma o contenido, sino también las reorganizaciones basadas en otros modelos. Este concepto ha venido contraponiéndose al de tradición porque se suele confundir tradicional con conservador, aunque la historia de la literatura ofrece innumerables ejemplos de tradiciones transgresoras. De esta forma, concibo la tradición como la otra cara de la originalidad y sigo a J. T. Shaw cuando afirma que: "The *original* author is not necessarily the innovator or the most inventive, but rather the one who succeeds in making all his own, in subordinating what he takes from others to the new complex of his own artistic work" (60).

Centrándome en el caso concreto de la obra de Joyce, hay que reconocer que los escritores irlandeses muestran una peculiaridad casi generalizada, a partir de su propia historia con Gran Bretaña, que es la del rechazo de la tradición literaria inglesa y la búsqueda alternativa de modelos europeos. Seamus Deane, en *Celtic Revivals*, explica que tanto Joyce como Yeats, Synge y O'Casey produjeron obras literarias claramente irlandesas pero que no se pueden definir sólo con este término (5-6). De hecho, continúa más adelante:

> Irish experience, different from English and anxious to assert that difference to the ultimate extent, needed a new form of realization which would not only differentiate itself in formal terms from its English counterparts, but would also have to do so while fretting in the shadow of the colonizer's language. In accepting these challenges, formal and linguistic, in accepting the unique role of the artist in whom a minority culture, characterized by incompleteness and fracture, would achieve completeness and coherence, Joyce necessarily became a rebel in all that preceded him. (100)

Sin embargo, si por una parte se puede considerar la obra de Joyce como epítome de la originalidad creadora, también es cierto que cada una de sus obras puede incorporarse a una o varias tradiciones literarias. De forma reductiva y simplificada se podría decir, por ejemplo, que *Dubliners* sigue la tradición naturalista de Flaubert, Balzac o Zola; que *Exiles* presenta una influencia considerable de las obras de Ibsen; que *A Portrait* no se puede concebir fuera de la tradición del *Bildungsroman*; que *Ulysses* traslada el mito épico de la *Odisea* a la realidad del Dublín de 1904, aunque tampoco puede comprenderse sin la tradición simbolista de Baudelaire, Mallarmé o incluso de la literatura popular; y que *Finnegans Wake* supone un intento de reconstrucción de toda la literatura que precede a la creación joyceana en su sucesiva reapropiación de las tradiciones anteriores. La genialidad de Joyce como artista se manifiesta precisamente en la adopción de formas nuevas con las que recreó soluciones anteriores, por lo que su producción no puede concebirse sin el precedente de Carroll, Swift, Dickens, Sterne o Freud, entre muchos otros. Es irónico, por otra parte, que el mismo Joyce pusiese en boca de su personaje Stephen Dedalus que ninguna teoría estética tiene valor si se apoya en la tradición, pues cada cultura cuenta con la suya propia y resulta muy difícil reconciliarlas todas:

> No esthetic theory, pursued Stephen relentlessly, is of any value which investigates with the aid of the lantern of tradition. What we symbolize in black the Chinaman may symbolize in yellow: each has his own tradition. Greek beauty laughs at Coptic beauty and the American Indians derides them both. It is almost impossible to reconcile all tradition whereas it is by no means impossible to find the justification of every form of beauty which has been adored on the earth by an examination into the mechanics of esthetic apprehension whether it be dressed in red, white, yellow or black. (*SH* 189)

Estas ideas muestran el grado de ruptura que Joyce mantuvo contra todo tipo de encasillamientos y etiquetas. De hecho, como señala Deane, Joyce fue el escritor irlandés que rechazó las limitaciones de lo irlandés y el escritor en lengua inglesa que rechazó las limitaciones de ser un escritor inglés, ya que medía su lealtad hacia sí mismo según la deslealtad que sentía contra las fuerzas que le habían moldeado (*Celtic Revivals* 100). Pero este rechazo contra todo tipo de limitaciones opresoras debe relacionarse también con el ansia de libertad espiritual y artística que heredó de poetas románticos como Byron, Shelley, Wordsworth o Coleridge. Stephen no se encuentra tan lejos del ideal romántico cuando, en *A Portrait*, anuncia a Davin: "The soul [...] has a slow and dark birth, more mysterious than the birth of the body. When the soul of a man is born in this country there are nets flung at it to hold it back from flight. You talk to me of nationality, language, religion. I shall try to fly by those nets" (*P* 203).[2]

Dentro de la tradición literaria en la que se inscribe la obra de Joyce, sus conocidos Jolas (14) y Budgen ("James Joyce" 25) afirman que fue un profundo admirador de Yeats –a pesar de lo mucho que se ha escrito sobre sus posibles antagonismos–,[3] pues consideraba que ningún poeta surrealista podía igualarle en imaginación. La colección de ensayos, reseñas y artículos críticos, *The Critical Writings of James Joyce*, da muestra de la formación de los gustos e intereses literarios del escritor que, aunque comenzaron a una edad temprana, se mantuvieron constantes durante su trayectoria artística. En sus dos ensayos dedicados a James Clarence Mangan (de 1902 y 1907 respectivamente), Joyce defiende sus cualidades literarias y se queja de que sus conciudadanos no le rindan tributo: "Mangan will be accepted by the Irish as their national poet on the day when the conflict will be decided between my native land and the foreign powers –Anglo-Saxon and Roman Catholic" (*CW* 179).

No extraña así que, en "Ireland, Island of Saints and Sages", Joyce describa a Irlanda como un país destinado por Dios a convertirse en la caricatura del mundo moderno, del que, como señala Harry Levin, él

---

2   Tampoco hay que olvidar que la afirmación previa del mismo Stephen –que Byron es el más grande de los poetas– le cuesta una paliza por parte de sus compañeros de clase, para quienes Byron era un inmoral y un hereje (*P* 80-82).
3   Para Mary Reynolds, Joyce compitió silenciosamente con Yeats y Synge, al intentar primero igualarse a ellos y luego superarlos ("Davin Boots" 218). Sin embargo, las cartas y diarios de ambos rebelan que Yeats fue un apoyo importante para Joyce, a quien ayudó con la publicación y financiación de su obra. De igual modo, Joyce se enfrentó a sus compañeros por negarse a firmar una carta contra la obra de Yeats, *The Countess Cathleen*, acusada de herejía (Ellmann *JJ* 66-67).

mismo sería el caricaturista, al mantener la posición de un "wildgoose, a cosmopolitan Irishman, keeping aloof from nationalism and seeking to Europeanize Irish culture". Para Levin, Joyce se manifestaba como el creador de una "New School" cuyos presupuestos resultaban menos claros que las razones por las que repudiaba a sus antecesores (*Grounds* 362-363). En este ensayo, Joyce interpreta la historia irlandesa desde sus comienzos como innoble y servil, por haberse vendido a los primeros aventureros ingleses, y acaba afirmando: "It is well past time for Ireland to have done once and for all with failure. If she is truly capable of reviving, let her awake, or let her cover up her head and lie down decently in her grave forever" (*CW* 174). En la misma línea, "The Home Rule Comet" se hace eco de la histórica traición de Irlanda a sus propios héroes, "always in the hour of need and always without gaining recompense. She has hounded her spiritual creators into exile only to boast about them" (*CW* 213). Asimismo, en "The Day of the Rabblement", afirma que una nación que nunca evolucionó más allá de los dramas moralizantes medievales es incapaz de ofrecer un modelo literario para el artista, que deberá buscar fuera de sus fronteras (*CW* 70).

Joyce criticó también de forma directa al grupo del Renacimiento irlandés por su patriotismo provinciano y su poca apertura literaria (*CW* 71-72). La repulsa hacia el nacionalismo irlandés –centrado en la búsqueda y establecimiento de unas raíces propias ancladas en el pasado histórico precolonial– iba en consonancia con su rechazo por la concepción de la literatura como una unidad cerrada. Al exponer estas críticas, Joyce estaba reaccionando contra el culto al pasado, que venía representado por el héroe mitológico Cuchulain "Hound of Ulster", legendario por su coraje, fuerza y bravura, que adoptaron y revivieron líderes del Renacimiento irlandés, como Yeats, Lady Gregory, Synge o Patrick Pearse. Para Joyce, este antiguo heroísmo no ofrecía una imagen fiel de Irlanda y además convertía al nacionalismo irlandés en una imitación del modelo original inglés más que en una renovación radical de la conciencia de la raza irlandesa. Así, él mismo optaría por lo cotidiano como el dominio del artista señalando que lo heroico y el sensacionalismo había que dejarlo para los periodistas (Kiberd xii-xiii).

Tanto *Dubliners*, que pretendía revelar la historia moral de su país, como *A Portrait*, que trataba de romper con todas las tradiciones opresivas, muestran una toma de conciencia menos heroica pero también más real del pueblo irlandés. De igual modo, *Ulysses* retoma un mito griego y no gaélico, ya que el héroe Ulises, claramente desmitificado en la figura de

Bloom, mostraba más elementos de humanidad y de pacifismo que la leyenda del belicoso Cuchulain. Asimismo, rechazó a los victorianos John Ruskin y Matthew Arnold, mientras que adoptó al noruego Ibsen –cuyas obras se consideraron inmorales en la época– como su maestro. La inclinación hacia Ibsen supuso el rechazo de otros modelos que provenían de su propia cultura, abandonando tanto el idealismo romántico de Yeats y sus compatriotas, como su nacionalismo chovinista. La esterilidad estética del grupo del Renacimiento se convirtió, en manos de Joyce, en una fertilización artística que naturalmente provendría de una tradición más abierta y plural, como era la europea. Con este propósito Joyce abandonó Irlanda, "the old sow that eats her farrow" (*P* 203), para vivir en otros países de Europa y contagiarse de una tradición continental basando sus modelos en autores como Homero, Dante, Bruno, Vico, Flaubert, Tolstoi, Baudelaire, Mallarmé, Nietzsche y tantos otros.[4]

Quizá, por todo ello, habría que decir que Joyce se sitúa en un punto medio entre el rechazo de la tradición anterior y la apropiación de las mismas fuentes, para crear una solución literaria totalmente original e innovadora. Pero algo parecido se podría aplicar también a la obra de Martín-Santos. Si, por una parte, el escritor español rompe con las convenciones de la literatura social-realista anterior e introduce en *Tiempo de silencio* preocupaciones y elementos innovadores que recoge de una tradición europea más amplia, por otra, los ecos de la literatura hispánica presentes en la novela son más que notables. Es más, Rey ha llegado a afirmar que "*Tiempo de silencio* es una síntesis de lecturas heterogéneas, como si su autor fuese desarrollando sobre el papel el proceso de reacción, asimilación y nueva reacción ante diversas épocas de la literatura española y occidental" (6). Ya una primera lectura de la novela nos lleva a asociarla con el culto por la palabra, el retoricismo de Góngora o Quevedo, el costumbrismo de Baroja, el realismo de Galdós, la visión esperpéntica de la realidad de Valle-Inclán, la filosofía existencial de Unamuno, la realidad grotesca de Kafka, el ambiente depresivo de Faulkner y, naturalmente, Cervantes y Joyce, que serán objeto de estudio en el cuarto capítulo.

---

4   El estudio de Richard Ellmann, *The Consciousness of James Joyce*, contiene un apéndice que recoge los libros de la biblioteca de Joyce en Trieste, en 1920. La colección, formada por unos 600 textos, incluye: autores representativos de las tradiciones literarias occidental y oriental; libros de historia, filosofía y medicina; manuales; gramáticas; literatura rosa; cuentos populares, etc. Esto es algo que no viene sino a demostrar que Joyce leía prácticamente todo lo que caía en sus manos.

Curiosamente, Martín-Santos no había recibido una formación literaria sino la que de forma autodidacta se había preocupado por adquirir. Benet cuenta que cuando le conoció a finales de los años cuarenta tenía una cultura humanista y clásica que interesaba a poca gente, y que "no gozando de nadie que le dijera lo que tenía que leer se había dejado llevar por los manuales, los compendios o las recomendaciones de los profesores", así que no había leído a figuras destacadas del siglo XX ("Luis Martín-Santos" 118). Escritores como Alberti, Aleixandre, Cernuda, Lorca y Salinas, creadores de una poesía intelectualista que exploraba algunos aspectos de la libre asociación de ideas, está presente en *Tiempo de silencio*, como se tendrá la oportunidad de ir viendo.

Asimismo, en el perfil del protagonista Pedro se pueden percibir ecos de *El árbol de la ciencia* (1911) de Pío Baroja, pues tanto Andrés Hurtado –también estudiante de medicina en Madrid– como él son jóvenes intelectuales con pretensiones, inquietudes y deseos de llegar a ser alguien. Ambos se ven imposibilitados para llevar a cabo sus respectivos proyectos por la opresión que viven y por sus propias debilidades. La voluntad de Andrés Hurtado queda anulada finalmente por la hipocresía del ambiente social, optando, al igual que Pedro, por el aislamiento y la aceptación pasiva. Sin embargo, el planteamiento del conflicto de los protagonistas con la sociedad se lleva a cabo de forma distinta.[5] En su artículo "Baroja-Unamuno", el mismo Martín-Santos señala no ser "barojiano", pues considera que una de las debilidades de la obra de Baroja es que

> [...] no llega a plantear mediante estos personajes un problema metafísico, filosófico o social definido. Estos personajes no están vistos desde dentro; su psicología es un poco sumaria. Son personajes que se presentan en forma de estampas; están vistos desde fuera. Las cosas que hacen son reales, pero no está analizado el mecanismo interno de su acción. (232-233)

Labanyi explica que, en general, Martín-Santos rechazó el esencialismo de la generación del 98, por lo que su obra presenta una temática política "como parodia de la ideología del régimen, de abolengo noventayochista y orteguiano" (*Ironía e historia* 12). La crítica a la filosofía de Ortega que aparece en la novela es más que explícita, pero su separación de

---

5   Véanse los artículos de Thomas R. Franz: "Baroja's 'Science' in Martín-Santos's 'Time'"; y "From Baroja and Ayala to Martín-Santos". Para Franz, a pesar de haber claras diferencias entre ambas novelas, las semejanzas no son fortuitas ni responden a la mera coincidencia ("Baroja's 'Science'" 324).

la ideología del 98 se basaba en lo que él veía como una "falta de compromiso político" de sus miembros ante el rechazo absoluto de la realidad española. Para Martín-Santos, esto les convertía en pesimistas pasivos y resignados, ya que "no llegaron a creer que era posible o que era eficaz la adscripción del escritor a una línea política, a una posibilidad de remedio" ("Baroja-Unamuno" 230). A pesar de ello, la visión de Castilla como tierra seca y yerma pero bella, tan noventayochista, es un símbolo que aparece al final de *Tiempo de silencio*. Asimismo, Martín-Santos reacciona contra el realismo social de las novelas que escriben otros miembros de su generación y, sin embargo, la descripción del mundo de las chabolas en *Tiempo de silencio* se puede poner en relación con otras novelas de la época que exponían las mismas preocupaciones sociales, en la línea de *Los olvidados*, de Ángel María de Lera, *La piqueta*, de Antonio Ferrés, e incluso *La resaca*, de Juan Goytisolo (Rey 20).

La amplitud de niveles de significado en *Tiempo de silencio* se manifiesta en la gran variedad de alusiones que presenta, tanto científico-médicas y psiquiátricas, como literarias. Las voces de otras literaturas, como ha demostrado Alfonso Rey, constituyen una parte más que sustancial de su estructura narrativa y resultan sorprendentes teniendo en cuenta la brevedad de la novela. Rey ha encontrado más de cuarenta referencias literarias explícitas o implícitas. Procedentes de la tradición hispánica aparecen alusiones a: Antonio Machado, Jorge Manrique, Fray Luis de León, Santa Teresa, *El Quijote*, *Persiles*, Góngora, Lope de Vega, Quevedo, Calderón, Tirso de Molina, Vélez de Guevara, el teatro del Siglo de Oro, Juan Ramón Jiménez, Unamuno, García Lorca, Gómez de la Serna, etc. En cuanto a autores clásicos, destacan: Virgilio, Horacio, Ovidio y Plauto. De la Biblia, aparecen también escenas de: *Reyes*, *Deuteronomio*, *Eclesiastés*, *Tobías*, *Isaías*, *Daniel*, *San Mateo* y *San Pablo*. Las referencias a filósofos tampoco son escasas, y destacan: Protágoras, Platón, Homero, Ortega, Nietzsche o Heidegger. Y por último, de la literatura extranjera, tenemos: *La Divina Comedia*, Balzac, Faulkner, Shakespeare, Sartre, Kafka y el mismo Joyce (Rey 15-16).[6]

A pesar de que Martín-Santos retoma e incorpora a su obra parte de la tradición literaria anterior a la guerra civil, también se distancia de ella en varios aspectos. Por una parte, utiliza técnicas narrativas novedosas y se aleja de un tipo de creación que iba dirigida principalmente hacia la

---

6   Para un estudio más exhaustivo sobre las alusiones literarias y culturales, véase el artículo conjunto de D. Boyer, J. Fressar, B. Gille, J. I. Murcia y J. P. Ressot, "Notes sur *Tiempo de silencio*".

denuncia social. Y por otra, también se distancia de la tradición que inaugura Joyce en su incorporación de la figura del narrador-comentarista, que interfiere y moraliza. En su deseo consciente de renovar la producción artística española, Martín-Santos participó en muchas tertulias literarias. Entre éstas, destaca la que tenía lugar en el Restaurante Gambrinus los sábados por la noche, que habían comenzado miembros de la Facultad de Filosofía y Letras en 1946, y a la que el escritor se incorporó en 1949. Los encuentros consistían en el debate de un tema propuesto, con el objetivo de "hacer algo para compensar la pobreza intelectual existente entonces en la universidad española", por lo que bautizaron los encuentros como "Universidad libre de Gambrinus". Entre los asiduos se encontraban José María Valverde, Miguel-Sánchez Mazas, Francisco Pérez Navarro, Luis Quintanilla, Alfonso Sastre, Víctor Sánchez de Zavala, Juan Benet y el mismo Martín-Santos. En su fecha de incorporación el tema principal era la lectura y traducción de *L'être et le néant* de Sartre,[7] y al año siguiente fue la obra de Heidegger, intentando estar al día con lo que se venía publicando en Europa (Gorrotxategi 54).

Posteriormente, coincidiendo con su estancia en San Sebastián, el escritor colabora con la Asociación Artística de Guipúzcoa y con el Ateneo, cuyos miembros compartían el mismo tipo de compromiso social e intelectual y una cierta dosis de progresismo con respecto al conservadurismo y opresión política imperantes.[8] El siguiente paso fue su participación en la "Academia Errante", un grupo cultural de intelectuales de diferentes ideologías con un proyecto cultural común, que durante los años sesenta se reunían en la clandestinidad. Uno de los miembros, Luis Peña Basurto, describe las líneas generales del proyecto y aporta un retrato histórico de las circunstancias de pasividad socio-cultural de la época:

> Producto de la caótica sedimentación social de una horrible guerra civil, nos creíamos proscritos en el ambiente indiferente y desmoralizador que nos rodeaba, mas a impulsos de un afán constructivo, logramos superarnos por encima de la apatía general y sustituimos la crítica incoherente y baladí por el diálogo ameno y ordenado. [...] disfrutábamos creyéndonos bullir en el ilusorio crisol ardiente de un nuevo renacimiento. (Cit. por Gorrotxategi 87)

---

7   Allí participó con un estudio psicopatológico de la obra de Sartre, hoy publicado como "El psicoanálisis existencial de Jean-Paul Sartre" (1950).

8   Estas actividades eran objeto de sospecha política por parte del Gobierno Civil, por lo que a finales de los cincuenta los actos empezaron a ser supervisados por la policía. En esta fecha hubo que reducir los temas de debate a cuestiones puramente artísticas o estéticas, en las que Martín-Santos tuvo una participación activa (Gorrotxategi 81-86).

En este ambiente de desacuerdo y de apatía cultural Martín-Santos manifiesta que desea modificar la realidad de la novela española, como le comunica en una entrevista a Janet Winecoff Díaz (237). Existían también otras razones, pues supo ver que "la única arma" que poseía el escritor de la época para cambiar la realidad era "precisamente la de escribir una novela suficientemente hábil para que pase la censura o suficientemente real para que preocupe políticamente al lector" (Martín-Santos "Realismo y realidad" 7).[9] En tales circunstancias la "Academia Errante" tuvo que dispersarse por amenazas del Tribunal de Orden Público,[10] abriendo paso a la publicación de una novela como *Tiempo de silencio*, que conseguiría vencer el yugo de la censura gracias a su innovación formal, en un tiempo silenciado por el temor y el miedo a los efectos de las palabras.

En definitiva, las obras de Joyce y Martín-Santos translucen una búsqueda consciente de lo original y genuino como modos de superar el peso de la tradición literaria. La creación joyceana rompe con el pensamiento racional para mostrar el caos de la mente humana. Su figura como autor puede compararse con la del genio, al haber sido capaz de sobrepasar las fronteras de la razón y además de crear. Su producción no sólo ha abierto un cauce en el ámbito de la ficción sino que se ha convertido en material para los críticos, que han acudido a sus novelas para explicar el desarrollo de la narrativa contemporánea y justificar nuevas teorías literarias. Es curioso, además, que Joyce nunca dudase de su genialidad. En una carta a su hermano afirmó: "My mind is of a type superior to and more civilized than any I have met up to the present", y en otra dirigida a su

---

9 Juan Goytisolo ha descrito irónicamente lo que fue escribir en España en una época de censura y prensa controlada, para una sociedad poco exigente: "Si algún ciudadano español tiene la idea un tanto disparatada de escribir una novela o componer un poema inconformistas –¿quién lee, en verdad, esta clase de literatura en España?– y encuentra un editor suficientemente altruista que se dedica a publicarlos –perdiendo dinero, claro está– el original debe pasar por las manos del prestigioso Departamento de Orientación y Consulta –último nombre de pila de la censura– de dos semanas a un año y, a veces, más aún [...]. Y el joven inexperto que describe escenas eróticas o evoca, sin condenarlo, un amor ilícito o gasta ironías acerca de la religión oficial o del orden existente recibe un billetito en donde amablemente se le dice: 'No procede', o se le devuelve el manuscrito con la lista de los cortes necesarios, que van desde la eliminación de capítulos o pasajes enteros a la supresión de frases y hasta de palabras crudas que pudieran ofender a una eventual lectora de provincias. Todo esto, con una gran cortesía, sin violencias ni amenazas de ninguna clase" (*El furgón* 43).

10 Tres de las intervenciones de Martín-Santos en la Academia se publicaron en fecha posterior con los títulos de: "Lope de Aguirre ¿loco?", "Baroja-Unamuno" y "El naturalista y su psicología". Véase el apartado de Fuentes primarias al final del libro.

mujer señaló: "I hope that the day may come when I shall be able to give you the fame of being beside me when I have entered into my Kingdom". De hecho, preparó la inmortalidad de su propia obra, cuando en el Bloomsday de 1924 escribió en su diario: "Today 16 of June 20 years after. Will anybody remember this date?" (Ellmann *Four Dubliners* 54 y 53). Más aún, antes de finalizar *Finnegans Wake* instigó a un grupo de críticos de renombre para que publicasen una colección de ensayos sobre su obra. Así, en 1929 doce críticos, entre los que se encontraban Samuel Beckett, Marcel Brion, Frank Budgen y William Carlos Williams, publicaron *Our Exagmination Round His Factification for Incamination of Work in Progress*, adelantando los brotes de creatividad excepcional que iban conformando la obra, más por lo que Joyce les había indicado, que por lo que ellos mismos pudieran intuir de lo que eran todavía unos fragmentos a medio plantear.

En la misma línea, también el escritor español se veía como un ser distinto del resto, brillante y destacado. De hecho, se consideraba un ser "muy diferenciado", refiriéndose con ello "a la gente cultivada y con una gran capacidad de discernimiento intelectual [...]. Con este término quería expresar una capacidad funcional más elevada que lo considerado como habitual" (cit. por Gorrotxategi 53). Asimismo, su compañero y amigo Castilla del Pino ha reconocido que el escritor "era de una inteligencia superior, excepcional, y a ella se unía un impulso creador de carácter [...] biológico" ("Prólogo" XI). La singularidad estética que propuso Martín-Santos se encuentra no sólo en la superación del estancamiento de la novela anterior sino en haberse convertido en germen de una nueva época, una nueva tradición y una nueva narrativa. Suárez Granda es más explícito cuando afirma que la evolución literaria posterior a 1962 no puede ignorar a *Tiempo de silencio* "y no sólo por su importancia intrínseca, sino por la influencia que generó en otros autores del momento, influencia plasmada en perplejidad y momentáneo silencio en unos casos, y en otros, aporte de procedimientos narrativos y estilísticos" (13).

2.3 La recepción de la obra de Joyce en la literatura española

2.3.1 La teoría estética de la recepción

Antes de introducir cuestiones de recepción se hace necesario precisar el significado del término según se aplica en el presente libro. La teoría de la recepción se apoya en el reconocimiento de que existe una relación dialéctica entre el texto como producto de una época y cultura particular, y el mismo texto recibido en otro contexto. El interés por estudiar el papel del lector en la obra literaria comenzó a desarrollarse en los años sesenta, por oposición a la consideración del discurso literario como atemporal y al objetivismo histórico. Dentro de esta aproximación crítica deben distinguirse dos grandes enfoques: la teoría estética de la recepción de la escuela de Constanza, representada por Wolfgang Iser y Hans Robert Jauss;[11] y la consideración sociológica de la recepción, desde la que destacan figuras como Robert Escarpit, Noel Salomón y René Andrior.

Desde la primera aproximación, el estudio de la recepción se centra en el análisis de su naturaleza estética, en el lector implícito y en el histórico, que proporciona el cambio de horizonte de expectativas (Jauss "The Theory" 59). La aportación de este grupo es relevante, pues el estudio de la recepción de los textos determina la continuidad de la historia literaria.[12] Para Jauss, la historia de la literatura se formula como un proceso de producción y recepción estéticas, que realizan el lector, el crítico y el autor en el texto literario ("Literary History" 8-10). Y esta interrelación dinámica entre lectores y horizontes es lo que forma el sistema literario. Como explica Guillén:

> El lector, afectado paulatinamente por lo leído, que acaso no coincide del todo con su previa disposición cultural o conjunto de convenciones, pasa a encontrarse ante un horizonte diferente de expectativas. El escritor se ve obligado a tomar en consideración este cambio. Surgen obras nuevas, que manejan, rectifican o refutan el conjunto de convenciones admitido por los lectores. Al proceso de la lectura singular se unen, pues,

---

11 Pero las posiciones de ambos difieren, pues Iser se inclina hacia la estética del efecto, desde una línea fenomenológica, mientras que Jauss se interesa por la historia de la recepción, dentro de una línea más histórica.

12 El término "horizonte de expectativas" goza de un amplio uso terminológico pero carece de una definición precisa. Véase la evolución del concepto, su empleo y definición por parte de Jauss, Mannheim, Popper y Gadamer en el artículo de Monserrat Iglesias, "La estética de la recepción y el horizonte de expectativas".

procesos subsiguientes, evolutivos [...] e historiables. Una sucesión de producciones y de receptores –de obras producidas, leídas, etc.– compone los eslabones de esta relación constante, siempre renovada, entre las obras y los receptores. (*Entre lo uno* 399)

Por otra parte, la consideración sociológica de la recepción se orienta hacia el estudio de la supervivencia de la obra literaria. Este tipo de aproximación suele incluirse como un apartado de la sociología de la literatura, desde la que se analizan: la recepción misma, la fortuna de una obra, y los intermediarios o instrumentos de mediación. La recepción consiste en la "relación más compleja en la que intervienen el autor de la obra, los lectores y las circunstancias de la época" (Weisstein 179). La fortuna, entendida según Claude Pichois y André-M. Rousseau, representa la unión de dos términos, *succès* e *influence*. *Succès* es el concepto colectivo y cuantitativo que mide el éxito o fortuna de una obra a través de datos estadísticos, como el número de ediciones, traducciones, lectores, objetos que inspiran la obra, etc. La fortuna o éxito de un escritor es un proceso posterior a la producción de esa obra, y su estudio corresponde a la sociología de la literatura (73). Ambos términos, según Guillén, establecen lo que Jauss denomina "horizonte de expectativas" de los lectores. Finalmente, por instrumentos de mediación me refiero al conjunto de personas o entidades que hacen posible que una obra llegue a un determinado autor o época, como son las revistas literarias, la prensa, las traducciones, los críticos, los profesores o los escritores en general.

El tipo de interrelación que puede darse entre varias literaturas depende siempre de la efectividad de su recepción, que favorecerá o cuestionará un determinado gusto literario, producto siempre de una época concreta. Partiendo de esta idea, el tipo de recepción que se estudia en el presente libro va más en línea con la consideración sociológica, al centrarme en la repercusión que tuvo la entrada de la obra de Joyce en España. En cuanto a los objetivos, se parte de la descripción del contexto histórico-cultural y literario que favoreció la recepción del irlandés, para, desde ahí, analizar la transmisión de su obra a través de intermediarios como los críticos, las traducciones y las revistas literarias. Por otra parte, aunque se examinará el tipo de recepción que tuvo Joyce en España, no se considerará el éxito o fortuna del escritor de forma cuantitativa, pues el propósito final es estudiar el impacto que tuvo su obra en los años sesenta, con la publicación de *Tiempo de silencio*.

2.3.2 La recepción de la obra de Joyce a partir de los años veinte

Hoy día es incuestionable reconocer que Joyce ha sido uno de los escritores más influyentes de la literatura contemporánea. Su obra se ha puesto en relación con la de otros grandes literatos del siglo XX como William Faulkner, Marcel Proust, Frank Kafka, Thomas Mann o Jorge Luis Borges, por citar sólo algunos. Se han buscado las fuentes de su estilo en el naturalismo de Flaubert, en el simbolismo de Baudelaire o Mallarmé, en el teatro de Ibsen, en la filosofía de Bergson o en los movimientos de experimentación vanguardista de la época. Sin embargo, aunque el interés por examinar la presencia de la obra de Joyce en el ámbito hispánico se ha convertido en los últimos años en un objeto de estudio bastante prolífico y prometedor, quedan todavía vacíos que llenar, ya que la huella que dejó fue más fecunda de lo que en un principio hubiera podido esperarse.

La publicación de *Ulysses* en forma de libro tuvo lugar en París en 1922, pero su edición limitada de mil copias, la censura de la novela por parte de la "Sociedad para la Prevención del Vicio" de Nueva York, y la cantidad de errores que tenía no fueron un obstáculo para su expansión e influencia. De hecho, aunque no apareció hasta 1933 en Estados Unidos – cuando el Juez J. M. Woolsey permitió su publicación– y hasta 1939 en Gran Bretaña, a finales de los veinte y treinta Joyce se había convertido ya en "the Grand Old Man of European literature, and established and new writers clustered in Paris to find him" (Bradbury "James Joyce" 158). No sorprende, por tanto, que sean innumerables las obras literarias que se han escrito bajo la advocación de *Ulysses*, no sólo en lengua inglesa sino en otras mucho más lejanas. Melvin Friedman señala que inspiró directamente a *Manhattan Transfer* de John Dos Passos ya en 1925, y a *Berlin Alexanderplatz* de Alfred Döblin en 1927, y que la mayoría de las novelas ambiciosas de finales de los veinte no pueden concebirse sin *Ulysses*. De entre estas: *The Great American Novel* (1923), de William Carlos Williams, trató de caricaturizar algunas de las técnicas de Joyce; Virginia Woolf probablemente pensó en el capítulo "The Wandering Rocks" cuando concibió *Mrs Dalloway* (1925), y en "The Oxen of the Sun" al escribir *Orlando* (1928); y muchas de las novelas escritas por americanos de origen judío, como *Call It Sleep* (1934), de Henry Roth, o *Herzog* (1964), de Saul Bellow, parodian a los dos héroes de *Ulysses*, uno como artista y otro como judío ("The Symbolist Novel" 458). Pero esta recepción ha llegado también a otras culturas más distantes. Viene al caso mencionar al escritor japonés Itoh Sei (1905-1969), traductor y crítico de la obra de Joyce, que impulsó su entrada en Japón ya en los años treinta. Asimismo, la obra del escritor chino Lu Xun (1880-1936) recoge los temas de la parálisis y la muerte según aparecen en *Dubliners*.[13]

En cuanto al ámbito hispánico, se ha reconocido la presencia de un estilo joyceano en escritores hispanoamericanos en la línea de Jorge Luis Borges, Julio Cortázar, Miguel Ángel Asturias, Alejo Carpentier, Juan Rulfo, José Lezama Lima, Agustín Yáñez, Leopoldo Marechal, Mario Vargas Llosa, Juan Carlos Onetti o Carlos Fuentes.[14] Como señala Fiddian, el papel de Joyce en la evolución de la ficción hispanoamericana durante los años treinta, sesenta y setenta, y sobre todo en la aparición de la "nueva novela", fue más que significativo, pues "the Joycean novel became both generally writable and unavoidable" (23).[15] En España, escritores como Ramón Pérez de Ayala,[16] Juan Ramón Jiménez,[17] Valle-Inclán, Rosa Chacel,[18] Gonzalo Torrente Ballester o Carmen Martín Gaite también incorporan a su obra elementos fácilmente comparables con la poética joyceana. Pero a partir de la publicación de *Tiempo de silencio*, resulta difícil separar la huella directa de Joyce, de la indirecta mediatizada por Martín-Santos. Se podría mencionar aquí, por ejemplo, *Larva. Babel de una noche de San Juan* (1983), de Julián Ríos, que es un intento deliberado de crear un *Ulysses* español. Y también a otros autores, como Juan Goytisolo a partir de *Señas de identidad* (1966),[19] Juan Marsé con *Últimas*

---

13 Véase el artículo de Ainge, "An examination of Joycean Influences on Itoh Sei", que describe el proceso de recepción de Joyce en la cultura japonesa; y el de Xiaoling Yin, "The Paralyzed and the Dead", para la relación entre Joyce y Lu Xun.

14 Para la relación Cortázar-Joyce, véase Ballesteros ("La digresión paródica"), y para la Rulfo-Joyce, véase mi propia contribución.

15 Carlos Fuentes ha denominado el proceso de "joyceización" o "joycismo", como un fenómeno de proporciones continentales (108). De opinión contraria es Pedro Manuel González, para quien la influencia de Joyce en Latinoamérica ha sido negativa, al haber dado lugar a imitaciones burdas que han convertido su genialidad en *pastiches* (49).

16 Véanse sus artículos: "Algo sobre Joyce", "El pregonero de Joyce" y "Los panegiristas de Joyce".

17 Juan Ramón firmó la carta de protesta contra la piratería de *Ulysses*, junto a Jacinto Benavente, Azorín, Ramón Gómez de la Serna, Antonio Marichalar, Gabriel Miró, Ortega y Gasset, y Unamuno. Algunos críticos, como Villanueva ("Valle-Inclán" 56-57) y Díaz Plaja (255), señalan que Valle-Inclán también lo hizo, aunque esto ha sido refutado por otros como Robert Lima (266 n94). Para más información, véase mi artículo, "The Impact of James Joyce on the Work of Juan Ramón Jiménez".

18 La relación entre Valle-Inclán y Joyce ha sido estudiada por Darío Villanueva y por mí misma. Para la relación Joyce-Chacel, véanse Crespo y Rodríguez Palomero.

19 Para esta relación, véase Lázaro.

tardes con Teresa (1966), Juan Benet con *Volverás a Región* (1967), o José María Guelbenzu con *El mercurio* (1968), que incorporaron técnicas innovadoras en la línea de Joyce aunque remiten igualmente a la experimentación narrativa que había comenzado Martín-Santos.[20]

A partir de lo expuesto, es oportuno dedicar las siguientes páginas a examinar cómo y cuándo comenzó a conocerse la obra de Joyce en España. Ya en noviembre de 1924 Antonio Marichalar publica el artículo "James Joyce en su laberinto" en la *Revista de Occidente*, que había fundado Ortega y Gasset el año anterior con el objetivo de incorporar la trayectoria europea en la tradición española.[21] En este trabajo pionero, Marichalar reconoce haber llegado al irlandés a través de Valery Larbaud –quien tanto había ayudado a Joyce con la publicación de *Ulysses*–[22] y cuestiona la originalidad de los monólogos interiores, comentando que esta técnica había sido empleada mucho antes por Dujardin, Montaigne, Poe, Dostoyevski, Browning, y los místicos y expresionistas alemanes. Sin embargo, añade que:

> Lo mismo ocurre con el acervo ruso y, en general, con la obra de todo escritor que, habiéndose sorprendido "hablando solo", haya transcrito fielmente este soliloquio que en el momento de producirse no suponía la presencia de auditor alguno. Podemos afirmar, sin asomo de ironía, que quienes hasta ahora se manifestaron en forma de "monólogo interior" lo hicieron "sin saberlo", o, al menos, sin conocer los límites y la trascendencia que la dicha forma implica. (44)

Marichalar coloca a Joyce al lado de otras grandes figuras literarias, como Calderón, Shakespeare o Goethe, aunque sorprende más su conocimiento de la obra completa del irlandés, de la polémica que suscitó *Ulysses* y de su censura (36-41). De esta novela le interesa principalmente la dificultad de su lectura, por lo que se atreve incluso a traducir un

---

20 Autores de esta generación, como Delibes, Marsé, Goytisolo, Matute y Benet, han reconocido además la deuda extranjera de Woolf, Faulkner, Dos Pasos, Steinbeck, Kafka, Proust, Camus, Sartre, Duras, Pavese, Cortázar, Vargas Llosa, Rulfo y otros (Edenia y Hernández 39-40).

21 La primera traducción de *A Portrait*, que realizó Dámaso Alonso en 1926, viene prologada por Marichalar con una variación de este artículo y una descripción bastante curiosa del escritor: "El propio James Joyce, envuelto en su pueril chaquetilla cebrada de azul, tiene, personalmente, un indudable aspecto protervo y luciferino: ojos vidriados y que se dirían polifacéticos, barbilla encendida, sonrisa circunfleja –a la vez retenida y atrayente– cordial" ("Prólogo" 31). En este artículo se incorpora además la primera fotografía de Joyce que se conoce en España.

22 Véase el artículo de Marichalar de 1922, "Valery Larbaud", en el que comentaba una obra del francés aludiendo a su vinculación con la estética joyceana.

fragmento del monólogo de Molly, así como de varios juegos de palabras que ve cercanos al superrealismo (49). Por otra parte, esta recepción tan temprana contiene datos erróneos, como la afirmación de que Joyce es "el asiduo cliente de las bibliotecas públicas en Roma, en Trieste, en Zurich, en París, *y acaso en Madrid, donde accidentalmente reside*" (énfasis mío 40).

En 1929 Marichalar vuelve a publicar otro artículo en esta misma revista titulado "Nueva dimensión", donde profundiza en cuestiones interpretativas de la novela. Centrándose en el ritmo y en su dimensión temporal, relaciona la obra del irlandés con diferentes movimientos de vanguardia, y señala que tanto Joyce como Proust son "densos" y "lentos", a pesar de que *Ulysses* ha nacido "en un momento de máxima velocidad" (381). Marichalar continuó publicando trabajos sobre Joyce durante varios años convirtiéndose en un importante intermediario crítico entre la recepción de su obra y el seguimiento hispánico. Su aportación de 1931, "Último grito", supone en gran medida el reconocimiento del papel que jugó Joyce en las innovaciones de la narrativa española, afirmando que algún día adquirirá "un puesto análogo al de Picasso en el arte", pues "fue quien trajo los materiales íntegros, las nuevas técnicas" (104). Junto a esto, es más significativa su temprana alusión a *Anna Livia Plurabelle*, que interpretó como el producto de "la más exaltada literatura" (106). Pero Marichalar no fue el único que se ocupó de la obra de Joyce en estas primeras décadas. También Dámaso Alonso, traductor de *A Portrait*, y otros miembros de la generación del 27, como Jorge Guillén, José Bergamín, Luis Cernuda, García Lorca, Vicente Aleixandre y Pedro Salinas, mostraron un interés similar, según revela un rastreo por diversos números de la época en la *Revista de Occidente* y en *Los cuatro vientos*.[23]

Carlos G. Santa Cecilia, en su estudio *La recepción de James Joyce en la prensa española (1921-1976)*, aporta nuevos datos que revelan que antes de Marichalar ya se había introducido la obra de Joyce en España. Douglas Goldring, corresponsal en Londres de la revista madrileña *La Pluma*, publicó dos artículos en octubre de 1921 y mayo de 1922, bajo el título "Letras Inglesas", en los que elogió la novela censurada de Joyce y adelantó la importancia que tendría *Ulysses* para el desarrollo de la

---

23 En realidad, fueron estos poetas del 27 quienes en su primera etapa acogieron tanto la obra de Joyce –a partir de la traducción de *A Portrait*–, como la poesía de T. S. Eliot –a partir de *The Waste Land*. Lo que les atraía era la adaptación del mito al mundo moderno y la utilización del inconsciente, que les aportó nuevas soluciones poéticas (G. Santa Cecilia 95-97).

narrativa moderna. En el primero de ellos no dudó en reconocer la genialidad de su obra:

> James Joyce –escritor irlandés de talento y originalidad considerables, cuya primera novela: *Portrait of the Artist as a Young Man*, apareció hace un par de años y fue aclamada por todos, excepto por la crítica académica– está a punto de publicar su nuevo libro *Ulysses*. El libro, en edición limitada, aparecerá en París, donde Joyce vive ahora [...]. Así ocurre que un libro esperado con ansia por la facción más inteligente del mundo literario inglés, tiene que imprimirse y publicarse en el extranjero. La técnica de Joyce es en muchos modos tan alarmante como la de Picasso o Archipenko, pero el vigor y la originalidad de sus percepciones están fuera de discusión. (246)

En su segunda colaboración, Goldring comenta la recepción tan positiva que tuvo la obra de Joyce en otros escritores como Arnold Bennett y J. M. Murry, afirmando que se trata de "un acontecimiento literario que eclipsa [...] todo lo que ha sucedido en la literatura de los pueblos que hablan inglés" (cit. por G. Santa Cecilia 28). Aunque, como se puede apreciar, la entrada de Joyce en España fue anterior a la de otros países europeos, la falta de continuidad en algunas revistas literarias redujo el impacto que pudo haber tenido su obra. Este es el caso de *La Pluma*, que suspendió su publicación en junio de 1923. Para G. Santa Cecilia, con esta ausencia "desaparece buena parte de la preocupación por la literatura que se estaba fraguando fuera de nuestras fronteras y se pierde momentáneamente el hilo de la polémica que la obra de Joyce estaba suscitando en Europa y Estados Unidos" (30).

En 1925, Ortega y Gasset publica su ensayo *La deshumanización del arte*, con el que pretendía explicar el fenómeno socio-cultural vanguardista que estaba dando lugar a una nueva forma de crear arte y que se había convertido en impopular, minoritario y elitista. Ortega dedica una mención especial a Joyce y comenta que los instrumentos que causan esta deshumanización son: el cambio de perspectiva, el intrarrealismo y la superación del realismo (38-39). Para Gómez de Liaño, Ortega interpretaba esta manifiesta deshumanización como algo positivo, como un tránsito hacia "una saludable purificación del arte", pues el arte deshumanizado se convertía así en "sinónimo de un arte o de una actitud ante el arte puramente contemplativo y formal" (77).

Sin embargo, es en el ámbito gallego, y curiosamente también celta, donde las aportaciones sobre la obra de Joyce resultan más significativas. Fue la condición geográfica periférica de la zona, su incipiente nacionalismo y el sentimiento de hermandad gallego-irlandesa[24] lo que propició que varias revistas dedicaran algunos números a apoyar el renacimiento irlandés de principios del siglo XX y a introducir la obra de Joyce en España.[25] La revista *Nós* dedicó su octavo número (de diciembre de 1921) a Irlanda y publicó entre 1920 y 1935 toda una serie de artículos que defendían la existencia de paralelismos entre ambas culturas. Más concretamente, entre febrero y abril de 1926, su director, Vicente Risco, inicia una serie que titula *A moderna literatura irlandesa*, en la que se comenta de forma amplia aspectos concernientes a la obra Joyce. Su artículo "La moderna literatura irlandesa: III" alude al antinacionalismo de Joyce, a la vez que le considera "profundamente irlandés" (2 y 5). Reconociendo las grandezas de *Ulysses*, alude también a los paralelismos con la *Odisea*, al simbolismo, a la innovación de los monólogos interiores y al hecho de que cada capítulo se corresponde con un color, una hora o una técnica (Risco 2). Sorprende que tres décadas más tarde, en su artículo "El *Ulysses* fue más fuerte que yo" (1954), Risco finalmente reconociera que sólo había conseguido leer varios fragmentos de la novela y asegurase que le costaba creer que alguien lo hubiese hecho en su totalidad (6).

Además de la importante labor de la revista *Nós* como intermediara en la recepción de Joyce, también fue un gallego, Ramón Otero Pedrayo, quien tradujo y publicó por primera vez algunos fragmentos de *Ulysses* a una lengua peninsular. Así, la incursión de Joyce en las letras gallegas dejó más huella de la que se podía esperar y comenzó pronto a formar parte de diversas aportaciones, como la de Risco, "'Dedalus en Compostela' (Pseudoparáfrasis)", que apareció en *Nós*, en 1929.[26] En este ejercicio retórico, el personaje Stephen Dedalus vive su aventura final en Galicia antes de morir, "en una mañana de niebla fría, jueves, día de la Ascensión de Nuestro Señor del año de 1926 de la Era Cristiana, ciento veinte años después del descubrimiento del Santo Apóstol Santiago Zebedeo, y teniendo el autor de este escrito cuarenta años" (123). La visita de Stephen

---

24 Antonio Raúl de Toro ha explicado que a partir del siglo XIX Galicia se reconoce como "país celta" hermano de Irlanda, para lo que se aludía a vínculos históricos por sus relaciones marítimas, a la elección de esta región por muchos exiliados irlandeses, y a la creación de una diócesis irlandesa y de un Colegio de los Irlandeses en Santiago de Compostela ("La huella" 31).
25 Para la recepción de Joyce en Galicia, véanse los artículos de Toro Santos: "La huella de Joyce en Galicia" y "Literature and Ideology: the Penetration of Anglo-Irish Literature in Spain".
26 También su breve narración *O porco de pe* (1929) muestra claros ecos joyceanos (Toro Santos "La huella" 34).

a esta ciudad, como el último peregrino que va a morir en tierra celta, tiene como fin cumplir un pacto que ha hecho con el diablo; algo que el mismo Risco había mencionado ya a propósito de Joyce, al señalar que: "uno puede pensar –si es tal y como nos lo describen– que tiene un pacto con el Demonio. Este sí que está endiablado" ("La moderna" 2).

Más relevante es quizá la presencia de la obra de Joyce en Ramón Otero Pedrayo, especialmente en su novela *Devalar* (1935), aunque igualmente visible en su traducción al gallego de algunos fragmentos de *Ulysses* y en sus varios artículos dedicados a Joyce, como el ejercicio retórico "Ana Sivia Plurabela" [sic] (1931). Los ecos de Joyce en *Devalar* se manifiestan, según Toro Santos: en la perfilación del protagonista Martiño Dumbría, que presenta paralelismos significativos con Stephen Dedalus; en la construcción de los espacios novelescos de Santiago y Dublín, respectivamente; en la incorporación novedosa del monólogo interior; y en el empleo de aliteraciones y demás juegos verbales en los que Joyce era experto ("La huella" 34 y "An Approach" 88-90). Pero parece ser que incluso todavía hoy Joyce sigue dejando su huella en escritores contemporáneos. Suso de Toro, por ejemplo, ha reconocido que la influencia de Joyce pervive en sus novelas *Polaroid* (1986) y *Tic-Tac* (1993), y, en menor grado, en otras posteriores, ya que:

> Con él compartimos su procedencia de territorios de lengua herida, con él compartimos su conciencia de que hablar una lengua no es un acto "natural", porque hay que escoger entre lenguas, una es el premio (esa vuestra en la que escribo ahora), otra el castigo (esa miña que me agarda logo), y escojamos la que escojamos ya habremos perdido la inocencia lingüística. (11)

Otro gallego que tampoco ha podido escaparse de los ecos de Joyce es Gonzalo Torrente Ballester, cuyas obras, *Javier Mariño* o más aún, *La fuga/saga de J.B* (1972), fueron escritas bajo la "sombra del irlandés".[27] Torrente, en su artículo "Mis lecturas de Joyce", describe su primer encuentro con el *Retrato del artista* como un "acontecimiento, más efectivo que la primera lectura de Proust", afirmando que prefirió a Joyce precisamente porque "aquella manera de narrar y lo que se narraba en el *Retrato* me resultaba absolutamente nuevo y, sin embargo, adivinado o presentido: como un re-conocimiento y también como un espejo" (13).

Otro lugar desde donde también se impulsó la entrada de Joyce en España fue Cataluña. Joan Ramón Masoliver, que conoció a Joyce en París,

---

27 Véase mi aportación "Gonzalo Torrente Ballester, '¿el nuevo Joyce del Finisterre?'".

publicó en 1925 un artículo sobre el superrealismo de la novela de Ernesto Giménez Caballero, *Yo, inspector de alcantarillas*, que vinculó con la obra de Joyce ("E. Giménez" 4-5). En realidad, los catalanes también llegaron al irlandés a través de las interpretaciones de Valery Larbaud. Lluis Montanyà publica en *Hélix* el artículo "Primeras notas sobre *Ulysses*" (1930), donde señala sus cualidades vanguardistas y su decepción al enfrentarse por primera vez al texto: "*Ulysses* es el resultado monstruoso y, a pesar de todo, magnífico, de la impotencia artística de toda una época. Y este juicio no tiene, para nosotros, un sentido únicamente peyorativo" (34). Reconociéndose incapaz de dar sentido a la obra joyceana, Montayà afirma que "harán falta siglos" para hacerlo, ya que "todo es inexplicable, sublime e inmenso en este libro. Luz y tinieblas, caos y orden. Todo toma unas proporciones gigantescas, astronómicas. [...] ¿Un día, un hombre, una ciudad? ¡Pero si es toda la historia del mundo y toda la historia de los hombres!" (36). Joaquim Mallafré ha comentado que ésta fue la primera noticia que se tuvo sobre el *Ulysses* en Cataluña, y que la interpretación de Montanyà impactó e influyó en escritores que acudirían al irlandés posteriormente (40).

Y al igual que ha ocurrido en Galicia, también los ecos de la estética de Joyce perviven en diversas producciones de la literatura catalana, como se puede ver en la lista de autores que ha elaborado Mallafré. Este es el caso de la temprana novela de Agustí Esclasans, *Víctor o la rosa dels vents*, comenzada en 1925, en cuyo prólogo se reconoce que Joyce es "el novelista més formidable dels nostres temps". También *Fanny* (1929), de Carles Soldevila, incorpora la innovación del monólogo interior. Y Josep Sol, en *Elionor* (1935), introduce recursos típicamente joyceanos, además de haber publicado varios artículos sobre la obra de Joyce, al igual que la traducción de algún fragmento (Mallafré 40-41).

Como se ha mencionado, diferentes revistas literarias desde distintos puntos de España, la *Revista de Occidente*,[28] la tinerfeña *Gaceta del Arte*, la catalana *Hélix* y la gallega *Nós*, junto a la Institución Libre de Enseñanza, se habían preocupado por europeizar España y jugaron un papel decisivo en la entrada de Joyce en la península. Sin embargo, esta temprana recepción no tuvo continuidad a causa de la guerra civil y de la Segunda Guerra Mundial, cuando acontecimientos políticos y sociales mucho más importantes comenzaron a formar parte de los titulares de los periódicos. En esos

---

28 El papel de esta revista fue muy relevante, ya que no sólo era un vehículo de expresión de críticos españoles, sino que publicaba artículos traducidos que habían tenido algún impacto fuera de la península. Así, el controvertido estudio de Jung sobre *Ulysses*, "(*Ulises* monólogo)", apareció en el número de febrero de 1933.

años no había cabida para el "esnobismo" de las soluciones joyceanas porque había otras necesidades más acuciantes. G. Santa Cecilia señala que al día siguiente de la muerte de Joyce –el 13 de enero de 1941– periódicos de gran tirada como el *Abc* o *La Vanguardia* no recogían la noticia. El *Ya* publicó una breve nota, titulada "Muere el novelista James Joyce", y también el diario *Arriba* hacía un breve comentario, titulado "En la muerte de James Joyce", en el que se transmitían datos erróneos sobre su vida, al señalar, que Joyce: "Vivió en Roma, en París, en Trieste, en Zurich y hacia 1916 en Madrid, en la casa número 88 de la calle Mayor, que es la del atentado contra Alfonso XIII y Dª Victoria Eugenia" (108).

Sin embargo, es curioso que Juan Ramón Jiménez, desde fuera de España, incorporase el efecto tan terrible que le había producido la muerte de Joyce, en su largo poema en prosa, *Tiempo:*

> [...] el radio nos da, como un tiro, su sorpresa en la forma más inesperada. Hoy, la muerte de Joyce en Zurich, donde él escribió durante la otra guerra su *Ulises* y donde sin duda quiso refugiarse en ésta, como en su mismo libro antiguo. Me hubiera gustado ver a Joyce muerto, el reposo definitivo de su cabeza sumida y disminuida, en una hipertrofia concéntrica como la de mi corazón, por el trabajo, sus ojos bien gastados, como deben ir los ojos y los sentidos todos a la muerte, ojos gastados después de los sucesivos arreglos de la óptica. (74-75)

Lo que esa cita nos revela es que Juan Ramón estaba familiarizado con la obra del irlandés, pues parece conocer muchos datos biográficos, como la enfermedad de la vista que sufrió, su constante dedicación al trabajo y su búsqueda de un lugar neutral para vivir durante la guerra. Más aún, en su ensayo titulado "James Joyce", Juan Ramón comenta varias características de su obra como son: la relación entre los conceptos de Modernismo y Romanticismo, la genialidad del escritor, la musicalidad del lenguaje y su universalidad. Sin embargo, también reconoce las dificultades que experimentó al leerle:

> Cuando intento leer la obra de Joyce (y digo intento porque no tengo la pedantería de creer, y menos si tengo que leer ayudado en la lectura del texto orijinal, que puedo comprender del todo creaciones del tipo tan personal y tan particular de la suya) me represento siempre en su escritura como los llamados ojos de mi Guadiana andaluz, ese trayecto donde el río, por andaluz, sale de la tierra y se esconde sucesivamente de su cauce en ella. (*Prosas críticas* 327)

Entre la década de los cuarenta y cincuenta las referencias a la obra de Joyce en revistas literarias y en prensa son más bien escasas. Destacan breves notas a algunas traducciones que iban apareciendo de *Dubliners* y alguna referencia a *Finnegans Wake*. Una fecha importante es 1945, año en que Ricardo Gullón publica su libro *Novelistas ingleses contemporáneos*, fomentando la cultura extranjera en España al introducir no sólo la obra de Joyce sino también la de otros escritores como: George Meredith, John Galsworthy, Thomas Hardy, Conrad, D. H. Lawrence, Katherine Mansfield, Aldous Huxley, Virginia Woolf, Victoria Sackville-West, Charles Morgan, Rosamond, Mauricio Baring, Frank Swinnerton y Margaret Kennedy. Gullón dedica un capítulo a cada uno de estos escritores y señala que Joyce es el más influyente. Por otra parte, también apunta que sólo los "snobs" leen su obra y que ésta no ha llegado todavía al gran público (119-121). A lo largo del capítulo dedicado a Joyce, Gullón demuestra conocer ampliamente la obra del irlandés, los juegos verbales, el empleo del monólogo interior, el paralelo homérico, la musicalidad, las dificultades de publicación de *Ulysses* e incluso las reminiscencias oníricas de *Anna Livia Plurabelle*. Es a partir de este estudio cuando las interpretaciones sobre la producción joyceana se acercan ya a la línea de la crítica europea.

Las opiniones tan dispares y contradictorias sobre la obra de Joyce, la rigidez de la censura, que hacía difícil conseguir sus traducciones, y la falta de una preparación intelectual más consistente provocaron que esta novedosa poética no produjese sus frutos[29] hasta los años sesenta. En esta década, una mayor flexibilidad de la censura, el conocimiento de las teorías de la lingüística moderna, la celebración de coloquios y una crítica con mayor libertad de expresión permitieron que se abrieran las fronteras del aislamiento internacional en el campo de la cultura que tenía estancada a la literatura española en un realismo social monotemático. Hubo otras novelas anteriores que presentaban algún aspecto renovador como: el Premio Nadal de 1949, *Las últimas horas*, de José Suárez Carreño; el de 1951, *La noria*, de Luis Romero; y la finalista de 1953, *La gota de mercurio*, de Alejandro Núñez. La primera mostraba un mayor nivel de introspección psicológica que de presentación exterior, una novedad que rompía con la trayectoria de la época. La segunda, partía de la limitación espacial y temporal, y nos revelaba la vida interior de varias decenas de personajes durante un día en

---

29   Todavía en 1954 Risco afirma con respecto a *Ulysses* que las exigencias de su lectura no recompensan el tiempo dedicado a ella ("El *Ulysses*" 6). Y también Ayala, a finales de los cincuenta, comentó que al leer los primeros fragmentos de *Ulysses* nunca pensó que se pudieran tomar en serio, y mucho menos que a los pocos años se considerara a su autor un genio literario ("Algo sobre Joyce" 51).

Barcelona a través de diversas técnicas, como la del estilo indirecto libre.[30] Y la tercera, a partir de una introspección constante, empleaba la fragmentación narrativa y experimentaba con la reducción del tiempo y el espacio. Aunque estas obras se pueden considerar intentos de adaptar nuevas técnicas a la producción del momento, no supusieron el comienzo de una renovación literaria como más tarde ocurriría con *Tiempo de silencio*.[31]

Muchos escritores de la época de Martín-Santos habían descubierto a Joyce hacía tiempo, pues éste se había convertido, como me comunicó Clotas, en el dios literario de aquel momento ("Entrevista"). Pero no se podían asimilar sus técnicas porque la traducción de su obra maestra, *Ulysses*, todavía no había tenido difusión y, además, la mayoría de los escritores carecían de suficientes conocimientos de inglés como para leer el original. Fue también la distancia temporal de la década de los sesenta, alejada ya de los horrores de la guerra, y del mundo soez y desgraciado que había denunciado la literatura de posguerra, lo que fomentó un nuevo interés por la experimentación. Así, la ausencia de una línea renovadora en España, equiparable a la europea, se explica a partir de condicionantes sociales, políticos, económicos y literarios. Había que esperar la llegada de un escritor que pudiese emplear unas técnicas narrativas nuevas, capaces de burlar la censura. Gracias a ello, la novela de Martín-Santos no se prohibió y además es irónico que los pasajes censurados no fuesen los que presentaban una mayor carga de denuncia.

La nueva narrativa de los sesenta dio lugar a un cambio estético producto de una evolución en el papel del lector, como ha demostrado Robert C. Spires al analizar la estructura narrativa de tres novelas representativas de las tres décadas posteriores a la guerra civil. En *La familia de Pascual Duarte* (1942), el lector se identifica con el protagonista en su enfrentamiento con el mundo de la posguerra. Este efecto se consigue a través de la figura de un editor de documentos que presenta la ficción como realidad y que hace que el lector reviva las experiencias del protagonista compartiendo el mismo tipo de confusión. En *El Jarama* (1956) ocurre lo contrario, los diálogos y las descripciones distancian al lector de los personajes y de la ficción novelada. Finalmente, la narrativa de

---

30   Según Julio M. de la Rosa, de todos estos escritores pertenecientes a la "generación de los 50", Núñez Alonso fue el único que realmente mostró un interés especial por Joyce, pues era uno de los pocos que conocía y había asimilado toda su obra (16).
31   Para un estudio más detallado de la influencia de la obra de Joyce en la narrativa española, véase mi artículo "Joycean Aesthetics in Spanish literature".

Tiempo de silencio (1962) produce efectos parejos a las novelas anteriores, a partir tanto de la identificación como del distanciamiento, así que el lector comparte y a la vez transciende la experiencia. No sorprende así, que cuando se publicó *Tiempo de silencio* la crítica reconociese la ferviente huella de Joyce casi de inmediato.

2.3.3 Las traducciones de la obra de Joyce

La relación entre la literatura comparada y el estudio de la traducción es compleja porque, hasta hace varias décadas, ésta se había considerado una actividad no creativa que se aprendía con simple entrenamiento. Los estudios de literatura comparada binarios rechazaban la traducción, ya que veían el texto original como una forma superior de lectura, pero el modelo americano, basado en nociones más universales, simplemente ignoró el asunto, que veía como un objeto de estudio no muy útil o como un territorio para lingüistas. En los años setenta surgió un grupo de investigadores, guiado por Itamar Even-Zohar, que ofrecía una nueva perspectiva sobre el estudio de la traducción y la incluía dentro de un nuevo área, los "Translation Studies". Desde aquí se reivindicaba el papel tan fundamental que había jugado la traducción en el desarrollo de las culturas nacionales, a pesar de haber sido prácticamente ignorada por historiadores y de carecer de investigaciones sobre su función dentro de un sistema literario (Bassnett 141).

Lo que distingue a los estudios de traducción de la traducción como se ha concebido tradicionalmente es su derivación de la teoría de los polisistemas. Investigadores como Toury, Lefevere, Hermans o Lambert han demostrado que la traducción ha sido más que relevante en etapas de cambio cultural. Even-Zohar considera que esta actividad crece cuando una cultura está pasando por un periodo de transición y necesita renovarse, y que, como contraste, cuando una sociedad se siente dominante, la traducción deja de ser tan importante (cit. por Bassnett 10). Hay que recordar aquí que muchos movimientos literarios, como el Renacimiento, fueron producto del impulso de las traducciones e imitaciones, especialmente de clásicos griegos y latinos. Por esta razón, hoy día no se pueden separar los estudios de traducción de los de teoría de la traducción, ni se puede dejar de considerar esta actividad como un nuevo acto creativo.

La teoría de los polisistemas puede responder a preguntas como: ¿por qué unas culturas traducen más que otras?, ¿qué tipo de textos se traducen?

o ¿qué status adquieren los textos traducidos comparados con el que tienen en la lengua original? Las respuestas a estos interrogantes acogen la disciplina de la traducción dentro de la historia de la literatura. Así, una de las razones por las que incluyo las traducciones de la obra de Joyce dentro del capítulo dedicado a las relaciones literarias internacionales es porque éstas jugaron un papel fundamental en la difusión del escritor en España. No hay que olvidar que: "Traducir es introducir [...], trasladar verbalmente, de un espacio a otro, no sólo textos sino muestras, miembros, cosas, retazos de culturas dispares", y que el traductor es "uno de los motores del cambio y de la historia de la literatura" (*Entre lo uno* 352-353). A partir de un análisis cronológico de las traducciones de la obra de Joyce al español, se percibe que el interés por este escritor no se manifestó de forma constante sino a través de saltos en el tiempo, como se puede observar en la correlación que reproduzco en el Apéndice I.[32]

Aunque, como se ha mostrado, la recepción de la obra de Joyce en España comienza en los años veinte, el conocimiento del irlandés no se regulariza hasta mediados de los setenta, con la traducción de *Ulysses* por parte de José María Valverde, y la traducción de sus cartas y su biografía. También se re-editan traducciones anteriores, como la del *Retrato del artista adolescente* de Dámaso Alonso –que en la primera edición de 1926 había empleado el pseudónimo Alfonso Donado y el título menos literal de *El artista adolescente (retrato)*. Esta traducción es especialmente significativa porque *A Portrait* fue la primera obra de Joyce que mayor y más temprana difusión tuvo en España y porque durante el proceso de traducción Dámaso Alonso se puso en contacto con el escritor pidiéndole la aclaración de algunos términos. Joyce le sugirió que la palabra "adolescente" para el título era más acertada que "joven"[33] y también le pidió que buscase un término adecuado para "*Portrait*", que podría

---

32 En fecha reciente se ha publicado una bibliografía crítica, editada por Luis Alberto Lázaro y Antonio Raúl de Toro, que recoge un listado de las traducciones de la obra de Joyce al español, aunque no se comentan ni se incluyen las pertenecientes al ámbito hispanoamericano, como se hace aquí.

33 Joyce empleó vocablos españoles en la carta que mandó a Dámaso Alonso el 31 de octubre de 1925, señalando: "it seems better to use the word Adolescente. As you say the Spanish Joven is impossible. Nevertheless, I believe that the classical meaning of adolescente is a person between the ages of seventeen and thirty-one and this would cover only the fifth chapter of the book and represents about one fifth of the entire period of adolescence, whereas in English at least, while the word adolescent is quite inapplicable to the person represented in chapters 1, 2 and even 3, the term young man can be applied even to the infant on page one, of course in joke" (*SL* 311).

encontrar en los catálogos de museos que aludieran a autorretratos de juventud. En palabras de Joyce:

> The word autoritrato seems to me an insufficient description of a picture. The title of the French translation which I sent you, in order that you may consult it on doubtful points is taken from the catalogue of the Louvre. As regards your question, please refer in all cases to the French translation. I did not revise it but I helped the translator a good deal. (*SL* 311)

Aunque Joyce también remitió al traductor español a la versión francesa, éste hizo caso omiso, pues consideraba que su traducción se acercaba más al sentido original de la novela: "There is in some respects a likeness between Spanish and Irish people's idiosyncrasy" (*SL* 311 n3).[34] A este respecto, García Tortosa ha comentado que, aunque la versión de Dámaso Alonso no recrea el original, se trata de "una interpretación hermenéutica", puesto que hay una adaptación de tipo lingüístico y cultural, sin dejarse "atrapar por las connotaciones localistas ni por las referencias anecdóticas temporales, sino que, todas esas circunstancias, las traslada al contexto del español de 1926" ("Las traducciones" 21).[35]

Un año antes, en 1925, habían aparecido en la revista argentina *Proa* unos fragmentos del monólogo de Molly Bloom traducidos al español por Jorge Luis Borges. En el artículo, el escritor argentino se mostraba orgulloso de haber conocido *Ulysses*, se declaraba "el primer aventurero hispánico que ha arribado al libro de Joyce" y apuntaba las consecuencias tan positivas que esta novela podría tener en la literatura hispanoamericana, a pesar de reconocer que no la había leído totalmente ("El Ulises" 3). Un año más tarde, Ramón Otero Pedrayo traducía varios fragmentos de los capítulos doce y diecisiete de *Ulysses* al gallego. Esta traducción causó cierta polémica porque pasó casi inadvertida por la crítica y, un año más tarde, E. G. C. –Ernesto Giménez Caballero, director de la revista *La Gaceta literaria*– publicó nuevas secciones en las que se reconocía el primer traductor al español de la obra de Joyce. La respuesta no se hizo esperar, y la revista *Nós* publicó una nota aclaratoria aludiendo a que el centro desconoce lo que se hace en la periferia (G. Santa Cecilia 56).

---

34 La traducción francesa había aparecido en 1924 como *Dedalus: Portrait de L'Artiste Jeune Par Lui-Même*, en la versión de Ludmila Bloch-Savitzky. Joyce aconsejó a Dámaso Alonso que acudiera a esta traducción porque él había ayudado en su proceso de elaboración (Conde Parrilla "*A Portrait*" 46).

35 Véase también el artículo de Allan M. Cohn, "The Spanish Translation of *A Portrait of the Artist as a Young Man*".

Unos años después, en 1930, varios fragmentos del capítulo séptimo de *Ulysses* se tradujeron al catalán y se publicaron en la revista *Hélix*, bajo la firma de un tal M.R. Tanto Masoliver ("Breve" 10) como Joaquim Mallafré (40) confirman que se trataba de el sacerdote Manuel Trens y Ribas, que sólo se había atrevido a poner sus iniciales. Seguidamente, fueron apareciendo nuevas traducciones. Así, tres fragmentos de los relatos de *Dubliners*, "Dos entretenidos", "Eveline" y "La casa de la pensión", se publicaron en la revista de Santiago de Chile *Hoy*. En 1938, A. Jiménez Fraud presentaba la traducción de *Exiles* en Buenos Aires, después de publicar el año anterior un fragmento del segundo acto en la revista *Sur*. En su primera versión, la obra se conoció con el título de *Desterrados*, hasta que en los sesenta se cambió el título por *Exiliados*. Como se observa, durante los años que coincidieron con la guerra civil española no apareció ninguna traducción en la península.

En 1941 se publica la traducción de la última historia de *Dubliners*, "Los muertos" –el título que adoptará en sus versiones sucesivas– pero no aparece el nombre del traductor en la portada. Un año después, Ignacio Abelló traduce la colección completa con el título *Gente de Dublín*. En 1945, una editorial de Santiago de Chile publica la obra por primera vez como *Dublineses*, en la traducción de Luis Alberto Sánchez, aunque se excluyen los cuentos "Una madre" y "Gracia". Los años cuarenta son especialmente significativos pues hasta 1945 no se tradujo *Ulysses* al español. Fue el argentino José Salas Subirat, ante la negativa de Dámaso Alonso, quien primero tradujo la novela completa.[36] En general, la crítica se quejó de la cantidad de americanismos que presentaba, de los frecuentes errores y de las inadecuaciones estilísticas que dificultaban su lectura (García Tortosa "*Ulysses*" 207). La segunda edición revisada se publicó en 1952 con un prólogo de Jacques Mercanton. Aun así, Torrente Ballester ha explicado que era una novela muy difícil de conseguir pues "la adquisición de un ejemplar suponía una serie de trámites tan desalentadores como ridículos, entre los que figuraba el compromiso de no prestarlo a nadie" (14). Más curiosa es, si cabe, la declaración del director de cine Juan Antonio Bardem al señalar que en la Biblioteca Nacional sólo se podían leer libros de texto y que para conseguir *Ulysses* había que pedirlo como libro de historia (cit. por García de Dueñas y Olea 33).

---

36 Parece ser que Dámaso Alonso había pedido una suma muy alta de dinero, mientras que Subirat "se presentó en las oficinas de la editorial [Santiago de Rueda] con la versión completa bajo el brazo: había ido traduciendo *Ulises* por su cuenta y para su propio placer durante años" (G. Santa Cecilia 150).

En los años cincuenta se comienza a publicar la obra poética de Joyce, pero de nuevo es América Latina la que lleva la delantera. Z. E. Zavaleta tradujo en 1953 *Chamber Music*, como *Música de cámara*. Y también en ese mismo año apareció la traducción de Joan Ferrater del capítulo XIX de *Stephen Hero*, con el título de "Stephen, héroe".

Los años sesenta son más fecundos en publicaciones, abriendo una nueva etapa que se iría consolidando en los setenta y ochenta. Se inaugura esta década con la primera traducción de la novela inconclusa de Joyce, *Stephen Hero*, que aparece como *Steban el héroe* en Buenos Aires, en la versión de Roberto Bixio. A ésta le siguió la de José María Valverde, *Stephen el héroe*, que apareció mucho más tarde, en 1978. En 1961 se publica una nueva traducción de *Dubliners*, con el título *Gente de Dublín*, en la versión de Oscar Muslera. Sucesivas traducciones optaron por el título final de *Dublineses*, como la de Guillermo Cabrera-Infante[37] y la última de Eduardo Chamorro. También en 1961 se publica una nueva versión de *Exiles* en Buenos Aires con el título de *Exiliados*, en la edición de Osvaldo López-Noguerol. Las siguientes traducciones adoptarían este título definitivo, abandonando el primero de *Desterrados*. Finalmente, en 1967 María Teresa Vernet traduce *A Portrait* al catalán. Versiones de esta novela a otras lenguas peninsulares como el gallego o el vasco tendrían que esperar todavía a los noventa.

Los setenta se inauguran con la primera traducción de *Pomes Penyeach* como *Poemas manzanas*, por el cubano José María Martín Triana. Dos años más tarde, el mismo traductor publica una nueva versión de *Música de cámara*. También en 1970 sale a la luz la primera traducción de *Exiles* en la península, según versión de Javier Fernández de Castro, y en 1987 aparece una nueva edición de Fernando Toda. Pero hasta 1992 esta obra no se puso en escena en España debido a sus dificultades de adaptación; algo que había ocurrido ya en Londres y Nueva York. Esta década es próspera en la difusión de la obra completa de Joyce. En 1970 sale la traducción del póstumo *Giacomo Joyce*, que realiza Alfredo Matilla al castellano y Domingo García-Sabell, al gallego. En la misma fecha aparece también la traducción de la biografía de Francesca Romana Paci, *James Joyce: Vida y obra* (1968), que realiza J. Monserrat Torrents. Un año después se publican los *Critical Writings* –traducidos como *Escritos*

---

37 Esta edición de Cabrera-Infante, que publicó Lumen en 1972, posteriormente salió en Círculo de Lectores (colección "Biblioteca de Plata de la narrativa del siglo XX", 1987), precedida de un prólogo de Mario Vargas Llosa y una Semblanza biográfica de Antonio Prometeo Maya, y ha sido la más difundida en España.

críticos por Andrés Bosch– y la traducción del estudio pionero de Stuart Gilbert de 1930, *El Ulises de James Joyce*, con prólogo de Benet. Asimismo, en 1974, Julián Ríos traduce una obra menos conocida, *The Cat and the Devil*, como *El gato y el diablo*. Finalmente, en 1982 se publican los dos volúmenes de las *Cartas escogidas*, que fueron traducidas por Carlos Manzano.

Hasta 1976 España no gozará de su propia traducción de *Ulysses*, que realizó José María Valverde. Éste no había leído a Joyce hasta los cincuenta, pero su buen conocimiento del inglés, ya que residía en Canadá, y su experiencia como traductor de Rilke y Herman Melville permitieron que su versión mejorara a la anterior. Para Conde Parrilla, el resultado seguía siendo poco satisfactorio porque en muchos casos se limitaba a cambiar vocablos argentinos por sus equivalentes en el español peninsular ("James Joyce's *Ulysses*" 212). De opinión contraria es García Tortosa, para quien esta versión superaba con creces a la anterior, pues Valverde había leído crítica y conocía muchas claves interpretativas de la obra de Joyce. Por otra parte, para Tortosa, la dificultad de traducir *Ulysses*, y mucho más *Finnegans Wake*, se basa en la falta de equivalencias de muchas manipulaciones y juegos verbales entre el inglés y el español; por eso, la "libertad y osadía lingüísticas, en castellano suenan con frecuencia falsas y extrañas" ("Las traducciones" 21-22).

Los años ochenta y noventa destacan por la proliferación de traducciones a otras lenguas peninsulares como el gallego, catalán o vasco. En 1987 Joaquim Mallafré tradujo *Dubliners* al catalán, con el título de *Dublinesos*. En 1990 Débora Ramonde, Rafael Ferradáns y Xela Arias vierten la colección completa al gallego, con el título de *Dublineses*. En cuanto a *A Portrait*, ésta había aparecido ya en los sesenta en catalán, y no fue hasta los noventa cuanto se tradujo al vasco y al gallego. La versión vasca, realizada por Irene Aldasoro, se publicó en 1992 como *Artistaren Gaztetako Portreta*. Y la gallega apareció dos años después como *Retrato do artista cando novo*, en la traducción de Vicente Araguas. En 1980 Joaquim Mallafré tradujo *Ulysses* al catalán y en 1992 hizo lo mismo con *Giacomo Joyce*.[38] En 1989 apareció la versión catalana de *Exiles*, de Joan Soler i Amigó. Y en 1994, Elvira Souto tradujo *Giacomo Joyce* al gallego.

---

38   Mallafré escribió su Tesis doctoral precisamente sobre la traducción de la obra de *Ulysses*, que hoy día se puede consultar en microficha (*Bases d'una traducció catalana [microforma]: "Ulises" de James Joyce*. Barcelona: Publicacions Universitat de Barcelona, "Colecció de tesis doctorals microfixades", 1988).

En cuanto a *Ulysses*, en 1992 Círculo de Lectores publicó una nueva versión ilustrada con diseños de Eduardo Arroyo, que había editado Julián Ríos, aunque, en realidad, se trata de una adaptación de la primera versión de Salas Subirat. Posteriormente, Eduardo Chamorro publicó en 1996 otra nueva versión mejorada de la primera de Salas Subirat, aunque basándose ampliamente en ella. Y finalmente, tenemos la última versión de Francisco García Tortosa y María Luisa Venegas, que apareció en 1999 publicada por Cátedra "Letras universales". También en los noventa han aparecido traducciones de diversos fragmentos de *Ulysses*, y, en especial, del monólogo final de Molly Bloom. Así, la versión de Dámaso López García de la primera frase del capítulo "Penélope", o la de Mª Ángeles Conde Parrilla, que más tarde daría lugar a su libro *Los pasajes obscenos de Molly Bloom en español* (1994).

Finalmente, a pesar de que la última obra de Joyce es, con diferencia, la más difícil de verter a otro idioma, en 1992 apareció traducido el capítulo "Anna Livia Plurabelle" de *Finnegans Wake*, por Francisco García Tortosa, Ricardo Navarrete y José Mª Tejedor. También Salvador Elizondo publicó en 1992 una traducción de la primera página de *Finnegans Wake*, aunque la mayor parte de los ensayos que aparecen en la colección se escribieron bastantes años antes, entre 1959 y 1972. De esta versión debo comentar que la página y media que la compone necesita de otras seis con notas finales para explicar, no el proceso de traslación de las palabras sino los ecos, las voces, las alusiones y el posible significado de la nueva solución castellana, tan oscura como la original. Un año después, Víctor Pozanco publicó una traducción incompleta de *Finnegans Wake*, que resulta más bien de un ejercicio retórico demasiado libre que no presta atención a las diversas técnicas empleadas por Joyce, ni mucho menos a su infinita pluralidad de sentidos.

A partir de lo expuesto, se puede concluir señalando que la proliferación de traducciones de la obra de Joyce desde los años veinte, pero especialmente a partir de los cuarenta, y el hecho de que las primeras versiones no se publicaran en la península sino en Hispanoamérica son aspectos significativos que no deben pasarse por alto. El vacío cultural y la falta de interés por la obra de Joyce que coincidió con el periodo de la posguerra encuentra una explicación en las propias raíces de la tradición socio-cultural española, más temerosa de influencias externas y menos abierta a nuevas posibilidades discursivas. Quedan por explicar los condicionantes que favorecieron la asimilación de la obra de Joyce en la década de los sesenta.

2.4 Asimilación de la creación joyceana en los años sesenta: *Tiempo de silencio* de Martín-Santos

Juan Benet, en su artículo "Luis Martín-Santos, un memento", indica que a finales de los cuarenta Martín-Santos había leído obras de James, Conrad, Proust, Kafka, Faulkner y Joyce, pues él mismo le introdujo en esas lecturas, "para beneficio de los futuros lectores de *Tiempo de silencio*". Benet cuenta también que ambos acudían a la librería "Buchholz", en la que el viejo Karl "siempre nos tenía reservada alguna sorpresa bibliográfica, amén de cedernos la escalerilla para husmear en las estanterías superiores", donde poder encontrar algún libro poco conocido o, cuanto menos, prohibido (118 y 128). Sin embargo, sorprende descubrir que una de las acogidas más negativa de *Tiempo de silencio* viniera precisamente de Benet, quien no ha dudado en afirmar que esperaba algo "mucho más serio" (cit. por Gorrotxategi 165).[39] Este comentario en realidad puede explicarse por su rechazo hacia la obra de Joyce, de quien alegó que su fama se debía únicamente a *Ulysses* "sin el cual el resto de sus obras ni siquiera se habría reeditado ni pasaría hoy de ser mera casualidad" ("¿Contra Joyce?" 26). Martín-Santos también contó en San Sebastián con otras amistades literarias, como la de Faustino Marquet, a quien pidió opinión sobre autores extranjeros que desconocía. Y gracias él tuvo acceso a la "Librería Internacional", que era la que más libros clandestinos vendía en España, "incluso algunos con el sello del Ministerio 'Prohibida la venta'" (Gorrotxategi 72).

En la primera conferencia sobre literatura que pronunció Martín-Santos en 1951 –en el Círculo Cultural y Ateneo Guipuzcoano– apuntó que la creación literaria arranca de la existencia humana, y que lo que caracteriza a la literatura universal es la tragedia y una visión nueva del ser humano; algo que ejemplificó aludiendo a las obras de Joyce, Proust, Lawrence y Dostoyevski (Gorrotxategi 79). Asimismo, en 1962, Janet Winecoff Díaz le pasa un cuestionario en el que le pregunta por sus fuentes literarias, y responde que sus novelas preferidas son: "*Ulises* de Joyce; *D. Quijote*; *Rojo y negro* de Stendhal; *La búsqueda del tiempo* [...] de Proust (todos los tomos); el *Dr. Fausto* de Mann; *Pickwick* de Dickens" (237). Y es que los ecos de Joyce se encuentran ya en la misma novela, en una

---

39 Benet ha llegado a afirmar que el desprecio por los escritores de su generación fue lo que le llevó a escribir, esperando llenar un vacío literario ("A Short" 61).

referencia explícita a *Ulysses*. Hacia la mitad de *Tiempo de silencio* se dice: "Hay situaciones en que el atolladero es total. Evidentemente, sí, evidentemente. Hay que leer el Ulysses. Toda la novela americana ha salido de ahí, del Ulysses y la guerra civil [sic]" (*Tds* 81). Esta afirmación se introduce en un párrafo en el que la voz del narrador y la del protagonista se confunden. Así, por la forma de su presentación puede interpretarse como un código que informa al lector de cómo leer e interpretar el libro, más que como una mera alusión a la obra joyceana.

Además de estas referencias, al parecer existe un relato breve titulado "Bloom" que, según Compitello, se trata de un manuscrito de una página escrito por Martín-Santos bajo la inspiración de Joyce, que no se llegó a publicar porque el original lo poseía Benet (256). Sin embargo, en una entrevista con Gorrotxategi, Benet declaró haber sido él quien lo escribió (324). Como viene a ser corriente en sus comentarios, por un lado, Benet se responsabiliza de la formación literaria de Martín-Santos, asegurando que fue él quien le dejó *Ulysses* y le facilitó el acceso a obras difíciles de conseguir –un protagonismo que, ya se ha visto, no le corresponde sólo a él. Y por otra, se niega a reconocer la valía literaria de su amigo, rechazando la grandeza de *Tiempo de silencio*. En cualquier caso, sorprende que Benet haya confesado mostrar serias dudas sobre la estética joyceana y que la lectura de su obra le inspirase la creación de un relato.

En 1962, cuarenta años después de que *Ulysses* apareciera publicado en forma de libro en París, salía en España la primera novela de Martín-Santos, *Tiempo de silencio*. El reconocimiento crítico de la clara huella joyceana que presentaba tanto en la forma como en el tratamiento de los temas fue más que significativo, ya que otras novelas de la misma fecha, como *Dos días de septiembre* de Caballero Bonald, *Tormenta de verano* de García Hortelano o *Fin de fiesta* de Juan Goytisolo, seguían el cauce del realismo social. Pero no todos los críticos españoles coincidieron en aceptar su carácter innovador, pues la novela causó cierto desconcierto y fue ampliamente malinterpretada.[40] Exceptuando las reseñas de Ricardo Doménech –de título tan significativo como "Ante una novela repetible"–,

---

40 Mauricio De la Selva reconoció la incorporación de una corriente novelística moderna, pero se equivocó al afirmar que el causante del embarazo de Florita era Cartucho –y no su propio padre–, eliminando de raíz uno de los temas más significativos de la novela, como es el incesto (319). También Alfonso Sastre apuntó que se había exagerado la importancia de *Tiempo de silencio*, que, para él, era mediocre, "escrita desde una falta de sensibilidad literaria bastante notable" (84). Y Denis Ward, aunque reconoció las innovaciones de la novela, redujo el tema central al aborto ilegal y describió a Pedro erróneamente, como "joven biólogo" (110).

quién aludió a su originalidad y densidad intelectual (4), y de Félix Grande, que enfatizó su carácter de ruptura, hubo que esperar hasta 1964 –cuando la novela se publicó en Francia, Holanda y Gran Bretaña–[41] para que la opinión de la crítica extranjera la colocara en el lugar que le correspondía. Finalmente, *Tiempo de silencio* se convirtió en España en un hito literario leído por la mayoría de los escritores de la época y se consideró una novela original, que tomaba como punto de referencia la narrativa europea.

---

[41] La versión francesa fue la primera en aparecer, traducida en 1963 por Alain Rouquié como *Les Demeures du silence*. La versión inglesa se publicó en 1964 bajo el título de *Time of silence*, y fue traducida por George Leeson. También se tradujo a otros idiomas menos conocidos, como al rumano, por Sorin Marculescu en 1967 con el título de *Uremea Tàcerii*, e incluso al ruso en 1983. Ahora se puede leer la novela ya en portugués, sueco, checo, rumano, finlandés, danés y algún otro.

3 Periodización e historia literaria

> For a writer to sit in his study and talk about creating new words is about as useless as sitting in the Ritz bar talking about the equality of man.
>
> Michael Cowley

> ¡Palabras confusas! ¡Ya al empezar mi tarea siento la ineptitud del idioma para transmitir lo importante! No estoy cierto de poder decir lo que tengo que decir. Tendré que demoler el idioma [...], tendré que darle cada tiento a la bota del lenguaje que la deje flaca y cariacontecida. ¿Pero podré hacerlo?
>
> Luis Martín-Santos

3.1 La periodización literaria y la historia de las ideas

La historiografía literaria se ocupa de la división histórica de la literatura en corrientes, periodos, escuelas o movimientos. Asentar los parámetros que ordenan y clasifican esta configuración histórica es una tarea no exenta de dificultades, pues cada periodo engloba un conjunto heterogéneo de corrientes, escuelas y generaciones que conviven en la misma época y contexto cultural. Además, esta segmentación del quehacer literario no se corresponde únicamente con un ámbito nacional determinado, sino que en su cruce de relaciones establece un diálogo con otras literaturas pertenecientes a diferentes espacios geográficos. Este es el caso del confuso y contradictorio periodo y/o también movimiento modernista, en sus diferentes manifestaciones literarias y artísticas internacionales, que sin embargo parecen haber partido del mismo cambio de valores que trajo consigo el fin del siglo XX. El Modernismo comparte con otros movimientos o corrientes el hecho de poder originarse en distintos países y épocas de forma *quasi*simultánea, aunque con presupuestos y efectos distintos. La relación entre la tradición literaria de un determinado movimiento y la manifestación textual o artística de éste en diferentes espacios y tiempos lleva a un concepto de continuidad de la historia amplio y dinámico.

Guillén ha definido el periodo "como una superposición o interrelación estructurada –o sea, un sistema– de corrientes fundamentales y constituyentes, algunas de las cuales proceden del periodo anterior, mientras otras siguen fluyendo y evolucionando hacia el futuro" (*Entre lo uno* 369). También Wellek y Warren comentan que el periodo es una sección de tiempo con un sistema de normas literarias y convenciones determinadas, del que se puede trazar su integración, desarrollo, diversificación y desaparición, todo ello dentro de la época como unidad mayor (265). Pero la segmentación de la historia literaria en épocas no coincide siempre en los diferentes espacios geográficos y, además, algunos períodos, como ocurre con el Barroco o el Neoclasicismo, no surgieron en todas las culturas. Se podría decir, entonces, que los periodos literarios son polifónicos, al mostrar una pluralidad de tendencias y corrientes en el mismo espacio temporal. Por esta razón, la dificultad del comparatista que trata con ámbitos supranacionales es la de homogeneizar secuencias históricas. Guillén se inclina por la aplicación de un modelo "pluralista y dialéctico de periodo", contra "el concepto homogéneo e interartístico de época cultural" (*Entre lo uno* 133). Y también Ahearn y Weisstein reconocen que no hay periodo "which is not similarly mixed, crosscultural, cross-pollinated. Virgin literatures, like the virgin land, are a myth. Comparativists are the people trained to bring us this news" (79).

En cuanto al concepto no menos confuso de movimiento, Gicovate lo define como "una creación súbita de normas y modas que se divulgan rápidamente y llegan a constituir en poco tiempo las únicas maneras aceptadas de pensar", con el fin de "formular de nuevo las ideas fundamentales que dan continuidad a la cultura" (45). Por su parte, Aldridge señala que en muchos casos, para dar nombre a los movimientos, se designan términos que representan un periodo cronológico durante el cual determinadas características muestran gran vitalidad, aunque en otros se emplea una expresión que hace referencia a características psicológicas y estéticas (59). Esta confusión de términos entre movimiento y periodo hace especialmente difícil la clasificación del Modernismo, pues podemos hablar tanto de periodo modernista como de movimiento modernista. Así, conceptos limitadores como los de periodo, movimiento, escuela o corriente literaria, por un lado, permiten definir y asentar las diferentes etapas históricas, y, por otro, inevitablemente parecen negar la existencia de la discontinuidad en el desarrollo de la historia literaria. A lo largo de este capítulo se concibe el Modernismo como un movimiento renovador que se desarrolló entre finales del siglo XIX y las primeras décadas del siglo XX reaccionando contra los valores literarios y artísticos asentados tradicionalmente.

Pero antes de explorar las bases sobre las que se asientan los comienzos del Modernismo, habría que precisar que la misma palabra es anacrónica puesto que es, a partir del siglo XVII, con la lucha entre los "Ancients and Moderns", cuando se plantea el espíritu de lo nuevo.[1] El término "moderno" se comenzó a emplear en esta época, aunque fueron sus adversarios quienes añadieron el sufijo -ismo (*-ism*) aludiendo a la adherencia a los principios de un culto (Calinescu 68-69). Así, el concepto "Modernismo" no sólo existió mucho antes de que se adoptase como término para definir un movimiento literario, sino que afectó tanto a la literatura como a la música, pintura, escultura o arquitectura dentro de un ámbito internacional, contribuyendo a crear toda una serie de significados divergentes que hoy día resultan inseparables de su historia. Como el término Modernismo es más una referencia cualitativa que cronológica, en este capítulo se tratará de dar una visión histórico-cultural de las bases que asentaron el comienzo de este movimiento literario, haciendo hincapié en los efectos del cambio de siglo y en la consecuente transformación de valores, e intentando a su vez buscar un punto común con el ámbito hispánico. Lo que se observará es que la misma tendencia que modificó la expresión literaria en otros países de Europa dio sus frutos también en España e Hispanoamérica, aunque desde presupuestos literarios e ideológicos distintos, y con un retraso de varias décadas.

Comparar la producción de Martín-Santos, representativa de los años sesenta, con la de Joyce, producto de los veinte, supone partir de un concepto de la historia flexible y dinámico. Aunque en muchos casos no pueda demostrarse la existencia de un vínculo claro entre varios autores, J. T. Shaw argumenta que sí se puede encontrar un tipo de coincidencia en los efectos del autor o del movimiento literario exportado:

> Particular authors or even literary movements may produce a non or extraliterary effect upon a whole society or a significant part of it. For example, Voltairean, Byronic, or Tolstoyan modes of thought, action, or even dress may have a broad reflection in various societies of their own and later times. And this social action may contribute to forming the social consciousness of a writer who may then embody it in literature,

---

1 Calinescu añade que la idea de "modernismo" había surgido durante la Edad Media cristiana, con el término *"modernus"*, que significaba "recientemente" (13). Matamoro data el término en una época anterior, señalando que los orígenes se encuentran en el Latín tardío –siglo V–, cuando se pasó del paganismo al cristianismo (25).

whether or not there is a direct connection between his works and the foreign author's. (61)

Las cuatro décadas que separan las obras de Joyce y Martín-Santos recogen circunstancias culturales y condicionamientos políticos, ideológicos y estéticos distinos. Aunque, en rigor, la obra de Martín-Santos no pueda denominarse modernista, la estética que presenta sí puede ponerse en relación con la solución narrativa joyceana. Este presunto cruce de conexiones encuentra su explicación en la misma evolución del Modernismo hispanoamericano, pues la primera vez que se acuñó este término para designar a un movimiento de renovación estética, fue precisamente en este contexto.[2]

3.2 El movimento modernista ante el cambio de siglo

En términos generales, se podría definir tanto el *Modernism*[3] de las letras inglesas como el Modernismo hispánico como el arte que se origina en un mundo de rápida modernización. De hecho, quizás sea el siglo XX el que más transformaciones ha sufrido social, técnica y culturalmente: dos guerras mundiales, continuos inventos y descubrimientos en el mundo de la ciencia, la expansión de la maquinaria con la eminente industrialización, la nueva reestructuración social, el crecimiento de las ciudades, el desarrollo de los medios de comunicación, una filosofía que emplea nuevos métodos para analizar la realidad –como la fenomenología o la epistemología– y un largo etcétera. No resulta extraño entender así que los efectos tan destructivos de la Primera Guerra Mundial provocaran una sensación de caos y de fragmentación, como se manifestó en el ámbito de las artes, pues

---

2   Calinescu ha explicado que el espíritu del Modernismo de Rubén Darío rechazaba la autoridad española abogando por la declaración de una independencia cultural hispanoamericana. La influencia francesa modernizante, combinada con otras tendencias postrománticas, como el Parnasianismo, el Decadentismo y el Simbolismo, reaccionaron contra los clichés retóricos que prevalecían en la literatura de la época (69).

3   A lo largo del libro, cuando me refiero al *Modernism* de las letras inglesas utilizo el término inglés, mientras que cuando hago referencia al Modernismo hispano o al concepto de Modernismo como movimiento de renovación estética, empleo el término en español.

según Bradbury, "artistic change is not simply an aesthetic event. It arises from social and ideological change, the change of systems, beliefs, and ways of life" (*The Modern* 9). Por esta razón, la revolución tecnológica y la distinta forma de percibir y comprender el mundo entroncan con la aparición de una nueva solución estética que reacciona contra las formas tradicionales, inadecuadas ya para representar una realidad en continuo cambio.

Como se comentaba en el apartado anterior, la respuesta literaria de una época es el producto de las bases filosóficas, intelectuales o políticas que la sustenta. Pues bien, los pilares de esta nueva forma de aprehender el mundo se apoyan en el cambio de valores y de percepción de la realidad que trajeron consigo los descubrimientos científicos y técnicos. Bradbury (*The Modern* 11-14) y Navajas (32-33) resumen los los precedentes de este cambio en: el *Manifiesto comunista* de Marx y Engels, y la revolución del proletariado; *El origen de las especies* de Darwin, que cuestionaba la creación del Génesis; la teoría de la relatividad de Einstein; la introvertización de la vida que proponía las teorías de Freud; los descubrimientos de nuevos elementos químicos que podían explicar la transformación de los objetos; la teoría cuántica; la aparición de los primeros vehículos a motor, etc. A esta época de cambio tecnológico y cultural tan drástico le sigue una profunda y lógica transformación de valores. El historiador Henry Adam lo ha expresado muy bien al afirmar que "in entering the twentieth century men were entering not a universe but a multiverse, and learning to pray not to the Virgin, but to the Dynamo, the new mechanical energy" (cit. por Bradbury *The Modern* 11). En otras esferas también se cuestiona la política, la religión o la forma de vida. La antropología se plantea las raíces primitivas de la religión. En filosofía, Nietzche y Bergson ponen más énfasis en el instinto que en la razón. Y en psicología, Freud y Jung descubren el poder del inconsciente. Ya no existe una única realidad que mostrar al lector, y de ahí la necesidad de experimentar con un lenguaje y unas técnicas narrativas que puedan reflejar de mejor modo la complejidad de la existencia. Por primera vez en las novelas, "the reader is being asked not to follow a story but to discern a pattern" (Faulkner 16-17).

A todo ello se añade que desde la primera mitad del siglo XX comienza a haber una separación entre la modernidad como etapa histórica, producto del progreso y de una ideología burguesa, y la modernidad como concepto estético, que surge de una actitud antiburguesa (Calinescu 41-42). Esta rebeldía se manifiesta de forma estética en las producciones de muchos modernistas y, en el caso de Joyce, en su ruptura con la tradición anterior para defender la autonomía de la obra de arte. Él mismo anunció que buscaba representar en su obra un lenguaje que estuviese por encima de los demás y que no supusiese una limitación cultural: "I cannot express myself in English without enclosing myself in a tradition" (*JJ* 410). En términos generales, se puede decir que el lenguaje literario y las técnicas narrativas convencionales se vuelven insuficientes para expresar la complejidad de la experiencia humana. Ante esta rápida transformación de la vida, los escritores necesitan expresar en sus obras que el ser, como había dicho Freud, es múltiple y subjetivo, irreducible a meras descripciones externas, y sólo interpretable desde las motivaciones internas que guían su conducta. En estas circunstancias surgen los primeros movimientos vanguardistas como el Futurismo, el Cubismo, el Expresionismo, el Vorticismo o el Parnasianismo. Y también en estas primeras décadas del siglo XX el espíritu del Modernismo se apoya en una nueva revolución, la de la palabra (Bradbury *The Modern* 14).

Si en la narrativa anterior la realidad era el cimiento de la ficción, la novela modernista cuestiona la percepción de esta realidad, al revelarse ahora como múltiple y fragmentaria. El Modernismo se disocia de las convenciones del XIX, especialmente relacionadas con los papeles de escritor y lector, que ya no comparten el mismo horizonte de expectativas. Los prerrafaelistas, como Rossetti y Swinburne, y más tarde los estetas, como Oscar Wilde, cuestionarían la ortodoxia victoriana. También Henry James apuntó hacia la narrativa moderna creando un tipo de ficción centrada en la subjetividad del personaje, a partir de la utilización de diferentes ángulos de visión que enfatizaban la relatividad del conocimiento. Pero no todas las innovaciones literarias fueron reconocidas. El empleo del tiempo psicológico y del punto de vista narrativo que apareció, por ejemplo, en la novela de Édouard Dujardin, *Les lauriers sont coupés*, sólo alcanzó cierta popularidad a partir de la publicidad que le dio Joyce, y después de que Henry James y Joseph Conrad empleasen los mismos recursos en sus novelas.

En los años previos y posteriores a la Primera Guerra Mundial muchos novelistas empezaron a desarrollar experimentos con el lenguaje paralelos a los de Dujardin. En 1913, Marcel Proust publica *Du côté de chez Swann* siguiendo la forma de una obertura musical de tipo wagneriano (Friedman "The Symbolist Novel" 455-456). La profundidad psicológica de la obra completa de Proust, *A la recherche du temps perdu*, prueba el corto espacio que media entre la subjetividad y la objetividad, al basarse toda ella en el poder que ejerce el tiempo en la memoria, los recuerdos y las asociaciones. Dos años más tarde, Dorothy Richardson publica en Inglaterra *Pointed Roofs*, el primer volumen de *Pilgrimage*, una novela en la que realmente no ocurre nada. Sin acción, el lector entra directamente en la mente de la protagonista Miriam Henderson, teniendo que descifrar una porción de vida que prácticamente no tiene comienzo ni final.

No obstante, las bases literarias del Modernismo deben buscarse en el Simbolismo y en los movimientos de vanguardia. El lenguaje simbolista, en muchos casos irracional, intuitivo y espontáneo, encontraba su fuente de inspiración en el subconsciente y, aunque el movimiento triunfó en poesía, también encontró un vehículo expresivo en la novela francesa de Flaubert, Proust y Gide; en la norteamericana de Hawthorne, Melville, Wolfe y Faulkner; en la inglesa de Lawrence, Woolf y Joyce; en la italiana de Svevo; y en la alemana de Döblin, Wassermann, Mann, Kafka y Brod; quedando España prácticamente sin ejemplos (Friedrich y Malone 421-424). Por su parte, los movimientos vanguardistas rompieron con la estética del pasado abogando por el culto de lo nuevo a través, en muchos casos, de la destrucción del lenguaje. Esta nueva forma de expresión produjo un tipo de literatura en la que el caos se explicaba a partir de la técnica de la libre asociación de ideas. El *stream of consciousness* se convierte así no ya en un recurso, sino en el tema principal de muchas obras literarias. Por ello, la estética modernista girará en torno a la despersonalización de la novela, la superposición de diferentes planos narrativos, la acumulación de diferentes voces difíciles de identificar y la ausencia de linealidad en la narración. El objetivo es la representación de lo más único, lo más universal y lo más inmutable del ser humano: la conciencia; porque el personaje no se concibe ya como una figura estática sino como un proceso interminable de ser. La literatura postjoyceana, aunque encaminada hacia otras direcciones, sigue incluyendo en sus novelas los recursos más característicos del *stream of consciousness*.

3.3 El *Modernism* de las letras inglesas frente al Modernismo hispánico

3.3.1 El Modernism *de las letras inglesas*

No es extraño que un movimiento tan radical como el modernista haya causado dificultades de conceptualización, delimitación y cronología, pues sus precursores fueron, más que artistas, pensadores que cuestionaron las organizaciones sociales y religiosas, la moralidad y la posición del ser humano en el mundo. El término *Modernism* primeramente se acuñó para dar nombre a un nuevo tipo de literatura que evocaba una cierta modernidad, aunque posteriormente pasó a designar un movimiento asociado con la experimentación de las artes, que se consolidó en los años veinte con *Ulysses* de Joyce y con *The Waste Land* de T. S. Eliot. De hecho, ha llegado a decirse que 1922 fue el *annus mirabilis* de esta nueva estética; fecha en la que se publicaron las dos obras mencionadas, junto a las no menos innovadoras *Jacob's Room* de Virginia Woolf y *Babbitt* de Sinclair Lewis. Desde sus primeras manifestaciones, el concepto *Modernism* ha sido ampliamente definido. Bradbury y McFarlane sostienen que se trata de un movimiento que tiende hacia la sofisticación, el manierismo, la introversión, el despliegue técnico y el escepticismo ("The Name" 26). Pero Roger Fowler, en su *Dictionary of Modern Critical Terms*, defiende la existencia de varios "modernismos" o, más bien, de una secuencia intensificada de movimientos desde el Simbolismo, Postimpresionismo, Expresionismo, Futurismo, Imagismo, Vorticismo, Dadaísmo y Surrealismo, que emanan de escritores aparentemente análogos en estilo, aunque de diferentes procedencias geográficas. Así, en novela destacan: Woolf, Joyce, Faulkner, James, Conrad, Proust, Mann, Gide, Kafka, Svevo y Musil. En teatro, Strindberg, Pirandello, Wedekind y Brecht. Y en poesía, Mallarmé, Yeats, Eliot, Pound, Rilke, Apollinaire y Stevens. Las obras de todos ellos, según Fowler, exhiben una estética innovadora, enfatizan la forma espacial o fugal en oposición a la cronológica, emplean modos icónicos y tienden hacia una cierta deshumanización del arte (118). En definitiva, como resume Orr, la esencia del *Modernism*

> [...] is to show that the world, once flat and later round, is now a cube. It has to be seen from all 'sides', even though there are no sides [...]. We can never be sure that the whole is the sum of its parts, nor that perception exhausts experience. If science shows the world to be infinite in its complexity, the modernist novel shows experience to be

limitless. Narrative becomes difficult because the real itself is more elusive than materialists ever thought. (619-620)

La naturaleza innovadora del *Modernism* se manifiesta en el uso de un lenguaje que fuerza sus propios límites para experimentar con las ambigüedades, homonimias, polisemias y pluralidad de variantes que puede tener el símbolo escrito. De la experimentación lingüística a la estilística, técnica y rítmica sólo hay un paso, el que permite a estos escritores jugar con la multiplicidad de niveles poéticos o narrativos, para reflejar de mejor modo la complejidad y versatilidad de la experiencia humana. Esta ruptura con la tradición se percibe también en la elección de temas –que exploran los hechos más triviales de la vida– como el de la ciudad moderna o el de la alienación del ser. Asimismo, la asimilación de técnicas que provienen del Simbolismo francés, del psicoanálisis, de los mitos y de los avances antropológicos permiten profundizar en la interioridad de la mente de los personajes. A partir de Joyce y de otros modernistas, como Woolf, Lawrence, Conrad, Yeats, Eliot y Pound, vida y literatura trascienden una nueva dimensión. En narrativa, se supera la novela de ocio y entretenimiento anterior para ofrecer un nuevo canal de comunicación del que cada lector saca su propia conclusión, pues "just as the reader participates in the production of the text's meaning so the text shapes the reader [...] so in the course of reading, it develops in the reader a specific competence needed to come to grips with it, often inducing him to change his previous conceptions and modify his outlook" (Rimmon-Kennan 117-118).

En general, se puede concluir señalando que el Modernismo es un movimiento contradictorio e incluso, según Calinescu, dual. Para este crítico, hay dos modernismos independientes en conflicto: uno progresista socialmente, racionalista, competitivo y tecnológico; y otro, crítico culturalmente y también autocrítico, al intentar desmitificar los valores del primero. De ahí las ambivalencias y paradojas que provienen del lenguaje de la modernidad, porque el Modernismo literario es moderno y antimoderno: moderno en su compromiso con la innovación y en su rechazo de la tradición; y antimoderno en su separación del dogma del progreso, en su crítica a lo racional y en su sentir de que la civilización moderna ha perdido algo valioso (265). Estas mismas características se podrán aplicar también al Modernismo hispánico, como se tendrá ocasión de ver. A partir de los años treinta la política se convierte en una de las prioridades de los nuevos escritores, que critican a los modernistas por su falta de compromiso social y por la subjetividad de sus temas. Como señala Bradbury, la revolución de la palabra se convierte en un hecho menos significativo que la del mundo, y con el estallido de la Segunda Guerra Mundial este movimiento también toca a su fin (*The Modern* 20). La literatura queda en manos de escritores en la línea de Graham Greene, George Orwell, Evelyn Waugh o Kingsley Amis, que se disocian del formalismo verbal de *Ulysses*, y muestran otra visión del ser humano, no como ser alienado, sino como ser social.

3.3.2 La obra de Joyce como exponente modernista

De forma generalizada, la crítica coincide en considerar *Ulysses* una obra central del *Modernism* por ser, como afirma Umberto Eco, "the most powerful, radical, and influential embodiment of tendencies that dominate the literature and art of our time" (*The Middle* vii). En esta novela el contenido pasa a ser un elemento secundario de la forma, que se revela como el más explícito de los mensajes a partir del tercer capítulo "Proteus".[4] A pesar de haber sido considerada con frecuencia una obra de corte intelectual, Joyce nunca pensó en su carácter elitista y lo único que pedía a sus lectores era un esfuerzo de memoria y atención para relacionar situaciones que se irían repitiendo a lo largo del libro. La base de la estética modernista de *Ulysses* está contenida en una famosa anécdota que Joyce contó a su amigo Frank Budgen, al asegurarle que la novela iba progresando y que ese día concreto había sido fructífero porque había conseguido escribir dos frases:

> "You have been seeking the *mot juste*" I said [Budgen].
> "No," said Joyce. "I have the words already. What I am seeking is the perfect order of words in the sentence. There is an order in every way appropriate. I think I have it."
> [...]. I am now writing the *Lestrigonians* episode, which corresponds to the adventure of Ulysses with the cannibals. My hero is going to lunch. But there is a seduction motive

---

4   Según Eco, en este capítulo: "The form of the chapter or the word itself conveys its subject matter" (*The Middle* 36). Véase también el artículo de Benstock, "Opaque and Transparent Narrative", que considera a "Proteus" el primer capítulo opaco de la novela (29). Aunque en la edición final de *Ulysses*, Joyce eliminó los epígrafes homéricos que habían ido apareciendo en la publicación por entregas, a lo largo de este libro aludo a ellos para indicar el capítulo concreto que esté tratando y así evitar la confusión que pudiera surgir de la referencia puramente numérica. Asimismo, esta es la tendencia de la crítica joyceana y del escritor cuando discutía aspectos de la novela en sus cartas y conversaciones.

in the Odyssey, the cannibal king's daughter. Seduction appears in my book as women's silk peticoats hanging in a shop window. The words through which I express the effect of it on my hungry hero are: "Perfume of embraces all him assailed. With hungered flesh obscurely, he mutely craved to adore." You can see for yourself in how many different ways they might be arranged. (Budgen *James Joyce* 20) [5]

Esta cita resume la intención de Joyce de dar al lenguaje prosístico el poder que tradicionalmente ha tenido la poesía,[6] a la vez que revela su método de trabajo obsesionado por encontrar siempre la palabra justa.

Hoy en día se acepta que la grandeza de las obras de Joyce no reside en los temas sino en el estilo y en la genuina utilización de un lenguaje que le permite llegar a límites de la mente humana que no habían sido explorados anteriormente por el novelista. Sin embargo, si atendemos a su evolución creativa, habría que reconocer que Joyce partió de la recuperación de la tradición realista anterior. *Dubliners* sigue procedimientos naturalistas al adoptar un estilo que se ha dado en llamar *scrupulous meanness* pues, según Joyce, "meanness is the character and quality of Dublin life" (cit. por Johnsen 7). Las historias son espejos de una realidad que se describe de forma pormenorizada, empleando gran cantidad de detalles pero con una significativa economía de estilo, y combinando la tendencia naturalista con la simbolista. El lenguaje es deliberadamente limitado y concentrado. Los relatos tratan de mostrar la parálisis de la vida irlandesa, no sólo a través de la acción, que resulta mínima, sino sobre todo en la forma y en los escasos diálogos de los personajes que suelen dejar las frases a medio terminar. Joyce luchó durante casi nueve años contra editores que consideraban esta colección indecente e irreverente. Convencido de la veracidad de su retrato de Dublín, anunció a Grant Richards que retrasaría el curso de la civilización en Irlanda si no permitía que sus ciudadanos pudieran mirarse en este "nicely polished looking-glass". A propósito de los dublineses, Joyce señaló que aunque eran sus conciudadanos, no le importaba hablar de su "'dear, dirty Dublin' as they do.

---

5   Para Boris Ford, al incluir "assailed" al final de la frase, "the physical impact of the word is allowed, so to speak, to pile up: by putting the object before the verb a suggestion comes through of a possible reversal of object and subject. The position of 'all' in the sentence gives it a maximum effect, referring back to 'embraces' and forward to 'him', and at the same time the maleness of 'him' would have been less potent too. Just as the perfume, placed anywhere else in the sentence, would have impregnated it less thoroughly" (311).

6   Como señala Budgen, "Joyce's method of composition always seemed to me to be that of a poet rather than that of a prose writer. The words he wrote were far advanced in his mind before they found shape on paper" (*James Joyce* 175).

Dubliners are the most hopeless, useless and inconsistent race of charlatans I have ever come across, on the island or the continent". Por esta razón, se veía como uno de los escritores de su generación que estaba contribuyendo a crear "a conscience in the soul of this wretched race" (*JJ* 222, 17 y 332). Este *scrupulous meanness* que caracteriza el estilo de *Dubliners* evoluciona en el último relato, "The Dead", hasta convertirse en el lenguaje modernista que más tarde aparecerá en *Ulysses*, aunque habiendo pasado antes por el ejercicio retórico que supuso *A Portrait*.

De las diferentes perspectivas adoptadas en *Dubliners*, Joyce limita *A Portrait* a un único ángulo de visión, el de la mente subjetiva de Stephen Dedalus y su peculiar forma de percibir el mundo. La novela explora su desarrollo personal, artístico y verbal. De hecho, su evolución lingüística arranca de un nivel de expresividad limitado propio de la infancia hasta llegar a un estilo más intelectual que bordea la pedantería. Además, a Stephen le obsesiona el poder expresivo del lenguaje y el efecto que pueden producir las palabras en sus múltiples asociaciones, como resume la siguiente cita:

> Did he then love the rhythmic rise and fall of words better than their associations of legend and colour? Or was it that, being as weak of sight as he was shy of mind, he drew less pleasure from the reflection of the glowing sensible world through the prism of a language manycoloured and richly storied than from the contemplation of an inner world of individual emotions mirrored perfectly in a lucid supple periodic prose? (*P* 166-167)

Una de las preocupaciones de Stephen es saber si las palabras se emplean "according to the literary tradition or according to the tradition of the marketplace" (*P* 188). Más aún, siente que algunas palabras que le suenan extrañas no le pertenecen, y que no podrá comunicarse de forma efectiva hasta que no reconozca la opresión y el dominio que la lengua inglesa ejerce sobre él. Este crucial descubrimiento tiene lugar en el último capítulo, al asumir que el inglés será siempre un idioma adquirido a pesar de ser su lengua materna. Cuando el deán inglés del colegio intenta enseñar al irlandés Stephen a encender un fuego, éste no le entiende porque no "hablan" el mismo idioma:

> —The funnel through which you pour the oil into your lamp.
> —That? said Stephen. Is that called funnel? It is not a tundish? [...]
> —Is that called a tundish in Ireland? asked the dean. I never heard the word in my life.
> —It is called a tundish in Lower Drumcondra, said Stephen laughing, where they speak the best English. (*P* 188)

Las páginas finales de *A Portrait* muestran a un Stephen preparado para formular una teoría estética basada en Aristóteles y Santo Tomas, a través de la cual define al artista como el dios de la creación que se mantiene impasible ante su obra y, por lo tanto, fuera de ella (*P* 215).

Joyce pone en práctica esta necesidad de distanciamiento del autor sobre la obra en *Ulysses*, cuyo narrador se manifiesta "a bit like gravity. We don't see gravity but we perceive its manifestations. It would be as silly to deny a narrator's presence as to deny gravity. Though neither is directly visible to us, both clearly exist" (Riquelme "Enjoying" 23). De los protagonistas de *Ulysses* sabemos todo: su pasado, sus ideales, sus motivaciones, sus sentimientos, lo que llevan puesto, lo que han hecho durante el día e incluso cómo piensan. Pero este modo de revelar todos y cada uno de los detalles que conforman sus vidas cobra una función distinta de la que tenía en la novela realista anterior, ya que en Joyce, como en otros modernistas, los acontecimientos más triviales de la vida adquieren una dimensión simbólica. A su vez, la incorporación del esquema homérico enriquece aún más la presentación de la experiencia humana en sus múltiples facetas. No en vano, Joyce consideraba a Ulises el personaje más completo de la literatura universal. En una conversación con Frank Budgen, Joyce le preguntó por el personaje literario más redondo, a lo que Budgen respondió que Fausto o Hamlet. Pero Joyce le explicó que aunque Hamlet parece un verdadero ser humano, cumple sólo la función de hijo, mientras que Ulises fue hijo de Laertes, padre de Telémaco, marido de Penélope, amante de Calipso, compañero de armas de los guerreros griegos en Troya y Rey de Ítaca. Se le sometió a muchos juicios, pero su sabiduría y coraje le permitieron salir de todos pues fue el primer caballero de Europa (*James Joyce* 15-17).

Asimismo, la incorporación de la heroicidad del mito contrasta con la realidad más ordinaria del ser humano, descrita con un lenguaje desinhibido que revela las ventosidades de Bloom, su excitación en la playa y posterior masturbación o las obsesiones sexuales de Molly. Lejos de un fin pornográfico, se podría decir que Joyce hizo más persona a sus personajes, al construir "the creatures of his imagination as *creaturely* as possible" (Hodgart 73). Si la literatura realista tradicional tendía hacia la acumulación obsesiva de detalles y dotaba a sus personajes de las dimensiones psicológicas y emocionales más humanas, Joyce añadió las fisiológicas. En el marco específico de *Ulysses*, la descripción de los ámbitos psíquico y físico de los protagonistas cumple una función significativa porque cada capítulo tiene como símbolo un órgano del cuerpo y porque, como señala Hodgart, aunque Joyce no llegó muy lejos en sus estudios de medicina, siempre le interesó la fisiología y creía en la interacción entre cuerpo y mente; algo que se aprecia en "Oxen of the Sun" (38). También Kiberd explica que Joyce presenta a Bloom "pissing and shitting" para asemejarle a un ser humano sin pretensiones abstractas, y sin odio hacia sí mismo o hacia su propio cuerpo: "Like Lawrence, Joyce wanted to afford the body a recognition equal to that given the mind, but to a post-Victorian generation which had lost this just balance, both men *appeared* to elevate the body above all else" (xvi).

Finnegans Wake llega todavía más lejos al incluir no ya el mundo de los sueños, sino del mismo lenguaje onírico. La obra cumbre de Joyce, la más compleja e inaccesible, pretendía representar la historia universal, para lo que el escritor incorporó todos los temas y motivos que habían ido apareciendo en su producción anterior. Después de afirmar: "I have discovered that I can do anything with language I want", aclaró a su amigo Jolas que no era él quien escribía la obra, sino "you, and you, and you, and that man over there, and that girl at the next table", ya que gracias a su extraordinaria memoria para recordar fragmentos de conversación, o incluso simples sílabas fuera de contexto, podía elaborar múltiples variaciones que modelarían el lenguaje plural de la humanidad (13). Como señala García Tortosa, *Finnegans Wake* "representa el mayor esfuerzo en la historia de la literatura universal por entender, pragmáticamente, la naturaleza de la lengua: ese momento del sueño en que libres de inhibiciones y convenciones, la lengua se nos presenta hecha cuerpo con nuestras vivencias y a la vez mezclada con la experiencia colectiva, fragmentaria y descarnada" ("Introducción" 10).

El lenguaje revolucionario y sofisticado de *Finnegans Wake* emerge como paradigma de lo múltiple, de lo plural y del todo. Pero la historia sobre la que Joyce asienta sus complejas asociaciones es, como en *Ulysses*, muy simple. *Finnegans Wake* relata el sueño de un dublinés, Humphrey Chimpden Earwicker –HCE–, cuyas siglas equivalen a "Here Comes Everybody", en representación del hombre universal. Es también la historia de su mujer Anna Livia Plurabelle –ALP–, que personifica la vida de Dublín –y con ella la muerte y la resurrección– a través del símbolo de su río Liffey, pues en los mapas antiguos éste se llamaba "Anna Liffey" –que, a su vez, procedía del irlandés "amhain". El título de la obra proviene de una balada irlandesa en la que el albañil Tim Finnegan se cae de una escalera y se rompe la cabeza. En el velatorio, sus amigos echan unas gotas de whisky –en irlandés, "ulsce beatha", o agua de la vida– a su cuerpo sin vida, y éste resucita. La historia de Finnegan se convierte en la de cualquier ser humano –desde Adán, hasta Cristo, Parnell y otras figuras arquetípicas– y viene representada por la caída, la muerte y la resurrección. La estructura es cíclica, no tiene principio ni fin, y todo se presenta en un continuo renacer, como muestran la primera y última frase de la obra. El comienzo, que se introduce *in medias res* y empieza en minúsculas, es el que sigue: "riverrun, past Eve and Adam's, from swere of shore to bend of bay, brings us by a commodius vicus of recirculation back to Howth Castle and Environs" (*FW* 3). Esta frase alude a múltiples hechos: las palabras "vicus of recirculation" se refieren a Giambattista Vico, el filósofo napolitano que anunció su teoría sobre la circularidad de la historia; y el nombre del protagonista se introduce con las iniciales "Howth Castle and Environs", que es también el nombre del primer hombre bíblico y, con él, de cualquier ser humano. El final de la obra acaba con una frase sin punto final, que conecta con la primera: "The keys to. Given! A way, a lone, a last, a loved, a long the" (*FW* 628), y que repite además la primera letra del alfabeto. Así, del principio se va al fin, y vuelta a comenzar el ciclo del sueño y del despertar, de la muerte y de la vida. En este sueño aparecen también los hijos, los gemelos Shem y Shaun –Jerry y Kevin–, y la hija Issy, quienes adoptan diferentes nombres e identidades. Como explica Carnero, *Finnegans Wake* supone la reproducción de la historia del ser humano y de su escritura como forma de expresión del "yo" en continua reflexión, es decir,

> [...] la realidad más absoluta [...] nada es lo que parece, y, sin embargo, es todo ello al mismo tiempo; extremos opuestos se funden en entidades únicas indivisibles; todo cambia y se modifica, pero, en la transmutación, se consagra el mismo principio de perpetuidad y continuidad; la vida y la muerte son realidades análogas cuyos propios conceptos llegan a confundirse. (141-142)

Para terminar este apartado, sólo quisiera citar a Ortega y Gasset cuando dijo que "los mejores ejemplos de cómo por extremar el realismo se le supera –no más que con atender lupa en mano a lo microscópico de la vida– son Proust, Ramón Gómez de la Serna, Joyce" (39).

3.3.3 Modernismo hispánico y Generación del 98

En las páginas anteriores se concebía el *Modernism* como un movimiento de renovación estética que se manifestó de forma global en Europa y América, aunque no coincidió con el Modernismo hispánico en tiempo ni en pretensiones literarias. Por ello, la mayor dificultad con que se enfrenta este estudio es la coincidencia de técnicas narrativas y recursos literarios que presentan las obras de Joyce y Martín-Santos –así como otros escritores que le sucedieron–, a pesar de la distancia temporal que les separa. Debo aclarar aquí que hasta ahora he venido empleando *Modernism* y experimentación literaria como sinónimos, mientras que cuando he comentado algún aspecto relativo a la producción del escritor español me he inclinado por el segundo concepto, con el fin de evitar la confusión entre el *Modernism* de las letras inglesas y Modernismo hispánico de finales del siglo pasado. El movimiento al que me refiero tiene que ver con una ruptura radical y consciente de las bases tradicionales que caracterizaban a las artes en Europa, y con la catástrofe general que hizo cuestionar la religión, la moral, las organizaciones sociales y la posición del ser humano en el mundo. En realidad, sigo a David Brooks cuando afirma que hay dos escuelas de pensamiento dentro del *Modernism*: por un lado, la que se aplica a un grupo de autores dentro de principios de siglo; y por otro, la que describe una postura artística y una actitud hacia lo moderno, que es tan viable hoy día como hace setenta años (119). Por esta razón, se puede decir que *Tiempo de silencio* recupera elementos de la tradición modernista, entre los que destacan: la fragmentación, el estilo impresionista de muchas descripciones, la multiplicidad de perspectivas y voces narrativas, la pluralidad interpretativa, el solipsismo en la presentación de las conciencias privadas de los personajes y la ruptura con la linealidad de la novela anterior.

Antes de comenzar a describir los pilares sobre los que se asienta el Modernismo hispánico, es necesario apuntar las similitudes y diferencias que presenta con la Generación del 98, pues se trata de dos movimientos que han generado gran ambigüedad en sus presupuestos. Ambos se diferencian, básicamente, en que el Modernismo tiene como preocupaciones principales la búsqueda de lo estético, lo exótico y la creencia en la pureza del arte, mientras que la Generación del 98 se centra en la naturaleza del problema español a raíz de las tragedias de la historia. Pero no todos los críticos estarían de acuerdo con esta oposición tan simplista. Por un lado, Eugenio De Nora sostiene que se trata de dos tendencias complementarias

(35). Y por otro, tanto Gicovate (146) como Ramos-Gascón (206) consideran que la Generación del 98 fue producto de una invención histórica para exaltar la crisis española después del desastre de 1898. Gicovate apunta que éstos escribieron durante la época en que triunfó el Modernismo, pues el concepto de generación sólo hace referencia a una subdivisión histórica (146), y Ramos-Gascón añade que fueron los inventores de esta generación quienes construyeron "la perniciosa dicotomía 98-Modernismo", dando lugar a una "provinciana peninsularización de un fenómeno estético universal en el que España hubiera podido reivindicar cierto grado de protagonismo" (206).

Según Henríquez Ureña, el término "Modernismo" se empleó para designar a un movimiento literario que surgió en las décadas de 1880 y 1890 en Hispanoamérica, cuando Rubén Darío "le dio carta de naturaleza en la historia literaria" al referirse a un "espíritu nuevo", a un "movimiento de renovación literaria" (15-57). Esta estética reaccionaba contra la tradición romántica, que ponía demasiado énfasis en los sentimientos, y abogaba por una renovación cultural y formal. Al igual que el *Modernism*, el Modernismo hispanoamericano se construyó en torno a ideas apocalípticas y catastrofistas que provenían de los avances de la ciencia y del escepticismo ante el progreso. Intentando convertir el lenguaje en instrumento de experimentación pseudo-científica, los modernistas emplearon la modernización tecnológica como un medio revolucionario para reivindicar su arte (Fraser 9).

Schulman fecha la inauguración de este Modernismo en 1882, cuando se publicó *Ismaelillo* de José Martí, y no la que se ha venido aceptando de 1888, que corresponde a la publicación de *Azul* de Rubén Darío, quien consolidó y enriqueció las ideas del movimiento pero no lo generó. Schulman reconoce que el movimiento nació dividido en dos corrientes paralelas: una afrancesada y decorativa, como la de Gutiérrez Nájera; y la otra más vital y esencial en la tradición hispánica, que era la de José Martí (7). Uno de los padres del Modernismo hispanoamericano fue efectivamente Martí, quien además defendió el cosmopolitismo literario y afirmó que: "Conocer diversas literaturas es el medio mejor de libertarnos de la tiranía de algunas de ellas" (1855). Esta atracción por otras literaturas para nutrirse de un diálogo mutuo, característica del Modernismo hispanoamericano y del *Modernism* de las letras inglesas, se encuentra también dentro del ámbito español en Juan Ramón Jiménez, Rubén Darío, Valle-Inclán, Antonio Machado o el mismo Unamuno. Y esta deuda hace necesario el estudio del Modernismo a partir del contacto con lo francés, lo inglés, lo alemán o lo americano. De hecho, Gicovate define el surgimiento del Modernismo en Hispanoamérica como uno "extranjerizante por sus intereses literarios, exótico en los gustos de sus escritores, y naturalmente hispanoamericano, nacionalista o continental en sus alcances e intenciones, como es conscientemente españolizante su contraparte en España" (8). Así, la crítica ha coincidido en apuntar que el movimiento surgió como una forma de declaración de la independencia cultural de Latinoamérica, en la que el espíritu del Modernismo de Darío implicaría un rechazo de la autoridad cultural española (Calinescu 69).

El Modernismo hispanoamericano comenzó un poco antes que el *Modernism* de las letras inglesas, aunque se asentó sobre las mismas bases del cambio tecnologico, social e intelectual. En España se manifestó de forma paralela a otros vanguardismos, pues en 1909, cuando el "Manifiesto futurista" de Marinetti se publicó en Italia y Francia, también apareció en la revista *Prometeo*. Según Gómez de Liaño, este acontecimiento tuvo más impacto en la península que en los otros dos países, ya que un año después Ramón Gómez de la Serna publicaría la "Proclama futurista a los españoles". El primer "–ismo" que triunfó fue el Futurismo, al que le siguió el Cubismo de Picasso, el Dadaísmo y el Ultraísmo (58), por lo que durante estas fechas España ocupó una posición cultural semejante a la de otros países vecinos. La literatura española de principios de siglo se dirigía hacia la expresión puramente estética y culminó con lo que Ortega denominó "deshumanización del arte". A partir de Juan Ramón, Valle-Inclán y Unamuno, entre otros, esta expresión literaria se vuelve sobre sí misma ante la notable ausencia de aportaciones prosísticas que siguiesen los caminos de Joyce. La Generación del 14, que contó con narradores de la talla de Ayala, Gómez de la Serna y Miró, promovió una estilización retórica demasiado personalista "que hizo muy difícil la perpetuación de sus fórmulas narrativas", y tampoco la del 27, con Ortega como máximo exponente, ayudó al desarrollo de la prosa (Villanueva *"El Jarama"* 11). Para Gil Casado, la novela del siglo XX ha girado en torno a dos posiciones, una humanizada y otra deshumanizada. Tanto el Modernismo como la Generación del 98 son producto de una literatura deshumanizada, que más tarde dio paso a la novela social más humanizada en un proceso de reivindicación del ser (*La novela deshumanizada* 13). Como se verá más adelante, la obra de Martín-Santos recoge aspectos de ambas tendencias, ya que presenta al ser humano en conflicto con el mundo a la vez que asocia su mundo interior con el entorno social.

Al igual que ocurrió con el *Modernism* de las letras inglesas, las décadas posteriores a los años treinta cambiaron el rumbo de la literatura española, que reaccionó contra el esteticismo formal. La guerra civil, el régimen dictatorial, la censura, el exilio de muchos escritores –como Jarnés, Ayala, Aub o Sender– y el aislamiento de las corrientes culturales europeas dio paso a una literatura eminentemente social, más comprometida con la realidad histórica del momento. En los cuarenta hubo algunos intentos de renovación, con novelas como *La familia de Pascual Duarte* (1942) de Cela y *Nada* (1944) de Carmen Laforet, que se ganaron la etiqueta de "tremendistas" por mostrar la otra cara de la realidad española, en la que tenían cabida la violencia, los crímenes, la desolación, y la injusticia social y política. En los años cincuenta aparecieron brotes innovadores que incorporaron técnicas narrativas nuevas como la fragmentación, la multiplicidad de perspectivas, la reducción del tiempo o los personajes mediocres (Asís Garrote 42). Este era el caso de obras como *La colmena* (1951) de Camilo José Cela, *Los bravos* (1954) de Jesús Fernández Santos, *Juegos de manos* (1954) de Juan Goytisolo o *El Jarama* (1956) de Rafael Sánchez Ferlosio. Pero, en general, la narrativa que se hacía en España seguía dos direcciones: hacia la novela social que denunciaba una situación con objeto de cambiarla; y hacia la novela existencial, que analizaba la existencia del ser y la naturaleza de su condición humana. La aportación de Martín-Santos con *Tiempo de silencio* sirvió para aunar ambas tendencias, al promover el compromiso social de base existencial.

Si Martín-Santos pudo crear una novela original fue por su deseo de renovación de un lenguaje decadente y falto de expresión, a través de la inclusión de diferentes niveles expresivos, del empleo de vocablos del argot y jerga madrileña, y de una nueva sintaxis;[7] una prosa que iba a encontrar expresión en un escritor "muy consciente de sus privilegiados dotes intelectuales" (Munoa 16). Como Joyce, Martín-Santos inició su carrera literaria con la publicación del volumen de poemas *Grana Gris* que, aunque carecía de gran calidad estética, desvelaba su temprana preocupación por el poder expresivo del lenguaje. Pero la novedosa orientación narrativa que proponía *Tiempo de silencio* en 1962 parecía

---

7   La novela de posguerra empleaba un lenguaje literario bastante poco elaborado debido a la rigidez de los censores, que se convertirían, según Edenia y Hernández, en "nuevos cancerberos del diccionario" (11).

encontrarse ya en el ambiente de la época.[8] En la entrevista que Martín-Santos mantuvo con Winecoff Díaz poco después de su publicación, éste distinguió tres etapas en la evolución de la novela española: el realismo del 98, la neopicaresca o realismo pueblerino, y el realismo suburbano (232). Criticando las dos últimas por limitarse a presentar una imagen externa y mimética de la realidad, inscribió su obra dentro de lo que denominó "realismo dialéctico". Ciertamente, el tema de la denuncia social empezaba a resultar un tanto anacrónico e inefectivo frente a una Europa más desarrollada y próspera. Desde esta perspectiva, *Tiempo de silencio* sólo podía ser un fruto nacido de un nuevo árbol y plantado en una nueva realidad.

3.3.4 La renovación narrativa de Martín-Santos

Tiempo de silencio ha sido calificada de novela social y existencial. Por un lado, Martín-Santos critica duramente a una sociedad de posguerra sumamente jerarquizada, que promueve la desigualdad, insolidaridad y falta de conciencia humana. Cada una de las tres clases sociales tiene como escenario un *hábitat* distinto donde se mueven los personajes, como la mansión de Matías, la pensión o las chabolas. Así, según Suárez Granda, el fracaso final de Pedro viene determinado por su entorno, por "el chato mundo de la pensión, las relaciones personales, la vida nocturna, el mundillo intelectualoide, todo en suma, [...] de tal modo que no puede considerarse un fracaso coyuntural ni casual, sino interno, constitutivo de una sociedad como la que describe la novela" (39). No en vano, Martín-Santos abandonó la cirugía para dedicarse a la psiquiatría, y ésta para concentrarse en la literatura pues "lo que deseaba verdaderamente era estudiar al hombre en su circunstancia, determinación que le indujo a concentrar su atención en la literatura, porque suponía que la creación de nuevos arquetipos podía influir en el cambio de la sociedad" (Gorrotxategi 21). Y este compromiso social, presente en la mayoría de los escritores de

---

8   También ese mismo año Carmen Martín Gaite publicó la novela *Ritmo lento*. Para una comparación entre ambas, véase John Lipman Brown, "*Tiempo de silencio* and *Ritmo lento*: Pioneers of the new Social Novel in Spain". Aunque no coincido con Brown en considerarlas ejemplo de "nueva novela social española", sí reconozco que ambas son producto de la aplicación de técnicas literarias innovadoras de carácter foráneo, que le vinieron a Martín-Santos de Joyce, y a Martín Gaite de Italo Svevo. Curiosamente, la amistad entre Joyce y Svevo favoreció que sus obras ejerciesen una influencia mutua.

izquierdas de la época, es lo que ha llevado a críticos como Edenia y Hernández (46-47) o Gil Casado (*La novela social* 22) a interpretar la obra dentro de unos parámetros de crítica puramente social.

Pero, por otro lado, la complejidad de *Tiempo de silencio* revela que su existencialismo es igualmente significativo, al centrarse en la alienación del protagonista Pedro, en su fracaso por la falta de un lugar digno y honrado donde poder trabajar, y en el engaño, la hipocresía y la violencia de los que le rodean. Pedro es víctima de una sociedad decadente, pero también de su propia debilidad y pasividad, que le impiden realizarse fuera del esquema de lo aceptado socialmente. Martín-Santos se consideraba "sartriano", pues había adoptado del francés el concepto de "compromiso" –*engagement*–; algo que valoraba en el ser humano y que él mismo llevó a cabo como científico, como intelectual y como político (Gorrotxategi 21 y 101). Sin embargo, Gemma Roberts, en *Temas existenciales en la novela de posguerra*, afirma que *Tiempo de silencio* no es una novela totalmente existencial aunque sí presente algún aspecto, como el de la posibilidad del ser humano de desarrollar un proyecto acorde con su naturaleza libre, siguiendo la teoría de Sartre de que la realización de tal proyecto es para el individuo la realización de su propio ser (139).[9]

El fracaso de Pedro se debe a la miseria social que le rodea y al atraso científico, pero también a su propia incapacidad para llevar a cabo su investigación sobre el cáncer de las ratas y para realizarse personalmente. Por todo ello, se podría decir que estos dos ámbitos, el social y existencial, se imbrican de tal forma que no se puede hablar del uno sin aludir al otro. No hay que olvidar tampoco que el pensamiento político de Martín-Santos se apoyaba en un deseo de cambio social, para lo cual emplearía la literatura como un cauce de ideas que pudiera tener un efecto renovador. En su artículo "Realismo y realidad en la literatura contemporánea", claramente aludió al escritor español, quien suele esconder "bajo su caparazón de hombre de pluma, un animal político en trance de ser definitivamente emasculado" (7). Además, como confirma su amigo Anttón Eceiza:

> Él tenía muy presente el concepto de compromiso con la colectividad y la necesidad de lucha política y de liberación personal. Era para él uno de los grandes valores de la persona. Es un tipo de concepción un poco sartriana y para él no era sólo un problema

---

9 También Eoff y Schraibman inscriben *Tiempo de silencio* en el absurdo de la novela de Camus *L'Étranger*, por sus elementos irracionales, la rebeldía de los protagonistas y la confusión final (216).

de ética, sino que era un problema de sanidad, de salud existencial y hasta psíquica. (Cit. por Gorrotxategi 338)

Aunque temáticamente la novela incorpora aspectos tanto del realismo social como del existencialismo, cuando Martín-Santos describió lo que estaba haciendo, habló de "realismo dialéctico". En una carta a Ricardo Doménech, expuso:

> Temo no haberme ajustado del todo a los preceptos del realismo social, pero verás un poco en qué sentido quisiera llegar a un realismo dialéctico. Creo que hay que pasar de la simple descripción estática de las enajenaciones, para plantear la real dinámica de las contradicciones *in actu*. (Cit. por Roberts 131)

Para Gonzalo Sobejano esta teoría de Martín-Santos se aplica mejor a lo que haría en su segunda novela *Tiempo de destrucción* (357). El realismo dialéctico se basa en el rechazo del realismo social anterior, que se había vuelto repetitivo, para recoger nuevas perspectivas que partían de la vanguardia literaria de Joyce, Kafka, Proust y otros, dentro de una concepción existencial y de crítica social.[10] La publicación de *Tiempo de silencio* coincide con el despegue económico de la sociedad española y representa el momento de tránsito entre la novela testimonial y la experimental, a partir del cual el novelista pretende destruir el mundo que crea con las armas de su dialéctica.[11]

Siguiendo otras interpretaciones, Juan Carlos Curutchet dota a la obra de dos nuevos sentidos: el alegórico y el literal. La interpretación alegórica propone el paralelismo entre la investigación de Pedro sobre cáncer de las ratas, como enfermedad congénita o adquirida, y la enfermedad social del pueblo español "realizando para ello una autopsia del organismo (España) y exhibiendo descarnadamente los tejidos (estratos sociales) afectados por la

---

10 Pero no todos los críticos comparten esta definición. Gil Casado señala que la novela social se basa en los conceptos de dialéctica y alineación: "El verdadero escritor social sigue el método dialéctico [...] cuando refleja las relaciones humanas, la injusticia, la desigualdad que existe en la sociedad, o sea toda una problemática rica en conexiones y contradicciones" (*La novela social* 24 y 26).

11 En su artículo, "La técnica del esperpento en *Tiempo de silencio* de Martín-Santos", José Ortega ha relacionado el esperpento con el realismo dialéctico. Véase también "*Luces de Bohemia* y *Tiempo de silencio*: Dos concepciones del absurdo español" para una comparación del modo de representar el vivir hispánico a partir de la distorsión de la realidad.

descomposición".[12] Y la interpretación literal relaciona la falta de medios del laboratorio y los problemas higiénicos con los que se enfrenta Pedro con la carencia de una preparación científica en España (*Cuatro ensayos* 35-36). Edenia y Hernández también asocian la investigación de Pedro con la situación socio-cultural del momento, puesto que el cáncer es una enfermedad sin control, como lo es también esta realidad:

> Otros cánceres, tan devastadores como el que ataca al cuerpo físico, están minando la salud moral de nuestra vida social y destruyendo sus reservas defensivas [...]. El punto daba pie para mostrar uno de los lados débiles de la cultura española: la falta de recursos suficientes y de suficiente interés y dedicación por la investigación científica, y la presencia de algunos viejos cánceres que es preciso extirpar del cuerpo social del país. (63)

Tiempo de silencio refleja en su lenguaje un nuevo concepto del ser humano y una nueva manera de ver el mundo. Como afirma Buckley, "la novela, de principio a fin, es un continuo 'neologismo' [...]. Parece que haya un continuo desajuste entre la realidad que el novelista describe y la forma en que la describe. [...] *Tiempo de silencio* es un poema" (*Problemas* 197). Desaparece la estructuración por capítulos para dar paso a secuencias narrativas separadas por un mayor espacio entre párrafos. Se recupera la figura del narrador omnisciente que interpreta y comenta, pero que cumple un objetivo distinto al tradicional. Por un lado, su presencia enriquece la pluralidad de perspectivas al emplear las tres personas narrativas –con el *"tu"* como desdoblamiento autorreflexivo del protagonista. Y por otro, sus descripciones y digresiones se alejan de la tradicional función ambientadora para convertirse en puro testimonio satírico.

En definitiva, este despliegue de técnicas narrativas es el medio de que dispone el escritor para explorar, desarrollar y ambientar su tema. La dura crítica socio-política emana de lo que para muchos es un exceso de experimentación, convirtiendo a *Tiempo de silencio* paradójicamente en una novela minoritaria e intelectualista.[13] Por esta razón, se ha dicho, no

---

12 También José Carlos Mainer opina que *Tiempo de silencio* supone una psicoterapia colectiva, mientras que *Tiempo de destrucción* representaría una psicoterapia individual (cit. por Gorrotxategi 290). Y Spires sostiene que el desdoblamiento narrativo del protagonista, al verse como "otro, tú y yo", reproduce las tres etapas de la cura del neurótico según las había descrito Martín-Santos en *Libertad, temporalidad y transferencia* ("Otro, tu, yo" 92-93).

13 Edenia y Hernández han criticado el nivel de retoricismo de la novela, que consideran innecesario, afirmando que no se sabe si el propósito es oscurecer la obra o criticar y caricaturizar a los pedantes (46).

puede concebirse como una obra estrictamente social. Además, aunque Martín-Santos critica más duramente a la burguesía y a la élite intelectual y pretenciosa, tampoco se pone nunca del lado del pueblo ni del protagonista, mostrando a ambos como víctima y culpable. Lo que sí parece interesarle son los dramáticos contrastes que caracterizaban a la sociedad de posguerra. Pero en definitiva, como se apuntó en el apartado anterior, la denuncia social estaba dejando de ser un tema que preocupase a los escritores de la época por resultar en cierto modo anacrónica e inefectiva.

3.4 Recursos discursivos de las poéticas modernistas de Joyce y Martín-Santos

3.4.1 *La experimentación literaria de* Ulysses

Uno de los aspectos más destacables de la obra de Joyce es el nivel de experimentación lingüística y estilística. El irlandés, "millonario de vocablos y estilos", como le llamó Borges ("El Ulises" 6), introduce por primera vez en *Ulysses* las más variadas técnicas narrativas, entre las que destacan: el monólogo interior como recurso para profundizar en la interioridad de los personajes; diferentes puntos de vista que aportan un ángulo de visión más amplio y que muestran que la realidad es imposible de objetivar; una prosa barroca llena de palabras tabú, neologismos, cultismos, tecnicismos y frases muy largas a veces sin puntuación; y una pluralidad de estilos que plagan la obra de referencias literarias. En *Ulysses* hay un acoplamiento perfecto entre fondo y forma a través del empleo de un lenguaje y un estilo distintos para cada capítulo. Si los recursos discursivos que aparecen resultan casi innumerables es por la pretensión de Joyce de mostrar una realidad compleja, multidimensional, caótica y cambiante. Como explicó él mismo a Arthur Power, "there are as many forms of art as there are forms of life [...]. In *Ulysses* I have tried to see life clearly, I think, as a whole" (37).

Una mirada atenta a la estructura de la novela revela que ésta fue perfectamente cuidada y pensada. Cada capítulo hace referencia a multitud de símbolos y temas –que no se corresponden únicamente con los conocidos esquemas Linati y Gilbert-Gorman– porque las asociaciones egocéntricas, las figuras retóricas o las imágenes son tan necesarias para la comprensión del texto, como el hecho de que cada capítulo se relacione con una parte del cuerpo y se desarrolle a una hora del día.[14] Son fundamentales, así, el paralelo homérico, la teoría cíclica de Vico o la musicalidad. T. S. Eliot, en su artículo pionero "*Ulysses*, Order and Myth", anunciaba que el marco mítico permitía controlar y dar sentido a la historia contemporánea anárquica y sin sentido, funcionando como subtexto y como pretexto a la vez (123). Por su parte, el filósofo itialiano Giambattista Vico había desarrollado una teoría cíclica de la historia en 1725, basada en la circularidad de cuatro épocas: la divina o teocrática, en la que el pueblo es gobernado por su temor a lo sobrenatural; la aristocrática o heroica, según aparece en Homero; la democrática e individualista; y la fase de caos y confusión que conduce al ser humano de nuevo a un respeto por lo sobrenatural, haciendo que el proceso vuelva a repetirse. Joyce, Yeats y otros modernistas vivieron los comienzos del siglo XX como la última etapa de caos que reiniciaría todo el proceso histórico en su vuelta a una época teocrática.[15]

Pero quizá, más que *Ulysses*, es *Finnegans Wake* la obra que verdaderamente se adecua a la concepción cíclica de la historia.[16] Dividida en cuatro libros, como también son cuatro las fases viconianas, explora de forma recurrente la dicotomía entre la vida y la muerte, la muerte y resurrección, y el concepto de cambio. Según Vico, la historia comienza con el trueno, que trajo la religión y ésta la sociedad (Beckett 5). Pues bien, ya en la primera página, Joyce incorpora lo que él mismo denominó

---

14 El primer esquema se lo envió Joyce a Carlo Linati en 1920, con una carta en la que explicaba que su intención era conectar cada técnica, cada órgano, cada hora y cada arte, con las aventuras de Ulyses, el héroe que le fascinó siempre desde su infancia (*JJ* 521n). Un año más tarde, Joyce corrigió el esquema y se lo mandó a Valèry-Larbaud, que posteriormente conocieron Stuart Gilbert, Gorman y otros amigos, con la promesa de no hacerlo público. En 1930, Joyce permitió a Gilbert la publicación parcial de su segundo esquema y finalmente en 1960 se autorizó su publicación total (Valverde "Apéndice" 461-462).

15 Jolas explica que Joyce estaba muy interesado en esta concepción cíclica de la evolución de la civilización, lo que le llevó a especular sobre la nueva Física y la teoría del universo creciente (12).

16 Carnero prefiere hablar de "esfericidad" más que de circularidad, porque "la esfera es un cuerpo sólido, tridimensional, una sucesión infinita de círculos donde todos los puntos están relacionados entre sí en todas direcciones, equidistantes de otro punto llamado centro o núcleo; es decir, todos los elementos, en el caso de *Finnegans Wake*, se encuentran interrelacionados en todas direcciones, y siempre al mismo nivel de relevancia, sin subordinación de unos a otros" (157).

"thunderwords", o palabras formadas a partir de una serie extremadamente larga de letras, que anuncian el comienzo de estos ciclos. La primera es:

> The fall, (Bababbadalgharaghtakamminarronnkonnbronntonnerronntuonnthunntrovarrhounawnskawntoohoohoordenenthurnuk!) of a once wallstrait oldparr is retaled early in bed and later on life down through all christian minstrelsy. (*FW* 3)

Estas series de palabras tienen como función imitar los truenos, que Joyce tanto temía, y que inauguran una nueva fase de la historia.

Respecto a la musicalidad del lenguaje, por una parte, ésta se manifiesta en la obsesión por encontrar la palabra adecuada que produzca un efecto especial a través de la repetición rítmica. Y por otra, de forma explícita el capítulo "The Sirens" de *Ulysses* pretende imitar una fuga musical. Además, en la novela no sólo se reproducen palabras sino sonidos, que van desde el "Mkgnao" del gato de Bloom, hasta el "Mn" afirmativo de Molly, pasando por la emulación del ruido de las máquinas o de la calle, y todo tipo de representación cacofónica de la realidad. Este aspecto curiosamente también se relaciona con Martín-Santos quien, en el prólogo a *Tiempo de destrucción*, apuntó que perseguía un ritmo musical en su obra, "a pesar de ser yo totalmente amúsico" (*A* 153).

Además de la incorporación del mito, la aplicación de las teorías de Vico y la musicalidad, Joyce empleó toda una serie de técnicas narrativas y recursos estilísticos de tipo experimental para crear su obra-monstruo, como él mismo la definió. En *Ulysses*, los tres primeros capítulos se centran en el personaje Stephen Dedalus, los tres siguientes en Leopold Bloom y el último, "Penélope", en Molly Bloom. El capítulo séptimo "Aeolus" es relevante porque, como la acción se desarrolla en las oficinas del *Weekly Freeman and National Press*, del *Freeman's Journal and National Press* y del *Evening Telegraph*, todo él está constituido por titulares de periódico y textos del diario para el que Bloom busca publicidad. Este episodio aparece narrado en tercera persona, aunque la voz del narrador se difumina entre las conversaciones de Stephen, la llamada de teléfono de Bloom, los ruidos de las máquinas y el ajetreo de la gente trabajando y discutiendo. Lo que Joyce trató de representar a través de la figura de Eolo, dios de los vientos, era la "windy atmosphere" del periódico, jugando con más de cuarenta expresiones relacionadas con el viento (Peake 188). La técnica empleada es la retórica, que Joyce llamó "entimémica".[17] En general, además de figuras literarias, hay numerosas imágenes que se convierten en símbolos recurrentes. Así, la patata que Bloom lleva en el bolsillo, símbolo de Irlanda; la palabra "metempsychosis" con su significado de reencarnación o regeneración; o la expresión "Angebit of Invit" para aludir al remordimiento de Stephen por no haber cumplido el último deseo de su madre.

En el capítulo octavo, "The Lestrygonians", Joyce empleó una técnica que definió como prosa peristáltica. El tiempo de la acción es la hora de comer, por lo que hay innumerables referencias a la comida, a hábitos alimenticios, al modo en que la dieta afecta a la mente y al "hambre" tanto física como sexual de Bloom. Sobre este último aspecto, Peake señala que "Bloom hopes, in eating, to subdue his craving for his wife's body. His memory of the afternoon on Howth when Molly gave herself to him is thick with oral imagery, associating sexual and physical hunger" (202). Y este recuerdo de la primera vez que poseyó a Molly ingeniosamente se superpone a la visión de dos moscas copulando en la ventana:

> Stuck on the pane two flies buzzed, stuck.
> Glowing wine on his palate lingered swallowed. Crushing in the winepress grapes of burgundy. Sun's heat it is. Seems to a secret touch telling me memory [...]. Ravished over her I lay, full lips full open, kissed her mouth. Yum [...]. Hot I tongued her. She kissed me. I was kissed. All yielding she tossed my hair. Kissed, she kissed me.
> Me. And me now.
> Stuck, the flies buzzed. (*U* 144)

El ritmo del capítulo simula el movimiento de la comida por el cuerpo, siendo el órgano al que hace referencia el esófago. En el paralelo homérico, los lestrigones eran unos gigantes caníbales que devoraron a muchos de los seguidores de Ulises. Aquí, Bloom muestra repulsa por la comida al ser testigo de la forma de comer –un tanto animal– que tienen unos hombres en el bar. Asimismo, la cantidad de vocablos que aparecen relacionados con la comida reflejan no sólo el hambre de Bloom sino, como explica Peake, la desolación que siente, su deseo de Molly y la visión salvaje de la vida (204).

---

17 Peake señala que, siguiendo a Aristóteles, el entimema es un silogismo retórico basado en premisas probables más que verdaderas, "it starts from a generally accepted or granted principle and infers a probable application to the matter in hand. Aristotle claims that all rhetoric [...] depends on the use of enthymemes and examples, corresponding to the use of the syllogism and induction in dialectic". Con ello, Joyce probablemente trataba de mostrar diferentes formas de persuasión (189).

En el capítulo noveno, "Scylla and Charybdis", Stephen expone en la Biblioteca Nacional de Dublín una teoría biográfica sobre Shakespeare que carece de sentido y en la que él mismo no cree. Pero es la analogía que establece entre arte y vida, la que irónicamente tomarán en serio unos investigadores. La técnica que se utiliza es la dialéctica, basada en tesis, antítesis y síntesis, como los tres estados de la búsqueda de la verdad, con el fin de probar que el nieto de Hamlet es el abuelo de Shakespeare y que él mismo es el fantasma de su propio padre. Como afirma Stephen, lo más inverosímil puede tener sentido, ya que: "A man of genius makes no mistakes. His errors are volitional and are the portals of discovery" (*U* 156). Esta afirmación, que se puede aplicar a la misma complejidad de *Ulysses*, otorga al lector un papel de explorador de significados ocultos.

El capítulo décimo, "The Wandering Rocks", está formado por diecinueve descripciones de personajes paseando por las calles de Dublín. Es un episodio frío, elaborado a partir de un esquema fijo que se basa en la técnica del laberinto y que tiene como objetivo la presentación de Dublín en movimiento. Este episodio se analizará con detenimiento en el apartado dedicado a la función de Dublín y Madrid en las novelas de Joyce y Martín-Santos.

El capítulo once, "The Sirens", representa un experimento de literatura musical. Comienza enumerando toda una serie de palabras, aparentemente sin sentido, mezcla de sonidos y alusiones aliterativas, que se van sucediendo como lo haría una orquesta:

> Bronze by gold heard the hoofirons, steelyringing.
> Imperthnthn thnthnthn.
> Chips, picking chips off rocky thumbnail, chips.
> Horrid! And gold flushed more.
> A husky fifenote blew.
> Blew. Blue bloom is on the.
> Goldpinnacled hair. (*U* 210)

La técnica empleada es la "fuga per canonem", una composición contrapuntística que hace uso de diferentes voces. La recepción de este episodio por parte de los amigos de Joyce y de su misma benefactora no fue muy positiva porque, aunque la música permite que se puedan tocar varias notas o incluso melodías de forma simultánea, es difícil conseguir un efecto semejante con el lenguaje.[18] En una carta a Miss Weaver, el escritor

---

18 Véase el artículo de Margaret Rogers, "Decoding the Fuge in 'Sirens'". Joyce era un músico experto con dotes excepcionales para el canto. Si renunció a una carrera

justificó su estilo musical, y su necesidad de utilizar diferentes estilos y recursos literarios en cada capítulo:

> Perhaps I ought not to say anymore on the subject of the *Sirens* but the passages you allude to were not intended by me as recitative. There is in the episode only one example of recitative, on page 12 in preface to the song. They are all the eight regular parts of a *fuga per canonem*: and I did not know in what other way to describe the seductions of music beyond which Ulysses travels. I understand that you may begin to regard the various styles of the episodes with dismay and prefer the initial style much as the wanderer did who longed for the rock of Ithaca. But in the compass of one day to compress all these wanderings and clothe them in the form of this day is for me possible only by such variation which, I beg you to believe is not capricious. (*JJ* 462)

Curiosamente, los sonidos que cierran el capítulo parodian la técnica empleada, cuando Bloom pone música a sus mismas ventosidades causadas por el Burgundy y el queso Gorgonzola que ha comido:

> No-one behind. She's passed. *Then and not till then*. Tram kran kran kran. Good oppor. Coming. Krandlkrankran. I'm sure it's the burgund. Yes. One, two. *Let my epitaph be*. Kraaaaaa. *Written*. I have.
> Pprrpffrrppffff.
> *Done*. (*U* 239)

El capítulo doce, "The Cyclops", se abre con el diálogo que un narrador anónimo mantiene con Joe Hynes en un bar. Pero las interpolaciones paródicas de estilos épico, medieval, bíblico, administrativo, científico, grotesco, arcaico e incluso de crónica de sociedad constituyen la mayor parte del texto. Joyce denominó a la técnica empleada gigantismo, haciendo referencia no sólo al lenguaje de los párrafos intercalados, sino a la forma de hablar del narrador y demás personajes. El efecto resultante permite contrastar al pacífico y generoso Bloom con el ciudadano nacionalista, agresivo y fanático, que en la *Odisea* de Homero viene representado por Polifemo, el cíclope caníbal de un solo ojo. Para Blamires, esta imagen es importante en la obra completa de Joyce:

---

musical fue en parte por sus dificultades con la vista. De hecho, en 1904 ganó una medalla de bronce en el "Feis Ceol" y perdió la de oro sólo porque le mandaron interpretar una pieza, cuya partitura no podía leer. No hay que olvidar que toda su obra está plagada de alusiones musicales, desde sus poemas de juventud hasta *Finnegans Wake*, cuyo nombre proviene precisamente del título de una balada.

> Each of the interpolations in this episode has a one-eyed quality: it represents a single style, a single fashion of utterance pushed to its extremest limits: each is a gigantic inflation of a one-eyed approach. Joyce's peculiar quality as an artist is that he rejected all one-eyed outlooks. In *A Portrait of the Artist* he refuses his hero at his own valuation. While one eye sees with Stephen in deep sympathy, the other eye judges Stephen's egoism and vanity. This two-eyed view is persistent in Joyce. He will never totally surrender himself or his reader to a single mood or style. (*The New* 112-113)

El capítulo trece, "Nausicaa", funciona a modo de parodia de la literatura sentimental de la época. Narrado con un ritmo lento, imita el estilo de las revistas del corazón, incluyendo clichés sentimentales y otras vulgaridades típicas de este tipo de escritos. El sentimentalismo de la primera frase, que describe la playa donde se encuentra Gerty MacDowell, contrasta con el tono general de la novela:

> The summer evening had begun to fold the world in its mysterious embrace. Far away in the west the sun was setting and the last glow of all too fleeting day lingered lovingly on sea and strand, on the proud promontory of dear old Howth guarding as ever the waters of the bay, on the weedgrown rocks along Sandymount shore and, last but not least, on the quiet church whence there streamed forth at times upon the stillness the voice of prayer to her who is in her pure radiance a beacon ever to the stormtossed heart of man, Mary, star of the sea. (*U* 284)

En el episodio, los pensamientos de Gerty aparecen en forma de monólogo interior indirecto, hasta que se describe la excitación de Bloom al observar la ropa interior que le muestra la muchacha. En ese momento, al cambiar la perspectiva, también cambia el estilo, y el capítulo se cierra con los pensamientos de Bloom. La técnica empleada es la tumescencia, haciendo referencia a la cojera de Gerty y al estilo florido de la primera parte, que Joyce describió como "a namby-pamby jammy marmalady drawersy (alto la!) style with effects of incense, mariolatry, masturbation, stewed cockles, painter's palette, chitchat, circumlocutions, etc." (*JJ* 473). Pero lo más destacable es quizá la escena final, cuando Bloom escribe en la arena de la playa frase "I AM A", y la deja sin terminar clavando un palo al lado. Esta incógnita puede interpretarse de varias formas. Una primera lectura nos podría llevar a pensar que Bloom no continúa porque siente que no es nadie, como un palo en la arena. Sin embargo, Malamud añade que al no haber completado Bloom su odisea, no sabe quién es, por lo que se define como "a" –alfa–, que es la primera letra del alfabeto, ya que es el protagonista de la novela. Esto también explica el hecho de que en *Ulysses* las letras adquieran a veces el mismo poder expresivo que las palabras y que cuando Stephen piensa en los libros que iba a escribir, se los imagine con letras como títulos (162-163).

El capítulo catorce, "Oxen of the Sun", imita diferentes momentos de la historia de la prosa inglesa. Bloom acude a un hospital de maternidad, lo que da pie a Joyce a comparar el proceso de un embarazo con la evolución de la lengua inglesa. Muy apropiadamente, en una carta a Frank Budgen, el escritor denominó la técnica desarrollo embrionario:

> [...] a nineparted episode without divisions introduced by a Sallustian-Tacitean prelude (the unfertilized ovum), then by way of earliest English alliterative and monosyllabic and Anglo-Saxon ('Before born the babe had bliss. Within the womb he won workship.' 'Bloom dull dreamy heard: in held hat stony staring') then by way of Mandeville ('there came forth a scholar of medicine that men clepen, etc') then Malory's *Morte d'Arthur* [...]. (*SL* 251)

Aunque Joyce describió la estructura del capítulo y todas sus correspondencias con gran profusión de detalles, como su versión final se había alejado de sus intenciones previas, la identificación de todos los estilos se convierte en una tarea ardua. De hecho, él mismo lo consideró "the most difficult episode in an odyssey, I think, both to interpret and to execute", porque durante su elaboración necesitó tener delante un diagrama que mostraba la evolución del feto durante los nueve meses de gestación, y además tuvo que estudiar con profundidad *A History of the English Prose Rhythm*, de Saintsbury (*JJ* 475).

El capítulo quince, "Circe", es el que da sentido completo a la novela. La técnica empleada es la alucinación, haciendo referencia al estado en que se encuentran los personajes y a la estructura empleada. Escrito en forma dramática, los diálogos van precedidos de sus respectivas entradas, así como de acotaciones. La comprensión del capítulo requiere un gran esfuerzo de memoria e imaginación para relacionar lo que ha ocurrido durante el día con lo que los personajes reviven ahora por la noche. Para Kain, "Circe" supone la creación del "*homo psychologicus*" en sus múltiples aberraciones y delirios, presentados con un sentido de futilidad y exuberancia (279). Al igual que *Ulysses* pretende ser una transposición de la *Odisea* al Dublín de 1904, "Circe" es una reestructuración de *Ulysses* y una traslación de todo lo que ha ocurrido durante el día, al mundo de la noche y las alucinaciones producidas por el alcohol.

El capítulo dieciséis, "Eumaeus", contrasta con el anterior porque el ritmo es más lento y la narración más recargada. La técnica es la narrativa vieja, que funciona como contrapunto del primer capítulo "Telemachus", cuya técnica es la narrativa joven. Así, destacan los clichés, circumloquios, comparaciones, recursos periodísticos y uso de la retórica. Stephen, hambriento y medio bebido, y Bloom, cansado por los quehaceres del día, representan dos hombres en proceso de necesitarse mutuamente, aunque finalmente tomen caminos distintos. Bloom desea convertirse en el "padre" de Stephen e incluso llega a tentarle con su mujer Molly.

El capítulo diecisiete, "Ithaca", descrito por Joyce como "a mathematico-astronomico-pshysico-mechanico-geometrico-chemico sublimation of Bloom and Stephen (devil take'em both) to prepare for the final amplitudinously curvilinear episode *Penelope*" (*JJ* 501), simboliza un catecismo impersonal o un examen de conciencia, formado por preguntas y respuestas que se van superponiendo a lo largo del episodio. Así, por ejemplo:

> Why did Bloom refrain from stating that he had frequented the university of life?
>
> Because of his fluctuating incertitude as to whether this observation had or had not been already made by him to Stephen or by Stephen to him.
>
> What two temperaments did they individually represent?
>
> The scientific. The artistic. (*U* 558)

"Ithaca" contiene, asimismo, pentagramas musicales que ponen música a una leyenda, e incluso una correlación del dinero que Bloom se ha gastado durante el día, así como del contenido de sus cajones. Este capítulo es significativo por mostrar las personalidades de ambos protagonistas en continuo contraste y porque, como "Circe", recupera la mayor parte de los temas y motivos que habían ido apareciendo a lo largo de la novela.

En general, las técnicas y recursos literarios que recoge *Ulysses* son tan variados, que el lector percibe antes los constantes cambios de estilo, tono o voz, que el sentido y significado mismo de la historia. Y es que la unidad de la novela no se apoya en su contenido, sino fundamentalmente en su esqueleto formal. En general, se da una correlación entre las técnicas empleadas y el tema de cada episodio, que culmina en el capítulo "Circe". De hecho, a partir de ahí la experimentación estilística va simplificándose para poner a prueba las asociaciones del lector, pues "*Ulysses* empieza por basarse en la memoria de Stephen y Bloom para recordar lo visto, oído y leído en sus años anteriores, pero poco a poco pasa a basarse en la memoria del lector para evocar las páginas anteriores, en creciente autocita" (Valverde *El autor* 75).

*3.4.2 Las técnicas narrativas y los recursos literarios
de* Tiempo de silencio

Aunque el nivel de experimentación de *Tiempo de silencio* no llegue tan lejos como el de *Ulysses*, la novela presenta una variación de estilos y técnicas que para el panorama literario de la época resultaban innovadores. La segunda obra del escritor, *Tiempo de destrucción*, supera en complejidad a la primera al intentar destruir no sólo los mitos que oprimen a la sociedad, sino el mismo lenguaje. A primera vista, *Tiempo de silencio* sigue un modo de presentación tradicional con un narrador en tercera persona que relata los acontecimientos. Pero el estilo, el tono y el lenguaje varían en cada secuencia narrativa y el narrador aparentemente omnisciente no siempre lo es, porque en muchos casos su omnisciencia es selectiva, en otros neutral y en otros limitada. Como su función no es describir la realidad sino interpretarla a través de comentarios, valoraciones y juicios, su intromisión empleando un característico estilo retórico es constante. Éste adopta fundamentalmente dos actitudes: mantenerse oculto para mostrar la realidad desde la perspectiva del personaje; o mostrar su presencia a través de digresiones sin conexión aparente con el argumento desde las que expone su ideología, hace comentarios, reflexiones puntuales, anticipa información y emplea la primera persona del plural para involucrar al lector.

Respecto a las descripciones, éstas se realizan empleando diferentes tipos de recursos. En primer lugar, destaca la visión esperpéntica basada en el desajuste entre la realidad que se describe y el lenguaje utilizado. Esto ocurre, por ejemplo, cuando se narra el estado de caos y la miseria de las chabolas o los "enterramientos verticales", para lo que se aplica una terminología económica. En segundo lugar, aparecen descripciones cargadas de numerosas metáforas, como la del café literario que se compara con una playa de bañistas para criticar las conversaciones superficiales, la pedantería y el exceso de bebida. Así, la siguiente secuencia curiosamente acaba con la frase "de allí no salía nada" (*Tds* 82):

> [...] cada individuo ávido de recepción-emisión mostrando con análoga impudicia la desnudez, ya que no de carnes recalentadas y cocidas sí de teorías, poemas o ingeniosidades críticas, la muchedumbre oculta se derrama por aquella restringida playa y más felices que los bañistas que de un único y lejano sol con la intensidad posible gozan, cada uno de ellos era sol para sí y para el resto de los circumrodeantes que ininterrumpidamente a sí mismos se admiraban sintiendo un calor. (*Tds* 78)

En tercer lugar, predominan las descripciones de personajes y situaciones desde una perspectiva realista, utilizando la técnica del objetivismo puro, como se puede ver en la irónica presentación de la celda donde han encarcelado a Pedro:

> La celda es más bien pequeña. No tiene forma perfectamente prismática cuadrangular a causa del techo [...] Las dimensiones de la celda son más o menos las siguientes. Dos metros cincuenta de altura hasta la parte más alta de la semicúpula; un metro diez desde la puerta hasta la pared opuesta [...] un metro sesenta en sentido perpendicular al vector anteriormente medido. Dadas estas dimensiones, un hombre de envergadura normal sólo puede estirar a la vez los dos brazos –sin tropezar con materia opaca– en el sentido de las diagonales. (*Tds* 210)

Por otra parte, destaca el sarcasmo y la crítica mordaz del narrador cuando compara, por ejemplo, un quirófano con la habitación donde el "mago de la aguja" –Pedro– está practicando el aborto a Florita, sin anestesia, sin conocimientos, sin humanidad y sin cumplir las mínimas condiciones de higiene. Este efecto además se incrementa cuando Pedro, ante la mentira de Amador de que Dorita sigue viva, empieza a operarla y el narrador describe la acción empleando términos médicos que contrastan con la introducción de alguna frase dramática, como "la muerta no sufría y se dejaba con docilidad imponer unas maniobras que ya no tenían que ver con ella" (*Tds* 135).

Por su parte, las digresiones del narrador son relevantes por la carga de crítica intencional que llevan consigo. La primera ocurre ya en la segunda secuencia de la novela, a partir de una reflexión sobre el determinismo ambiental de la ciudad que actúa sobre el ser humano. La segunda es otra digresión sobre la vida y la juventud, que adelanta información sobre la futura y peligrosa relación de Dorita y Pedro. La siguiente se centra en el burdel de Doña Luisa, para lo cual se emplea un lenguaje abstracto y onírico, como el que sigue: "[...] esferoidal, fosforescente, retumbante, oscura-luminosa, fibrosa-táctil, recogida en pliegues, acariciadora, amansante" (*Tds* 104). Más adelante se realiza una nueva digresión a propósito del cuadro de Goya "Escena de aquelarre", que aparece descrito como "*Scène de sorcellerie: Le Grand Bouc - 1978 - (H.-0,43; L-0,30). Madrid. Musée Lázaro*" (*Tds* 155), y que cumple la función de caricaturizar al filósofo Ortega y Gasset. Esta reflexión del narrador además anticipa información en tono paródico sobre la conferencia que Ortega pronuncia en la sección siguiente, y que aquí queda convertido en "el gran buco, el buco èmissaire, el capro hispánico bien desarrollado", quien "levantará su pezuña, la derecha, y en ella depositará una manzana" (*Tds* 155-156). La siguiente digresión es una descripción de los "enterramientos verticales" del cementerio del Este donde va a ser enterrada Florita. A ésta le sigue otra sobre "la procesionaria del pino", que cobra sentido en la sección siguiente al presentar a cuatro personajes buscando a Pedro, cuyos pensamientos se reproducen de forma casi simultánea. Se trata del policía Similiano siguiendo a Cartucho, quien sigue a Amador que, a su vez, también sigue a Matías:

> [...] cada animalito, que aparentemente es ciego, segrega a su paso un hilo de materia brillante y traslúcida. El individuo que camina detrás del primero hace pasar ese hilo entre sus minúsculas patas y lo engruesa con su propia baba. Así hace el siguiente y sucesivamente cada uno del ciego rebaño siguiendo al guía que el azar ha convertido en capitán. (*Tds* 193)

A través de esta especie de "hilo" simbólico que forman los cuatro personajes, Pedro se vincula con cada una de las clases sociales que representan.

Finalmente, sobresale una digresión de fuerte carga ideológica sobre los toros, que se relaciona con las raíces del odio hispánico: "¿Llamaremos, pues, hostia emisaria del odio popular a ese sujeto que con un bicornio antiestético pasea por la arena con andares deliberadamente desgarbados y que con rostro serio y contraído, muerto de miedo, traza su caligrafía estrambótica ante el animal de torva condición?" (*Tds* 225). En la misma línea, la última sobre una revista musical incorpora el tema de la alienación del pueblo. En general, las digresiones de la novela forman parte de "las auténticas motivaciones del vivir hispánico" que, para Buckley, constituyen el verdadero *leitmotif*, por la carga satírica que llevan consigo (*Problemas* 207). Su función es criticar los elementos que tradicionalmente han servido para definir el estereotipo de "lo español", es decir, los toros, el sexo y la hipocresía religiosa, entre otros.

Además de las descripciones y las digresiones, el narrador también interviene con comentarios breves, aunque adoptando el punto de vista de los personajes. Así, cuando Pedro vuelve a la pensión el sábado por la noche un poco borracho y se imagina poseer a Dorita, el narrador describe la conciencia de Pedro, atormentada entre lo que desea y lo que debe hacer, por medio de una imagen duplicada, ya que en realidad Pedro en ese momento ve las cosas dobles:[19]

> La imagen de la joven aparece duplicada en una visión estereoscópica: Por uno de los túneles se extiende en sucesión casi indefinida de tertulia, de silencios, de palabras intencionadas de las madres, de batas de colores vivos sucesivamente estrenadas, sucesivamente aplicadas al cuerpo joven siempre floreciente; en el otro túnel no está sino la imagen inmóvil de lo que él nunca ha visto, el cuerpo desnudo con su forma de capullo, con su arquetipo de exactitud. (*Tds* 115)

Finalmente, Pedro se decide a entrar en la habitación de Dorita, no sin el comentario previo del narrador empleando la simbología de la derecha y la izquierda –que ya había aparecido en la pezuña del gran buco– con una intencionalidad claramente política: "No obstante, en el momento en que la mano diestra –que empuñara un mundo– quiere abrir la puerta de su alcoba ascética de sabio, es la mano siniestra la que con fruición acariciadora, entreabre el cáliz deseado" (*Tds* 116).

Otro de los recursos que utiliza el narrador es el de adelantar información. Ya al principio de la novela éste nos anticipa el final trágico a través de la imagen determinista de la ciudad: "[...] un hombre encuentra en su ciudad no sólo la determinación como persona y su razón de ser, sino también los impedimentos múltiples y los obstáculos que le impiden llegar a ser" (*Tds* 18). Lo mismo ocurre con la parodia de la filosofía de Ortega, con las relaciones incestuosas entre el Muecas y su hija Florita, con los efectos del coñac barato que auguran un final conflictivo para Pedro y Matías, y con la consumación de la relación entre Pedro y Dorita. Por otra parte, estas anticipaciones también las realizan a veces otros personajes, como la abuela de Dorita al asegurar que Pedro dejará pronto la investigación para dedicarse a la práctica de la medicina:

> [Pedro] reponía sus preciosas fuerzas llamadas a desplegarse magníficamente el día de mañana en una brillante carrera cuajada de éxitos profesionales. Para lo cual, ella [la abuela] había pensado, no tenía sino suspender de una vez el ya prolongado plazo de su vida dedicado a la investigación, a los trabajos de laboratorio y al perfeccionamiento de sus estudios teóricos y abandonando estos caminos ingratos a los escasamente dotados para obtener éxito en la vida, abrir los brazos a la resplandeciente clientela que

---

19 El realismo de la descripción sobre el estado de borrachera de Pedro es sorprendente, aunque hay que recordar que Martín-Santos había publicado varios artículos sobre los efectos de la alucinosis alcohólica en el paciente. Véase el apartado de Fuentes primarias que precede a la bibliografía final.

solamente esperaba este gesto para caer sobre él y colmarle de sus dones auríferos. (*Tds* 141)

Y al igual que se adelanta información, también se oculta. Cuando Pedro se esconde en el burdel, el lector desconoce la motivación que hay detrás hasta poco después cuando se descubre que la policía le está buscando.

Además de esta amplitud de recursos, la obra de Martín-Santos muestra un alto nivel de experimentación lingüística en todos los niveles expresivos. *Tiempo de silencio* está plagado de referencias a diferentes aspectos de la cultura española, desde la Edad Media hasta la posguerra, imitando diversos estilos, entre los que se encuentran el de la prosa inglesa. Se explota el estilo retórico, con frases largas, latinismos y barroquismos; se emplean tecnicismos provenientes de la medicina, la química o el derecho; y se parodia lo clásico, el mito e incluso algunas escenas bíblicas. El estilo de la novela ha sido calificado de retórico y barroco y, como afirma Clotas:

> [...] es imposible leer *Tiempo de silencio* sin evocar los nombres de la literatura española, las más de las veces parodiados sin ningún respeto [...]. Su gran libertad ante la lengua le lleva a inventar palabras, utilizar los más atrevidos neologismos y voces técnicas, violentando la sintaxis siempre que lo cree necesario [...]. Es un estilo el suyo más lírico que épico, más propio para expresar las profundidades subjetivas. ("Prólogo" 14)

Martín-Santos era aficionado a crear neologismos, y compartía con Francisco Pérez Navarro y Juan Benet un tema de debate que denominaron "Bajorrealismo". El credo de esta corriente estética se reproduce en algunas páginas de *Tiempo de silencio*, pues su principal característica era el empleo de vocablos nuevos. Según Benet, todo empezaba con la primera definición del término "cansábado", que "calificaba el estado de agotamiento en que podía encontrarse un sujeto exhausto, incapaz de soportar la prueba de la noche del sábado"; o mejor aún "me metro" con el significado de "me meto en el metro". Ellos pensaban que para que el "Bajorrealismo" se convirtiera en una corriente artística debía contar con un manifiesto y con varias obras que consiguieran atraer al público. Parece ser que, como no pudieron publicarlas, tampoco redactaron su credo, "que muchos años más tarde, a mi parecer, sería recogido en el 'Libro rojo' de Mao" ("Luis Martín-Santos" 121).

El nivel de innovación formal que presentaba la novela también permitió al escritor evadir la censura que, como apunta Curutchet, "debía necesariamente traducirse en cálculo previo de posibilidades expresivas" (*Cuatro ensayos* 32). El objetivismo behaviorista de la novela de los cincuenta había resuelto esta limitación eliminando la figura del narrador como elemento proyector de crítica, e introduciendo un tipo de narrativa que parecía contarse sola. Pero este recurso, como venía determinado por una restricción política, estaba condenado a estancarse. La publicación de *Tiempo de silencio* proporcionó la solución, porque:

> Luis Martín-Santos descubre la posibilidad de una cierta modalidad transaccional. No calla nada, ataca y destruye los tabúes, las últimas inhibiciones de su generación, pero simultáneamente somete a la lengua a tan diversas metamorfosis, despliega una tan poderosa inventiva, que su ataque se consuma ya descargado de trivialidad y alusiones directas, se manifiesta como cualidad del estilo, y sólo incidentalmente como deliberación del concepto. (Curutchet *Cuatro ensayos* 33)

Al optar por un lenguaje aparentemente falto de claridad, la novela se convierte en "un arte de persuadir", que es la finalidad de la retórica (Labanyi *Ironía* 122). El rechazo y la ausencia de identificación del lector con el mundo que se describe permiten que la complicidad de Martín-Santos se difumine en la eficacia de su mensaje.

Recapitulando, se podría decir que la función de los diferentes niveles de experimentación en *Tiempo de silencio* difiere en gran medida de la de *Ulysses*. En la novela de Martín-Santos, el objetivo que se persigue con el empleo de un lenguaje enriquecido con los más variados recursos retóricos es, en muchos casos, producir un efecto paródico, irónico o incluso sarcástico. Esto se consigue a través del desajuste que surge entre la realidad descrita y el lenguaje utilizado. Así, las chabolas de Madrid, centros de pobreza, miseria y degradación física y moral, se describen con un lenguaje grandilocuente:

> ¡Allí estaban las chabolas! Sobre un pequeño montículo en que concluía la carretera derruida. Amador se había alzado –como muchos siglos antes Moisés sobre un monte más alto– y señalaba con ademán solemne y con el estallido de la sonrisa de sus belfos gloriosos el vallizuelo escondido entre dos montañas altivas, una de escombrera y cascote, de ya vieja y expoliada basura ciudadana la otra (de la que la busca de los indígenas colindantes había extraído toda sustancia aprovechable valiosa o nutritiva) en el que florecían, pegados los unos a los otros, los soberbios alcázares de la miseria. (*Tds* 50)

Esto es algo que se repite con frecuencia en la novela, como vuelve a ocurrir en la descripción del cementerio del Este y sus "enterramientos verticales" (*Tds* 174), a manera de comparación con la fabricación en serie de productos manufacturados. Asimismo, en la caracterización lingüística de los personajes también Matías hace uso de su pedantería cuando habla con unas prostitutas, que el narrador presenta como "el flujo de su oratoria inadecuada en un burdel barato" (*Tds* 103). El desajuste producido se convierte, según Galán, en "un recurso satírico que el novelista emplea para caricaturizar la sociedad en que viven sus personajes" (97).

3.4.3 Entre el perspectivismo y el stream of consciousness

El último capítulo de este libro se dedica enteramente al estudio del empleo del *stream of consciousness* por parte de Joyce y Martín-Santos. Si en este apartado adelanto cuestiones que retomaré más adelante es porque muchos de los procedimientos que detallo a continuación encuentran amplio uso en la poética modernista, al mostrar una realidad fragmentada, plural y relativa en sus interpretaciones. En cuanto a las diferencias que existen entre el perspectivismo y el *stream of consciousness*, diré que, el primero, como la focalización, es un recurso literario que utiliza el narrador para presentar diferentes voces en la narración y, con ello, distintos niveles de percepción de la realidad. Por su parte, el *stream of consciousness* es un concepto más global –que incluye el empleo de diversas técnicas narrativas y recursos literarios–,[20] cuyo objetivo es presentar el movimiento de la mente del personaje. Aunque a lo largo de la historia de la literatura el monólogo interior ha tenido un amplio uso, lo novedoso ahora es la intención estética que persigue y la exploración del consciente e inconsciente del personaje. Así, aparecen frases y pensamientos incoherentes, con escasa o sin ninguna puntuación, que reproducen los deseos más íntimos, las sensaciones, impulsos y motivaciones. Y todo ello sin la introducción de expresiones como "dijo" o "pensó", haciendo creer al lector que el narrador se mantiene fuera de su creación.

En *Ulysses*, el perspectivismo resulta muy elaborado, por la magnitud de planos que se entrelazan. No sólo cambia la perspectiva en cada capítulo o escena, sino que ésta reaparece bajo un nuevo prisma. Como ha demostrado Fritz Senn, la obra de Joyce supone una reformulación del mismo material en modelos cada vez más complejos, aunque sin repetirse nunca, en una "metempsychotic succession" ("Book" 29). Y también Kain

---

20 Me refiero fundamentalmente al monólogo interior directo e indirecto, al soliloquio y al narrador omnisciente (Humphrey 25-36).

ha calificado la visión de *Ulysses* de cósmica, puesto que los estilos forman un palimpsesto de significados que se superponen (275). También el perspectivismo es uno de los recursos más significativos de *Tiempo de silencio*. Con frecuencia un mismo hecho se presenta desde diferentes perspectivas, como puede ser la sarcástica del narrador, la del protagonista dotado de una cierta ceguera que no le permite ver la hipocresía y el engaño en los demás, y la particular de cada personaje. La novela trata de ofrecer una visión dialéctica de la realidad a través de la ironía que dota al texto de una doble dimensión. Esta forma plural de aprehender la realidad entronca con la filosofía de Ortega, cuyo famoso discurso reproduce la novela, aunque interrumpido constantemente por las acotaciones del narrador:

> Señoras (pausa), señores (pausa), esto (pausa), que yo tengo en mi mano (pausa) es una manzana (gran pausa). Ustedes (pausa) la están viendo (gran pausa). Pero (pausa) la ven (pausa) desde ahí, desde donde están ustedes (gran pausa). Yo (gran pausa) veo la misma manzana (pausa) pero desde aquí, desde donde estoy yo (pausa muy larga). La manzana que ven ustedes (pausa) es distinta (pausa), muy distinta (pausa) de la manzana que yo veo (pausa). Sin embargo (pausa), es la misma manzana (sensación) [...]. Lo que ocurre (pausa), es que ustedes y yo (gran pausa), la vemos con distinta perspectiva. (*Tds* 163)

En la novela, este perspectivismo de Ortega se parodia posteriormente cuando la escena se repite en el burdel de Doña Luisa con un tomate. En este caso, mirar desde distinto ángulo no ofrece la misma visión de la realidad:

> [Doña Luisa] Tomó un tomate y lo levantó, haciendo que el sol golpease con dureza sobre la pequeña esfera roja. Ella miraba al tomate por un lado. Pedro lo miraba por el otro. Ambos lo veían desde diferente perspectiva.
> —Estos tomates están demasiado maduros. Los quiero más verdes. (*Tds* 184).

Ortega sostenía que la realidad se puede contemplar desde varios ángulos, aunque siempre es la misma. Pero en la novela, el burdel de Doña Luisa es un refugio para Pedro, mientras que para ella es un negocio, y también la relación sexual entre Pedro y Dorita es para él un fracaso, mientras que para la abuela es un éxito. Pedro no es la misma persona para Amador, para la dueña de la pensión, para el narrador, para él mismo y para la madre de Matías. Para cada uno es una persona distinta con identidad propia, y precisamente la fuente de esta aparente contradicción es lo que constituye la verdadera realidad del personaje.

En cuando al *stream of consciousness*, en ambas novelas los personajes muestran su fluir de pensamientos, aunque desde diferentes niveles de coherencia y racionalización. En el caso de Bloom y Stephen, las diferencias, no sólo en tipo de pensamientos sino en la manera de asociar ideas, son más que significativas. Bloom rara vez analiza sus pensamientos y su fluir es el de un hombre práctico y realista, mientras que Stephen parece ser siempre consciente de sus propias asociaciones mentales, que él mismo intenta examinar. El resultado es que los monólogos de Stephen son más coherentes, disciplinados, controlados y racionales, como es propio de un intelectual que ha recibido una educación basada en lenguas clásicas, teología y retórica. Los de Bloom, al representar al ciudadano común, muestran un ir y venir de preocupaciones y obsesiones más inconexo e irracional.

En *Tiempo de silencio* sólo Pedro, la abuela de Dorita, Cartucho, Similiano y Matías poseen un lenguaje propio. Y de todos ellos, Pedro es el único que revela su flujo de pensamientos a través de monólogos interiores directos, aparentemente incoherentes. En cuanto a los soliloquios, hay que diferenciar los de la dueña de la pensión de los de Cartucho, porque si bien a este último se le puede identificar por su idiolecto, Rey señala que la primera no presenta una identidad lingüística propia, y que tampoco el Muecas se expresa con unos rasgos que responden a su nivel cultural (13-14). En el caso de los soliloquios encadenados de los cuatro personajes que buscan a Pedro, a pesar de que no se informa al lector de quienes son, éste puede identificarlos por el vocabulario y la sintaxis propia que caracteriza a cada uno. El único personaje nuevo es el policía Similiano, a quien distinguimos porque conocemos las expresiones de los otros tres. El habla de Cartucho es bastante peculiar: "Se creía que me la iba a dar subiéndose al trole. A mí. Un castrón como ese tío. Ni sé cómo no le pincho ya". Lo mismo ocurre con Matías, que se expresa con frases pedantes y latinismos: "Fortuna audentes juvat, per perseverare diabolicum". Y también Amador muestra siempre una actitud paternalista hacia Pedro: "Y tan simpático que es, que lo único que le gusta es estar mirando por el micro a los ratones. Ése es todo su vicio. Y estarles hurgando en los intestinos donde les salen los bultos esos" (*Tds* 193-195). Lo que estos pasajes revelan es que el lenguaje es un elemento capital en la novela, al permitir identificar a los personajes más por sus registros y expresiones que por su psicología.

En definitiva, las obras de Joyce y Martín-Santos, como ejemplos de novelas que juegan con el perspectivismo y que incluyen las técnicas y los recursos más comunes del *stream of consciousness*, muestran dos preocupaciones primordiales: la de la complejidad de la forma y la de la representación del movimiento caótico de la mente frente a la aparente ordenación del mundo. Las frases van desde la más corta, a veces inarticulada, hasta la más larga sin puntuación. Es un tipo de literatura que prima el *cómo* conseguir un mayor realismo y verosimilitud, aun cuando se trate un tema tan subjetivo como el de la representación de la mente y sus múltiples sensaciones, recuerdos e intuiciones.

3.4.4 Experimentación y autoconciencia lingüística

La obra completa de Joyce muestra un objetivo claro por conseguir la forma adecuada: desde el *scrupulous meanness* relativamente realista de *Dubliners*, pasando por el punto de vista subjetivo de *A Portrait*, hasta llegar al impresionismo y simbolismo del *stream of consciousness* en *Ulysses*, se ve una clara voluntad de estilo. "Don't talk to me about politics. I am only interested in style", es una afirmación de Joyce a su hermano Stanislaus, que resume el propósito de su creación. *Ulysses* varía en cada capítulo e incluso en cada párrafo, el tono, el estilo, el ritmo y el lenguaje. De hecho, el mayor manipulador de la lengua inglesa desde Shakespeare, como le llama Wales (ix), consideraba que el inglés, el mejor de los idiomas, era inapropiado. En una de sus clases, ante la pregunta de sus alumnos de si no había suficientes palabras, les respondió que sí pero que no eran las adecuadas y que por ello se veía en la necesidad de crear neologismos. Así, decía: "take the word *battlefield*. A battlefield is a field where the battle is raging. When the battle is over and the field is covered with blood, it is no longer a *battlefield*, but a *bloodfield*." (*JJ* 397). Pero es fundamentalmente en *Finnegans Wake* donde Joyce consigue llevar a cabo lo que resume esta cita.

Además de la afición a los neologismos que, como se ha mencionado anteriormente, era propia de Martín-Santos, *Tiempo de silencio* también muestra una autoconciencia lingüística importante. Construcciones como "avagarnez", para referirse a Ava Gardner, o "midueléstico", refiriéndose al "Middle West" de los Estados Unidos, encuentran un amplio uso en la novela. En general, ésta se caracteriza por: el empleo de una prosa barroca llena de términos científicos relacionados con la medicina; cultismos; extranjerismos; referencias míticas; frases muy largas con hipérboles; comparaciones extrañas; alusiones literarias al clasicismo griego, al siglo de oro español, a la filosofía moderna existencial o al psicoanálisis; y disertaciones literarias, entre otros aspectos. Para añadir mayor complejidad, el lenguaje se utiliza en muchos casos para dar una versión falseada de la realidad. Por esta razón, según Labanyi:

> [...] el significado hay que buscarlo, no sólo en el silencio que hay por entremedio de las palabras (lo que no alcanzan a expresar), sino también en el silencio que hay por debajo de ellas (lo que no quieren expresar). El lenguaje no puede ser transparente, porque su sentido consiste menos en lo que quiere decir, que en lo que no quiere decir. Este sentido oculto sólo se puede revelar al lector mediante el uso de un estilo retórico, que hable más a través de lo que insinúa implícitamente, que a través de lo que dice explícitamente. (*Ironía* 122)

Es más que destacable, en este sentido, que no haya casi diálogos en la novela; los personajes apenas dicen nada porque no saben o no pueden comunicarse. Esto ocurre, por ejemplo, en las tertulias que Pedro mantiene con las tres mujeres de la pensión, cuyos diálogos están ausentes porque en realidad nadie dice apenas nada. El narrador nos informa: "Hablaban, sin embargo, sabiendo que las palabras nada significaban en la conversación que los cuatro mantenían. Conversación que era sostenida por actitudes y gestos, por inflexiones y miradas, por sonrisas y bruscos enmudecimientos" (*Tds* 45). Para Galán Font, esto responde a un deseo por parte del autor de "incidir en el *escaso valor de la palabra en un 'tiempo de silencio'*" (91). Como ejemplo claro, podemos citar la conversación que Pedro mantiene con un policía:

> —Usted es un hombre inteligente – empezó diciendo el interrogador tras clavar en él sus pupilas verde-doradas puntiagudas y brillantes –. ¿Qué quiere usted tomar?
> El mozo con su chaquetilla blanca esperaba igual que en un restaurante cualquiera, no muy elegante, con el paño puesto sobre el hombro, y en el mandil, más abajo, sólo algunas manchas de grasa.
> —En seguida – dijo el mozo.
> Y poco después, puso las cervezas encima de la mesa. (*Tds* 239)

En este diálogo no se mencionan las palabras que se supone ha pronunciado Pedro para pedir la bebida, sin embargo, de alguna manera ha hecho explícita su elección porque el camarero le ha entendido.

Pero no es sólo que los personajes no digan nada en la novela, sino que cuando lo intentan no pueden expresarse. Ejemplo de ello son las frases truncadas que aparecen a menudo, como ocurre en el interrogatorio policial al que se ve sometido Pedro:

—Así que usted... (suposición caprichosa y sorprendente).
—No. Yo no... (refutación indignada y sorprendida).
—Pero no querrá usted hacerme creer que... (hipótesis inverosímil y hasta absurda).
—No, pero yo... (reconocimiento consternado).
—Usted sabe perfectamente... (lógica, lógica, lógica) [sic]. (*Tds* 207)

Aquí, el narrador tiene que completar el sentido de las frases de Pedro con acotaciones entre paréntesis, que aportan un tono irónico a la situación.

Al hilo de esta cuestión, Martín-Santos, en su prólogo a *Tiempo de destrucción*, explicó que el lenguaje era un instrumento limitado como medio de expresión (*A* 150-151). Y también Rey afirma que el estilo de *Tiempo de silencio* se caracteriza por una "una austera desconfianza sobre la eficacia del idioma" (155), conectando con el mismo título de la novela. Efectivamente, el papel que juega el silencio en la trama es más que significativo, aunque la clave no se revela hasta la última secuencia con el monólogo de Pedro y su sufrimiento "en silencio" porque vive en un "tiempo de silencio". En conjunto, la novela trata de reflejar esa silenciación que aletarga a la sociedad a través de un lenguaje que no significa nada porque ha perdido su capacidad comunicativa:

> El silencio funciona en la novela de dos maneras. Por una parte, los personajes usan el lenguaje para «callar» la verdad. Por otra parte, Martín-Santos, al demostrar al lector que hay que buscar el significado en los que las palabras no dicen, convierte el silencio en un instrumento crítico. (Labanyi *Ironía* 142)

A este respecto, hay que mencionar que hay un personaje analfabeto, la mujer del Muecas, que por ser incapaz de gozar de expresión propia necesita de la mediación del narrador para transmitir sus pensamientos: "No saber nada. No saber que la tierra es redonda. No saber que el sol está inmóvil, aunque parece que sube y baja. No saber que son tres personas distintas. No saber lo que es la luz eléctrica. No saber por qué caen las piedras hacia la tierra. No saber leer la hora" (*Tds* 248). Incluso un personaje extranjero, el pintor alemán, queda perfectamente retratado –y parodiado– al presentarse a sí mismo en un castellano incorrecto: "¡Bono no! Asco para mí. Esto no está artístico. No dice nada. No ser expresionista. Arte alemán distinto [...]. Estos cuadros aquí yo no pintado" (*Tds* 87).

En cuanto al tratamiento del lenguaje y la sintaxis, debo señalar que es quizá uno de los asuntos más tratados por parte de la crítica.[21] Empezando

---

21   El XI Simposio internacional James Joyce, celebrado en Venecia en 1988, dedicó uno de sus temas a los lenguajes de Joyce. Las aportaciones más relevantes se recogieron

con *Ulysses*, Liisa Dahl en *Linguistic Features of the Stream-of-Consciousness Technique of James Joyce, Virginia Woolf and Eugene O'Neill*, realiza un estudio exhaustivo de la novela y señala que Joyce experimentó no sólo con el lenguaje sino también con el vocabulario y la sintaxis, diferenciándose de Woolf y O'Neil precisamente en cuanto al grado de innovación y exploración lingüística (65). De hecho, el lenguaje de *Ulysses* presenta unas características peculiares que pocos escritores comparten y que reflejan la importancia que Joyce concedía a la palabra. Dahl elabora una larga lista del tipo de vocabulario empleado, de la que destaco lo siguiente: palabras onomatopéyicas como "Steeeeeeeeephen", que imitan el sonido de la lluvia como "Pearls. Drops. Rain. Diddle iddle addle addle oodle oddle. Hiss", o que representan sonidos naturales; poliglotismo, en "Read the skies. *Autontimerumenos. Bous Stephanoumenos.* Where's your configuration? Stephen, cut the bread even. *S. D: sua donna. Già: di lui. Gelindo risolve di non amar S.D.*"; y vocablos que provienen de la liturgia católica, especialmente frecuentes en los monólogos de Stephen. Hay también fragmentación y combinación de palabras en series largas, como "*whatyoumaycall*", expresiones en desuso a principios del siglo XX, neologismos, juegos de palabras, etc. (21-26).

Respecto a la sintaxis, el orden de las palabras varía en muchos casos por influencia directa del irlandés, como en las construcciones "potato I have" o "My eyes they say she has", claro ejemplo de Hiberno-inglés. También, y especialmente en el monólogo de Molly, aparecen frases unidas sin ningún tipo de puntuación. Dahl destaca la profusión de frases nominales, que enfatizan el proceso mental del personaje en un nivel anterior a la verbalización, como: "*Her glazing eyes, staring out of death, to shake and bend my soul. On me alone. The ghostcandle to light her agony. Ghostly light on the tortured face. Her hoarse loud breath rattling in horror, while all prayed on their kness*". Asimismo aparecen frases sin verbo, como "Serum and virus. Percentage of salted horses. Rinderpest. Emperor's horses at Mürzsteg, lower Austria. Veterinary surgeons". Hay también ausencia del pronombre personal sujeto para mostrar un tipo de lenguaje más coloquial, como en "*Wanted* a dog to pass the time. *Might* take a trip down there". Y suele ser común la ausencia del pronombre relativo como sujeto, frecuente en la literatura de la época isabelina, como en "Nice young student that was dressed that bite the bee gave me". Hay

---

en *The Languages of James Joyce*, editado por R. M. Bollettieri Bosinelli, C. Marengo Vaglio y Christine Van Boheemen.

doble o incluso múltiple negación, sobre todo en el monólogo de Molly: "*None not* said *nothing.* Yes". Aparecen palabras, sintagmas y frases cortadas, como "*Musical chairs. We two the last. Fate. After her. Fate. Round and round slow. Quick round. We two*" (26-38).

Pero Joyce no sólo experimenta con las palabras como unidades mínimas de significado sino con las mismas letras, que también adquieren una identidad independiente. Para Malamud, las letras llegan incluso a adquirir sentidos misteriosos, como la postal que Mrs. Breen muestra a Bloom, que simplemente dice "U.p: up". Y lo mismo ocurre con el anuncio que llevan los "hombres sandwich", pues cada uno de ellos carga con una letra, que representa la palabra "H.E.L.Y's" y que aparece en varias ocasiones a lo largo de la novela. La función de estas grafías constituye, según Malamud, una sinécdoque que representa a la gente misma: "Bloom and Joyce see these letters-bearers as more than just a puff for Hely's, Ltd.; they are people with a quest of their own. They are never identified except by their letters". El movimiento de estos hombres-letra por la ciudad durante el Bloomsday produce el flujo de la vida, de la que Bloom piensa que es parte, contribuyendo al dinamismo fundamental de la odisea de la novela (160-161).

La creación de este nuevo lenguaje está profundamente relacionado con la herencia irlandesa del escritor, en un país que emplea la lengua para subvertir una conquista política (Deane "Joyce" 43). Pero también, a nivel personal, no hay que olvidar que Joyce fue un irlandés que vivió en diversos lugares de Europa en los que se expresó en inglés, francés, italiano o alemán. No es extraño pensar que esta constante fusión de idiomas se transformara en su obra en una obsesión por la lengua. Joyce pudo que sentir de algún modo la esquizofrenia de la multiculturalidad cuando, al intentar expresar una idea, ésta se podía articular en un idioma pero no en los demás. Por esta razón, me atrevo a argumentar que la pluralidad de lenguas que caracteriza a su obra forma parte de su experiencia vital. Además, según la biógrafa de Nora, Brenda Maddox:

> The family's disorientation was intensified by an internal split along language lines. Nora and Joyce usually spoke to each other in English. They addressed the children in Italian – '*Porta del legno*', '*Vade al letto*'. And the children had their private patois, first their Triestine slang and then, even more exclusively, for their parents found it harder to follow, the Zurich dialect of *Schwyzertütsch*. (185-186)

En el caso de Martín-Santos, los recursos lingüísticos que aparecen en la novela contribuyen a mostrar no sólo el grado de experimentación de la misma sino el nivel de individualización de los personajes. Galán Font, en *Claves para la lectura de Tiempo de silencio*, realiza un análisis del retoricismo, la variedad de estilos y registros, la sintaxis y el léxico, y hace una clasificación que resumo seguidamente (95-101). El retoricismo se caracteriza por la inadecuación entre el lenguaje empleado y la realidad descrita, dotando de una cierta ironía a la novela. La parodia se utiliza para degradar la realidad, como ocurre en la descripción objetivista de la celda donde está Pedro. Los circumloquios y perífrasis llevan una importante carga irónica en expresiones como: "el galardón nórdico", refiriéndose al premio Nobel; "el receptor-emisor-negro" para aludir al teléfono; o "irritaba la gelatina sensible de los ojos" para decir simplemente que veía "el todavía-no-cadáver". Se hacen también alusiones a escritores, pintores y personajes de la cultura española mediante giros perifrásticos, como: "el retrato del hombre de la barba" para referirse a Ramón y Cajal, "el sordo" refiriéndose a Goya, "el pintor caballero" para Velázquez, "el gran matón de la metafísica" para Ortega, o "el caballero mutilado" para Cervantes.

En cuanto a los estilos y registros, para las descripciones se suele emplear un estilo grandilocuente y retórico de léxico culto. Hay también perífrasis, imitaciones del estilo clásico con construcciones de participio y gerundio, estilo coloquial y naturalista, como la descripción del aborto hecho por "el mago de la aguja". En los registros hay diferencias entre el habla culta –plagada de tecnicismos, cultismos, una sintaxis compleja, citas o alusiones históricas y culturales–, el nivel coloquial –con apócopes, frases hechas, expresiones castizas o incorrecciones gramaticales–, y el nivel vulgar –con distorsiones morfológicas y fonéticas, gitanismos, expresiones malsonantes, insultos, incoherencias o repeticiones. Respecto a la sintaxis, son características las frases muy largas y los párrafos amplios sin puntos y aparte. Finalmente, dentro de las peculiaridades léxicas, destaca la jerga científico-técnica, con términos médicos, bioquímicos, económicos y sociológicos. También hay cultismos, latinismos, helenismos, extranjerismos y composición de palabras.

Pero es importante aún el hecho de que la obra de Martín-Santos presenta una gran cantidad de neologismos, muchos de ellos creados sobre la sintaxis del inglés. Además de los típicos formados por composición o derivación, como "quitameriendas" (*Tds* 221), "inframujeres" (*Tds* 156), "resucicalcitrantes" o "conquistante" (*Tds* 28), me gustaría destacar formaciones del tipo "gentleman-farmer-Muecasthone" (*Tds* 56), "uane-step" (*Tds* 39) o "aicecrim" (*Tds* 178). Hay asimismo construcciones compuestas de múltiples palabras como: "El-que-lo-había-dicho-antes-de-

Heidegger" (*Tds* 133), "Dormitorio-tabernáculo-cámara-de-incubación" (*Tds* 117) o "Ni-ese-ni-nadie" (*Tds* 105), entre otras.

A partir de tal nivel de experimentación lingüística y estilístia se puede afirmar que *Tiempo de silencio* renovó el estado en que se encontraba la prosa en España. La novela inauguró una línea que seguirían otros escritores de su generación incorporando no sólo las innovaciones que había introducido Joyce sino muchos elementos que pertenecían a la estética del escritor español. El curso que seguiría la narrativa a partir de los años sesenta estaría marcada asimismo por el menor aislamiento cultural de la cultura española, por la apertura de las fronteras y por la mayor libertad de expresión y de capacidad crítica.

4 Genología

> ¿Tienen razón los pensadores que anuncian el ocaso del género novelístico? ¿No es la obra de un Joyce y de un Beckett algo así como la reducción al absurdo de toda la literatura de ficción? ¿Es la gran crisis de nuestro tiempo también la crisis general del arte, su total y básica deshumanización? ¿Hemos llegado a una situación sin salida y no queda sino convertir nuestras novelas en caóticos instrumentos de desintegración?
>
> Ernesto Sábato

4.1 Aproximación comparativa al estudio del género literario

El género literario, de naturaleza flexible y proteica, se puede estudiar desde una perspectiva histórica, que examine su evolución y variación a lo largo del tiempo, y también desde un ámbito comparativo, que analice su adaptación y supervivencia en los diferentes espacios y tiempos. En este marco es donde se inscriben las obras de Joyce y Martín-Santos, cuyos paralelismos vuelven a unir sus poéticas en una diversidad de etiquetas. Si se puede concebir *Ulysses* como una novela totalizadora, por su inclusión de variaciones estilísticas y su construcción laberíntica, también algunos críticos han llegado a definir *Tiempo de silencio* como una novela *summa*. Las dos se pueden interpretar desde el dialogismo de Bakhtin por la hibridación de alusiones que presentan, y se han convertido en antinovelas que supusieron una ruptura radical con respecto a la tradición narrativa anterior. No es casual que ambas exhiban en su punto central los discursos de dos escritores coetáneos, como son Shakespeare y Cervantes, para explorar cuestiones vinculadas al artificio literario. De hecho, se suele situar el origen de la novela moderna en *El Quijote*, pues es la primera que juega con los límites entre verdad y ficción, y no sólo en lo que respecta a la narrativa, sino también a la misma locura de Don Quijote, que paradójicamente se ha convertido en ejemplo de sabiduría humana. Nada más literario que la locura de este héroe –producto de un exceso de lectura e inmersa en un libro que habla de otros libros– que se revela, en palabras de Cervantes, como "hijo del entendimiento" (20). Finalmente, en un capítulo dedicado al género literario, es más que conveniente aludir a un tipo de novela, el *Bildungsroman*, que vuelve a unir los nombres de ambos escritores. Este es el caso de *A Portrait of the Artist as a Young Man* de Joyce, reescritura de su primer manuscrito *Stephen Hero*, y de la novela inconclusa de Martín-Santos, *Tiempo de destrucción*. A pesar de que ambas pueden inscribirse bajo la misma etiqueta, un estudio comparativo también desvela diferencias. Así, la complejidad de *A Portrait* y el hecho de que el desarrollo de Stephen se corresponda con el del artista permiten concebir la novela como un *Künstlerroman*, mientras que *Tiempo de destrucción* se aleja de este interés artístico para profundizar más en el desarrollo personal y psicológico del protagonista.

Son muchas las aproximaciones desde las que se han intentando conceptualizar.[1] Dentro de la crítica inglesa, el término "género" se ha empleado a veces como sinónimo de tipo –*kind, type*– o forma y, según Roger Fowler, el hecho de que no haya un equivalente exacto explica algunas de las confusiones que giran alrededor del desarrollo de la teoría de los géneros (*Dictionary* 82). Para Aldridge, "*genre* means a *kind* or *species*" y apunta que el género se relaciona con una agrupación de obras de acuerdo a su estilo, forma, tipo o propósito (158). Wellek y Warren establecen su propia clasificación, que basan no sólo en la forma externa, sino también en la interna, en las actitudes, tonos y propósitos (51). Todorov opta por el concepto de género histórico y explica que su evolución gira en torno a un doble movimiento, el cual permite que una obra se oriente hacia un género y el género hacia la obra. Para él, los géneros son clases de textos que se han percibido como tales en el curso de la historia (159-162).

Desde el ámbito comparativo, Weisstein (239) y Guillén (*Literature* 107) aluden a la importancia de este tipo de estudios porque favorece la confrontación entre historia y teoría literaria dentro de un marco internacional. También Étiemble plantea el estudio de los géneros a partir del concepto de los "invariables" o universales, que integran todos sus elementos comunes en una unidad. Esto permite distinguir lo que es esencial del género y lo que es producto de la época, cultura o tradición, reduciendo sus elementos a constantes. A partir de aquí, señala Étiemble, se podría elaborar una teoría de la literatura plausible y efectiva "a escala del planeta, y que tenga en cuenta, tanto orales como escritas, tanto muertas como vivas o supervivientes, todas las literaturas". Para él, el rechazo de

---

[1] Para una amplia disquisición sobre la cuestión, véase el estudio de Antonio García Berrio y Javier Huerta Calvo, *Los géneros literarios: sistema e historia*.

los invariables podría ocasionar el alejamiento de un verdadero humanismo (295-297). Pero el idealismo de su aproximación ha llevado a algunos críticos, como Guillén (*Entre lo uno* 418 y *Literature* 114-118), a considerarla sumamente conflictiva. Resumiendo, se podría decir que la teoría de los géneros literarios se concibe hoy como un lugar de encuentro y desencuentro de viejas formas y de nuevos procederes. Como cada género tiene su propia historia, la transgresión o subversión de formas y temas constituye una parte inseparable de sí. Cada nueva formulación del género es producto de una trayectoria que debe ser historiable y analizada en todos sus contextos.

4.2 *Ulysses* y *Tiempo de silencio* como síntesis de lecturas heterogéneas

4.2.1 *La novela total o novela* summa

Ernesto Sábato, en su colección de ensayos *El escritor y sus fantasmas*, dedica un apartado a definir el concepto de novela total. Para él, aunque la filosofía no puede sintetizar la disgregación del ser humano, la novela sí ha llegado a restituir su escisión y fragmentación. De condición híbrida, "a medio camino entre las ideas y las pasiones", se concibe como "aquella actividad del espíritu que nunca separó lo inseparable" (19). Esta idea de totalidad y de integración de una realidad fragmentada, que es la que caracteriza al mundo moderno, se encuentra de una forma casi inabarcable en *Ulysses*, como curiosamente reconoció el mismo Martín-Santos. Hacia la mitad de *Tiempo de silencio*, el narrador afirma que: "Hay que leer el Ulysses", porque: "Toda la novela americana ha salido de ahí, del Ulysses y la guerra civil" (*Tds* 81). Partiendo de estos presupuestos, a lo largo de este apartado se intentará demostrar que esta afirmación es más cierta de lo que parece, pues efectivamente todo está en *Ulysses* si la concebimos como una obra totalizadora que no deja ningún cabo suelto y se abre a múltiples enigmas.

Para Eco, la poética de Joyce supone la consecución de una forma que parte del medievo –de su educación tomista– y de las grandes *summae* medievales, como modelos de orden (55). Asimismo, Curutchet, al hablar de *Tiempo de silencio*, afirma que la cualidad más significativa de esta novela "radica en su condición de *summa*, en la vastedad de los procedimientos que incorpora y en la diversidad de las influencias que refleja" (*Cuatro ensayos* 30). De esta opinión es también Schraibman, que interpreta la novela como "un todo coherente, archilógico, fatídico, agrifuerte" que, a partir de la disección de una época histórica concreta, "pretende a su vez representar la circunstancia histórica de España, no sólo contemporánea sino de todos los tiempos" ("Notas" 117). Y más aún, Mainer aplica esta misma característica a la segunda novela de Martín-Santos, en la que "el ambicioso diseño de *Tiempo de destrucción* como «novela total» y aun como género nuevo metieron a nuestro escritor en un berenjenal estético de difícil salida. No utilizó casi ningún recurso que no anduviera ya por su relato anterior y de ahí el interés del fallido y trunco proyecto" ("Luis Martín-Santos" 63).

El concepto de novela total se aplica a creaciones literarias que ofrecen una visión abarcadora de un hecho, y cuyas partes conforman un todo. Para Robin W. Fiddian, tanto *Ulysses* como *Finnegans Wake* pueden clasificarse como novelas totalizadoras, por poseer las siguientes propiedades:

> 1. The total novel aspires to represent an inexhaustible reality, and cultivates an encyclopedic range of reference as a means towards that end.
> 2. The total novel is conceived as a self-contained system or microcosm of signification which accommodates ambiguity as a matter of course.
> 3. The total novel is characterized by a fusion of mythical and historical perspectives, and by a transgression of conventional norms of narrative economy.
> 4. The total novel displays a verbal texture that tends to the baroque and typically exhibits paradigmatic overspill on to the syntagmatic axis of language. (33)

Efectivamente, estas cuatro características encuentran eco en *Ulysses*, en su fusión de diversas mitologías –como la cristiana y la griega–, en su carácter enciclopédico y en la saturación de los procedimientos narrativos, lingüísticos y retóricos que forman los pilares del texto. Sin embargo, aunque *Tiempo de silencio* presenta alguno de estos rasgos, globalmente, supone un esfuerzo menor. Por un lado, *Ulysses* obliga a sus lectores a ir constantemente adelante o atrás para buscar ese dato que aporta la información necesaria para comprender algo que ha quedado sin sentido, ya que hay conexión global entre cada uno de los detalles. Por otro, en *Tiempo de silencio* no hay una unidad temporal tan limitada, ni los aconteceres del mismo espacio tienen una pretensión universalista. Es una novela que, en lugar de girar en torno a un centro, se disuelve en los márgenes concretos y limitados de una realidad imposible de trasladar a otro lugar, a otro tiempo o a otros personajes. De la fuerza centrífuga y dispersa de *Ulysses*, nos movemos hacia una fuerza centrípeta, homogénea y jerárquica en *Tiempo de silencio*.

Es *Ulysses* la novela que dota a la literatura del siglo XX de un nuevo sentido. No sólo cada capítulo tiene un paralelo con un momento de la *Odisea* de Homero o de algún mito clásico análogo, sino que todo el libro está lleno de alusiones y referencias a otros discursos artísticos y literarios mucho menos explícitos. Si cada episodio remite a una aventura del héroe Ulises, la historia no es más que la de dos hombres y una mujer en un sólo día y en un único lugar: el 16 de junio de 1904, en Dublín.[2] A este día concreto se le conoce con el nombre de Bloomsday, haciendo referencia a varias circunstancias de la vida de Joyce que convergieron en esta fecha. Por una parte, corresponde con la época en la que Joyce comenzó a trabajar en su teoría sobre Shakespeare y, por otra, alude al día en que Joyce paseó por primera vez con Nora Barnacle, quien a partir de entonces se convirtió en su compañera de vida. Según Ellmann, situar la historia de *Ulysses* en este día es el mayor tributo a Nora, porque "it was the day upon which he entered into relation with the world around him and left behind the loneliness he had lived since his mother's death" (*JJ* 156).

La novela está dividida en tres partes y consta de dieciocho capítulos numerados, mostrando una simetría más que aparente. Joyce eliminó los títulos de los episodios que hacían referencia a la obra homérica y que habían ido apareciendo previamente en la *Little Review*. La primera parte contiene tres capítulos, empieza a las ocho de la mañana con Stephen Dedalus a modo de continuación de *A Portrait*, y describe su búsqueda espiritual tras la muerte de su madre. En la segunda parte, de doce capítulos, se introduce al personaje Leopold Bloom y vuelve a comenzar a la misma hora, dando paso a los acontecimientos de ese día y a sus obsesiones por la infidelidad de su mujer Molly. Y la tercera parte que, como la primera, también consta de tres capítulos, hace referencia al encuentro de Stephen y Bloom, a su vuelta a casa y a la presentación de la mente de Molly. El escenario varía en cada capítulo, y a cada uno le corresponde un símbolo, un tipo de arte, una religión, un color, una

---

2   Lo grotesco de la adaptación del mito homérico surgió también de una anécdota personal cuando Joyce, en el verano de 1904, se acercó un poco borracho a una muchacha que paseaba por el parque Stephen Green de Dublín y fue agredido por su novio. A Joyce le ayudó un judío llamado Alfred Hunter a quien –como a Bloom– se le conocía en Dublín por ser un judío-dublinés y por las infidelidades de su mujer (*JJ* 161-162). Joyce juega con este incidente personal, que reproduce en "Circe", cuando Bloom tiene que ayudar a Stephen después de haber sido agredido por unos soldados.

filosofía, una etapa de la historia y un órgano del cuerpo. Además, se insertan motivos recurrentes –como el de la metempsicosis– y aspectos de metafísica o de teología, todo ello aplicando una técnica narrativa y un estilo distinto aunque directamente relacionado con el tema o el motivo en cuestión. No sorprende así que se haya considerado *Ulysses* una obra de saber enciclopédico o incluso una *summa*, siguiendo a Eco (*The Middle* 33), ni que García Tortosa afirme que "parece estar escrita desde una concepción medieval del universo" ("España" 13). Asimismo, Borges afirma que en las páginas de *Ulysses* "bulle con alborotos de picadero la realidad total" ("El Ulises" 5), y también Burgess apunta que Joyce es de algún modo

> [...] a precursor of the new wave in the novel, which is quite capable of asking us to treat a work of fiction as if it were a dictionary or an encyclopaedia –something to be stepped into at any point we please, begun at the end and finished at the beginning, partly read or wholly read, a plot of space for free wandering rather than a temporal escalator. (177-178)

Para la redacción de la novela, Joyce se impuso todas las dificultades que pudo, consciente de querer romper e innovar: "[...] the task I set myself technically in writing a book from eighteen differents points of view and in as many styles, all apparently unknown or undiscovered by my fellow tradesmen, that and the nature of the legend chosen would be enough to upset anyone's mental balance" (cit. por Ellmann "James Joyce" 71). Básicamente, la técnica que empleó Joyce fue la ampliación, pues un tercio de la totalidad del libro son notas añadidas en los márgenes, con diferentes colores, que más tarde el escritor encajaría en las secciones apropiadas. Antes de que *Ulysses* se publicara con formato de libro, diferentes secciones habían aparecido en *The Egoist* y en *The Little Review*. Como Joyce revisaba las copias que mandaba, según iba haciéndolo, incorporaba nuevos datos y anécdotas, por lo que la corrección se fue fundiendo con la re-creación. Muchos de estos añadidos eran juegos verbales que iba repitiendo en diferentes secciones, aunque variando su significado y haciendo que la obra fuera creciendo en complejidad y sofisticación. Brook Thomas explica que Joyce, además, parodiaba el estilo anterior a la revisión hasta el punto de que "not only do the later stages of the book grow out of and depend on the first stage, but by the time *Ulysses* reaches print the first stage has been revised in light of the later strategies and intentions and, thus, depends on them as well as the other way around" (6).

La versión final de *Ulysses*, por tanto, es la suma de todas las técnicas y motivos empleados vistos de forma evolutiva, pero también retrospectiva. Son estas continuas revisiones las que dan a la novela la apariencia de tener un esquema preconcebido. El deseo de totalización de *Ulysses* y sus pretensiones de universalidad no se encuentran únicamente en la topografía de Dublín o en la profundización en el mundo interior de los personajes, sino en todos los aspectos que conforman la estructura completa de la novela. Es decir, no es que la obra de Joyce pretenda ser un microcosmos de la humanidad, sino que es en realidad una *"summa* of the universe [...] a total work, a Work-as-Cosmos" (Eco *The Middle* 33). Pero no sólo la estructura, también los temas son universales: la religión, la política, el vínculo padre-hijo, la búsqueda de la realización personal, las relaciones sociales, la muerte, la soledad, el exilio e incluso el empleo de diferentes idiomas. Todos estos elementos forman parte de lo que es la vida misma, en su sentido más universal, a pesar de que para ello Joyce elija un lugar limitado, un día preciso y unos hechos concretos. Como los niveles de significado se multiplican a partir del simbolismo de cada capítulo, de cada acontecimiento y de cada acción, la relación conjunta de todos ellos se convierte en símbolo último del ser humano. Como ya escribió una vez George Orwell en *Inside the Whale*:

> Joyce is a kind of poet and also an elephantine pedant, but his real achievement has been to get the familiar on to paper [...]. When you read certain passages in *Ulysses* you feel that Joyce's mind and your mind are one, that he knows all about you though he has never heard your name, that there exists some world outside time and space in which you and he are together. (543)

Pasando al caso del escritor español, hay que comenzar apuntando que Martín-Santos concebía la novela como: "El arte cuya materia prima es la existencia" y cuyos temas principales son los que "muestran las leyes modificadoras de la existencia humana, donde se advierte el condicionamiento social, las contradicciones fecundas y el brillo de la libertad" (cit. por Winecoff Díaz 237). Aunque en *Tiempo de silencio* no parece haber un afán de totalización, ni de sentido de universalidad, sí hay un deseo de búsqueda de lo más individual del ser humano, a partir de la profundización en las idiosincrasias de cada personaje; algo que les convierte, a su vez, en estereotipos sociales. Para Rey:

> Martín-Santos configuró a sus personajes como seres perfectamente individualizados, pese a la brevedad de los retratos. Esa individualización no se obtiene por medio de una acumulación de características particulares, sino imaginando al personaje desde dentro,

en el despliegue de su libertad, y demostrando acto seguido que cada personaje, por sus actos, sus palabras y por la distinta manera en que era captado por los demás, disponía de un foco irreductible de imprevista autodeterminación. (62)

Uno de los elementos que contribuye a esta individualización es el lenguaje, a través de los respectivos idiolectos de los personajes. Gracias a ello se pueden delimitar las clases sociales tan jerárquicas de la novela: la burguesía, cuyos representantes son Matías, su madre y algunos de sus invitados; la clase media, encarnada por Pedro, la dueña de la pensión, el policía Similiano e incluso Ortega; y la clase baja, de la que son ejemplo Amador y el mundo de las chabolas, dividido su vez en dos subclases, la del Muecas y su familia, y las subchabolas de los marginados como Cartucho. El protagonista Pedro es el único que sirve de enlace entre las diferentes clases, y los *hábitats* donde actúan. Ninguna de ellas describe se de forma positiva, pues la sociedad de la novela está formada por "la alta burguesía que escucha las vaciedades de Ortega y Gasset, la bohemia algo señoritil de los nuevos 'artistas', el grupo académico tradicional que vive del recuerdo glorioso de Santiago Ramón y Cajal, la oscura mesocracia de la pensión familiar, [y] el inframundo de los chabolistas" (Mainer "Luis Martín-Santos" 60).

La novela, en definitiva, no sólo condena la superficialidad e hipocresía de la burguesía, sino también la falta de moral de los grupos menos favorecidos. Esta dura crítica social entronca con la técnica del realismo dialéctico, ya que Martín-Santos sitúa la realidad en una multitud de planos desde la que es posible criticar las contradicciones de la sociedad de forma global. El tono general muestra un profundo pesimismo, como revelan también sus temas principales. Galán Font señala cinco, de los cuales ninguno se presenta de forma positiva: el amor y el sexo, la violencia, la hipocresía, el miedo y la muerte (47). De todos ellos, ni siquiera el amor resulta realizador, pues no hay ninguna relación que sea fruto de una decisión libre. Todas son el producto de un abuso, un incesto, una violación o incluso la causa de un crimen pasional. Para Clotas, "el pesimismo sin fronteras" del escritor le lleva incluso a un "nihilismo destructor. Martín Santos contempla cuanto le rodea con demasiada lucidez para forjarse ilusiones" ("Prólogo" 10).

En definitiva, se puede interpretar *Ulysses* y *Tiempo de silencio* como novelas que se sitúan en un punto de inflexión entre la apropiación de diversas tradiciones literarias, mitos y arquetipos, a la vez que como cruce de géneros. *Ulysses*, apunta Litz, se presenta como drama naturalista, poema simbolista, épica cómica en prosa e incluso novela convencional en cuanto a sus personajes y situaciones ("The Genre" 109). Y, de igual modo, *Tiempo de silencio* es una novela tradicional en su planteamiento, nudo y desenlace, aunque explora temas que se inscriben dentro del género folletinesco. Es asimismo, la épica de un antihéroe en un mundo en transformación y surge como una novela experimental en su subversión de formas y en la experimentación lingüística y narrativa que presenta.

4.2.2 La novela polifónica

Los términos dialogismo y heteroglosia forman parte de una jerga crítica que propuso el teórico ruso Mikhail Bakhtin, quien concibe la historia de la literatura occidental dentro de un principio dialógico –o también polifónico– que, en cierto modo, es un principio de vida. Bakhtin, en *The Dialogic Imagination*, define el dialogismo como la forma epistemológica que caracteriza a un mundo dominado por la heteroglosia, en la que todo se comprende como parte de una totalidad, en una constante interacción de significados (426). Y define la heteroglosia como:

> The base conditions governing the operation of meaning in any utterance. It is that which insures the primacy of context over text. At any given time, in any given place, there will be a set of conditions –social, historical, meteorological, physiological– that will insure that a word uttered in that place and at that time will have a meaning different that it would have under any other conditions; all utterances are heteroglot in that they are functions of a matrix of forces practically impossible to recoup, and therefore impossible to resolve. (428)

Partiendo de esta definición, Bakhtin relaciona la novela polifónica con la orquestación, un término que recoge de la música. Para él, la novela presenta un mensaje horizontal –la melodía–, que se puede armonizar verticalmente a partir de la utilización de diversos instrumentos que producen notas. Así, las posibilidades de orquestación permiten que la interpretación de cada segmento del texto pueda variar hasta casi el infinito (*The Dialogic* 430-431).

Estas características tipológicas que conciernen a la construcción de la novela encuentran eco en las obras de Joyce y Martín-Santos. En *Ulysses*, la representación de los dublineses viene caracterizada por una mezcla extraña de culturas orales y literarias, conviertiéndose en "a mosaic of set pieces –sermons, speeches, stories, witticism, rhetorical extravaganzas, and mimicries" (Deane "Joyce" 43). Los personajes citan constantemente de otros textos, autores, fuentes o tradiciones, y se hacen eco tanto de la cultura popular como de la culta, ambas asimilables en cada personaje particular. De hecho, Kershner señala que todos los personajes de *Ulysses* son *"bovaristes"*, una cualidad que muestran a partir de la apropiación de lecturas que presentan sus discursos (301). Ya desde las primeras páginas, Buck Mulligan profiere un discurso que tiene resonancias de Wilde y Yeats, además de palabras en latín y griego, como: *"Introibo ad altare Dei" (U* 3). Y lo mismo se puede aplicar a *Tiempo de silencio*, con el personaje Matías, cuyo lenguaje es una mezcla de latinismos, palabras vulgares y pedanterías, del tipo: "Jubilatio in carne feminae" (*Tds* 87), a la vez que hace un uso abusivo del castellano más ofensivo.

La teoría de la carnivalización bakhtiniana puede aplicarse a las obras de Joyce y Martín-Santos, por su mezcla de lo popular con lo literario. La temática de *Tiempo de silencio* está directamente relacionada con el folletín: el incesto del padre de Florita, el aborto, los celestineos de la dueña de la pensión para conseguir un buen partido para su nieta, el crimen pasional de Cartucho y el aparente final feliz con la celebración de la futura boda entre Pedro y Dorita. Es más, la ritualización del carnaval tiene lugar en la representación de la revista musical, y es precisamente en esta verbena cuando el drama llega a su momento cumbre, con el asesinato de Dorita por parte del vengador Cartucho. Además, hay referencias a la literatura popular en el lenguaje utilizado, como se puede ver en la siguiente digresión del narrador a propósito del cuadro de Goya: "¿Pues, para qué tiene tan listo el ojo? ¡Para mirarnos mejor! ¿Para qué tiene tan alto el cuerno? ¡Para encontrarnos mejor!" (*Tds* 157), que es una parodia del cuento *Caperucita roja*. Asimismo, el dibujo que Pedro hace en la pared de la cárcel, presenta la "forma semihumana" de una "sirena mal dibujada [...]. La cola son dos muslos cerrados, apretados. La muchacha de la cola no está dispuesta a dividir su cola con un cuchillo porque no ama" (*Tds* 217-218), que también tiene ecos del cuento *La sirenita* de Andersen o, mejor aún, puede ponerse en relación con las seductoras sirenas de la *Odisea*. Lo carnavalesco se hace presente a través de la ironía y la parodia, que revelan la alteridad del lenguaje en su desdoblamiento de significados, y en su dialogismo y polifonía. No parece exagerado afirmar, así, que *Tiempo de silencio*, en su pluralidad de voces y en la variedad del lenguaje empleado, resuena de forma orquestal o polifónica.[3]

---

[3] Michael Ugarte ha llegado a afirmar que el tema de *Tiempo de silencio* es precisamente el del lenguaje, uno que se presenta "convoluted and paradoxical" desde la primera frase. Para ello, realiza un amplio análisis de los diferentes tipos de ironía –

También en *Ulysses* esta diversidad de discursos se percibe no sólo en los personajes sino en la misma voz del narrador; hecho éste especialmente relevante porque la crítica ha tendido a considerar la novela impersonal. Pero en *Ulysses*, como en cualquier otra obra, sí hay narrador, aunque uno que, como explica Riquelme, pretende hacer creer que no está:

> [...] impersonality is simply one among many possible disguises [...]. The teller disappears only when the page becomes blank, once the book is complete [...]. In the case of Joyce's fiction, the narrator's supposed disappearance is also his presence everywhere [...] he is hidden out in the open, where anyone who cares to look can find him. ("Enjoying" 22)

Esto es algo que se ve fácilmente si comparamos varios capítulos de *Ulysses*. "Aeolus" tiene lugar en las oficinas del periódico, y está formado por titulares, diálogos intercalados y resúmenes de noticias. En este discurso, resulta difícil separar la voz del narrador de las impresiones que suceden en la mente de los personajes y de las otras voces que se mezclan entre sí. El siguiente ejemplo es una muestra clara:

> Mr Bloom, glancing sideways up from the cross he had made, saw the foreman's sallow face, think he has a touch of jaundice, and beyond the obedient reels feeding in huge webs of paper. Clank it. Clank it. Miles of it unreeled. What becomes of it after? O, wrap up meat, parcels: various uses, thousand and one things. (*U* 99)

En la primera frase, el narrador se acerca a Bloom para describir lo que hace, aunque luego se distancia de él para dar paso a lo que Bloom oye, ve y piensa.

Como contraste, en "Cyclops" hay un narrador en primera persona que interviene como personaje, aunque no se identifica con ningún nombre:

> I was just passing the time of day with old Troy of the D.M.P. at the corner of Arbour Hill there and be damned but a bloody weep came along and he near drove his gear into my eye. I turned around to let him have the weight of my tongue when who should I see dodging along Stony Batter only Joe Hynes.
> —Lo, Joe, says I. How are you blowing? (*U* 240)

En realidad, como afirma Ellmann, en *Ulysses* no hay un sólo narrador, sino "a series of narrators, usually undependable, who emerge and disappear without being identified" ("Preface" ix).

---

verbal y situacional–, y señala que precisamente esta unidad irónica de la novela cuestiona sus postulados éticos, políticos e ideológicos (*"Tiempo"* 340-341 y 346).

Por su parte, uno de los elementos más innovadores de *Tiempo de silencio* es la inclusión de un narrador que además de interpretar la realidad, la analiza con un tono irónico e incluso cínico desde diferentes perspectivas que, en muchos casos, resultan contradictorias.[4] Lo que ofrece la novela es una visión dialéctica de la realidad española de los años cuarenta, que se fundamenta en las contradicciones del individuo, de la sociedad y de ambos. *Tiempo de silencio* explora simultáneamente la dimensión existencial del ser humano, la de la sociedad y la relación entre ambos desde el punto de vista social, histórico, filosófico e incluso metafísico. El resultado es un juego de contradicciones que hace acopio de una pluralidad de lenguas y que se puede explicar a partir del dialogismo de Bakhtin. Cuando, por ejemplo, el narrador utiliza un lenguaje inadecuado para expresar algo que contrasta con el idiolecto del personaje, el resultado es grotesco y además trasluce la ironía de emplear el lenguaje del otro. Esto ocurre al describir a Amador como un Moisés observando el mundo de las chabolas y también en la conversación pseudointelectual que tiene lugar en casa de Matías, cuando Pedro siente que no encaja. Como irónicamente describe el narrador:

> Todo aquel mundo donde las palabras alcanzan una significación que él no posee (pero podría llegar a poseer) y donde los gestos alcanzan su belleza en una gama que para él permanece invisible (pero que podría llegar algún día a ver, curado de su daltonismo inconfesable) constituye un reducto de seres de otra especie que hacia él se muestran benévolos y complacientes y que le ayudarían a ir subiendo los peldaños de una escalera muy larga pero no insalvable. (*Tds* 170-171)

Aunque el narrador de *Tiempo de silencio* cumple una función distinta del de *Ulysses*, sobresale por su pluralidad de voces e identidades dialógicas hasta el punto de haberse llegado a interpretar como otro personaje de la novela. Las contradicciones que provoca el empleo indiscriminado de puntos de vista contribuye a afianzar el perspectivismo de la novela, junto a la relatividad de los hechos. Por un lado, Labanyi sostiene que: "Martín-Santos confunde intencionadamente las voces del narrador y de los personajes, [...] de modo que las palabras salen de una zona indeterminada que no reside ni en el narrador ni en éstos" (*Ironía* 131). Y, por otro, Felisa Heller llega a negar la existencia de un narrador omnisciente como entidad separada del protagonista:

---

4 Para Alarcos, este procedimiento irónico-paródico es de "raigambre cervantina" (68).

Pedro-narrador es el individuo ya desarrollado que vuelve a analizarse como último paso hacia un entendimiento total de su ser. Pedro, al igual que el artista, después de cierto alejamiento, un tiempo de silencio, regresa a la creación de su obra para obtener un entendimiento más profundo de su existencia [...]. La correspondencia de Pedro con su "yo", "tu", y "el" culmina –en las últimas páginas del libro cuando ya es completamente imposible distinguir quién narra– Pedro-protagonista, o Pedro, hombre que ha comprendido el significado de su existencia. (28 y 36)

Es cierto que a lo largo de la novela hay muchos casos en los que parece haber una identificación total entre ambos, haciendo bastante difícil distinguir el lenguaje de cada uno, ya que aunque a veces el narrador se distancia de Pedro para enjuiciarle y ridiculizarle, es también frecuente que Pedro adopte una actitud cínica e irónica consigo mismo.[5] Sin embargo, no comparto esta interpretación porque si se establece una distinción entre autor, autor implícito y narrador, la confusión queda solucionada. Desde el dialogismo de Bakhtin, la polifonía se establece a partir de la diferencia que existe entre el lenguaje del narrador –la voz autorial del discurso– y la del protagonista, entre la suya y la de otros personajes, y entre el lenguaje general del texto y las voces de otros textos que se implican de forma intertextual en el mismo. Estos tres niveles discursivos producen una polifonía sumamente clara.

Pero más aún, aunque la expresión de Pedro y del narrador pueda ser análoga, sus personalidades y sus actitudes ante la vida son muy distintas. Pedro es un personaje débil, autocompasivo, inseguro e incapaz de criticar, pero el narrador muestra una voz lúcida, segura de sí y crítica. El tono siempre irónico, autosuficiente y hasta satírico del narrador no se identifica en ningún momento con la voz débil, pesimista y frustrada de Pedro. Lo que ocurre en *Tiempo de silencio* es que el narrador muestra, en unas ocasiones, una omnisciencia total, anticipando hechos que todavía no han sucedido, mientras que en otras opta por una omnisciencia selectiva, al asegurar desconocer ciertos hechos. Además, también es frecuente la utilización de la primera persona del plural, de forma que el lector se involucre en un proceso de identificación con las valoraciones del narrador, como ocurre en el ejemplo siguiente: "Hasta que llegue ese día, con el juicio suspendido, *nos* limitaremos a penetrar en las oscuras tabernas donde asoma sobre las botellas una cabeza de toro disecado con los ojos de vidrio,

---

5 En esta línea, Riezu afirma que "en muchos momentos la identificación del autor con el protagonista parece perfecta y el monólogo se hace auto-reflexión y hasta confesión en voz alta" (17). Y también Maio califica esta identificación de voces de poliperspectivismo cúbico, al pretender confundir al lector (157-158).

a pasear hasta muy entrada en la madrugada por la calle del Nuncio o de la Bola" (énfasis mío, *Tds* 17). A partir de este fragmento, que tiene lugar al principio de la novela, el narrador impone su visión del mundo novelesco y anticipa el fatalismo con que concluirá la historia. Y es precisamente la utilización de la primera persona del plural lo que permite que el narrador comparta la misma conciencia social que los lectores, apelando directamente a ellos.

Igualmente, en los monólogos de Pedro se percibe una mezcla de dos voces, producto de su propio desdoblamiento en continuo diálogo introspectivo con la voz de la alteridad. Robert C. Spires ha estudiado este efecto y comenta el primer monólogo de la novela. Cuando Pedro observa el retrato de Ramón y Cajal, y proyecta su deseo de ser como él, se ve a sí mismo como otra persona, por lo que surge una segunda voz que le lleva a una "autoenajenación":

> La mezcla de las dos voces sugiere una división de la psique de Pedro: una parte es el científico mecánico que aspira a la gloria mientras la otra parte de su ser –revelada mediante la segunda voz– se burla de los esfuerzos de él y de sus compatriotas por imitar los éxitos científicos de países como los Estados Unidos. Al encontrarse con estas dos voces distintas, el lector comparte estéticamente la autoenajenación que sufre Pedro. ("El papel" 249)

En *Ulysses*, sin embargo, parece haber una menor carga ideológica, por el distanciamiento que se da entre creador y criatura, y porque los personajes gozan de un mayor grado de libertad al dar la impresión de ser ellos quienes se construyen a sí mismos. Como contraste, Martín-Santos introduce un narrador que no sólo describe e interpreta la realidad sino que, como afirma Rey, "cumple, junto a la función propiamente narrativa, otra ideológica", que realiza de tres maneras: valorando los hechos a través de un lenguaje lleno de figuras retóricas, enjuiciando las acciones de los personajes y reflexionando sobre la sociedad y la historia española (23). Esta diferencia es lo que separa la mímesis de la diégesis, y lo que marca la dicotomía entre la técnica del *telling* y del *showing*:

> "Showing" is the supposedly direct presentation of events and conversations, the narrator seeming to disappear (as in drama) and the reader being left to draw his own conclusions from what he "sees" and "hears". "Telling", on the other hand, is a presentation mediated by the narrator who, instead of directly and dramatically exhibiting events and conversations, talks about them, sums them up. (Rimmon-Kennan 107)

Mientras Joyce fundamentalmente "presenta" la realidad, Martín-Santos la interpreta. En general, el narrador de *Ulysses* mantiene una postura neutral, distante y demiúrgica, como ya había anunciado Stephen en la teoría estética que desarrolla en *A Portrait*. En *Tiempo de silencio*, sin embargo, la carga ideológica del narrador es inseparable de su sátira hacia la España franquista, aunque ésta se realice de forma velada, por la misma autocensura que se impuso el autor para ocultar referencias directas a la realidad histórica del momento. Esto ocurre, por ejemplo, en la crítica a la filosofía de Ortega, cuyo nombre nunca se pronuncia, o en las menciones al "retrato del hombre de la barba" (*Tds* 7), Ramón y Cajal, quien observa "desde arriba" las condiciones precarias en las que tiene que trabajar Pedro.

Para terminar, sólo me queda añadir que *Ulysses* y *Tiempo de silencio* también se pueden interpretar como dos palimpsestos que re-escriben otras lecturas y tradiciones, simbolizando la cualidad más característica de la novela como género, que es la hibridación.[6] Como señala Jost, "L'art du roman contemporain est l'art des hybridations infinies; pratiqué sans circonspection, le genre tend à se détruire lui-même" (98).

4.2.3 Ruptura de las expectativas del lector: la antinovela

Definir *Ulysses* y *Tiempo de silencio* como dos antinovelas supone partir de una concepción pragmática del género literario, basada en cómo los lectores reciben una nueva forma. Jauss explica que la obra literaria no surge del vacío sino que predispone a sus lectores a un tipo de recepción que viene definida por estrategias textuales, alusiones explícitas o implícitas y características familiares. El texto evoca distintas emociones en el lector y orienta unas expectativas que se van modificando durante el proceso de lectura, según las reglas que marca el propio texto ("Literary History" 12). En esta línea, el concepto de antinovela emerge cuando un determinado tipo de texto rompe con las expectativas del lector, las subvierte y propone algo nuevo. Todorov asienta la existencia histórica de los géneros en dos aspectos, el horizonte de expectativas y el modelo de escritura, que son los que revelan los lazos constitutivos de la sociedad a la que pertenecen (163). La antinovela surge así como contraevolución de la

---

6 Es curioso cómo el mismo nombre de Stephen Dedalus es intertextual en la misma referencia mítica a Dédalo. Y también el nombre bíblico de Pedro alude a la piedra fundacional sobre la que San Pedro fundaría su iglesia.

novela en su reacción contra la tradición anterior, rompiendo con las expectativas del lector y desorientándole en su lectura.

Al poco de publicarse *Ulysses*, T. S. Eliot apuntó que si esta obra no podía catalogarse de novela era porque presentaba una forma que no servía como modo de expresión de una nueva época (*"Ulysses*, Order" 123). En realidad, explica Litz, si definimos *Ulysses* como una novela por tratarse de una narración en prosa e intentamos incluirla dentro de una teoría general de la novela, estamos olvidando que Joyce nunca la definió como tal –al menos durante su proceso de composición–, pues se refería a ella como su *schema*, su plan de correspondencias y resonancias simbólicas, o su "museum of different literary kinds" ("The Genre" 119-120). Para Joyce, la literatura era ese "wide domain which lies between ephemeral writing and poetry (with which is philosophy)" (cit. por Levin *Grounds* 359). Con esta definición tan ambigua, no resulta extraño que la complejidad de *Ulysses* no incluya una trama propiamente dicha, ya que los elementos que la conforman, junto a las acciones de los personajes, no representan más que una tentativa de retratar al ser humano en las situaciones más triviales de la vida.

Una de las mayores críticas que ha recibido *Ulysses* es precisamente el hecho de que en realidad no ocurre nada. Como dice Beach, carece de la motivación pasional de la acción (404). Tampoco en España todos los escritores y críticos participaron de la modernidad de esta obra. Juan Benet, por ejemplo, no consideraba que las innovaciones y experimentación del lenguaje formaran parte del desarrollo de la novela, sino que eran de un carácter menor, "como corresponde a un escritor menor" ("Prólogo" 4). Tampoco veía una evolución en la obra de Joyce, sino tres golpes de originalidad: "*Dubliners* es la originalidad de contenido, sin la menor primicia tipográfica. *Ulysses*, la originalidad de la dicción, y *Finnegans Wake* la originalidad del lenguaje, de la técnica, de la herramienta" ("Prólogo" 11). Estas interpretaciones son realmente significativas si se tiene en cuenta que su misma prosa muestra un eco, más que perceptible, de la estética joyceana.[7] Como la del irlandés, su prosa es cultista, oscura, generosa en nivel de experimentación con el lenguaje, llegando incluso a la pedantería, y dirigida a una élite lectora ("A Short Biographia" 63).[8]

---

[7] La presencia de Joyce en la obra de Benet ha sido reconocida por la crítica y por el mismo escritor. Véase Ballesteros ("En la penumbra") para un estudio más detallado.

[8] En su artículo, "¿Contra Joyce?", después de que Benet arremeta contra el irlandés, acaba señalando irónicamente: "Aparte de esto, yo guardo el mayor respeto por la figura de Joyce, por el empeñamiento con que hizo su obra, por haber sabido

Un caso parecido es el de Ramón Pérez de Ayala, pues su obra, de corte intelectualista, incorpora elementos claramente joyceanos, aunque también rechazó las innovaciones del irlandés. Ayala descubrió a Joyce temprano, en 1919, cuando se encontraba en Estados Unidos, y reconoció que los párrafos que había leído de *Ulysses* le impresionaron bastante: "Confieso que leyendo aquellos fragmentos dudé si el público y la crítica llegarían a tomarlos en serio; pero lo que no podía yo presumir es que a su autor le declararían a la vuelta de dos o tres años el más descomunal genio literario que vieron los siglos" (cit. por G. Santa Cecilia 322-323). De igual modo, Álvaro Cunqueiro, en "Otro hombre muerto", un artículo que publicó al poco de la muerte de Joyce, señalaba que no son novelas las soluciones narrativas de Joyce (G. Santa Cecilia 168-169). Como caso opuesto, se encuentra el escritor gallego Gonzalo Torrente Ballester, para quien su primer acercamiento a *Ulysses* fue un descubrimiento sin precedentes. En realidad, ya decía Ortega y Gasset que es el refinamiento estético, el formalismo y la sofisticación lo que lleva a la deshumanización del arte, a la oscuridad y a la alienación. Como coletilla, un comentario grotesco de sir John Pentland Mahaffy que, tras la publicación de *Ulysses*, señaló que suponía: "[...] el inevitable resultado de extender la educación universitaria a la gente que no le corresponde" (Puig 37).

La antinovela como solución narrativa que rompe con las expectativas del lector representa lo que Guillén define como la "dialéctica entre lo uno y lo diverso –sistema y diferencia–", que es realmente "lo que infunde vida progresiva a la forma literaria" (*Entre lo uno* 191). La obra de Joyce, al igual que la de otros contemporáneos suyos como Proust, Faulkner, Woolf o Lawrence, supone el encuentro con un tipo de creación que no se puede reducir a categorías estancas, ni se puede comprender de forma completa en una primera lectura, sino que exige un esfuerzo mayor de re-lectura constante para poder abarcar sus diferentes niveles de significado. La ruptura de las expectativas del lector que promueve *Ulysses* lleva consigo una nueva concepción de este género narrativo, que en su progresión, no tiende hacia la unidad o lo estable –como había sido patrimonio de la novela realista–, sino hacia la diversidad de modos narrativos, de estilos y de tonos, reflejo precisamente de esa inestabilidad del mundo que vino a caracterizar el cambio de siglo. A muchas de las novelas que rompieron con la tradición anterior, como *Mrs Dalloway*, *Point Counterpoint*, *Du côté*

---

mantener cierta intransigencia, por no haber hecho nunca la menor concesión y por no arredrarse ante la terrible soledad que le deparó su gran rectitud" (28).

des Guermantes o *Der Mann ohne Eigenshaften*, se las acusó de "esteticismo frío, cerebralismo, [y] deshumanización" (Amorós *Introducción a la novela* 46), cuando deben interpretarse a la luz de un cambio de valores sociales, culturales e intelectuales.

Y al igual que ocurrió con *Ulysses*, *Tiempo de silencio* tampoco fue bien recibida por muchos. Corrales Egea explica que aunque no seguía la línea de la narrativa realista anterior, la nueva solución que proponía tampoco era oportuna, puesto que estaba destinada a convertirse en una promesa aislada (144). En definitiva, en la recepción de ambas obras, lo que se llegaba a cuestionar era su inserción dentro del género de la novela, no porque formalmente no se asemejase a la narrativa anterior, sino porque su nivel de complejidad superaba y, más aún, subvertía el modo de lectura previo. Las dos novelas enseñan al lector a ir leyendo y a ir descubriendo sus propias claves. Como dice Senn, pese a toda su complejidad, *Ulysses* es un libro que nos enseña a leer, ya que exige habilidades cognitivas y comparativas que se van desarrollando a lo largo de la lectura ("*Ulysses*" 68). Del estado de lector pasivo, guiado por las directrices del narrador en la novela tradicional, pasamos ahora a la actividad de un lector alerta a las muchas pistas que ofrece el texto, y al reto que supone adecuar la lectura a su proceso de desvelamiento.

4.2.4 Shakespeare y Cervantes: disquisiciones (meta)literarias

Uno de los paralelismos que más llaman la atención entre *Ulysses* y *Tiempo de silencio* es el hecho de que los respectivos protagonistas desarrollen una teoría metaliteraria que aparentemente no tiene sentido, pero que sí lo adquiere en su relación con el significado global de las obras. Si se tiene en cuenta que la función de Shakespeare en la literatura inglesa se puede comparar con la de su contemporáneo Cervantes en la española, la similitud resulta entonces altamente significativa. Es curioso además que ambos escritores elijan dos fuentes literarias tan innovadoras y originales como las de Shakespeare y Cervantes. De hecho, Harold Bloom, en su tan citado estudio *The Anxiety of Influence*, llega a afirmar no sólo que Shakespeare es el mayor poeta en lengua inglesa, sino que por esa razón se sitúa en una época anterior a que la ansiedad de influencias se convirtiese en un principio esencial de la conciencia y creación poética (11). Posteriormente, en *The Western Canon*, compara a Cervantes y Shakespeare por ocupar una posición céntrica del canon, ya que representan "the highest eminence; you cannot get ahead of them, because they are always there before you" (128).

Empezando con *Ulysses*, en "Scylla and Charybdis" Stephen se encuentra en la Biblioteca Nacional de Dublín desarrollando una teoría sobre la creación estética a partir de la biografía de Shakespeare, que encuentra un paralelo en *Tiempo de silencio*, cuando Pedro también ofrece su propia interpretación sobre la locura de Cervantes al pasear por una calle que lleva el nombre del escritor. Si, por una parte, Stephen no cree en su propia teoría, aunque unos investigadores y el mismo Joyce la toman en serio,[9] por otra, Pedro pronuncia la suya por la noche, bajo un estado de embriaguez. En ambos casos, las interpretaciones respectivas, aparentemente incoherentes, cobran significado dentro de cada obra, puesto que las referencias a estos dos autores no se reducen a las escenas mencionadas, sino que tienen una presencia constante a lo largo de las novelas.

William Schutte, en *Joyce and Shakespeare*, recoge una innumerable cantidad de alusiones a Shakespeare, que invaden la mente de Stephen desde el primer capítulo de la novela. Según Schutte, la primera escena, que recoge su conversación con Mulligan, tiene un paralelismo con el comienzo de *Hamlet*, cuando el protagonista también dialoga con Horace (17).[10] En la novela de Martín-Santos nos encontramos con un caso parecido, pues la presencia de Cervantes se manifiesta en numerosas alusiones. Así, el personaje alemán aparece descrito como "este caballero de la triste figura" (*Tds* 83), y también la criada enfadada se convierte en "una maritornes ceñuda" (*Tds* 189). De igual modo, al comentar el estado precario de la investigación en España, se dejan ver claramente los ecos cervantinos: "[...] no como gigantes en vez de molinos, sino como fantasmas en vez de deseos" (*Tds* 10). Finalmente, cuando Pedro elabora su interpretación sobre Cervantes, no puede quitarse esta idea de la cabeza: "La imagen de Cervantes volvía a su imaginación tontamente como se repite una musiquilla sin sentido. Cervantes en medio de ese grumo de humo y grito no parecía lógico" (*Tds* 82).

---

9   Entre los que escuchan la interpretación de Stephen sobre *Hamlet* había algunos dublineses importantes como: AE –George Russell–; el escritor John Eglinton – pseudónimo de W. K. Magee–; Thomas Lyster, "the Quaker librarian"; y el crítico literario R. I. Best (McCarthy 48). En cuanto a Joyce, véase Ellmann (*JJ* 155).

10 Para las referencias concretas de la presencia de la obra de Shakespeare en *Ulysses*, véanse los apéndices del estudio de Schutte: "The Sources of Stephen's Shakespeare Theory" (152-177) y "Shakespeare's Poems and Plays in *Stephen Hero*, the *Portrait*, and *Ulysses*" (178-191).

La presencia de Shakespeare en la obra de Joyce no se reduce exclusivamente a *Ulysses*, pues en su menos conocida *Giacomo Joyce* el escritor recuerda las conferencias pronunciadas sobre *Hamlet* entre noviembre de 1912 y febrero de 1913 en Trieste:

> I expound Shakespeare to docile Trieste: Hamlet, quoth I, who is most courteous to gentle and simple is rude only to Polonius. Perhaps, an embittered idealist, he can see in the parents of his beloved only grotesque attempts on the part of nature to produce her image .... [sic] Marked you that? (*GJ* 10)

Asimismo, las bases de la interpretación de Shakespeare que pronuncia Stephen en "Scylla and Charybdis" se habían adelantado ya en *A Portrait*, ya que se puede relacionar directamente con sus teorías sobre el drama y sobre el dios de la creación:

> The personality of the artist passes into the narration itself, flowing round and round the persons and the action like a vital sea [...] The dramatic form is reached when the vitality which has flowed and eddied round each person fills every person with such vital force that he or she assumes a proper and intangible esthetic life [...] The esthetic image in the dramatic form is life purified in and reprojected from the human imagination [...] The artist, like the God of the creation, remains within or behind or beyond or above his handiwork, invisible, refined out of existence, indifferent, paring his fingernails. (*P* 215)

Pasando ya a la teoría misma, Stephen señala que Shakespeare no se identifica con Hamlet sino con el fantasma de su padre, pues todos los personajes de *Hamlet* son una proyección de su autor, y especialmente el fantasma del padre de Hamlet, quien

> [...] goes back, weary of the creation he has piled up to hide him from himself, an old dog licking an old sore. But, because loss is his gain, he passes on towards eternity in undiminished personality, untaught by the wisdom he has written or by the laws he has revealed. His beaver is up. He is a ghost, a shadow now, the wind by Elsinore's rocks or what you will, the sea's voice, a voice heard only in the heart of him who is the substance of his shadow, the son consusbtantial with the father. (*U* 162)

Curiosamente su interpretación desarrolla varios temas más fundamentales del libro, como el de la paternidad, la infidelidad y el hecho de que toda literatura es en parte biográfica. El padre de Hamlet había sido traicionado por su mujer y su hermano, al igual que también pensaba Joyce que Shakespeare había sido traicionado por Anne Hathaway con su hermano.

Como señala Ellmann, Joyce buscó víctimas históricas como Parnell, Cristo y él mismo y, en vez de hacer del artista Shakespeare un héroe vengativo, eligió convertirlo en víctima engañada (*JJ* 155). A partir de esta teoría de Joyce, Stephen describe la vida de Shakespeare basándose en la evidencia de su obra. Su interpretación en la biblioteca no sólo cobra sentido en su relación con Bloom, sino en la de ambos con sus propias familias y en la de Joyce con su misma obra. Según Ellmann:

> Insofar as the movement of the book is to bring Stephen, the young Joyce, into *rapport* with Bloom, the mature Joyce, the author becomes, it may be said, his own father. Stephen is aware enough of the potential ironies of this process to ponder all the paradoxes of the father as his own son in the Trinity, and of Shakespeare as both King Hamlet and Prince Hamlet. (*JJ* 299)

A lo largo del día, ambos protagonistas, Bloom y Stephen, citan frases de *Hamlet*, convirtiendo la obra en toda una metáfora shakespeareana. Bloom incluso llega a afirmar que: "Had there been no Shakespeare, Joyce and Freud would probably never have felt the anguish of contamination that only Shakespeare seems to have provoked in both of them" (*U* 413). Pero la teoría de Stephen se adelanta desde el primer capítulo, cuando Haines le pregunta sobre su interpretación de *Hamlet* y éste contesta que deberán esperar para escucharla. Buck Mulligan, paródicamente señala ya que: "He [Stephen] proves by algebra that Hamlet's grandson is Shakespeare's grandfather and that he himself is the ghost of his own father" (*U* 15). Pero incluso el menos literario Bloom rememora a Shakespeare en sus pensamientos, aludiendo a que tiene una cita para cada ocasión: "Music hath charms. Shakespeare said. Quotations every day in the year. To be or not to be. Wisdom while you wait" (*U* 240). Y el momento cumbre que une la relación de Stephen-Bloom con Shakespeare tiene lugar en "Circe", cuando Lynch, citando las palabras de Hamlet, "The mirror up to nature", evoca la imagen de los dos protagonistas mirándose en un espejo, fundidos ahora en Shakespeare:

> (*Stephen and Bloom gaze in the mirror. The face of William Shakespeare, beardless, appears there, rigid in fatal paralysis, crowned by the reflection of the reindeer antlered hatrack in the hall.*) [sic] (*U* 463)

Esta fusión de los dos personajes en una sóla imagen, la del Shakespeare traicionado por la infidelidad de su mujer, después de que Stephen haya pronunciado su teoría biográfica sobre el escritor, unen en un sólo tema la relación padre-hijo, que en la novela viene representada también por: Dios y Cristo, el funeral de Dignam y los pensamientos de su hijo, Reuban J. Dodd y su hijo, Stephen y su mismo padre Simon Dedalus, Bloom y su hijo Rudy, y otras menos significativas. El motivo central del episodio, la paternidad, muestra a Bloom observando a Stephen –ni siquiera consciente de su presencia– cuando éste curiosamente elabora un discurso sobre la negación de la autoridad paternal:

> —A father, Stephen said, battling against hopelessness, is a necessary evil [...]. Fatherhood, in the sense of conscious begetting, is unknown to man. It is a mystical state, an apostolic succession, from only begetter to only begotten. (*U* 170)

De este modo, la interpretación de Stephen sobre Shakespeare, aunque un poco fantaseada, adquiere un significado importante para la relación Stephen-Bloom y para la de Joyce mismo, al dar sentido al tema de la búsqueda del padre y al hecho de que toda literatura es en parte biográfica. Como señala el mismo Stephen: "The supreme question about a work of art is out of how deep a life does it spring" (*U* 152) y, por esta razón, la obra de Shakespeare supone "the creation he has piled up to hide him from himself" (*U* 162), al igual que también Joyce convierte su obra en toda una revelación autobiográfica. Como el fantasma del padre de Hamlet se identifica con el mismo Shakespeare, también se podría decir que Stephen-Hamlet-Telémaco se identifican con (el fantasma de) Joyce –puesto que es hijo de su propia creación– y con el mismo fantasma literario convertido en Bloom-Ulises, que explica la posición de Stephen como el alter-ego del escritor. Harold Bloom llega a afirmar que ambos, Bloom y Stephen, forman la pareja Shakespeare-Joyce, cumpliendo así el propósito del escritor, al absorber la obra de Shakespeare (414).

Sorprendentemente, esto mismo ocurre en *Tiempo de silencio*, aunque la interpretación de Pedro sobre Cervantes –a diferencia de la de Stephen– es coherente. A través de una serie de axiomas, que él llama "espirales", Pedro llega a la conclusión de que:

> Lo que Cervantes está gritando a voces es que su loco no estaba loco, sino que hacía lo que hacía para poder reírse del cura y del barbero, ya que si se hubiera reído de ellos sin haberse mostrado previamente loco, no se lo habrían tolerado y hubieran tomado sus medidas montando, por ejemplo, su pequeña inquisición local, su pequeño potro de tormento y su pequeña obra caritativa para el socorro de los pobres de la parroquia. (*Tds* 76)

Para Talahite, la meditación sobre Cervantes parte de una doble relación: "(Don Quichotte vs les autres) vs Cervantes", y de una doble oposición: "Don Quichotte affirme la possibilité de transformer le monde, les autres rient [...]. Les nous-auteur-lecteur est invité à expérimenter le rire –signe textuel de l'aliénation– derrière lequel se profilement la peur et l'autodafé" ("Une écriture" 44).

Pero lo verdaderamente significativo de esta teoría es la función que cobra en la novela, porque lo que Cervantes consiguió con su *Quijote* es lo que Martín-Santos quería hacer con *Tiempo de silencio*.[11] Pedro lo expresa del siguiente modo:

> ¿Qué es lo que realmente él [Cervantes] quería hacer? ¿Renovar la forma de la novela, penetrar en el alma mezquina de sus semejantes, burlarse del monstruoso país, ganar dinero [...] ¿Qué es lo que ha querido decirnos el hombre que más sabía del hombre de su tiempo? ¿Qué significa que quien sabía que la locura no es sino la nada, el hueco, lo vacío, afirmara que solamente en la locura reposa el ser-moral del hombre? (*Tds* 74-75)

Esta interpretación sobre la locura y/o su fingimiento nos lleva al mismo personaje Hamlet, y a la presencia no menos significativa de Shakespeare en *Tiempo de silencio*. De hecho, Rey (17-19) y Saludes (*La narrativa* 86) coinciden en reconocer que Shakespeare cumple una función importante en la novela, presente en la siguiente escena que reproduzco. Es curioso cómo en este monólogo interior de Pedro, las frases aparecen entrecomilladas, como si realmente el autor reconociese la cita de otra obra:

> Imitaré en esto al sol que permite a las viles nubes ponzoñosas ocultar su belleza al mundo para (cuando le place ser otra vez él mismo) hacerse admirar más abriéndose paso a través de las sucias nieblas que parecían asfixiarlo. Así, cuando ya abandone esta vida y pague mi deuda, rebasaré las esperanzas que pudieran haber sido puestas en mí. (*Tds* 286)

Estas palabras de Pedro muestran un paralelismo con las que pronuncia Prince Harry en la primera parte de *Henry IV:*

> Yet herein will I imitate the sun,
> Who doth permit the base contagious clouds

---

11 Suárez Granda llega incluso a afirmar que Martín-Santos muestra una "comunión global" con Cervantes, algo que se ve "en las ideas, en la actitud personal ante los disparates del mundo" (6). También Sánz Villanueva señala que, a partir de esta novela, la literatura de los sesenta giró hacia "una concepción más cervantina del relato" (205). Y finalmente, Mainer alude a que *Tiempo de silencio* llegó a convertirse "en el *Quijote* de la novela neorrealista" ("Luis Martín-Santos" 61).

> To smother up his beauty from the world,
> That when he please again to be himself,
> Being wanted he may be more wond'red at,
> By breaking through the foul and ugly mists
> Of vapours that did seem to strangle him [...].
> So, when this loose behaviour I throw off,
> And pay the debt I never promised,
> By how much better than my word I am,
> By so much shall I falsify men's hopes;
> And like bright metal on a sullen ground,
> My reformation, glitt'ring o'er my fault,
> Shall show more goodly, and attract more eyes
> Than that which hath no foil to set it off. (Act 1 Scene 1 457)

Además de esta conexión, Rey señala que también en el monólogo de Pedro hay una referencia a *Hamlet*, en la descripción de "aquel que consiguió convencer a quienes le rodeaban al envolverse en el negro manto del traidor, pálida faz, amarilla mirada, sonrisa torva", que en más de un aspecto podría referirse al personaje shakespeareano. Por esta razón, Rey sugiere que el mismo título de la novela *Tiempo de silencio*, bien podría haberse inspirado en Shakespeare y las últimas palabras de Hamlet antes de morir: "The rest is silence" (17-19).

Pero también el paralelismo contrario, es decir, la presencia de Cervantes en la obra de Joyce, ha sido objeto de nuevos análisis literarios, como el de Rafael I. García, "Literatura y vida: estudio comparativo de *Ulysses* y *El Quijote*",[12] en el que señala que aunque Joyce conocía el mito cervantino, *Ulysses* sólo incorpora cuatro referencias breves a la obra de Cervantes, tres de las cuales aparecen precisamente en el capítulo que se analiza aquí (83-85).[13] Esto es algo que no debe sorprender, si se tiene en cuenta que *El Ingenioso Hidalgo Don Quijote de la Mancha* apareció en 1605, y que la obra se tradujo a muchos idiomas. Britton afirma que en concreto, entre 1612 y 1755, hubo más de veinticinco versiones de su traducción al inglés, junto a adaptaciones y otras selecciones (21). De hecho, a lo largo del siglo XVIII son numerosas las obras que recrean la tradición cervantina como: la novela de Henry Fielding, *Joseph Andrews*

---

12   Ha habido también otros críticos que se han interesado por este paralelismo, como Terrence A. Doody, en "*Don Quixote, Ulysses* and the Idea of Realism", que compara ambas novelas basándose en el nivel de realismo que consiguen.

13   Aunque no directamente relacionado con Cervantes, García Tortosa también hace referencia a esta presencia en su exhaustivo estudio sobre la función simbólica de Gibraltar en *Ulysses*, aludiendo a que sólo se menciona *Don Quijote* "como pretexto para echar en falta la existencia de una épica nacional irlandesa" ("España" 22).

(1742), que, como él mismo señala en el subtítulo, fue escrita *"in Imitation of the Manner of Cervantes, Author of Don Quixote"*; la sátira, también de Fielding, *Don Quixote in England* (1734); la de Charlotte Lennox, *The Female Quixote* (1752); la obra de Charles Lucas, *The Infernal Quixote* (1800); y, cómo no, *Tristram Shandy* (1759-1767) de Laurence Sterne, entre otras muchas que fueron proliferando a lo largo del siglo.

Pero además de los paralelismos aquí sugeridos, la comparación todavía ofrece una mayor riqueza, ya que también se puede relacionar a los protagonistas de ambas novelas con sus respectivos paralelos ficcionales. La personalidad de Stephen es fácilmente equiparable con la del joven Hamlet en sus idealismos, en sus conflictos internos entre lo que desean y lo que se sienten capaces de hacer, y en su condición de hijos buscando a un padre. Asimismo, la relación de Pedro con su ayudante Amador presenta más de una concomitancia con la que existe entre Don Quijote y su escudero Sancho, como han sabido ver Curutchet (*Cuatro ensayos* 55) y Ugarte (*"Tiempo"* 350). En ambas parejas, el idealismo del primero contrasta con el sentido práctico del segundo. Como ejemplo, baste señalar que cuando Pedro y Amador se dirigen a la chabola del Muecas, cada uno está absorto en su propias preocupaciones. Amador piensa en bares y mujeres, mientras Pedro va pensando en sus ratones y en el cáncer que pueden haber producido en las hijas del Muecas. Curutchet, además, afirma que ambos personajes fascinaban al escritor español, y que es significativo que este motivo aparezca "varias veces a modo de moderna recreación de la dialéctica cervantina: sanchización de Don Quijote y quijotización de Sancho" (*Cuatro ensayos* 55).

Pedro comparte con Don Quijote el fracaso de unos ideales que no tienen cabida en el mundo en el que viven. Suárez Granda añade a esto, la toma de conciencia de sus fracasos, en "un acto de lucidez final y de asunción de la derrota". Para él, es precisamente esta "reflexión sobre el cruel sinsentido de lo humano" del *Quijote*, lo que evoca la novela de Martín-Santos (9 y 8). Don Quijote fracasa no porque su realidad no sea verdadera, sino porque su locura es impracticable en un mundo carente de ideales. De igual modo, Pedro fracasa porque su intento de salvar la vida a Florita en el aborto no es comprendido por una sociedad que adolece de falta de humanidad y castiga la generosidad. La heroicidad de ambos personajes no tiene cabida en una realidad profundamente antiheróica y antisocial. Para finalizar, viene al caso volver a citar el que sigue siendo todavía uno de los pasajes más célebres del *Quijote*

[...] él se enfrascó tanto en su lectura, que se le pasaban las noches leyendo de claro en claro, y los días de turbio en turbio; y así, del poco dormir y del mucho leer se le secó el cerebro, de manera que vino a perder el juicio. Llenósele la fantasía de todo aquello que leía en los libros, así de encantamientos como de pendencias, batallas, desafíos, heridas, requiebros, tormentas y disparates imposibles; *y asentósele de tal modo en la imaginación que era verdad toda aquella máquina de aquellas soñadas soñadas invenciones que leía, que para él no había otra historia más cierta en el mundo.* (Énfasis mío 38)

4.3 El *Bildungsroman* en la construcción de *A Portrait of the Artist as a Young Man* y *Tiempo de destrucción*

4.3.1 *De* Tiempo de silencio *a* Tiempo de destrucción: *génesis y estructura*

Tiempo de destrucción, según la edición de José Carlos Mainer, aparece dividida en cuatro partes. Como hizo Joyce con *Ulysses*, Martín-Santos dejó un guión esquema de su obra que se corresponde de forma parcial con el resultado final de la misma y que reproduzco en el Apéndice II. La primera parte de la novela es la más extensa y elaborada, y cubre el periodo de la infancia a la madurez de Agustín. Son frecuentes los retrocesos en el tiempo y el empleo de la libre asociación de ideas, como técnicas que desvelan las motivaciones más profundas que definen al protagonista como ser alienado, solitario e introvertido, en un claro paralelismo con la juventud de su padre. La siguiente fase se centra en el abandono de su pueblo natal para estudiar Derecho en Salamanca. De su timidez e inseguridad inicial, pasa ahora a adoptar una pose de pretendida autosuficiencia, que le acerca a la arrogancia, y que irremisiblemente le lleva a descubrir y asumir su impotencia sexual a raíz de un encuentro desafortunado con una prostituta después de aprobar las oposiciones a juez. En cuanto a las técnicas narrativas, se comienza con un monólogo interior directo de Agustín, para dar paso a la utilización de la técnica behaviorista, a un nuevo monólogo interior indirecto del protagonista y al soliloquio de su madre. Como ocurría con *Tiempo de silencio*, la fragmentación, la dislocación del tiempo y las digresiones forman parte de la naturaleza del texto mismo.

La segunda parte de la novela está dividida en siete apartados, en versión presumiblemente definitiva, en los que Agustín se presenta ejerciendo su actividad profesional. Esta nueva etapa viene definida por su intento de resolución del crimen de un sereno, que le ha desvelado el personaje homosexual "la Lucía" –en ese momento ocultando su identidad a través de una máscara– durante los carnavales de Tolosa.[14] Es curioso ver cómo en este capítulo Martín-Santos incorpora la técnica del narrador digresivo que había aparecido en *Tiempo de silencio*, que comenta irónica y sarcásticamente la realidad que describe. La decisión de Agustín de abrir un caso cerrado e iniciar una nueva investigación que desvele la verdad, desencadena el drama final. Al igual que había ocurrido con Pedro, aunque sus objetivos vienen motivados por la necesidad de hacer justicia, la tragedia resulta inevitable en una sociedad a la que no le interesa conocer la verdad. El resto del capítulo son bocetos estructurales que predicen que las sospechas de Agustín, dirigidas hacia el ingeniero –yerno del propietario de la fábrica–, provocarán el suicidio de su esposa Matilde. A su vez, la burguesa bilbaína Constanza, amiga de Matilde, se une sentimentalmente a Agustín. Este capítulo está constituido en su mayor parte por las declaraciones de los sospechosos, aunque hay una profusa utilización del monólogo interior directo e indirecto por parte de Matilde.

De las partes tercera y cuarta sólo se conservan dos fragmentos y unas notas breves. A pesar de la poca extensión, como apunta Mainer, se puede percibir el nivel de experimentación lingüística y narrativa que Martín-Santos pretendía llevar a cabo, y que consistía en

> [...] un nuevo clímax narrativo, progresivamente alejado del realismo, donde el monólogo interior, la meditación personalísima sobre las esencias colectivas y la ruptura deliberada del lenguaje común indican un paroxismo en la acción que [...] emparenta este relato con algunas de las últimas obras de Juan Goytisolo (y quizá con el mundo mítico, pero tan español, de Juan Benet), además de prolongar la temperatura crítica de *Tiempo de silencio*. ("Prólogo" 36)

La tercera parte relata el viaje de Agustín y Constanza a Madrid, y su encuentro con varios amigos para acudir a Villaflorida –el pueblo de Agustín– con el fin de celebrar un aquelarre. De nuevo, el drama acompaña al protagonista y una de las acompañantes, Águeda, es violada y asesinada por la guardia civil.

---

14 Aunque no se menciona el nombre del pueblo, éste se reconoce fácilmente por las múltiples referencias al río Oria, por el número de habitantes y por la descripción geográfica del pueblo guipuzcoano (Mainer "Prólogo" 33).

La cuarta parte acaba también en tragedia. Se narra aquí el ritual de la ceremonia de los "picaos", los disciplinantes de la Semana Santa en el pueblo riojano de San Vicente de Sonsierra, donde acuden Agustín y Constanza. El rito consiste en que los disciplinantes se dan latigazos hasta sangrar. En general, como explica Mainer, los mitos hispanos que aparecen en esta sección, "religiosos, históricos y éticos", son aquellos que "esclavizan la vida de la comunidad" ("Prólogo" 39). El desenlace de la novela, según se supone que había previsto Martín-Santos, trae consigo la muerte de Agustín por parte de estos disciplinantes que se encuentran bajo un estado alucinatorio producido por el abuso de alcohol. Tanto para Josefa Rezola, que poseía el manuscrito, como para Mainer, éste era el final que había previsto Martín-Santos, teniendo en cuenta el cariz del resto de la novela. Por una parte, Rezola afirma que: "Agustín iba (como él decía) a bajar a los infiernos y a destruirlo todo y Agustín iba a morir a manos del pueblo. Era una rebelión contra el régimen, contra la religión, contra la sociedad y contra todo" (cit. por Gorrotxategi 365). Y por otra, Mainer señala que este final es el más coherente puesto que "Agustín cumpliría de este modo con su destino de imposibilidad, y la España mágica, trabajosamente encontrada, con su profunda ambigüedad y su inevitable *fatum*: la muerte de sus propios hijos" ("Prólogo" 40). Sin embargo, como ya mencioné en el segundo capítulo, Leandro Martín-Santos, padre del escritor, en su deseo por acabar la novela de su hijo, rechazó esta posibilidad y optó por un final más optimista y abierto a la esperanza.

La recepción de *Tiempo de destrucción* no fue muy positiva. Para Rafael Conte, no se trata de una novela, sino de unos fragmentos "inconexos y desordenados" que dejó el escritor, por lo que asegura que fue un error publicarlos. Sin embargo, reconoció la grandeza de la obra y el talento de Martín-Santos, al "debatirse con un problema aparentemente insoluble: efectuar la destrucción total franqueando todos los límites, pero sin olvidar el fondo profundo que la novela debe tener" (2). También en una reseña, Palley afirmó que no se sabe si con esta publicación Mainer ha ayudado a la memoria del escritor, porque su edición fragmentaria no contribuye a reivindicar su carácter de novela, y además no incluye el prólogo que había diseñado Martín-Santos ("*Tiempo*" 221). Por otra parte, Saludes comenta que lo más relevante de la edición de Mainer es su prólogo introductorio, al "ayudar a poner cierto orden en el caos con que se enfrenta el lector", a pesar de que "la agobiante cantidad de variantes y notas hace la lectura tediosa e intrincada" (*La narrativa* 134). No sorprende, así, que sea tan escasa la crítica sobre *Tiempo de destrucción*.

4.3.2 *El* Bildungsroman *en Joyce y Martín-Santos*

La tradición del *Bildungsroman*, como novela de aprendizaje o educación del protagonista desde su infancia hacia su madurez, es larga y ha dado lugar a diferentes soluciones en las culturas donde se ha producido.[15] Para Gregory Castle, esta forma narrativa debe analizarse como un fenómeno socio-histórico profundamente vinculado a la ascensión del liberalismo burgués y las democracias políticas, y también como un hecho literario directamente relacionado con la sensibilidad romántica y su énfasis en el individuo (21). Así, novelas como *David Copperfield* de Dickens, *The Mill on the Floss* de Eliot, *Sons and Lovers* de Lawrence, *Wilhelm Meister* de Goethe, *A la recherche du temps perdu* de Proust, *Of Human Bondage* de Maughan, o incluso el *Lazarillo de Tormes* coinciden en su interés por mostrar a un personaje que, en su camino hacia la búsqueda de su propia identidad, toma conciencia de la opresión que le rodea y en ocasiones se rebela contra ella.

Levin (*James Joyce* 47) y Beebe (267) sostienen que *A Portrait* es un *Bildungsroman* y un *Künstlerroman*,[16] ya que el tema de la novela es el desarrollo y proceso de madurez del artista, aunque otros críticos, como Castle (29), discrepan. Levin sostiene que el motivo de la evolución del artista ofrecía una solución al dilema de la generación de Joyce, ya que permitía la aplicación de métodos realistas a cuestiones de arte. Y Beebe añade que Joyce presenta el retrato del artista como arquetipo, en su realización como individuo. Sin embargo, Castle explica que Joyce rompe con la tradición del *Bildungsroman* al no reafirmar ideales burgueses, como el matrimonio y el éxito social, o relaciones de poder tradicionales, como la de padre e hijo, marido y esposa o dueño y esclavo. Además, formalmente, rompe con la estructura lineal, la narración omnisciente y la unidad temática o estructural para ofrecernos una historia contada desde la perspectiva irónica de un irlandés católico que rechaza la autoridad de la familia, la iglesia y el lenguaje (23). En definitiva, hay una estrategia de reconstrucción subversiva que coexiste con elementos tradicionales, por lo

---

15 Véanse lose studios de Martin Swales, "The German *Bildungsroman* and 'The Great Tradition'", y Breon Mitchell, "*A Portrait* and the *Bildungsroman* Tradition", para una exposición resumida de la trayectoria de este modo, entre muchas otras aportaciones.

16 Jost sostiene, sin embargo, que el *Künstlerroman* no representa un tipo particular de novela, pues lo único que varía es la profesión del héroe, y define el *Bildungsroman* como "l'expression littéraire d'un nouvel idéal d'éducation" (100 y 113).

que *A Portrait* representa un *Bildungsroman* modernista (Castle 28-33). De forma opuesta, Weldon Thornton interpreta *A Portrait* dentro de la tradición antimodernista del *Bildungsroman* por su estructura, estilo y temas, ya que, aunque Stephen está influido por las ideas del síndrome modernista, no es coherente en su visión de la realidad y de él mismo. Las dicotomías sujeto-objeto, mente-naturaleza o, incluso, simbolismo-naturalismo se presentan como perspectivas en conflicto dentro de la mente de Stephen (68 y 3).

A pesar de las divergencias de matiz, se puede afirmar que la elaboración de *A Portrait* supone la recuperación de la tradición del *Bildungsroman*, al recoger las experiencias del protagonista desde su infancia y desarrollo juvenil hasta dejarle a las puertas de la madurez. De hecho, el mismo Joyce utilizó el pseudónimo Stephen Daedalus para publicar los relatos "The Sisters", "Eveline" y "After the Race" en el *Irish Homestead*. Tanto la trama como la personalidad de Stephen arrancan de la ficcionalización de muchos acontecimientos de la vida de Joyce. Sin embargo, aunque una gran parte de la crítica especializada ha tendido a considerarle el *alter-ego* de su autor, sus personalidades no siempre coinciden en actitudes, estilo o forma de pensar y, por tanto, no deben confundirse. Precisamente uno de los aspectos más destacables de la novela es la distancia que mantiene el escritor con respecto al protagonista, que le permite adoptar una postura irónica y a veces ambivalente, entre el desprecio y la simpatía. La evolución de Stephen como artista se manifiesta frente a dos polos opuestos, la búsqueda de una identidad y la rebelión contra las fuerzas que le oprimen. El libro recoge distintas fases del desarrollo de su conciencia, así como de su relación con el entorno. Ya desde la primera página, la percepción del mundo que tiene Stephen-niño se manifiesta a través de sus cinco sentidos:

> His father *told him* that story: his father *looked at him* through a glass: he had a hairy face.
> He was baby tuckoo. The moocow came down the road where Betty Byrne lived: *she sold lemon platt* [...].
> When you wet the bed first it is *warm then it gets cold*. His mother put on the oilsheet. *That had a queer smell*. (*A*, enfasis mío 7)

Como deja ver la cita, Stephen percibe el mundo a través del oído, la vista, el gusto, el tacto y el olfato.

Pero en la novela, la evolución de Stephen no sigue una secuencia cronológica, sino psicológica, al recoger los cambios de su mente y el desarrollo de su expresión verbal, hasta que el lenguaje se convierte en una de sus obsesiones. Así, la formación de la conciencia del personaje, la adopción de un sistema de valores y de una moralidad que entra en conflicto con el ambiente provinciano de Dublín, y su rebelión social, religiosa, familiar y lingüística serán los aspectos que determinen su entrada en el mundo adulto. Para Castle, el significado último de la novela es la falta de adecuación del *Bildungsroman* para narrar la vida de un artista que, para poder crear, debe rechazar la socialización y la madurez social (23). Sin embargo, Castle olvida que cuando recogemos a Stephen en *Ulysses*, dos años después, nos damos cuenta de que éste nunca crea, ni llegará a crear. Desde su segundo puesto –ya que ha dejado de ser protagonista–, Stephen representa al poeta frustrado, perdido en ilusiones no realizadas y en una incapacidad para actuar y llevar a cabo el proyecto que se había propuesto en *A Portrait* al pronunciar las últimas palabras: "O life! I go to encounter for the millionth time the reality of experience and to forge in the smithy of my soul the uncreated conscience of my race [...]. Old father, old artificer, stand me now and ever in good stead" (*A* 252-253). Como muy bien señala Fritz Senn, *Ulysses* debe interpretarse como una (re)aplicación del principio desarrollado en *A Portrait;* el artista "is re-portrayed as slightly more disillusioned young man with some newly acquired roles" ("Book" 33).

Stephen no triunfa en sus proyectos porque representa el estereotipo del artista frustrado e inadaptado, debido a la alienación que él mismo ha elegido como forma de vida. En este sentido, Morris Beja define a Stephen como un "artist manqué", un artista potencial no realizado. Para él, en *Ulysses* no sólo es que Stephen no cree nada, sino que tampoco había hecho nada antes, ni planea crear nada en el futuro: "In a natural defence mechanism, perhaps, Stephen lies as well as plagarize" ("A Poor" 8-11). Y de hecho, si Stephen sigue apareciendo en *Ulysses* como el artista que vive en la torre de Marfil, no es por su creación, sino porque su discurso está formado por citas y referencias literarias, filosóficas e históricas. Stephen, al igual que muchos otros personajes de Dublín, está paralizado. Su idealismo y obsesión por buscar significados ocultos le lleva a divagar constantemente. La abstracción de sus pensamientos y la belleza del lenguaje le impiden crear y, como ocurre en la escena de la biblioteca cuando desarrolla una teoría en la que no cree, lo importante para él es la cualidad estética y no la puesta en práctica de la verdad.

Pasando al caso español, *Tiempo de destrucción* también puede considerarse un *Bildungsroman*, ya que reproduce el aprendizaje y la formación de la identidad del protagonista Agustín. Aunque se trata de una obra inconclusa con un orden de episodios confuso, esta fragmentación no impide obtener una idea clara del desarrollo de la conciencia de Agustín. De hecho, Schraibman señala que, aunque se leyese la novela alterando el orden de los capítulos, el efecto sería el mismo (*"Tiempo"* 213-214). Pero lo verdaderamente significativo es que los problemas que giran en torno a la búsqueda de identidad y a la realización social y sexual de Agustín coinciden con los de Stephen, en sus respectivas crisis religiosa, sexual y ética, y en sus rebeldías y rupturas con las tradiciones imperantes.

Para Palley, también *Tiempo de silencio* es un *Bildungsroman* aunque recoja las vivencias de su protagonista a una edad más adulta y en un tiempo limitado, porque "the protagonist comes to realize his true nature in an epiphany or comprehension-scene at the end of the work. Pedro realizes that he is a victim of society and of his own good intentions, that he 'allows himself to be castrated' in silence" ("The Periplus" 242). Schraibman coincide con Palley, aunque aclara que para concebir la novela como un *Bildungsroman* hay que tener presentes las teorías del escritor sobre el psicoanálisis existencial ("Notas" 119-120). En general, el tipo de preocupaciones que aparecía en *Tiempo de silencio* reaparece en *Tiempo de destrucción*. Ambas novelas, al igual que *A Portrait*, plantean la rebeldía de un personaje ante un mundo que le oprime y que le impide realizar su proyecto vital. Esta ruptura con los órdenes sociales, artísticos o familiares forma parte de la tradición del *Bildungsroman*, aunque en Martín-Santos la rebeldía sólo lleva a la sumisión y a la pasividad.

A Portrait se basa en la lucha de Stephen por reivindicar sus ideas, que entran en conflicto con las de la sociedad, al igual que el drama de *Tiempo de destrucción* plantea el conflicto de la sociedad con el individuo. Y es precisamente en el final que proponen ambas obras donde se percibe lo que Castle define como la reescritura del *Bildungsroman*; esto es, la reconstrucción del héroe convertido en víctima y no en parte integral del entorno social. Tanto la novela de Joyce como la de Martín-Santos son producto de un mundo alienado que, para Castle, supone la aparición de una forma desgastada. Y en este sentido, "Joyce's text participates in the general transmission and critique of cultural values without having to conform to any dominant discourse or narrative authority" (24).

4.3.3 Elementos autobiográficos presentes en sus obras

La figura de Joyce como novelista resulta especialmente indisoluble de su biografía, caracterizada por la rebeldía religiosa, literaria, política y social. Socialmente sufrió un exilio voluntario claramente influido no sólo por la parálisis de la sociedad irlandesa, sino por el mundo literario dublinés. No hay que olvidar que cuando empieza a escribir hay una serie de autores como Yeats, Lady Gregory, John Millington Synge o Douglas Hyde que, en torno al Abbey Theatre, se hacen famosos por utilizar temas mitológicos en sus obras. Joyce, buscando siempre la originalidad, no sigue esta línea en sus primeras incursiones literarias, pero la adopta más tarde en *Ulysses* y *Finnegans Wake* para explorar no sólo la mitología celta, sino la universal. El mismo autor, ante la pregunta de su amigo Arthur Power "is literature to be fact or is it to be an art?", contesta "it should be life [...] and one of the things I could never get accustomed to in my youth was the difference between life and literature" (34).

Roger Fowler señala que en *A Portrait* Joyce crea objetividad a través de la subjetividad porque Stephen es el retrato de Joyce. Esta paradoja se explica a partir del hecho de que el autor mantiene una distancia irónica con respecto al personaje, por lo que se hace creer al lector que hay una separación entre autor y autor implícito (*Dictionary* 16). Para Edel, sin embargo, *A Portrait* representa la subjetividad pura por el uso simbólico del lenguaje, al mostrar la evolución de la mente del artista en cinco niveles distintos: sensación, emoción, pasión física, pasión religiosa y nivel de conciencia intelectual ("Literatura" 101). Sin embargo, a pesar de ser una novela que recrea muchos acontecimientos de la vida del escritor, no es una autobiografía porque aunque Stephen comparte rasgos con Joyce, como su introversión y egocentrismo, se distancia de él en su excesiva seriedad y falta de ironía consigo mismo.

En cuanto a Martín-Santos, Romera Castillo define *Tiempo de silencio* como un relato autobiográfico de ficción, porque "el creador se esconde bajo la máscara del personaje" para mostrar su ideología y ética dominantes (15). Y lo mismo se podría aplicar a *Tiempo de destrucción*, novela que, en palabras de Mainer, se convertiría en

> [...] un nuevo *Tiempo de silencio* que cubriría los objetivos que solamente apuntaba la primera novela y donde intentaría convertir en expresión artística personal –sin dependencias de modelos implícitos– todo el proceso de psicoterapia nacional que esbozaba *Tiempo de silencio*, pero, a la vez también, una parte de su biografía personal que no figuraba en la novela de 1962. ("Luis Martín-Santos" 61)

A este respecto, habría que atender al prólogo de *Tiempo de destrucción*, en el que Martín-Santos duda de su capacidad para narrar la vida de Agustín, pues su visión del protagonista está "un tanto nublada por el afecto" (*A* 143). De hecho, Gorrotxategi señala que este personaje está inspirado de alguna manera en el escritor mismo y en un amigo suyo de la infancia, Antonio Nabal Recio, quien, en los años de redacción de la novela, era Juez del Juzgado de Tolosa (307). En efecto, Agustín presenta cualidades personales que se pueden asemejar a las del autor, como su perseverancia, su ambición y su brillantez profesional, pero al igual que ocurre con Joyce, tampoco *Tiempo de destrucción* puede considerarse una novela estrictamente autobiográfica.

En cualquier caso, son muchos los elementos autobiográficos que conforman los cimientos de *A Portrait* y *Tiempo de destrucción*. Ambas tienen como base la historia del desarrollo y madurez de sus respectivos protagonistas, Stephen y Agustín, y en las dos los personajes reviven experiencias de sus respectivos autores, como la educación en un estricto catolicismo del que finalmente reniegan, la influencia y presión familiar, y un ambiente social que les oprime. Los dos, además, como sus respectivos creadores, reniegan de todo lo que les había sido impuesto para seguir un camino distinto. Mainer resume el tema de *Tiempo de destrucción* en el de "la personalidad amenazada de Agustín, la simplificada dialéctica entre sujeto y objeto" ("Prólogo" 18). Y de igual modo, el final de *A Portrait* viene representado por la postura de Stephen de *non serviam*, cuando anuncia a su amigo Cranly: "I will not serve that in which I no longer believe whether it call itself my home, my fatherland or my church" (*A* 246-247). Agustín así, aparece en la novela desde su condición de hijo, escolar, seminarista, universitario, opositor e investigador de un crimen y, en palabras de Mainer, "todos los episodios narrados son novelizaciones [...] de hechos vividos" ("Luis Martín-Santos" 63).

A Portrait está dividida en cinco capítulos que siguen la evolución de Stephen en sus diversas facetas, como alumno de un colegio jesuita, como hijo, como personaje aislado, como artista y como exiliado. Su despertar sexual, propio de la adolescencia, su iniciación con una prostituta y su posterior sentido de culpa son los desencadenantes principales de su rebeldía final. En la conversación que mantiene con su compañero Davin, afirma: "When the soul of a man is born in this country there are nets flung at it to hold it back from flight. You talk to me of nationality, language, religion. I shall try to fly those nets" (*A* 203). Su autoexilio familiar, religioso y nacionalista se convierte en el único modo de acceder al arte de una forma libre y pura, para descubrir "the reality of experience and [...] the uncreated consciousness of my race" (*A* 253). Estos tres aspectos que definen la rebeldía de Stephen, nacionalidad, lenguaje y religión, se presentan de forma análoga en la novela de Martín-Santos, aunque salvando las distancias y las diferentes funciones que cumplen.

Si, por una parte, Joyce estuvo muy influido por los jesuitas, con quienes pasó la mayor parte de su adolescencia, Martín-Santos estudió en el colegio de los padres Marianistas de San Sebastián, y los años que pasó allí han quedado transcritos en *Tiempo de destrucción*. Los dos renegaron de la religión católica después de haber pasado su infancia y adolescencia en colegios religiosos. En el caso de Joyce, además, éste había considerado seriamente la posibilidad de ingresar en la orden de los jesuitas, como hace Stephen en *A Portrait*. Y de la misma manera, en la tercera parte de *Tiempo de destrucción*, Agustín se llama a sí mismo "seminarista", refiriéndose, según Mainer, "a un primer plano del relato en el que el protagonista efectivamente lo era", como se puede ver en el capítulo "Libro de familia de Demetrios", de la primera parte. La renuncia de Agustín a ingresar en la orden y su rechazo final de la religión se manifiesta en términos paralelos a los de Stephen:

> Desechada, sin embargo, la idea de convertir a su héroe en clérigo, surgen paralelamente dos centros de interés explicativo en el proceso del personaje: por un lado, la infancia, marcada por el signo de la represión y la marginación; por otro, la madurez y el enfrentamiento con un conflicto externo –el crimen del sereno en Tolosa, que Agustín investiga como juez de primera instancia–, a la vez que la respuesta –cinismo, pedantería, necesidad de obtener la seguridad que confiere el cargo público– a la frustración infantil. Los dos gérmenes de relato están, por otra parte, emparentados con sendas experiencias personales del escritor. (Mainer "Prólogo" 23)

El contacto de Joyce con los jesuitas fue largo e intenso, y durante un breve periodo de su vida sus convicciones religiosas eran claramente católicas. De hecho, la mayoría de los escritos de su adolescencia iban precedidos de las iniciales A.M.D.G –*Ad Maioren Dei Gloriam*–, al igual que los de Stephen. Su primer colegio fue el Clongowes Wood College, que tuvo que abandonar poco más tarde por la irresponsabilidad económica de su padre. Tras permanecer algún tiempo en casa estudiando por su cuenta, pasó algunos meses en el Christian Brothers' School, para volver finalmente a otro colegio regido por jesuitas, el Belvedere College, del que se le eximió de pagos gracias a la influencia del Padre John Conmee –quien más tarde se convertiría en un personaje de *A Portrait* y *Ulysses*. Posteriormente, también recibió su educación universitaria en otra institución católica, el University College of Dublin, donde hizo un "Bachelor of Arts" en latín, inglés, francés e italiano.

De la misma manera, Martín-Santos no sólo estudió con los Marianistas durante su educación primaria y bachillerato, sino que vivió un ambiente familiar y escolar "católico practicante cerrado". Parece ser que aunque la educación del colegio era católica tradicional –hay que tener en cuenta que eran los años cuarenta–, había más tolerancia que en otros centros de la época, y la formación educativa no era demasiado hermética. Durante su etapa estudiantil participó en la Acción Católica de su parroquia y fue presidente de la Congregación Mariana hasta poco antes de entrar en la Universidad. Pero a partir de su estancia en Madrid se declaró ateo, aludiendo que "a lo que podía llegar era a una especie de afirmación religiosa de carácter panteísta del tipo Naturaleza igual a Dios, como Spinoza" (Gorrotxategi 32-33 y 278). Fue el tiempo que pasó en la capital, lejos de la influencia paterna, lo que le liberó de los prejuicios de la educación recibida. Como señala Benet

> [...] de la noche a la mañana pasó Luis de ser un estudiante católico modélico a ser un médico librepensador; y que todo lo que le habían enseñado durante una década a aborrecer vino a constituir el paso de su avidez intelectual; y que abandonó las filas de la tradición ortodoxa para formar parte de la heterodoxa, con el desparpajo de un profesional que al cambiar de estandarte o camiseta ni lo piensa dos veces ni abriga la menor reserva moral. ("Luis Martín-Santos" 117)

El rechazo de ambos escritores por lo que percibieron como limitaciones y presiones de una religión provinciana, se mantuvo constante a lo largo de sus vidas. De hecho, una de las razones por las que Joyce abandonó Dublín fue porque le era imposible vivir con Nora sin casarse antes. Después de casi treinta años de vida en común formalizó su relación en un juzgado por razones de seguridad económica para su mujer e hijos. Asimismo, privó a sus descendientes de la bendición del bautismo, aunque, como señala Ellmann, finalmente "Giorgio would be baptized surreptitiously in Dublin at his aunt Mrs. Murray's house by her «best» daughter, Mabel, in 1912, at the urgent request of two of Joyce's sisters, and with Mrs. Murray's approval. Joyce never found out". Y lo mismo ocurrió con su nieto Stephen James, que también fue bautizado sin que Joyce lo supiese (*JJ* 204 y 647).[17] Finalmente, en el funeral de Joyce, Nora

---

17 En el caso de Martín-Santos, sin embargo, resulta curioso que cuando llegó el momento de escolarizar a sus tres hijos volviese a elegir los Marianistas y un colegio de monjas. De hecho, cuando su hija Rocío hizo la Primera Comunión, sus amigos,

no permitió que hubiese ningún tipo de servicio religioso porque, según señaló ella misma, "I couldn't do that to him" (*JJ* 742).[18]

Pasando a los elementos autobiográficos que el escritor español incorpora a su obra, tenemos la descripción de la huída de su colegio y los años pasados con su abuela paterna a causa de la enfermedad mental que sufrió su madre después de nacer su hermano Leandro. Su abuela vivía en Villaflores y en *Tiempo de destrucción* Agustín nace en Villaflorida, un pueblo de la Armuña, al norte de Salamanca, que tiene un claro paralelismo con el nombre del municipio (Mainer "Prólogo" 37). En la primera parte de la novela se relata la temprana rebelión en la infancia de Agustín, que el prefecto del colegio castiga dura e injustamente, al igual que había experimentado Stephen en *A Portrait*. Agustín sufre un trauma escolar cuando el director del colegio le descubre con unas postales pornográficas y unas meditaciones sobre el pecado. Esta curiosidad sexual que comparten ambos protagonistas forma parte de sus adolescencias. La represión en la infancia y madurez de Agustín, causada por el efecto castrante de la madre y por la censura moral del colegio, le convertirán en un ser alienado, distinto de la gente que le rodea.

En cuanto a otras figuras importantes para el desarrollo personal de Agustín, destaca el superior de su colegio, el Padre Julián, que adopta la doble función de director espiritual y padre adoptivo. Tanto Agustín como su padre son dos figuras anuladas por la presencia de la madre, cuyos "dedos durísimos ignoraban la piedad" y cuyos únicos actos son los del ejercicio de una autoridad injustificada hacia ambos: "¡Quitaros de delante, que no quiero ni veros! ¡Quitaros de mi vista! Aquí no estáis más que de estorbo [...] que os voy a tener hasta que limpiar el culo, inútiles" (*Tdd* 61 y 78). En este ambiente, Agustín encuentra en el padre Julián un sustituto afectivo y orientador. A su vez, éste ve en Agustín el hijo que satisface su instinto paternal. Gorrotxategi señala que el perfil del sacerdote concuerda con el Padre Constantino Fernández, director espiritual del Colegio de los Marianistas, donde estudió Martín-Santos, quien "le trataba y le aconsejaba como si fuese su director espiritual" (31). Este tipo de relación se percibe

---

sorprendidos por sus ideas izquierdistas y ateas, le preguntaron por qué aprobaba el acto, a lo que el escritor respondió: "Todas sus amigas la van a hacer, yo no quiero crearle un trauma de si Dios existe o no. Que la haga y luego, de mayor, que piense lo que quiera" (cit. por Gorrotxategi 331).

18   Su interés por los distintos dogmas era puramente intelectual, afirmando que ni Buda, ni Confucio, ni otras religiones habían sido capaces de comprender, ni explicar, las bases sobre las que se asentaba la religión (Jolas 12).

claramente en los diálogos de Agustín con el padre Julián, en el capítulo trece de la primera parte (*Tdd* 117-124).

Para la evolución de Stephen, al igual que para la de Joyce, fue muy importante la figura del Padre John Conmee. Este sacerdote, además de haberle ayudado a entrar en el colegio, le libró de algunos azotes y aparece descrito muy positivamente tanto en *A Portrait* como en el capítulo "The Wandering Rocks" de *Ulysses*. De este jesuita Joyce diría:

> He was a humanist and a human priest of whom I was very fond. I tried hard to make him likable. The story of the glasses in *A Portrait*, for instance: it is the kind of thing that marks the soul of a child forever. It makes him believe there is justice in the world –a false assumption, but it gives him confidence. It couldn't have happened in an English school, with their abominable system of fags, that makes a boy the slave of older boys. (Cit. por Mercanton 240)

Martín-Santos se documentó sobre el estudio de diversos ritos y tradiciones populares para narrar muchas de las escenas de *Tiempo de destrucción*. En esta novela, los acontecimientos religiosos tienen un final dramático. En un viaje a San Vicente de Sonsierra que Martín-Santos hizo con el director de cine Anttón Eceiza para ver la ceremonia de los "picaos", tuvieron que parar en Viniegra de Abajo –de camino a Soria– porque había un Via Crucis en la carretera interrumpiendo la circulación. Como ninguno de los dos veía el por qué de la espera allí, pararon la procesión y fueron arrestados por la guardia civil, que les tuvo retenidos hasta que pidieran perdón al sacerdote (Gorrotxategi 274). Pues bien, estos acontecimientos se ficcionalizan en *Tiempo de destrucción*, pero adquieren un final dramático porque ante la irreverencia que muestran unos jóvenes por los actos religiosos que se celebran en San Vicente de Sonsierra, éstos son asesinados por los habitantes. La religión aquí se convierte en el elemento destructor, aniquilador y deshumanizado de la historia. De hecho, la segunda parte se centra en el descubrimiento de un asesinato, que el escritor relaciona con el rito de los carnavales de Tolosa –*inauterik* en vascuence.[19] El crimen ocurrió realmente en Tolosa en noviembre de 1950, cuando el sereno de un Banco fue asesinado. Gorrotxategi señala que hay paralelismos notables entre la recreación ficcional de este hecho y lo que

---

19 Martín-Santos se documentó ampliamente sobre los diferentes tipos de carnavales y su parafernalia, como los disfraces, las máscaras, los bailes, etc. Para este asunto, véase Juan Garmendía Larrañaga, *Iñauteria: El carnaval vasco*, que presenta un estudio sobre la evolución histórica y las raíces del carnaval en el ambiente rural vasco.

apareció en la prensa del momento (307). Martín-Santos también fue allí con un amigo para documentarse y conocer personalmente el ambiente de estos carnavales.

En el caso de Stephen, su ruptura familiar se vincula a la religiosa, pues su madre le exige que cumpla con sus deberes de la iglesia, y más tarde le pide que se arrodille ante su lecho de muerte para rezar. Stephen se niega a hacer ambas cosas, a pesar del sentimiento de culpa que le perseguirá en *Ulysses*. Pasando al escritor español, su discrepancia con la tradición familiar se manifiesta no sólo en sus creencias religiosas sino, más importante aún, en sus convicciones políticas. Su padre era militante de derechas, y Martín-Santos también participó durante los años cuarenta en la Falange Española Tradicionalista y de las Jons, hasta que en 1955 "se declaró abiertamente como gran enemigo" (Gorrotxategi 102). Esta ruptura con la ideología familiar se afirmó de nuevo en su rechazo por la cirugía, que le había sido impuesta por su padre para dirigir su clínica, y decidirse por la psiquiatría.[20]

En ambas novelas, las figuras paternas son motivo de humillación y vergüenza para los protagonistas. Demetrios en *Tiempo de destrucción* es, según Gorrotxategi, un reflejo del abuelo paterno de Martín-Santos (306), un ser que asume la condición de víctima de su propia esposa. Y Joyce también sufrió los efectos de la irresponsabilidad económica de su padre, que les hacía tener que cambiar de domicilio con frecuencia. En el segundo capítulo de *A Portrait*, Stephen acompaña a su padre a Cork para vender los últimos bienes familiares, y es objeto de humillaciones por la adicción al alcohol de éste. La descripción de las múltiples facetas de su padre queda expresada al final de la novela de la siguiente forma:

> A medical student, an oarsman, a tenor, an amateur actor, a shouting politician, a small landlord, a small investor, a drinker, a good fellow, a storyteller, somebody's secretary, something in a distillery, a taxgatherer, a bankrupt and at present a praiser of his own past. (*A* 241)

---

20 Esto es algo que confirma Benet, al asegurar que justo antes de abandonar la cirugía, Martín-Santos mostraba "una obediencia a los cánones paternos fuera de toda duda". Sin embargo, a raíz de un error como cirujano en el Hospital General: "En aquella cama de operaciones de San Carlos debió comprender que el fallo estaba en la obediencia ciega a la tradición familiar; y aún más; reconoció que su destino como cirujano no había sido nunca pensado por él y que en adelante [...] su destino sería fruto exclusivo de su pensamiento" ("Luis Martín-Santos" 112-113).

Sin embargo, al igual que ocurre con Martín-Santos, no es un hecho fortuito que ambos eligiesen seguir los caminos paternos en las elecciones de sus respectivas carreras. Joyce estudió lenguas modernas en la Universidad, pero después de acabar sus estudios se marchó a París a estudiar medicina. Una de las razones de este cambio tan brusco se basó en su obsesión por entender el funcionamiento del cuerpo humano, pero tampoco hay que olvidar que su mismo padre, John Joyce, había estudiado en una escuela médica de Cork, que dejó por otras actividades relacionadas con la política, el teatro y el canto.

Stephen también reniega del nacionalismo irlandés de la primera mitad del siglo XX. Al igual que hizo Joyce en su época escolar, cuando se opuso a sus compañeros para firmar una carta de protesta contra la presunta herejía de la obra de Yeats *The Countess Cathleen*, Stephen también se niega a firmar el manifiesto. Irlanda, que para este joven era "the old sow that eats her farrow" (*A* 203), no necesitaba de este nacionalismo ferviente para salir de un provincianismo estrecho de miras. Stephen, como arquetipo del artista, sólo puede comprometerse con su arte y reivindicar su libertad. Como dice su amigo Cranly: "To discover the mode of life or of art whereby your spirit could express itself in unfettered freedom. Stephen raised his hat in acknowledge" (*A* 246).

El caso de Martín-Santos y su compromiso ideológico con la causa socialista, llegando varias veces a ser procesado y encarcelado, no es menos significativo. Hay que tener en cuenta, además, que su padre había militado en el bando nacionalista y que había luchado contra la subversión de los republicanos, actuando en tribunales y condenando al destierro a muchos participantes (Gorrotxategi 31). Sin embargo, el pensamiento político del escritor se oponía al nacionalismo vasco emergente, que veía como "una tendencia al aldeanismo [...] dogmático, etnocéntrico y criticable en muchos aspectos" (Gorrotxategi 131-132). Esta concepción del nacionalismo como un patriotismo provinciano es lo que le une a la ideología joyceana. Los dos escritores retratan en sus obras los efectos de dos sociedades paralizadas en las que la única salida es el silencio. A ambos les une un profundo antinacionalismo, y una actitud crítica hacia la sociedad y las tradiciones ancladas en el pasado.

Martín-Santos, ante la pregunta de Winecoff Díaz de cuáles son sus temas favoritos, alude a los que "muestran las leyes modificadoras de la existencia humana. Donde se advierte el condicionamiento social, las contradicciones fecundas y el brillo de la libertad", y a la pregunta de cuáles son sus ideales políticos, responde que "Democráticos y reformistas"

(237). Que su obra es una muestra de su ideología es algo que se desprende de su personalidad, su compromiso social y político, y su tono de denuncia. Joyce, de forma contraria, no muestra interés por la lucha política, ni ningún tipo de compromiso más que con su creación: "Writing was to him a religion, and the word a sacred material" (Budgen "James Joyce" 23). Joyce, al igual que otros escritores de su generación, veía la política como una amenaza para la integridad artística: "As an artist I am against every state. Of course I must recognize it, since indeed in all my dealings I come into contact with its institutions. The state is concentric, man is eccentric. Hence arises an eternal struggle" (Borach 326).

En cuanto a las diferencias que existen entre ambas novelas, quizá la más significativa es que, en *A Portrait*, Stephen aparece retratado desde su misma infancia, y que se recoge su desarrollo personal y expresivo. La evolución de su lenguaje es un hecho verdaderamente sobresaliente, al llegar incluso a mostrar su fracaso comunicativo con el deán inglés del colegio cuando siente un extrañamiento lingüístico en la conversación que mantienen y reconoce que hablan idiomas distintos. Como señala Stephen:

> The language in which we are speaking is his before it is mine. How different are the words *home, Christ, ale, master* on his lips and on mine. I cannot speak or write these words without unrest of spirit. His language, so familiar and so foreign, will always be for me an acquired speech. (*A* 189)

Es la lengua del colonizador la que Stephen no reconoce como propia. Al final de la novela, éste vuelve a comentar la falta de adecuación que hay entre su idioma y el del deán, y añade: "That tundish has been on my mind for a long time. I looked it up and find it English and good old blunt English too. Damn the dean of studies and his funnel! What did he come here for to teach us his own language or to learn it from us? Damn him one way or the other!" (*A* 251). En el ensayo "Ireland, Island of Saints and Sages", ya había expresado Joyce que aunque el irlandés pertenece a la familia de las lenguas indo-europeas, se diferencia del inglés "almost as much as the language spoken in Rome differs from that spoken in Teheran" (*CW* 155). Sin embargo, como añade en "The Home Rule Comet", la historia de Irlanda permitió que abandonase la lengua propia casi por completo y aceptase la del colonizador sin ni siquiera asimilar su cultura o adaptarse a la mentalidad del nuevo idioma (*CW* 212-213). Para finalizar, viene al caso aludir a que, según Joyce, Irlanda era el cerebro del Reino Unido, pues los irlandeses, "condemned to express themselves in a language not their own, have stamped on it the mark of their own genius and compete for glory with the civilised nations. This is then called English literature" (*JJ* 217).

4.3.4 Paralelismos entre personajes: Stephen–Agustín

A lo largo de *Ulysses* Stephen queda retratado como el artista solitario que ha renegado de su familia y amigos, y que se refugia en su torre de marfil, claramente simbolizada en el lugar donde vive, la torre Martello. Stephen aparece continuamente preocupado por su ambición todavía no satisfecha de convertirse en artista, y por sus desilusiones ante la vida y ante su propia persona. Deane le define como "the first ideologist to appear in English or American fiction, the first protagonist who did not feel it necessary to inform us of his ideas by giving a sermon on the subject" (*Celtic Revivals* 75). Es característico de su cualidad de artista buscar significados trascendentales a los hechos más triviales de la vida e intentar definir el mundo y su posición en él, a través de conceptos e interpretaciones que distan de las del hombre común, como es Bloom. Un reflejo claro de su personalidad lo encontramos en "Proteus", donde se revela la complejidad intelectual de su mente. Este capítulo comienza con un monólogo interior de Stephen mientras camina por la playa, en el que intenta captar el flujo de la realidad a través de la representación de la historia de la filosofía escolástica:

> Ineluctable modality of the visible: at least that if no more, thought through my eyes. Signatures of all things I am here to read, seaspawn and seawrack, the nearing tide, that rusty boot. Snotgreen, bluesilver, rust: coloured signs. Limits of the diaphane [...]. Shut your eyes and see [...]. A very short space of time through very short times of space. Five, six: the *Nacheinander*. Exactly: and that is the ineluctable modality of the audible. (*U* 31)

Stephen percibe la realidad a través de sus cambios temporales y espaciales. Cierra los ojos para sentir la ausencia de lo que es visible y, en la oscuridad, percibe lo audible, descubriendo las limitaciones de sus propias apreciaciones. Según Eco, para entender sus pensamientos hay que acudir a la filosofía estética de Aristóteles, porque no es que hable de su filosofía, sino que piensa como lo haría el griego (35). Como el tema del capítulo, según informó Joyce a Budgen, es precisamente el cambio–, "everything changes: land, water, dog, time of day. Parts of speech change, too" (cit. por Daiches 125)–, Stephen experimenta gradualmente que sus problemas de vista le hacen percibir una variación en la forma de los objetos. El lenguaje, por lo tanto, también cambia "multiplying into a chaotic sing-song as the vernacular rhythms of talk and chatter, philosophy and theory, gossip and popular songs, merge in the flow of his mind" (Bradbury "James Joyce" 161).

Por una parte, Stephen representa al artista que, siguiendo a Ibsen, es un ser diferente de los demás, separado de la sociedad por su vocación y por la ruptura de sus lazos familiares, comunitarios y nacionales, aunque a su vez está preso en un mundo burgués cotidiano. Y por otra, Agustín es un opositor universitario, que tampoco encaja en la sociedad:

> Así pasó [Agustín] entre sus compañeros, portando indivisible sobre su cabeza la aureola de hijo de maestro de por sí suficiente para crear una atmósfera de recelo y lejanía y haciendo este alejamiento mucho más notable por una cierta manera de ser que a todos convencía de su ser distinto. (*Tdd* 171)

Durante su juventud y albores de madurez, su actitud va cambiando hasta adoptar un profundo cinismo y desprecio por todo lo que le rodea, en un paralelismo significativo con Stephen.

Agustín, al igual que Stephen, elabora una teoría sobre el pensamiento de Platón ante el padre Julián, pretendiendo mostrar sus dotes de intelectual. Ambos son inmaduros e inseguros, pese a la aparente máscara de seguridad que se esconde tras sus arrogancias. Los dos experimentan el mismo tipo de crisis y conflictos: sexual, religioso, de adaptación y de incapacidad para la comunicación. En la primera parte de *Tiempo de destrucción* se nos describe a un Agustín que, al descubrir su impotencia y su temor por la mujer, esconde su problema en una autoacusación de haber pecado: "Yo no he consentido, padre, porque estoy seguro de que no quiero pecar. Yo aborrezco el pecado, a mí me horroriza la idea de pecado. Cuando temo haber pecado me aterrorizo, sufro, preferiría haber muerto" (*Tdd* 126). La represión de este instinto lleva a ambos a iniciarse sexualmente con una prostituta, con el consiguiente sentido de culpa que les perseguirá. Pero tanto Agustín como Stephen sólo podrán experimentar una liberación sexual cuando ésta surja de forma paralela a la ética; el primero, a través de sus oposiciones, y el segundo, a través del arte.

Esta imagen del protagonista como ser impotente debe interpretarse como símbolo de la imposibilidad de cambiar la sociedad. En *Tiempo de silencio* Pedro experimenta la misma sensación cuando al final afirma: "Hay algo que explica por qué me estoy dejando capar y por qué ni siquiera grito mientras me capan" (*Tds* 291). Si Pedro sufre en silencio es porque, como él mismo reconoce, vive en un tiempo de silencio:

> [...] en el tiempo de la anestesia, estamos en el tiempo en que las cosas hacen poco ruido. La bomba no mata con el ruido sino con la radiación alfa que es (en sí) silenciosa, o con los rayos de deutones, o con los rayos gamma o con los rayos cósmicos, todos los cuales son más silenciosos que un garrotazo. También castran como los rayos X. Pero yo, ya, total, para qué. *Es un tiempo de silencio*. (Énfasis mío, *Tds* 291-292)

Su silencio y su impotencia para hacer algo contra la injusticia social son reflejo del de una sociedad enferma del mismo cáncer que investiga en su laboratorio y que, como él, sólo espera la muerte: "[...] nos arrastramos y nos vamos yendo hacia el sitio donde tenemos que ponernos *silenciosamente* a esperar *silenciosamente* que los años vayan pasando y que *silenciosamente* nos vayamos hacia donde se van todas las florecillas del mundo" (énfasis mío, *Tds* 292).

Volviendo a Agustín y Pedro, también ambos manifiestan una enorme dificultad para integrarse en la sociedad y para relacionarse con los demás. Esto es algo que, paradójicamente, les lleva a contactar con personas más extrovertidas, como ocurría en *Tiempo de silencio*, pues Pedro no podía mantener una comunicación efectiva ni con su ayudante Amador, ni con el Muecas. Los dos personajes parecen vivir en un mundo propio regido por otros criterios y valores, y es esta incomunicación lo que desencadena el drama final. El encuentro de Pedro con su amigo Matías le llevará a otro ambiente radicalmente opuesto, con el que se siente más identificado, pero en el que tampoco se podrá integrar. En *Tiempo de destrucción*, Agustín no puede comunicarse con el personaje homosexual de "la Lucía", que es precisamente quien posee las claves del crimen (Mainer "Prólogo" 24) y, sin embargo, se relaciona con otro tipo de amigos mejor aceptados socialmente. Por su parte, las relaciones de Stephen con Cranly o Lynch en *A Portrait*, o con el personaje dominante de Buck Mulligan en *Ulysses* sólo sirven para enfatizar la actitud solipsista que mantiene.

La incomunicación es más que evidente en el diálogo que Stephen mantiene con el deán inglés del colegio, a quien no entiende porque habla un "idioma" distinto. También es significativo que en *Tiempo de destrucción* aparezca lo que Mainer denomina "voces corales", a partir de la destrucción del lenguaje que lleva a cabo Agustín, como símbolo de su propia destrucción personal. Esto se realiza de diversas formas: por medio de la alteración morfosintáctica de la lengua, de la repetición constante de palabras-símbolos que funcionan como motivos, de la ausencia o la manipulación de la puntuación y de diferentes niveles de ruptura con la lengua aceptada. Así, el narrador llega a afirmar que "el idioma no que la lengua no que lo que llaman lenguaje que la sintaxis ultraperfeccionada que se va hacia el fondo de la cosa y saca su núcleo de esférula brillante" (*Tdd* 495). Esta labor de destrucción del idioma, que aparece en un fragmento separado de los demás con el título de "Destrucción" (493-499), presenta una forma que Mainer resume como

> [...] la supresión sistemática de artículos, el cambio de los indeterminados por determinados, la hostilidad a los adverbios modales en *–mente*, la conversión de párrafos en cláusulas absolutas, la sustitución de palabras usuales por otras más complicadas y, en general, la voluntad de «conceptismo». ("Prólogo" 41)

En la celebración del aquelarre al que acuden Agustín y Constanza aparecen las voces simbólicas e imaginarias de Anquilostom, Mujikoff y Amigoff, que se expresan en un lenguaje incoherente: "Nieperpetrowskaïamente de la Santa Tierra Judaica donde los rabinos petruwski-petrawski han sido entendidos políticamente iluminados, dialécticamente aquí atravesadamente en la última casa de la Navarra carlista" (*Tdd* 455).

Finalmente, otro elemento que une las novelas de Martín-Santos y Joyce es el fracaso final de los protagonistas. En el primer caso, Pedro se veía envuelto en la participación de un aborto clandestino para el que no estaba preparado, pero al que no podía negarse. Y en el segundo, la conciencia social de Agustín le lleva a ocuparse de la resolución del crimen del sereno. Asimismo, Stephen es un personaje inadaptado en su rebeldía religiosa, política y familiar. Tanto Agustín como Pedro se encuentran en "callejones sin salida", al ser víctimas de realidades incoherentes y contradictorias, que alimentan sus propias inmovilidades. Como Martín-Santos expuso en su artículo "Baroja-Unamuno":

> En una sociedad tan poco integrada como la española, en una sociedad tan poco satisfactoria como la nuestra, ocurre que el individuo no logra sentir que su realidad profesional, su realidad política, su realidad social, su realidad de cada día, está integrada en un quehacer colectivo, sino que se vive un tanto al margen de una sociedad que no entiende. (234)

Esta interpretación va íntimamente asociada al pensamiento psicoanalítico de Martín-Santos, derivado en gran medida del existencialismo sartriano. El estudio que mejor recoge esta idea es su obra póstuma *Libertad, temporalidad y transferencia en el psicoanálisis existencial*, donde define la libertad, el proceso de madurez y la personalidad del neurótico. Así, la destrucción de los mitos de la tradición española y la liberación de los mismos se convierten en tónica dominante de su obra.

Por último, en la producción de Joyce, la inadaptación de Stephen y su fracaso artístico se manifiestan claramente en *Ulysses*, cuando abandona su protagonismo. Stephen defiende el arte como un valor supremo por encima otro, pero Joyce no creía en el artista como alguien separado de la sociedad, por lo que su imagen debe contrastarse con la del ciudadano Bloom. Según afirmó el escritor, Stephen le interesaba menos como personaje porque presentaba "a shape that can't be changed" (Stewart 452). Para Benstock, además, Stephen y Bloom juntos contienen aspectos de la personalidad de Joyce, y lo mismo ocurre con el contraste entre Shem the Penman –a su vez, una caricatura de Stephen– y H. C. Earwicker en *Finnegans Wake*, en el sentido de que Joyce presenta al artista como se ve a sí mismo y al artista como es visto por el mundo que él ve ("*A Portrait*" 29-30).[21]

---

[21] En este artículo, Benstock analiza una serie de similitudes entre *A Portrait* y *Finnegans Wake*, y señala que en ésta última Joyce parodia todo lo escrito anteriormente y se caricaturiza a sí mismo: "[…] autobiographically Joyce not only sees himself as the Shem-figure, the artist, the nonconformist […] but also as the composite man, the synthesis of himself and his conformist brother with whom he forms the totality of the hero, Humphrey Chipden Earwicker" (32).

5 Tematología

> Ocurre con las ciudades lo que con los sueños: todo lo imaginable puede ser soñado, pero hasta el sueño más inesperado es un acertijo que esconde un deseo, o bien su inversa, un temor. Las ciudades, como los sueños, están construidas de deseos y de temores, aunque el hilo de su discurrir sea secreto, sus normas absurdas, sus perspectivas engañosas, y cada cosa esconda otra.
>
> Italo Calvino

5.1 Diferentes acercamientos al estudio de los temas literarios

La tematología es una línea de investigación que muchas veces se solapa con con la mitología o la imagología, por lo que parece necesario delimitar conceptos. La tematología no sólo se ocupa del estudio de los temas que conforman una determinada obra, movimiento o escuela, sino que se aplica igualmente a la forma en que aparecen expuestos y al método empleado. Mientras el tema puede descubrir el armazón interno de la obra si es el elemento estructurador, los motivos o imágenes forman parte del tema y contribuyen a dar un sentido más completo al mismo.[1] En este capítulo me centraré en la exploración de los temas que funcionan como elementos estructuradores de *Ulysses* y *Tiempo de silencio*. Así, dentro del tema de la ciudad moderna, incluyo el motivo del viaje metafórico que realizan los personajes en sus respectivos periplos. Como la tradición comparatista ha elaborado diferentes aproximaciones metodológicas para el estudio de los temas literarios, en este apartado me limito a mencionar las más relevantes.[2]

Harry Levin señala que la tematología posee un nombre nuevo pero que es lo que la crítica literaria ha venido haciendo con la tradicional

---

1 Abrams, en *A Glossary of Literary Terms*, define el motivo como "an element –a type of incident, device, or formula– which recurs frequently in literature" (111).

2 Una de las aportaciones más significativas, en cuanto a recopilación sistemática de temas universales, es el *Diccionario de argumentos de la literatura universal*, de Elizabeth Frenzel. En el marco hispánico, también hay que destacar el *Diccionario de temas de la literatura española*, de Pilar González de Mendoza.

dicotomía forma/contenido. Esto explicaría por qué, por ejemplo, la novela epistolar presenta una diferencia formal, mientras que hablaríamos de un tema distinto para la novela gótica (*Grounds* 93). Prawer añade que el estudio de temas es a la literatura lo que la iconografía representa para la historia, ya que a partir de un análisis comparativo de temas se puede establecer no sólo el tipo de material que elige un escritor, sino cómo se ha venido tratando en diferentes épocas y lugares. Esto nos permite conocer el espíritu social, político o cultural de una época junto a sus gustos literarios, y contribuye a la formación de la historia de las ideas (102-106). Aunque en las últimas décadas la tematología ha adquirido una nueva dimensión gracias a las aportaciones del psicoanálisis o de la crítica de Bakhtin, este acercamiento no ha carecido de críticas. La mayoría arranca del peligro que supone pasar por alto las características más significativas de una obra para concentrarse en un tema de menor importancia o incluso prestar el mismo nivel de atención a obras menores de tema similar que a otras más relevantes. Así, Aldridge dice que relacionar a un grupo de escritores porque explore un tema concreto no determina necesariamente que haya un vínculo entre ellos (106-108). Y para Devinder Mohan, la tematología es una ciencia reductiva porque restringe obras de diferentes culturas a un contenido común (89).

Para el análisis de este capítulo, se ha elegido el tema de la ciudad moderna por constituir un elemento estructurador tanto de *Ulysses* como de *Tiempo de silencio*. Ambas novelas presentan como pilares una tematización del espacio narrativo con soluciones distintas, pero que responden a interrogantes similares relativos a la posición del ser en el mundo. Este tema es un elemento dominante dentro del movimiento modernista de las letras inglesas, que aquí se pone en relación con la apropiación que hace del mismo un grupo de novelistas españoles de posguerra, cuando la ciudad parece salir de su inmovilismo provinciano y tiende hacia la modernidad. En esta línea, Joyce y Martín-Santos coinciden en presentar no el Dublín de 1904 o el Madrid de 1949 respectivamente, sino una imagen literaria y discursiva de sus propias visiones del centro urbano.

5.2 La ciudad moderna: espacio clave del discurso modernista

5.2.1 *La ciudad en la literatura*

La representación de la ciudad en el discurso literario es un tema recurrente que parece haber ido reescribiéndose a lo largo de la historia. El género pastoril se encargó de asentar la oposición campo-ciudad, a partir del contraste entre la bondad de la naturaleza frente a la vileza y la opresión del centro urbano.[3] Algunas variantes de este tema fueron la extensión de la ciudad y los efectos sociológicos de la industrialización aunque, como señala Pike:

> Since there has been literature, there have been cities in literature. We unthinkingly consider this phenomenon modern, but it goes back to early epic and mythic thought. We cannot imagine *Gilgamesh*, the *Bible*, the *Iliad*, or the *Aeneid*, without their cities, which contain so much of their energy and radiate so much of their meaning [...]. But cities were from the beginning something special. (3)

Este aspecto "especial" que ofrece la ciudad con la entrada en el siglo XX, cuando la metrópolis centraliza los cambios de la nueva concepción del ser humano, aparece en el discurso modernista. La ciudad moderna, cosmopolita, políglota y plural, se convierte en un espacio diversificado en el que el individuo reivindica su identidad de forma separada a la de la sociedad. Ciudades como París, Nueva York, Berlín, Londres, Barcelona o San Petersburgo no sólo han sido lugares de encuentro para la difusión y el intercambio de ideas sino que, como tales catalizadores culturales, han quedado inmortalizadas en sus más variadas manifestaciones literarias. Así, Moscú y San Petersburgo son los centros de acción de las novelas de Tolstoi y Dostoyevski. Dos Passos inmortaliza la fuerza inhumana de Nueva York y su efecto en la experiencia de sus inmigrantes. Otros ejemplos serían: el Chicago de James J. Farrell; el Berlín de Döblin, en *Berlin Alexanderplatz* (1929); la Barcelona de Marsé, en *Últimas tardes con Teresa* (1966); o la Viena de Musil.

---

3   Véase Raymond Williams, *The Country and the City*, que analiza esta dicotomía desde la época clásica, cuando la ciudad se asocia con una forma negativa de civilización, mientras que se relaciona el campo con la vida natural y armoniosa (1).

A lo largo de la historia de la literatura la ciudad ha ido adquiriendo una amplitud de significados que la han hecho especialmente atrayente para muchos de los escritores modernistas. Como explica Bradbury:

> In these cities, with their cafés and cabarets, magazines, publishers, and galleries, the new aesthetics were distilled, generations argued, and movements contested; the new causes and forms became matters of struggle and campaign [...]. If Modernism is a particular urban art, that is partly because the modern artist, like his fellow-men, has been caught up in the spirit of the modern city, which is itself the spirit of a modern technological society. ("The Cities" 96-97)

En estas metrópolis, los escritores vanguardistas podían conciliar la novedad de sus creaciones con la pluralidad moderna, que favorecía la difusión de sus innovaciones artísticas (Limón 104). Así, hablaríamos de obras como *Mrs Dalloway* (1925) de Woolf, *The Waste Land* (1922) de T. S. Eliot o *Manhattan Transfer* (1925) de Dos Passos, entre otras. Lo que une a todas ellas es su interés por mostrar la paradoja de la experiencia urbana, al incorporar la voz de la colectividad para contrastarla con la alienación del ser humano en su continua monologación interior.

Son numerosos los trabajos que se han ocupado de estudiar la ciudad como representación temática del espacio novelesco. El análisis de Burton Pike, *The Image of the City in Modern Literature*, es bastante iluminador a este respecto, pues divide la historia de la ciudad en cinco periodos: la ciudad antigua, la medieval, la renacentista, la industrial y la post-industrial. Festa-McCornic, en *The City as Catalist: A Study of Ten Novels*, trata la ciudad moderna en sus diferentes manifestaciones culturales y analiza su representación en la obra de diez autores: Balzac, Zola, D'Annunzio, Rilke, Proust, Bely, Romain, Dos Passos, Durrell y Butor. Otro estudio que explora este tema es *Dostoyevski and Romantic Realism: A Study of Dostoyevski in Relation to Balzac, Dickens, and Gogol*, de Donald Fanger, especialmente en su capítulo "The Most Fantastic City: Approaches to a Myth" (129-151). *A Literary Guide to Dublin*, de Vivien Igoe, es una antología de autores irlandeses que, desde el siglo XVII, presenta alguna conexión biográfica o geográfica con Dublín. Y finalmente, el capítulo "The Cities of Modernism", que forma parte del estudio de Malcolm Bradbury y James McFarlane, *Modernism: A Guide to European Literature 1890-1930*, constituye una referencia obligada para situar este tema en contexto.

A pesar de la atención dedicada a la representación de la ciudad en el discurso literario, desde principios de siglo las ciudades de Madrid y especialmente Dublín parecen haber quedado eclipsadas ante la mayor vanguardia que representaban Barcelona y Londres respectivamente. Como señala Mercedes Limón, "la ciudad 'infernal' y aplastante, canonizada como uno de los aspectos que definen a la literatura moderna, obedece en muchos casos a situaciones económicas, políticas y sociales diferentes y a circunstancias que permiten que ciertas posturas ante la ciudad coincidan aun sin obedecer a un plan global" (106). Bradbury y McFarlane, en el mencionado estudio sobre el Modernismo, añaden que la mayoría de las ideas y tendencias que fortalecieron las directrices de este movimiento venían de ciudades que funcionaban a modo de fronteras culturales, como: París, Roma, Viena, Praga, Budapest, Munich, Berlín, Zurich, Oslo, Barcelona, San Petersburgo, Londres o Trieste (13). Pero Dublín, y sobre todo Madrid, menos conectadas con Europa por estar más lejos de la periferia, quedaban relegadas a un segundo nivel produciendo una literatura que, si bien se interesaba ampliamente por representar la ciudad, se hacía desde dentro y para dentro de las fronteras irlandesa y española respectivamente.

Sin embargo, acaso sea el estudio del vínculo ser humano-ciudad y de su expresión en el discurso modernista uno de los más atrayentes dentro de los intereses de este movimiento. El fenómeno de la ciudad moderna, con la rapidez de las comunicaciones, los medios de transporte, los ruidos y la multiplicidad de voces, ha quedado reflejado de una forma singular en las obras de Joyce y Martín-Santos. Pero para poder establecer el tipo de conexiones que se dan entre el ser humano y su medio, hay que buscar las señas de identidad de una ciudad –aprovechando el título de la novela de Juan Goytisolo– sus marcas definitorias, individualizantes y totalizadoras. Partiendo de estas ideas, el objetivo de este capítulo es analizar el tratamiento que reciben Dublín y Madrid en *Ulysses* y *Tiempo de silencio*, pues son novelas cuyos discursos literarios presentan la ciudad no como mero lugar de acción, sino como elemento estructural. La comprensión de ambas obras es espacial más que cognitiva, en el sentido de que el lector percibe la narrativa como espacio en tiempo concreto más que como descripción de acontecimientos. El tiempo no aparece en su progresión lineal o cronológica, sino como un espacio en el que presente, pasado y futuro conviven en la misma simultaneidad de realidades. Asimismo, el Dublín de *Ulysses* encuentra su paralelo en el Madrid de *Tiempo de silencio*. Partiendo de lo cotidiano, ambas ciudades se construyen topográficamente creando un microcosmos que los respectivos protagonistas, en su deambular, se encargarán de reconstruir y desmitificar. Los dos escritores además escribieron sus respectivas novelas alejados del centro físico de estas dos ciudades concretas; Joyce desde Trieste y distintos lugares de Europa, y Martín-Santos desde Bilbao.

5.2.2 La ciudad moderna en la literatura inglesa

El vocablo ciudad, desde su origen etimológico *civitas*, implica tanto lugar geográfico como los ciudadanos que la integran. La representación de la ciudad en el discurso literario arranca de la descripción de un orden externo, para centrarse en la percepción que tienen de él sus habitantes. Como se ha venido señalando, uno de los cambios que trae consigo el comienzo del siglo XX es la incorporación de la experiencia urbana en la literatura. Ya dice Bradbury que: "Modernist writing has a strong tendency to encapsulate experience within the city, and to make the city-novel or the city-poem one of its main forms" ("The Cities" 100). T. S. Eliot, en *The Waste Land*, pinta la ciudad de Londres como una multitud de voces impersonales que parecen no provenir de ningún cuerpo y cuya disociación es parte inseparable de ese espíritu de la urbe moderna. *Mrs Dalloway*, de Virginia Woolf, también se centra en la historia de un día de junio de 1923 en diferentes secciones de Londres, en la que los olores de la ciudad, los ruidos de los autobuses, el vuelo de un avión, pobres pidiendo, grupos de gentes en las calles, las campanadas del Big Ben y otros motivos se suceden continuamente, *espacializando* el tiempo y reflejando la fragmentación de una realidad y su pluralidad de sentidos. Y *Manhattan Transfer*, de Dos Passos, es una epopeya de la ciudad de Nueva York que, como la anterior, despliega en su discurso una polifonía de voces, un movimiento rápido, una cierta inmediatez y una sensación de elipsis muy en línea con el Modernismo.

En general, la ciudad moderna, industrializada y centro de actividad cultural, florece como un lugar que acoge a la pluralidad, contribuyendo a formar una conciencia de caos, más que de una verdadera comunidad. Bradbury describe muy bien este ambiente socio-cultural:

> If Modernism is a particular urban art, that is partly because the modern artist, like his fellow-men, has been caught up in the spirit of the modern city, which is itself the spirit of a modern technological society. The modern city has appropriated most of the functions and communications of society, most of its population, and the furthest extremities of its technological, commercial, industrial and intellectual experience. The

city has become culture, or perhaps the chaos that succeeds it. ("The Cities of Modernism" 97)

La experiencia urbana londinense que había presentado Dickens décadas antes difiere de esta nueva visión modernista en que no hay tal descripción o crítica de las instituciones opresoras del ser humano, sino un énfasis en su alienación y soledad. Como señala Alter, en las novelas-ciudad del siglo XIX también se percibe la imagen caótica de la metrópolis, pero siempre desde la perspectiva de la voz autorial, a partir de un pensamiento retórico, ordenado y reiterativo. Sin embargo, en la obra de Joyce, el movimiento de la ciudad y el flujo de la vida se manifiestan en la interioridad de la mente de los protagonistas, dando lugar a una realidad demasiado vasta y compleja como para poder ser contenida de forma coherente dentro de una única experiencia individual (141). En consonancia con esto, Inés Praga ha relacionado la obra de Joyce con la de otros escritores irlandeses que han ido asentando su identidad a través de la "sacralización del paisaje" (25-26).

5.2.3 La ciudad moderna en la literatura hispánica

La literatura hispánica también está llena de ejemplos de obras que han explorado el tema de la ciudad. Si bien el objetivo no es siempre reflejar el estado de caos y multiplicidad de voces que aparece en el discurso modernista, sí contribuyen a ofrecer una anatomía de la gran urbe. Y quizá en mayor grado que la literatura española, la literatura hispanoamericana ha explorado los efectos del crecimiento de una sociedad urbana y su relación con la alienación del ser humano. Esta imagen de la ciudad cosmopolita como espacio acogedor de la nueva tecnología e industrialización se encuentra ya en el primer modernista, Rubén Darío, quien "halla una pasajera fraternidad entre golfos, borrachos y prostitutas, aunque su final ascesis es la capacidad de sentirse solo [...] en medio de la multitud" (Matamoro 32). Pero en ambos contextos hay que hacer una distinción entre novela regionalista exótica y novela urbana, como se encuentra posteriormente en Joyce y Martín-Santos. Para Wendy B. Faris, la novela regionalista se centra en ciudades pequeñas, en general aisladas, que presentan un discurso comunal a través de voces narrativas que van de un monólogo interior a otro, mientras que la novela-ciudad muestra toda una serie de voces individuales mezcladas con el ruido de la ciudad y el lenguaje popular de otros ciudadanos (3).

Centrándonos en el caso concreto de la literatura española, la ciudad de Madrid cuenta con varios estudios que han analizado su importancia y función en el discurso literario. Entre estos, destacan: *Madrid y sus literaturas: De la generación del 98 a la posguerra*, de Manuel Lagarta; *Madrid en la literatura*, de José Luis Sancho; *Madrid como escenario literario en la novela española contemporánea*, de Rafael del Moral Aguilera; y *Biografía literaria de Madrid*, de Matilde Sagaró Faci. La urbe madrileña ha producido una mayor cantidad de estudios que la ciudad de Dublín porque Madrid, como tema literario, aparece desde el siglo XVII con los entremeses y otros géneros menores, como por ejemplo en la obra *En Madrid y en una casa*.[4] Sancho explica que los entremeses incorporaban lugares y costumbres de Madrid porque al pueblo le gustaba ver reflejados sus hábitos diarios en la representación escénica, aunque en muchos casos ésta se basase en la deformación que sólo provocaba la risa (6). Esta atracción evolucionó hasta el siglo XX, cuando:

> Resulta fácil encontrar toda una literatura [...] cuyo escenario es el de la capital, la ciudad entendida como obligada circunstancia. Se habla de Madrid porque es precisamente en Madrid donde se dan los factores operantes del cambio: los demográficos, los urbanísticos, los históricos, los sociales en suma. (Lacarta 69)

La industrialización y la urbanización contó con el rechazo de la Generación del 98, que veía la ciudad moderna como un monstruo deforme sin pasado ni tradición. Esta tendencia hizo que se volviese la mirada hacia lo bucólico y pastoril, a la vez que se hacía una recuperación nostálgica de la juventud en el campo.[5] De hecho, la generación del 98 contribuyó a intelectualizar épicamente a Castilla, a través de una renovación de la cultura y una humanización del paisaje (Lacarta 28). Pero esta producción literaria entra dentro del marco de lo que Buckley denomina novela regional, cuyo precedente se encuentra en la literatura costumbrista de mediados del XIX, con Mesoneros, Estébanez, Calderón, Fernán Caballero y otros. Las diferencias se basan en que la literatura regional reivindicaba la vida del pueblo y se comprometía con el lugar, mientras que el

---

4   Se trata de una comedia de capa y espada publicada en el siglo XVII, firmada por Francisco de Rojas Zorrilla y Pedro Calderón de la Barca, aunque hoy se atribuye a Tirso de Molina.

5   Lacarta añade algunos nombres olvidados que se sitúan "a la sombra del 98", como: Corpus Barga, con *Los pasos contados*; y Silverio Lanza, cuyos relatos muestran el Madrid callejero, trasnochador y bohemio, en *Cuentos del delirio*, *Cuentos políticos* y *Cuentos verdes* (45-47).

costumbrismo retrataba la realidad con sus costumbres y folclores. (*Raíces* 15-17).

De forma más cercana en el tiempo, son muchos los escritores que han tratado la capital de España como centro de sus producciones literarias. Pérez Galdós dibuja un Madrid burgués en sus *Episodios Nacionales*. Pío Baroja explora el Madrid marginal y suburbano en su trilogía *La lucha por la vida*. Y merece la pena hacer notar que la primera novela, *La busca*, ambientada en el Madrid de 1904 –la misma fecha de la acción de *Ulysses*– recree una ciudad que ni siquiera es provinciana, sino más bien el ambiente de un pueblo suburbano, delincuente y mendigo. También Valle-Inclán en *Luces de Bohemia* inmortaliza el famoso callejón del Gato, la calle de la Montera, el ambiente de un periódico, la cárcel, un café y, en la noche, como no, los prostíbulos. Gómez de la Serna escribe *Nostalgias de Madrid*, en la que ésta aparece ya como ciudad urbanizada, cuyas calles "se sienten [...] como una paternidad unida a una maternidad; por eso es el único sitio en que se es huérfano" (cit. por Lacarta 79). Y Rosa Chacel, en *Barrio de maravillas*, nos refleja el mundo interior de Madrid desde una perspectiva infantil.[6]

Según Lacarta, es el efecto de la guerra civil y su ruptura con la realidad urbana anterior lo que produce una gran cantidad de novelas sobre Madrid como ciudad cultural, científica y urbanística. En esta línea destacan: *Crónicas del frente de Madrid*, de Mauro Bajatierra; *The Defence of Madrid*, de Geoffrey Cox; *Le Martyre de Madrid*, de Louis Delaprée; y *The Road to Madrid*, de Cecil Gerahty (105-123). Pero la representación de la ciudad urbanizada, moderna y caótica surgirá más tarde, cuando los desastres de la guerra y la entrada del nuevo régimen ofrezcan la visión de una metrópolis más avanzada –comparable con otras capitales europeas– desde una perspectiva panorámica y múltiple. Así, durante los años cincuenta y sesenta se produce una literatura en la que la ciudad surge como protagonista de la propia historia. En esta línea tenemos novelas como: *La colmena* (1951) de Camilo José Cela, *El Jarama* (1956) de Sánchez Ferlosio, *Tiempo de silencio* (1962) de Luis Martín-Santos, *Travesía de Madrid* (1965) de Francisco Umbral, o la colección de relatos *Gente de Madrid* (1967) de Juan García Hortelano. Por otra parte, *Últimas tardes con Teresa* (1966), de Juan Marsé, tiene como escenario Barcelona,

---

6   La lista de autores que recrean diferentes visiones de Madrid es naturalmente mucho más extensa. Habría que hablar también del casticismo de los sainetes de Arniches, de Pérez de Ayala en *Troteras y danzaderas*, de Max Aub en *La calle de Valverde* y de muchas otras.

una ciudad que por su localización geográfica periférica estaba más conectada con Europa.

La colmena, de Camilo José Cela, es quizás el precedente más claro e inmediato del empleo del tema de la ciudad como protagonista. Esta novela presenta una radiografía de los quehaceres de las gentes del Madrid de 1942, a modo de *collage*, sin profundizar en sus motivaciones y sin un personaje principal que reclame la atención del lector. La aparición del protagonista múltiple es lo que concede a la novela un carácter de indeterminación y universalidad sobre la imagen panorámica de la ciudad. Se trata de una exposición de diferentes estratos sociales y profesiones, y en diferentes momentos concretos de la realidad madrileña de posguerra. Para Moral, el mundo que recrea esta novela coincide con el de Martín-Santos (319), aunque Rey no encuentra paralelismos significativos entre ambas (7). A pesar de la similitud del tema, se diferencian en sus implicaciones. *La colmena* critica varios aspectos concretos, como la religión, el sexo y la política, a partir de un protagonismo colectivo, mientras que en *Tiempo de silencio* Martín-Santos explora la rigidez de la estratificación social de la España de posguerra en una realidad silenciada por la alienación del ser humano, a partir de un protagonismo individual. Además, en *La colmena* no hay descripción de la ciudad, sino presentación de un mundo plural. Las calles, bares, casas, cabarets y otros lugares de reunión son simples espacios por donde se mueven los protagonistas, y en general la gente vive como en una colmena de abejas, en la que cada uno cumple su función.

Curiosamente, la *Revista de Occidente* ha publicado varios números monográficos dedicados al tema de la ciudad. En 1983 se dedicó un número especial a la presentación de la ciudad de Madrid desde un punto de vista sociológico, histórico y geográfico.[7] Dos años después lanzó otro número con el título de "Ciudades",[8] que retrataba diferentes ciudades del mundo, entre las que se incluían: Berlín, Nápoles, Delhi, Singapur, Nueva York, Buenos Aires y otras. Y de nuevo, en enero de 1992, volvió a publicar otro monográfico dedicado a Madrid donde se recogían artículos sobre su percepción e inclusión en el mundo de las artes, sobre la forma en que cada escritor percibe la ciudad, y sobre su estructura geográfica y su evolución a lo largo de la historia.[9] En este número hay un artículo de

---

7   En concreto fue el número 27-28, correspondiente a agosto-septiembre.
8   Fue el número 51, correspondiente a julio-agosto de 1985.
9   En el número 128. Entre los escritores que aportaron su visión sobre Madrid figuran: Rosa Chacel, Ramón Gaya, José Luis L. Aranguren, Gonzálo Menéndez Pidal, Amparo Amorós, Mercedes Soriano y otros.

Santos Juliá, "Pero el caso es que España necesita un Madrid", donde alude a que, a principios de siglo, muchos escritores se quejaban de que la capital se representase por su incomodidad, fealdad y apelmazamiento, y no se asemejase a otras ciudades de Europa (7-8). Pero en 1992 Madrid se convirtió en Capital europea de la cultura; un dato significativo si se tiene en cuenta que recibió este título en Dublín, que lo había sido el año anterior. Una vez más ambas culturas quedan unidas en la historia.

5.3 La ciudad como microcosmos: Dublín y Madrid

5.3.1 *Las pretensiones universalistas de Dublín en* Ulysses

Joyce, en uno de sus tantos comentarios sobre Dublín, se quejaba de que no hubiese formado parte de la literatura antes, siendo la segunda ciudad del Imperio Británico y casi tres veces más grande que Venecia. Además, señalaba, la expresión "dublinés" es más rica en significado que la de "londinense" o "parisino", que sí habían sido objeto de (re)presentación (*JJ* 208). Para Joyce, Dublín era una ciudad europea que debía quedar inmortalizada porque era la séptima ciudad de la cristiandad y la primera de Irlanda con una rica historia, por lo que, para ser verdaderamente europeo, se debía representar la ciudad como heredera de la civilización judeo-griega en un lenguaje que también recogiese la diversidad y variedad de su pasado (Deane "Joyce" 41). Sin embargo, Mays señala que aunque el Dublín de principios de siglo que recrea Joyce se haya aceptado por su gran cantidad de detalles y por su realismo fotográfico, la realidad de la ciudad no corrobora esta percepción (83).[10] Es cierto que la delineación geográfica que presenta la novela no es representativa del momento histórico que reproduce –el Dublín de 1904–, pero para la creación de este microcosmos Joyce se impuso el necesario orden de los elementos a partir de la acumulación de datos reales, creando así una realidad coherente y verosímil, aunque inseparable de su propia condición discursiva.

---

10 Para Mays, una de las razones que explican esta falsa concepción de la ciudad se basa en que, los que principalmente han comentado este hecho han sido historiadores literarios, que han partido de la obra de Joyce para mostrar la evidencia del hecho (83).

En cierto modo, el autoexilio de Joyce tiene algo de contradictorio al haber abandonado voluntariamente su ciudad natal y volver constantemente a ella en su obra intentando ofrecer una imagen creíble de la misma, en cuanto a su topografía, ambiente e historia. La construcción de la ciudad en *Ulysses* es inherente a la imagen del Dublín de Joyce, creado en su propia imaginación y para su propia narrativa. Se trata de un Dublín discursivo cuya reconstrucción necesita de una mirada atenta a su función simbólica y recreativa. Como señala Benstock: "The reader who has never seen the licensed premises of David Byrne at 21 Duke Street as it was in 1904 can never experience it as it was then by either visiting it as it is now or by reading the 'Lestrigonians' chapter" ("*Ulysses*" 113). Lo que Joyce nos ofrece es su propia percepción de la vida de unos personajes en la ciudad, según también ellos se perciben a sí mismos. La representación de este Dublín es tan literaria y textual, como la existencia de los mismos personajes en el discurso joyceano. Sin embargo, es la individualización de la experiencia humana y la descripción de las idiosincrasias peculiares de cada uno lo que dota a la novela de un carácter unificador con pretensiones de universalidad.

Joyce describe su ciudad desde una multiplicidad de voces tal, que se manifiesta como un microcosmos, como un modelo a escala pequeña de la pluralidad de la existencia humana. Es cierto que Joyce trató de escribir sobre Dublín como si estuviese describiendo la totalidad de la experiencia, pero no hay que obviar la distancia irónica adoptada, a pesar de que Agustine Martin señale que la descripción de Dublín en *Ulysses* sea neutral, carente de un significado moral o social (37). Lejos de esta intención, desde los primeros escritos de Joyce, Dublín aparece fundamentalmente como un *locus* textual, discursivo e imaginativo, envuelto en una obsesión topográfica por presentar la ciudad en su máximo detalle.[11] La localización espacial y la centralización del ser en el universo son preocupaciones que aparecen ya en *A Portrait,* cuando Stephen está mirando su libro de geografía y, al no poder recordar todos los lugares de América, percibe que éstos "were all in different countries and the countries were in continents and the continents were in the world and the world was in the universe".

---

11 La representación de la ciudad de Dublín en la obra de Joyce ha producido muchos estudios que intentan explicar el significado de este espacio urbano. En esta línea, el análisis de Bruce Bidwell y Linda Heffer, *The Joycean Way: A Topographic Guide to "Dubliners" and "A Portrait of the Artist as a Young Man"*, analiza las primeras obras del escritor; mientras que, Clive Hart y Leo Knuth en, *A Topographical Guide to James Joyce's "Ulysses"*, se centran en la topografía de *Ulysses*.

Stephen finalmente sitúa su identidad en una larga lista de espacios donde se localiza a sí mismo:

>Stephen Dedalus
>Class of Elements
>Clongowes Wood College
>Sallins
>Country Kildare
>Ireland
>Europe
>The World
>The Universe [sic]. (*A* 15)

La necesidad de Stephen de posicionarse en relación al orden del universo se vincula al tema del ser humano concebido como microcosmos.

El espacio novelesco de todas las obras de Joyce –con excepción de *Giacomo Joyce*–[12] es el Dublín de su niñez y juventud. Esta ciudad comienza siendo el tema central de *Dubliners*, con la intención, como dijo él mismo, de escribir un capítulo sobre la historia moral de su país. Pero este Dublín del que reniega Stephen en *A Portrait* no es el mismo lugar que acoge y aliena a Bloom pues, como puntualiza Levin: "A conscientious pupil of the naturalistic school, Joyce would not invent his material. He would continue to utilize his own experience, though his imagination was to carry him much further than the naturalists in interpreting and arranging it" (*James Joyce* 37). *Dubliners* es un espacio muerto, rodeado de imágenes dantescas que, a partir de las muchas descripciones naturalistas, dota a la urbe del sentido paralítico y paralizado del que tanto se ha hablado. El mismo título de la obra hace mención al tema de la ciudad y los ciudadanos que la integran. Pero de la necrópolis de *Dubliners* hasta los paseos de Stephen por el Dublín de *A Portrait*, el espacio literario que recrea Joyce experimentó toda una serie de variaciones hasta que, en *Ulysses*, se convierte en un centro mítico-simbólico.[13]

La dimensión espacial de *Ulysses*, a pesar de los innumerables datos topográficos que la sitúan en el Dublín de 1904, debe interpretarse partiendo del espacio del texto mismo, porque "the artist does not mimetically paint what he sees, but makes what he sees correspond to a

---

12 Que Joyce nunca quiso publicar y Ellmann lo editó incompleto después de su muerte.
13 Me gustaría destacar aquí la exhibición que tuvo lugar en Barcelona del 9 de mayo al 1 de octubre de 1995, titulada "El Dublín de James Joyce (La comedia urbana)", en el que la ciudad se presentaba desde tres perspectivas: la Necrópolis de *Dubliners*, la Metrópolis de *Ulysses* y la Heliópolis de *Finnegans Wake*.

relational model in his mind" (Pike xi). Esta necesidad de detallar cada una de las calles, tiendas, bares y otros lugares, buscando la trascendencia de su significado, se manifiesta de forma significativamente paralela al despertar de la conciencia de Stephen:

> Dublin was a new and complex sensation [...] the disorder in settling in the new house left Stephen freer than he had been in Blackrock. In the beginning he contended himself with circling timidly round the neighbouring square or, at most, going half way down one of the side streets: but when he had made a skeleton map of the city in his mind he followed boldly one of its central lines until he reached the customhouse. (*A* 66)

En *A Portrait*, uno de los pasatiempos del protagonista es pasear por la ciudad, mientras ésta le inspira largas mediaciones que invaden su mente literaria. Stephen siente que no pasea sólo porque cada lugar le ofrece una multitud de asociaciones y sensaciones que alimentan su mente romántica:

> His morning walk across the city had begun, and he foreknew that as he passed the sloblands of Fairview he would think of the coloistral silverveined prose of Newman, that as he walked along the North Strand Road, glancing idly at the windows of the provision shops, he would recall the dark humour of Guido Cavalcanti and smile, that as he went by Baird's stonecutting works in Talbot Place the spirit of Ibsen would blow through him like a keen wind, a spirit of wayward boyish beauty. (*A* 176)

A la luz de estas citas, se puede ver que el diseño que realiza Joyce de Dublín no puede separarse del simbolismo que la adorna. De hecho, no hay que olvidar que las mismas epifanías o momentos de revelación, según las define Stephen, surgieron precisamente de una visión simbólica de la ciudad. En *Stephen Hero*, el protagonista experimenta esa manifestación espiritual repentina al pasear por la calle Eccles –donde más tarde vivirá Leopold Bloom– y percibir que los tejados de las casas encarnan la parálisis irlandesa:

> He was passing through Eccles' St one evening, one misty evening, with all these thoughts dancing the dance of unrest in his brain when a trivial incident set him composing some ardent verses which he entitled a 'Vilanelle of the Temptress'. A young lady was standing on the steps of one of those brown brick houses which seem the very incarnation of Irish paralysis. (*SH* 188)

La impresión de esta revelación es precisamente lo que lleva a Stephen a crear un libro de epifanías que recoja las sensaciones causadas por actos triviales, porque: "He believed that it was for the man of letters to record these epiphanies with extreme care, seeing that they themselves are the most delicate and evanescent moments" (*SH* 188). En *Ulysses*, Stephen vuelve a incidir en el significado de estos acontecimientos y en su sueño todavía no realizado de publicar su colección de epifanías, "written on green oval leaves, deeply deep, copies to be sent if you died to all the great libraries of the world, including Alexandria? Someone was to read them after a few thousand years" (*U* 34).

Pero el carácter paralizador que domina la ciudad y sus habitantes en los primeros escritos joyceanos, da lugar en *Ulysses* a un Dublín polifónico que pretende convertirse en un microcosmos reflejo de la humanidad. Como dijo el mismo escritor: "I always write about Dublin, because if I can get to the heart of Dublin, I can get to the heart of all the cities of the world" (*JJ* 505). Además, el nombre de Dublín parecía interesarle especialmente pues, como nos cuenta Ellmann, "Joyce asked an American visitor, Julien Levy, to look up Dublin, Georgia, for him. Levy found there were three Dublins in the United States, one of them named from the custom of bundling or doubling in. Joyce was anxious to find out if it lay on a river" (*JJ* 583n). Más que la pretensión de un verdadero microcosmos, lo que Joyce buscaba era despertar de esa pesadilla de la historia que parece perseguir a Stephen y, para ello, debía concebir la totalidad de la experiencia humana en un plano que simultáneamente representase el presente, el pasado y el futuro, fundidos en una atemporalidad espacial.[14] Se trata de una dimensión que pudiese conciliar el provincianismo de la ciudad y su parálisis de espíritu, como si fuese una enfermedad contagiosa que afecta a todos sus habitantes. Para Mays:

> The question of why Joyce fixed on the Dublin he did is therefore bound up with his undisputed compulsion to brood over and yet to detach himself from the sources of his inspiration. To consider it further in these terms is for this reason to pursue the psychology of exile and of the betrayer-betrayed, and to wander with faltering steps away from the point which is more able to be discussed. (88-89)

En el exilio, pero buscando la máxima precisión de detalle, a Joyce le obsesionaba conocer el mínimo cambio que había sufrido la ciudad y recordar dónde estaba situado cada lugar exactamente. Joyce escribió *Ulysses* con un directorio de Dublín delante y gracias a la correspondencia regular que mantenía con su tía Josephine Murray, que le mandaba copias

---

14 Como señala Levin, el tiempo también se *espacializa* porque es una dimensión auxiliar de las otras dos (*James Joyce* 116).

de cualquier aspecto relacionado con Irlanda, especialmente periódicos, revistas y libros, e incluso le informaba de todos los detalles concernientes a la localización de determinados espacios. Así, para el capítulo "Nausicaa", escribió a su tía para preguntarle "whether there are trees (and of what kind) behind the Star of the Sea church in Sandymount visible from the shore and also whether there are steps leading down at the side of it from Leahy's terrace" (*James Joyce* 236 y 473). Esta obsesión por comprobar todos los detalles es, para Litz, el resultado de la necesidad de encontrar un orden, privado como estaba Joyce de su casa, país y religión. Por eso, su proceso de escritura, desde las hojas sueltas hasta los mapas que utilizaba no son más que puntos de referencia concretos y fijos de los que partía (*The Art* 49) para, de ahí, crear su propia imagen de la ciudad.

Una de las anécdotas más conocidas sobre este hecho es la afirmación del escritor de que, si alguna vez Dublín era destruida podría reconstruirse con sólo leer su obra (Budgen *James Joyce* 69).[15] Aunque ésta sea una exageración incierta, son muchos los joyceanos que año tras año siguen viajando a Dublín, especialmente en *Bloomsday*, con el fin de peregrinar sobre las mismas calles que recorrieron Bloom y Stephen, para volver decepcionados cuando descubren que *Ulysses* no es tal paseo y que el recorrido de Bloom cubre unas ocho millas a pie más otras diez entre el tranvía, el tren y el coche de caballos, por no hablar de los edificios que han desaparecido o que nunca existieron.[16] Esta afirmación era naturalmente un alarde puesto que, en toda su obra, el interés que despierta la ciudad se centra principalmente en el carácter de sus habitantes, en sus retratos psicológicos y morales, y no en detalles arquitectónicos sobre los edificios. Pero más aún, el orden sobre el que Joyce reproduce su aparente micro-

---

15   Véase el artículo de Terence Brown, "The Dublin of *Dubliners*", que comienza parodiando esta afirmación (11). Y también, el de Joseph K. Davis, "The City as Radical Order: James Joyce's *Dubliners*", que interpreta el Dublín de esta colección de relatos como el prototipo de la ciudad moderna (79).

16   Con éste y otros propósitos, son muchas las guías que se han publicado para facilitar al visitante el seguimiento de las rutas que toman Bloom y Stephen por la ciudad, como las de Jack McCarthy y Danis Rose, *Joyce's Dublin: A Walking Guide to "Ulysses"*; y la de Robert Nicholson, *The "Ulysses" Guide: Tours Through Joyce's Dublin*. David Pierce también ha contribuido con un magnífico estudio ilustrado de la Irlanda de Joyce, *James Joyce's Ireland*. Debo reconocer, que en un impulso fetichista, yo misma he realizado en varias ocasiones las rutas de los personajes de *Ulysses* en *Bloomsday*. Aunque esta experiencia se sitúa fuera de los confines de la literatura, sin embargo, pude sentir lo que Joyce nos quería dar a entender con los momentos epifánicos que pretenden captar la cifra de la vida.

cosmos sigue un esquema mítico y simbólico que lo aleja de una pretendida realidad, por muy documentada y rigurosa que sea.

En esta línea, Iser también sugiere que el hecho de que Joyce hubiese recogido la mayor parte de su material de callejeros de Dublín, guías topográficas y prensa de la época, llenando su novela de nombres, direcciones y acontecimientos locales, la convierte en un montaje separado de su contexto, porque: "In searching for and visualizing connections, he often loses the organizing principle of those connections he thought he had discovered" (*The Implied* 197-198). En realidad, aunque Joyce llegó a decir que le interesaban más las calles de Dublín que el enigma del universo, no todos los lugares que aparecen en *Ulysses* formaron parte de la vida real de la ciudad, pues se permitió la libertad de inventar otros tantos que le servirían para sus juegos de palabras o sus propósitos paródicos. Así, la carnicería donde Leopold Bloom compra los riñones para su desayuno, la "Dlugacz's butcher shop", era la única de la calle que vendía carne de cerdo, y la elección del nombre "Dlugacz", de origen judío-polaco, sirve a Joyce para incluir una nota irónica, ya que la dieta judía prohíbe comer cerdo (Gifford y Seidman 70).

Al pretender representar la ciudad desde dentro, según la vivían sus habitantes, y desde fuera, a partir de la acumulación de detalles, Joyce se enfrentó a la paradoja que suponía conciliar la mentalidad provinciana de Dublín con su presunta universalidad. Pero si pudo contribuir a crear este arquetipo de la urbe moderna fue porque en el exilio, lejos de la ciudad, podía soñar con ella e imaginársela de un modo muy distinto a si hubiese escrito *Ulysses* en el mismo Dublín. Para Deane, Joyce solucionó este problema a través del lenguaje, porque Dublín debía ser "both nowhere and everywhere, absence and presence" y de algún modo tenía que registrar ambos aspectos de la ciudad: "He had to scorn it for its peripherality and praise it for its centralita" ("Joyce" 42). Incluso *Finnegans Wake*, en la complejidad de su forma, rinde homenaje al ideal de la ciudad, en el que Dublín es sólo símbolo. El centro de la obra es la ciudad universal que acoge al ser también universal, y a todas las ciudades y civilizaciones en sus múltiples cambios históricos. Si el primer constructor de la ciudad fue Caín, que se funde con Lucifer y la construcción de Paundemonium, Finnegans es, él mismo, un "master builder, Daedalus as bricklayer" (Spears 97); en definitiva, un ciudadano que construye y reconstruye su propia historia. De hecho, Blamires llega a afirmar que la cronología de los acontecimientos importa poco para su comprensión:

> Time and place, like individual identity, cannot be pinned down. What is particular is overlaid with such a multiplicity of extensions and variables that universality, instead of enriching particularity, submerges it. The book is about everybody, everywhere, and everything. Nevertheless its base, is of course, Dublin. (*Studying* 135)

Las pretensiones de universalidad de *Ulysses* no se refieren solamente al lugar de acción, sino al modo en que Joyce refleja la realidad interior y exterior de los personajes. El carácter universal de Dublín encuentra una correspondencia con la universalización de los personajes. Bloom, Stephen y Molly quedan totalmente individualizados a través de la exhibición de sus diferentes interioridades. Además, aunque cada uno tiene una historia particular, la novela no trata de las alienaciones de Stephen o Bloom de sus propias culturas sino que, como señal Deane, "to be excluded from parents, lovers, ideologies, and yet to be in some way respected as out of the ordinary, is the fate of the Universal Man in the local culture. They are concerned with the Mystery of Being, not with the mystery of being Dubliners or being Irish" (*Celtic Revivals* 101). Por esta razón, lo individual y lo universal no se pueden separar de la obra de Joyce, quien además había afirmado que en el significado de lo particular se encuentra lo universal (*JJ* 505). De los personajes secundarios, por otra parte, no sabemos prácticamente nada, salvo su nombre y, en algunos casos, a qué se dedican –a excepción de Gerty MacDowell, a través de su monólogo interior indirecto, y del Padre John Conmee– que ya había aparecido como personaje en *A Portrait*. En definitiva, *Ulysses* es una novela con significado para todos los tiempos y para todos los seres, como muy bien describe Jorge Luis Borges en el poema que dedica a Joyce, en su libro *Elogio de la sombra*.[17]

---

17 Reproduzco el poema "James Joyce" completo, porque su sentido me parece importante para comprender la dimensión universal de *Ulysses:* "En un día del hombre están todos los días / del tiempo, desde aquel inconcebible / día inicial del tiempo, en que un terrible / Dios prefijó los días y agonías / hasta aquel otro en que el ubicuo río del tiempo terrenal torne a su fuente, / que es lo Eterno, y se apague en el presente, / el futuro, el ayer, lo que ahora es mío. / Entre el alba y la noche está la historia / universal. Desde la noche veo / a mis pies los caminos del hebreo, / Cartago aniquilada, Infierno y Gloria. / Dame, Señor, coraje y alegría / para escalar la cumbre de este día" (326).

5.3.2 El determinismo ambiental de Madrid en Tiempo de silencio

Las obras de Joyce y Martín-Santos coinciden en reflejar una realidad en la que el ser se manifiesta heterogéneo en sus múltiples facetas y estados mentales. La diversidad del yo, que busca su unidad en el espacio como centro, queda integrada en la dimensión simbólica de la ciudad, a pesar de la obsesión que muestran ambos autores por delinear la ciudad incluyendo todos sus detalles. Si en la novela de Joyce el caos de la mente de los personajes encontraba su orden en la *espacialidad* de Dublín, en la de Martín-Santos será Madrid el lugar que acoja esta fusión de unidad y diversidad, para explicar la paradoja de la existencia humana solitaria en una urbe repleta de gente. Así, el Dublín de *Ulysses* encuentra su paralelo en el Madrid de *Tiempo de silencio*, pues ambos son centros discursivos de las respectivas narrativas. Tanto Joyce como Martín-Santos sitúan las acciones en un tiempo y lugar concreto, el 16 de junio de 1904 en Dublín y el otoño de 1949 en Madrid, respectivamente. En ambas, las fechas adquieren un significado simbólico. En el caso de Joyce, este fue el año cuando redactó en un solo día el ensayo "A Portrait of the Artist" que, tras ser rechazado por la revista *Dana*, interpretó como un acontecimiento profético que se convertiría más tarde en *Stephen Hero* y finalmente en *A Portrait*. También coincide con la fecha en la que elaboró su teoría sobre Shakespeare y en la que se unió a Nora Barnacle decidiendo abandonar su país. En el caso de Martín-Santos, en 1949 finaliza su especialización en psiquiatría, habiendo adquirido una experiencia en el campo de la investigación, como bien refleja el protagonista de la novela.[18] En *Tiempo de silencio* la fecha cobra una importancia capital, al reflejar un momento concreto de la posguerra, la España del hambre y del subdesarrollo. Sin embargo, a pesar de esta concreción espacial y temporal, Schraibman afirma que la función de la ciudad es desvelar el papel metafísico que cumple el ser humano en la sociedad ("Notas" 117).

El enfoque principal de *Tiempo de silencio* es, de nuevo, el aspecto psicológico de la mente de los personajes que, como en *Ulysses*, nos presenta la ciudad en movimiento desde sus propios deambulares. Los vínculos de Martín-Santos con Madrid y la función del lugar también

---

18   El año 1949 es significativo también dentro de la historia social y económica del país por varias razones: Estados Unidos excluye a España del Plan Marshall; se le cierran las puertas del Tratado del Atlántico Norte; los contactos socioculturales y económicos con Europa siguen rotos; y la investigación y la ciencia se paralizan por problemas económicos, políticos y religiosos (Díaz Valcárcel 19).

pueden compararse con el amor y odio que caracterizó la relación de Joyce con Dublín. De hecho, como señala su biógrafo Gorrotxategi: "La impresión que Martín-Santos guardaba de Madrid, según lo expuesto en alguna conversación, era desfavorable a pesar del amor que sentía por esa ciudad. Influyen en su opinión los aspectos políticos" (56). A diferencia de Joyce, Martín-Santos no es originariamente de Madrid, aunque vivió en esta ciudad durante seis o siete años mientras completaba su doctorado en medicina. Sin embargo, relata Benet, se llegó a involucrar tanto en la vida de la ciudad que incluso más tarde, cuando trabajaba en el Hospital psiquiátrico de Ciudad Real, siguió manteniendo su residencia en Madrid, trasladándose allí de continuo ("Luis Martín-Santos" 133). Martín-Santos, al igual que Joyce, gustaba de describir ambientes que conocía, por lo que las conexiones que existen entre sus vivencias en una pensión de Madrid a finales de los cuarenta y las del protagonista Pedro son bastante cercanas.

Por otra parte, Martín-Santos disecciona Madrid desde la distancia geográfica de Bilbao, a partir de sus propios recuerdos y experiencias de la ciudad, y también, como Joyce, con la ayuda de mapas y otro tipo de recordatorios. Como sugiere Ellmann a propósito del irlandés: "To measure himself and his country he needed to take the measure of a more alien world" (*JJ* 110), coincidiendo así con su paralelo español. Pero más aún, *Ulysses* presenta a un protagonista aislado de su entorno social por no ser dublinés, y esta es una característica que comparte con Pedro, que ha llegado a Madrid con el objetivo de llevar a cabo sus tareas de investigación. En ambas novelas, la relación tan estrecha que existe entre lo individual y lo social, como dos caras de la misma moneda, inseparables e influenciables mutuamente, condiciona la vida de sus habitantes: "El individuo existe para la sociedad, y ésta para aquel" (Labanyi *Ironía* 67).

Sin embargo, la anatomía del Madrid de *Tiempo de silencio* es menos detallada que la de Dublín en *Ulysses* en cuanto a la descripción topográfica de los lugares, aunque los nombres de las calles y los itinerarios de los personajes son igualmente explícitos y fácilmente localizables en el centro de la capital y parte del extrarradio. Los espacios madrileños donde se desenvuelve la acción son: el CSIC, las chabolas de la periferia de Madrid, los cafés literarios, la pensión, el cementerio, el prostíbulo y la cárcel.[19] Para Jean Tena, *Tiempo de silencio* da más importancia a la calle

---

19 La descripción tan somera de la celda donde encarcelan a Pedro se basa en la experiencia personal de Martín-Santos cuando fue detenido en 1958 por actividades socialistas. Como señala Gorrotxategi, el proceso de investigación duró doce días y supuso una vivencia dura para el escritor, pues durante todo este tiempo se le tuvo

que otras obras de la época que también reproducían ambientes urbanos. Pero añade que los espacios interiores y cerrados con los que comienza y finaliza la novela sirven de contrapunto simbólico: "Ont est frappé par la profusion d'intérieurs dont le statut d'espaces clos est toujours souligné sémantiquement ou métaphoriquement. Sur le plan symbolique, il faut noter que le roman, commencé dans un laboratoire, se termine dans un wagon (deux lieux clos par excellence)" ("Pour une" 61). Esta característica une la función de la ciudad en las dos novelas, pues el espacio es más poético que real. En este sentido, adopto el término que utiliza Sheri Spaine Long para referirse a Martín-Santos, cuando señala que en *Tiempo de silencio* hay un proceso de poetización del espacio a través del cual, el autor "experiences the city, his memory rearranges his perception of it, as he selectively forgets and transforms concrete things into images (the metamorphosis), and later these impressions are recorded in the novel" (63). Esto es algo que se aplica igualmente a *Ulysses*.

Pero la diferencia clave entre las dos novelas se encuentra en el carácter determinista de la ciudad sobre el individuo, tan patente en *Tiempo de silencio*. Si aquí no hay un deseo tan obsesivo por describir Madrid en su máximo detalle es porque la ciudad en general y la sociedad como reflejo serán condicionantes del fracaso y alienación de Pedro. Ya al comienzo se apunta la trascendencia de la ciudad, responsable de los rasgos definitorios del ser humano:

> De este modo podremos llegar a comprender que un hombre es la imagen de una ciudad y una ciudad las vísceras puestas al revés de un hombre, que un hombre encuentra en su ciudad no sólo su determinación como persona y su razón de ser, sino también los impedimentos múltiples y los obstáculos invencibles que le impiden llegar a ser. (*Tds* 18)

La utilización de la primera persona del plural, en la que se incluye el mismo narrador, produce un efecto de complicidad e involucración por parte del lector, a quien se le impone una visión pesimista precisamente para apelar a su conciencia social.

La presentación de esta realidad madrileña sólo puede conducir a un final pesimista y destructivo. Pedro tendrá que abandonar la ciudad por el mismo camino por donde vino ya que, en esta sociedad tan cerrada, no hay sitio para sus supuestas aportaciones a la ciencia, ni para su generosidad, ni

---

incomunicado en los calabozos de los bajos de la Dirección General de Seguridad, en la Puerta del Sol de Madrid (113).

mucho menos para su idealismo. Dolgin resume la esencia del drama final y del fracaso del protagonista en el poder que la sociedad ejerce sobre el individuo:

> [...] el individuo depende de un orden social que sistemáticamente ignora los deseos y necesidades individuales. Martín-Santos demuestra elocuentemente cómo la estructura social predetermina la conducta individual y colectiva, de modo que esa conducta asegure la perpetuación del sistema: así, la atmósfera general propicia la respuesta individual y la respuesta individual engendra la atmósfera general. El individuo forma y es formado por la sociedad en que vive. (78-79)

Por ello, Pedro se convierte en un ser alienado y enajenado de su voluntad, en una solución literaria que difiere de la de Joyce.

En el apartado anterior se describía *Ulysses* como una novela universal, no precisamente por la representación de la ciudad de Dublín, sino por el modo en que se retratan la interioridad y exterioridad de la realidad de los personajes. El Madrid de *Tiempo de silencio* también se define a partir del símbolo de las esferas concéntricas que engloba la opresión de las diferentes clases sociales, en las que Pedro constituye el centro de acción. *Tiempo de silencio* presenta unos personajes altamente individualizados en cuanto al lenguaje particular que emplean y la clase social a la que pertenecen, a pesar de la separación irónica entre realidad y lenguaje, que se sucede en muchas de las descripciones del narrador. Pero a diferencia de *Ulysses*, la novela de Martín-Santos no tiene pretensiones de universalidad porque si se extrae a los personajes de su entorno, éstos pierden su identidad. La distinción clave entre ambas obras reside en el hecho de que Joyce parte de lo individual del ser humano para, de ahí, llegar a lo universal, mientras que Martín-Santos parte de la caracterización individual de los personajes, para llegar a la inserción de los mismos en clases sociales bien diferenciadas. La sociedad altamente jerarquizada de la novela se percibe incluso en los mismos habitantes de las chabolas, divididos en subclases. Por esta razón, Martín-Santos se distancia de Joyce en su objetivo, la crítica de la realidad de la posguerra española, y en el carácter pesimista, que sólo puede tener cabida en un "tiempo de silencio", de inmovilidad y de parálisis física y espiritual.

5.3.3 La función de los ríos en Ulysses *y* Tiempo de silencio

A pesar de la gran atención que se ha prestado a la representación de la ciudad en las novelas de Joyce y Martín-Santos, la función de los respectivos ríos parece haber quedado en el olvido. Sin embargo, el símbolo del agua como reencarnación, liberación, fertilidad o bautismo es un motivo importante en la tradición literaria universal, y mucho antes de que se convirtiese en elemento fundamental del *locus amoenus* de la literatura medieval. Por citar un ejemplo, valga mencionar la imagen de la fuente, el agua y los árboles, de donde se inspira la escritura de los evangelios, según aparece en los *Milagros de nuestra señora* de Gonzalo de Berceo:

> Las quatro fuentes claras que del prado manavan,
> Los quatro evangelios esso significaban,
> Ca los evangelistas quatro que los dictavan,
> Quando los escrivien, con ella se fablaban. (12)

Estos versos se relacionan con una larga tradición literaria que entronca con los cuatro ríos del infierno que aparecen en el capítulo "Hades" de *Ulysses*, y con los cuatro evangelios. Asimismo, en el primer monólogo de Pedro en *Tiempo de silencio*, éste habla de "los ríos que se pierden en la mar" (*Tds* 8), que presentan un paralelismo claro con Jorge Manrique y sus "Coplas" por la muerte de su padre. Manrique conecta los dos temas principales de su obra poética, el amor y la muerte, precisamente con la imagen del cambio y la fluidez de los ríos:

> Nuestras vidas son los ríos
> que van a dar en la mar,
>   qu'es el morir;
> allí van los señoríos
> derechos a se acabar
>   e consumir;
> allí los ríos caudales,
> allí los otros medianos
>   e más chicos,
> allegados, son iguales
> los que viven por sus manos
>   e los ricos. (149)

El río en ambas novelas se personifica adquiriendo cualidades humanas tanto en la representación de la vida, como en la muerte. En

Ulysses, los cuatro ríos del Hades o el viaje al inframundo, según aparecen en la *Odisea*, se convierten en los cuatro ríos de Dublín por los que pasa la escena del entierro en "Hades": el río Dodder, el Grand y Royal Canal, y el río Liffey.[20] Además, no hay que olvidar que el antiguo nombre del Liffey significaba "life" y, como tal, representa la fluidez y la vida en su sentido más universal.[21] ¿Por qué si no, en *Finnegans Wake*, el pelo de Anna Livia Plurabelle se convierte también en el río Liffey –en irlandés *amhain* o *Anna Liffey*, según aparece en mapas antiguos– que siempre cambia pero siempre es el mismo? No es que el río cambie, sino que en su largo camino desde las montañas, desemboca en la Bahía de Dublín donde se funde con el mar. De esta forma, el río muere metafóricamente para resucitar en forma de nube, cuya lluvia vuelve a llenar el río, completando así el ciclo de la vida, la muerte y la resurrección. De igual modo, la sección de la obra "Anna Livia Plurabelle" era, según describió Joyce a Harriet Shaw Weaver, un capítulo que pretendía convertirse en un intento por subordinar las palabras al ritmo del agua, representando

> [...] a chattering dialogue across the river by two washer women who, as night falls, become a tree and a stone. The river is named Anna Liffey. Some of the words at the beginning are hybrid Danish-English. Dublin is a city founded by Vikings. The Irish name is Baile Atha Cliath. Ballyclee = Town or Ford of Hurdles. Her Pandora's box contains the ills flesh is heir to. The stream is quite brown, rich in salmon, very devious, shallow. The splitting up towards the end (seven dams) is the city abuilding. (*JJ* 563-564)

El nombre irlandés de Dublín, "Baile Atha Cliath", con su significado de "ford of the hurdles", indica precisamente el lugar desde donde se puede cruzar el río. Asimismo, tampoco hay que olvidar que Irlanda es una isla rodeada de agua, representando el "omphalos" (*U* 7) del primer capítulo de *Ulysses*.

Pero además del Liffey, Joyce incorporó a su última obra los nombres de los ríos de todo el mundo –como el Nilo, el Moldau, el Ganges o el Mississippi– con el fin de que cualquier lector los pudiese identificar con el de su propia localidad. De hecho, la primera palabra de *Finnegans Wake* es

---

20   Elkhadem, sin embargo, señala que el Hades se separaba del mundo por cinco ríos: el Acheron –río de la aflicción o del dolor–, el Cocytus –río de la lamentación–, el Lethe –río del olvido–, el Phlegethon –río abrasador– y el Styx –río repugnante– (97).

21   Aunque era un hombre de ciudad, Joyce confería un profundo significado a las montañas y ríos por ser "phenomena that will remain when all the peoples and their governments will have vanished". Por esta razón, llegó a afirmar que el tiempo, el río y las montañas constituían los verdaderos héroes de *Finnegans Wake* (Jolas 10-13).

precisamente "riverrun" y a lo largo de la obra el río se humaniza al nacer y morir, y al venir representado por el largo pelo de Ana Livia en un movimiento continuo. Como señala García Tortosa: "Si Earwicker es todos los hombres y Anna Livia todas las mujeres, el río Liffey tendrá que representar a todos los ríos del mundo" ("Introducción" 87). La personificación del río resulta todavía más clara en la sección en que Anna Livia-río se prepara para la seducción: "First she let her hair fal and sown it flussed to her feet its teviots winding coils. Then, mothernaked, she sampood herself with galawater and fraguant pistania mud, wupper and lauar, from crown to sole [...]. And after that she wove a garland for her hair. She pleated it. She plaited it. Of meadowgrass and riverflags, the bulrush and waterweed, and of fallen griefs of weeping willow" (*FW* 206-207). Esta imagen del pelo de Anna Livia, metáfora del río, partió de la referencia a las trenzas de la mujer de Italo Svevo:

> They say I have immortalised Svevo, but I have also immortalised the tresses of Signora Svevo. These were long and reddish blonde. My sister who used to see them let down told me about them. The river at Dublin passes dye-houses and so has reddish water. So I have playfully compared these two things in the book I am writing. A lady in it will have the tresses which are really Signora Svevo's. (*JJ* 561)

Al igual que Joyce equipara agua con vida, y también con muerte y resurrección, las cualidades que adopta el río en *Tiempo de silencio*, o más bien su ausencia, son también significativas. Rey señala que el Manzanares aparece como tema literario al principio de la novela (14), a pesar de que precisamente Madrid es una ciudad que carecía en aquella época tanto de catedral, como de río. La ciudad aparece como un lugar seco, muerto: "Y este pueblo en que no llueve. Este pueblo que no tiene agua. En qué río poder caer aquí si desde el viaducto cae el suicida sobre tejas romanas" (*Tds* 121). Cuando en *Tiempo de silencio* Pedro se lava después de poseer a Dorita, éste realiza una larga reflexión sobre el efecto del agua, "traída desde la lejana sierra con largos canales que han pagado los hombres que sudan a lo lejos, para que –llegada– tan pura no desentone el pneuma local" (*Tds* 121-122). Sin embargo, como el río no mana de esta ciudad seca, la esterilidad de la tierra se equipara con su falta de pureza, que contribuye a enfatizar las cualidades de vida del agua: "Los baños purificativos, el bautizo, la resurrección [...] la lluvia, la lluvia. Y este pueblo en que no llueve. Este pueblo que no tiene agua" (*Tds* 121).

También en *Tiempo de destrucción* el río vuelve a aparecer como un motivo recurrente que adquiere cualidades simbólicas negativas pues, como describe claramente el mismo narrador, "la vieja ciudad tiene su río convertido en cloaca" (*Tdd* 301). Para Schraibman, esta metáfora muestra "las relaciones existentes entre sus habitantes, hombre-crustáceos en putrefacción, el ambiente, río-cloaca, y las fuerzas ideológicas de putrefacción que determinan estas relaciones (*"Tiempo"* 214). Esta visión negativa del río Oria tiene, además, una importante trayectoria en la literatura española, y está presente en *El Jarama* de Sánchez Ferlosio, una novela que reproduce la excursión que realizan once amigos en una tarde de domingo de agosto a orillas del río Jarama, cuyo drama se desenvuelve alrededor del río, cuando una de las muchachas, Lucita, muere ahogada.

5.3.4 La ciudad como pesadilla de la historia

La historia es un elemento inseparable de los acontecimientos de *Ulysses* y *Tiempo de silencio*, sobre todo en lo que respecta a las características más definitorias del carácter de sus respectivas ciudades. Por una parte, en el segundo capítulo de *Ulysses*, Stephen pronuncia su famosa declaración: "History [...] is a nightmare from which I am trying to awake" (*U* 28) y, a lo largo de la novela, le obsesiona esta pesadilla de la historia de la que Irlanda debe despertar. En *Stephen Hero*, éste había señalado ya a su compañero Cranly que la vida no es el pasado: "You urge me to postpone life –till when? Life is now –this is life: if I postpone it I may never live [...]. Life is not a yawn" (*SH* 129). Sin embargo, Stephen vive con el remordimiento de su pasado y de su imposibilidad para enfrentarse a él porque, como dublinés, está paralizado. Quizá la pesadilla de la que trata de despertar no sea más que la otra cara del despertar de Finnegans, cuando Stephen ha desaparecido ya de la historia. Por su parte, la novela de Martín-Santos también se presenta como una larga meditación sobre la historia desde el primer párrafo, cuando se habla de Madrid como un: "Pueblo pobre, pueblo pobre" (*Tds* 7), donde la falta de higiene hace desaparecer los ratones del laboratorio de Pedro, y la falta de comida permite que "el ángulo facial estrecho del hombre peninsular, con el peso cerebral disminuido por la dieta monótona, por las muelas, fabes agarbanzadas leguminosas y carencia de prótidos", persevere en su miseria (*Tds* 8). La crítica de Martín-Santos hacia las tradiciones españolas y sus mitos heredados parten de la misma incapacidad de esta ciudad estrecha de miras para superar el pasado y huir de las tragedias de la historia.

En la conversación que mantiene Stephen con Mr. Deasy en "Nestor", éste último relaciona el sentido de la historia con la manifestación de Dios. Pero, para Stephen, Dios se revela en la calle, en el ruido y en la vida de las gentes:

> —The ways of the Creator are not our ways, Mr Deasy said. All human history moves towards one great goal, the manifestation of God.
>   Stephen jerked his thumb toward the window, saying:
> —That is God.
>   Hooray! Ay! Whrrwhee!
> —What? Mr Deasy answered?
> —A shout in the street, Stephen answered, shrugging his shoulders [...].
> —I foresee, Mr Deasy said, that you will not remain here very long at this work. You were not born to be a teacher, I think. (*U* 28-29)

En esta cita, la frase del profesor se interrumpe por los ruidos de fuera que, como apunta Stephen, muestran la verdadera realidad. Pero la pesadilla de la historia irlandesa, la de su pasado, va profundamente relacionada con la rebeldía estética y religiosa de Stephen. Para Levin, la obra de Joyce, oscilando siempre entre misticismo y exhibicionismo, experimentación lingüística y confesión pornográfica, mito y autobiografía, simbolismo y naturalismo, no es más que un intento de crear un sustituto literario a las revelaciones de la religión (*James Joyce* 38).

Y la religión es, efectivamente, una de las causas de la parálisis de Stephen, quien siente remordimiento por no haber cumplido el último deseo de su madre.[22] Más aún, para él, religión y arte son inseparables. En las primeras páginas de *Ulysses*, Stephen define el arte irlandés como: "The cracked looking glass of a servant" (*U* 6), y se presenta a sí mismo como el artista universal que se aleja del provincianismo irlandés. Sin embargo, Stephen es un artista frustrado y paralizado por su incapacidad para crear, convirtiéndose más bien en una "priest-like figure". Por esta razón, para él, la historia es una pesadilla, como también lo fue para Joyce, quien huía de ciudad en ciudad para escapar de la Primera Guerra Mundial mientras escribía *Ulysses*. Joyce y Stephen plantean así que la pesadilla de la historia sólo se supera a través del destierro, del autoexilio y de la huida, física o metafórica. De hecho, la "nightmare of history" de Stephen se pronuncia mientras está dando clase, al reflexionar sobre la historia de Roma y la futilidad de las guerras, que sólo traen la "ruin of all space" (*U* 20), paralela

---

22 Aunque, según Goldberg, este es "wholly theatrical, an unpleasant combination of self-accusation, self-pity and pride" (22).

a la realidad de la Europa que presenció el mismo Joyce. Es un hecho significativo que ninguno de los tres protagonistas de *Ulysses* esté a favor de la violencia o la guerra, pues esto es algo que se puede relacionar con el antinacionalismo de Joyce. Pero, en general, como apunta Robert Spoo, las actitudes de Joyce y Stephen son ambivalentes e incluso contradictorias, y muestran signos de aceptación y rechazo, como si se tratara de un oxímoron historiográfico (57).

En *Ulysses*, la parálisis de Dublín, símbolo del estancamiento de la historia, se convierte en una pesadilla paralizada, ya que ninguno de sus ciudadanos hace nada para salir de este inmovilismo. Ni Bloom reacciona contra las presuntas infidelidades de su mujer, optando por recrearse en su misma alienación, ni Stephen logra salir de su infertilidad literaria, ni los demás personajes hacen nada por cambiar sus vidas. Para Goldberg:

> Bloom's ambiguous position, his example, his love, his freedom, if only he could understand them, are what Stephen must come to. For the parallels between the two men are fundamental: Bloom's exclusion from society reflects Stephen's spiritual exile from it [...]. Each is an alien in the life of Dublin. (*U* 37)

Kiberd también alude a que la necesidad de salir del provincianismo que promovía la revolución irlandesa provenía, en realidad, de la lucha contra el pasado:

> Hence Joyce's severe ironization of all models of ancient heroism, whether Gaelic or Greek. To those who said 'Unhappy the land that has no heroes', he might have replied with Brecht's Galileo: 'No! Unhappy the land that *needs* a hero!' –a land forever dreaming of past models of greatness and seemingly unable to conceive of itself. (lxxvi-vii)

Esta visión de la historia irlandesa que se ha alimentado de su servilismo, inferioridad y traición hacia sus propios héroes aparece claramente descrita en algunos de los ensayos críticos de Joyce, como "Ireland, Island of Saints and Sages", "The Last Fenian", "The Home Rule Comet" o "The Day of the Rablement", al igual que en el poema "Gas from a Burner". Pero no sólo en los ensayos críticos, también en *Ulysses*, la misma palabra historia, Spoo comenta, reverbera como la risa de un fantasma, sujeta a múltiples variaciones y transformaciones (3), que se pueden aplicar igualmente al resto de la producción del escritor.

En *Giacomo Joyce*, antes que en *Ulysses*, Joyce hace referencia a la pesadilla de la historia que envuelve a la ciudad, aunque en este caso se trata de Padua. Es la descripción del efecto de la noche, de la oscuridad y del río como fuente de vida lo que capta su interés:

> Padua far beyond the sea. The silent middle age, night, darkness of history sleep in the *Piazza delle Erbe* under the moon. The city sleeps. Under the arches in the dark streets near the river the whores' eyes spy out for fornicators [...]. Again. No more. Dark love, dark longing. No more. Darkness. (*GJ* 3)

En *Tiempo de silencio*, la pesadilla de la historia también persigue a sus habitantes. Esto es algo que el narrador deja entrever en su crítica de varios acontecimientos que representan el modo de vivir español. La sociedad parece haber quedado paralizada en un momento de aceptación pasiva de su propia miseria. Es más, el mismo narrador se pregunta cómo pudieron salir genios como Cervantes o Lope de esta realidad tan enferma, que él equipara con un gran quiste:

> Por allí había vivido Cervantes –¿o fue Lope?– o más bien los dos. Sí; por allí, por aquellas calles que habían conservado tan limpiamente su aspecto provinciano, como un quiste dentro de la gran ciudad. Cervantes, Cervantes. ¿Puede realmente haber existido en semejante pueblo, en tal ciudad como ésta, en tales calles insignificantes y vulgares un hombre que tuviera esa visión de lo humano, esa creencia en la libertad, esa melancolía desengañada tan lejana de todo heroísmo como de toda exageración, de todo fanatismo como de toda certeza? (*Tds* 74)

El protagonista, representante de una visión más progresista y llevado por su deseo de avanzar el estado de la investigación sobre el cáncer, será vencido finalmente por una tradición que sigue recreándose en su atraso, en su provincianismo y en su mediocridad. Pedro no podrá convertirse, como él desea, en otro Ramón y Cajal y, por lo tanto, tampoco podrá liberar "al pueblo ibero de su inferioridad nativa ante la ciencia" (*Tds* 7).

Los demás personajes y ambientes de la novela también son objeto de crítica, al participar de una realidad hipócrita, vacía e insolidaria, en una ciudad que "piensa con su cerebro de mil cabezas repartidas en mil cuerpos aunque unidas por una misma voluntad de poder" (*Tds* 18). Se trata de un lugar donde las tradiciones populares incuestionables llegan a ser más importantes que la cultura o el arte. La función que cumple la digresión del narrador sobre los toros –descritos como ejemplo de un "odio [...] institucionalizado"– es plantear la esencia del pueblo español, que entierra sus problemas en celebraciones trágicas para su historia, porque "si efectivamente a lo largo y a lo ancho de este territorio tan antiguo hay más anillos redondos que catedrales góticas, esto debe significar algo" (*Tds*

223). Por todo ello, repite el narrador, Madrid es una ciudad sin catedral, pues su enfermedad sigue alimentándose de mitos irracionales y pasatiempos sin sentido, que la mantienen viva generación tras generación. Como muy bien interpreta Morán, la fiesta taurina supone una catarsis del pueblo, "síndrome y terapéutica de una enfermedad nacional" (387).[23] Este proceso de desmitificación de las tradiciones ancladas al pasado comienza ya en la primera digresión de la novela, cuando el narrador presenta la ciudad de la siguiente forma: "[...] nos limitaremos a penetrar en las oscuras tabernas donde asoma sobre las botellas una cabeza de toro disecado, a pasear por la calle del Nuncio o de la Bola donde se tropieza *con las raíces cortadas de lo que pudo haber sido una ciudad completamente diferente*" (énfasis mío, *Tds* 17).

Junto a los toros, la banalidad de la revista musical es otro ejemplo de la pesadilla de la historia española de la que el pueblo todavía no ha conseguido despertar. Siguiendo el propósito desmitificador, el narrador describe irónicamente la función de este tipo de aficiones:

> ¿Para qué intentar buscarle cuatro pies al gato madrileño si la copla explicativa y lúcida que canta la supervedette va derramando historias y grandeza (rumbo, rumbosa), cuando dice con la boca roja y con todos los gestos de su cuerpo rodeado de escama de pez Eugenia –de Montijo– hazme con –tu amor– feliz [...] sin que nadie pueda llamar compra o mercado o cambalache a una negociación de tan elevado tono poético, tan esperanzadoramente fornicada, tan [...]. (*Tds* 273)

La revista musical forma parte del ritual en que se ha visto atrapado Pedro, al sentirse obligado a tener que casarse con Dorita. Toda la ciudad parece estar allí en una significativa fusión de clases sociales, en la que el protagonista aparece "rodeado de pueblo por delante, por detrás, por arriba, por abajo, frente al pueblo sublimado del escenario, bajo el pueblo ululante del elevado gallinero, ante el pueblo vergonzante de las filas de atrás que no paga pero grita" (*Tds* 276). Asimismo, la tragedia final –el asesinato de Dorita a manos de Cartucho– tiene lugar precisamente en otra de estas diversiones tradicionales, la verbena popular, que viene precedida de las consiguientes reflexiones del narrador.

La comparación de los espacios novelescos de *Ulysses* y *Tiempo de silencio* revela que ambas coinciden en mostrar una realidad paralizada y abotargada en su pasado, aunque la crítica social que dirigen sea distinta. Rey sostiene que la ciudad es un objeto determinante de la actividad de los

---

23 Véase también el apólogo de Martín-Santos, "Tauromaquia", que explora el tópico de la virilidad del torero que conquista a una turista nórdica.

personajes, tanto en *Ulysses* como en *Tiempo de silencio*, porque "una ciudad condiciona el quehacer de los protagonistas, a la vez que el itinerario de éstos permite descubrir los entresijos de aquélla" (*Tds* 7). Sin embargo, esta afirmación se puede aplicar mejor a la novela de Martín-Santos, profundamente determinista no sólo por su temática sino, sobre todo, por los comentarios del narrador sobre la ciudad. De forma opuesta, la obra de Joyce utiliza a los personajes para mostrarnos la urbe en toda su expansión, porque la ciudad es a los ciudadanos lo que la vida de sus ciudadanos es a la ciudad. Esta interrelación recíproca ahonda en el carácter provinciano de Dublín que, para Joyce, se había quedado paralizado en el tiempo. Esta ciudad de época eduardiana, con coches de caballos, lámparas de gas y soldados británicos le permitía considerarla lo suficientemente grande como para ser una capital europea, pero también lo suficientemente pequeña como para poder ser comprendida dentro de una totalidad. Por otra parte, en *Ulysses* no hay elementos deterministas que condicionen la vida de sus habitantes de la misma manera que lo hacen en *Tiempo de silencio*, en la que éstos aparecen atrapados por su propio entorno, un medio hostil que no les deja espacio para escapar.

5.4 La ciudad como viaje: los periplos de los protagonistas

5.4.1 *El día*

Como se ha ido apuntando a lo largo del capítulo, la ciudad no sólo es el lugar de acción de *Ulysses* y *Tiempo de silencio*, sino el centro simbólico en el que convergen las actividades de sus protagonistas. Si dividimos la historia que acontece en ambas novelas entre el día y la noche, las coincidencias situacionales que surgen de la comparación, resultan altamente significativas. Precisamente uno de los aspectos que las une es el periplo que realizan los personajes por sus respectivas ciudades, cuyos itinerarios nos presentan lo que Joyce llamaba la "Dublin's street furniture" (*SH* 189), refiriéndose al "mobiliario" constituido por las calles, puentes, edificios, tiendas, bares e iglesias de la gran ciudad. Por una parte, hay que señalar la importancia que se concede a este deambular diurno, a este periplo por las calles de Dublín y Madrid, que no lleva a los personajes a ninguna dirección concreta, pero que les hace reflexionar sobre toda una serie de cuestiones relativas a su identidad y posición en el espacio. Y por otra, este vagabundear es relevante ya que no sólo acontece durante el día, sino que, más aún, en la noche, los personajes de *Ulysses* y *Tiempo de silencio* parecen ponerse de acuerdo para beber en exceso y acabar en las respectivas casas de citas. Todo esto, quizás, porque una Odisea moderna necesariamente tenía que representarse en un espacio urbano con todos sus elementos. Como señala Benet a propósito de la novela de Martín-Santos:

> Ya había comenzado a ejercer su influencia el 'Ulises' de Joyce en edición argentina y aquél que se considerase llamado a recoger la antorcha de la vanguardia literaria no podía negarse a tomar parte en una noche sabática –'iluminada de alcohol y axilas'– al estilo de Mabbot Street [...]. Entre los diversos (y algunos disparatados, por demasiado canónicos) dogmas literarios que a sí mismo se había dictado Luis, consistía uno en creer que toda obra literaria de envergadura debía incluir, y a poder ser en su parte central, una Walpurgisnacht. ("Luis Martín-Santos" 122-123)

En *Ulysses*, llegamos a conocer Dublín especialmente a través del ciudadano Bloom. El artista Stephen vive en la periferia de la ciudad y, por encima de ésta, en la torre Martello. Sus acciones servirán de contraste con las de Bloom, pues los dos van por las mismas calles de la ciudad a horas diferentes, los dos comienzan la novela a la misma hora del día y los dos experimentan reacciones distintas ante los mismos hechos. También *Tiempo de silencio* nos muestra la vida diaria de Madrid a través del deambular de Pedro y otros personajes, como Matías, que funcionan a modo de contraste en sus diferentes percepciones de la ciudad. Para Alfonso Rey, ambos autores coinciden en presentar el espacio urbano "como un mundo que ha de ser explorado, tras lo cual se enriquece el conocimiento y el aprendizaje del explorador" (7).

Ulysses, en sus dos comienzos, abre el día por la mañana temprano con Bloom y Stephen. Es Bloom quien, en su primer paseo, reflexiona sobre la vida de la ciudad, formando un significativo paralelo con el comienzo de *Tiempo de silencio*, cuando Pedro se dirige por la mañana hacia las chabolas del Muecas mientras piensa en las calles que pasa, las gentes y los escaparates de Madrid. Por otra parte, las referencias explícitas a Dublín contrastan con la ausencia de alusiones directas a Madrid en la novela de Martín-Santos, aunque las digresiones irónicas del narrador implícitamente nos remiten a la capital. La primera de ellas es significativa porque consta de una única frase de casi dos páginas, cuyos sintagmas van unidos por el adverbio "tan", que se repite veintiséis veces para enfatizar los aspectos negativos de la ciudad y terminar anunciando que carece de catedral:

> Hay ciudades tan descabaladas, tan faltas de sustancia histórica, tan traídas y llevadas por gobernantes arbitrarios, tan caprichosamente edificadas en desiertos, tan parcamente pobladas por una continuidad aprehensible de familias, tan lejanas de un mar o de un río, tan ostentosas en el reparo de su menguada pobreza [...] que no tienen catedral. (*Tds* 15-16)

El uso del plural para referirse al único centro espacial de la novela permite enfatizar que estas cualidades de Madrid también se pueden aplicar a otros lugares de España.

En *Tiempo de silencio*, la limitación temporal es menor, pues la acción tiene lugar durante más de un día, aunque los paralelismos situacionales entre las dos novelas se mantienen en las siguientes secuencias temporales. Así, el espacio de la calle cumple una misión similar en las dos obras, porque mientras Pedro y Bloom caminan, reflexionan sobre las calles que pasan y comentan aspectos de las gentes, las tiendas, los vehículos y los ruidos. Para Burton Pike, el punto de vista de la calle es el más común en la literatura de la ciudad al ser un

> [...] marvelous vehicle for conveying complexity, as well as being closest to the reader's everyday experience: a fixed place, rich in resonances of all kinds, which offers a setting or atmosphere for action, and which at the same time involves many variables and a high degree of uncertainty. (35)

Son innumerables las referencias a lugares geográficos concretos que se suceden en las dos novelas. Así, en *Tiempo de silencio* aparecen: la calle de Atocha, la calle de Sevilla, la calle del Pez, la calle de la Montera, la calle San Bernardo, el Rastro, Antón Martín, la Cibeles, el Paseo del Prado, la Plaza Mayor, el Retiro y, cómo no, el barrio cercano a la pensión donde vivía Martín-Santos –entre las calles Barquillo y Hortaleza, y Reina y Pelayo–, donde había "numerosos burdeles para toda la escala social; desde los más lujosos y reservados hasta los más populares" (Benet "Luis Martín-Santos" 123).[24] La descripción de los lugares por donde pasa Pedro de camino a las chabolas se corresponde con localizaciones reales entre el hospital de Atocha –donde Martín-Santos realizaba sus prácticas quirúrgicas– y la zona de Vallecas. Y también aparecen en la novela otros lugares públicos reales como: el cine "Barceló", el cine "Callao", el teatro "Eslava", el "Monumental", el café Gijón, el Ministerio del Ejército, la estación de Príncipe Pío y algunos otros.

---

24 Véase el mapa de Madrid que incluye Suárez Granda en su estudio (VI).

De igual modo, aunque todo *Ulysses* sea el periplo que realizan sus protagonistas por la ciudad, el capítulo "The Wandering Rocks"[25] destaca por presentar diecinueve descripciones de personajes andando por las calles de Dublín, empezando con el Padre John Conmee y terminando con el recorrido de la comitiva del Virrey,[26] cuyo objetivo es mostrar Dublín en movimiento. Según Blamires, para escribir este capítulo Joyce se colocó un mapa de la ciudad delante, y calculó la distancia que recorrería cada personaje en un minuto (*The New* 87). Con esta técnica del *montage*, el espacio se mueve y el tiempo se para, ya que mientras los personajes pasean, reflexionan por y sobre la ciudad. Quizá porque, como muy bien observa Hodgart, los dublineses, a pesar de su parálisis de espíritu, están siempre en movimiento aunque sólo sea para ir de bar en bar o de iglesia en iglesia (97). Pero el otro aspecto esencial que evoca la lectura de esta sección es precisamente el que ayuda a su localización, el 16 de junio, pues la única referencia que se tiene de esta fecha se encuentra precisamente en una de estas escenas en que la secretaria de Boyland, Miss Dunne, escribe la fecha (188). Por esta razón, la fijación espacial y temporal queda unificada en este episodio tan relevante que, además, encuentra su paralelo en *Tiempo de silencio*, con la presentación de cuatro personajes en movimiento –Matías, Amador, Cartucho y Similiano– que marchan por Madrid de forma simultánea, y cuyas reflexiones se nos trasmiten a modo de monólogo, aunque sin aclaraciones por parte del narrador de qué voz pertenece a quién.

Pero las coincidencias situacionales no acaban aquí, porque Pedro acude a la chabola del Muecas para participar en el aborto de Florita, que había sido violada por su propio padre. Esta escena encuentra su paralelo en "Oxen of the Sun", cuando Bloom se presenta en el Hospital de maternidad para ser testigo del parto de la señora Purefoy. Naturalmente, ambas novelas se distancian en el cariz de los acontecimientos, pues no hay que olvidar que *Tiempo de silencio* es un drama, cuya función es enfatizar la falta de humanidad de esta sociedad de posguerra. Por otra parte, la mayor fuente de coincidencias entre los dos episodios se encuentra en la descripción del ambiente, con la gente moviéndose alrededor observando la situación.

---

25 Para Fritz Senn, este es el capítulo central de la novela puesto que funciona como modelo a pequeña escala de la totalidad de la misma, "in a Janus-faced construction, symetrically facing forward and backward" ("The Rhythm" 35).

26 Estos dos personajes representan los dos poderes, espiritual y temporal –la iglesia católica y el gobierno británico– de Dublín, en 1904 (McCarthy 52).

El siguiente paralelismo es la escena de la conferencia que pronuncia Ortega y Gasset en *Tiempo de silencio*, a la que acuden algunos intelectuales, ádemás de representantes de la burguesía madrileña. Este episodio se corresponde con la absurda exposición sobre oratoria y otros temas relacionados con la historia irlandesa, que mantienen Bloom y el Profesor MacHugh en "Aeolus". En este caso concreto nos encontramos con que ambos autores beben de la misma fuente homérica, ya que la atmósfera de ruido y movimiento que caracteriza a la primera durante el baile de las criadas es similar al ruido de las máquinas y la gente hablando en las oficinas del periódico en la segunda (Rey 9). Además, la audiencia en la conferencia de Ortega se distribuye jerárquicamente en torno a la imagen de tres esferas o "círculos del purgatorio" (*Tds* 162) que también se pueden interpretar siguiendo la *Divina comedia* de Dante. Esta es, de hecho, otra fuente clara de ambas obras, y no sólo como recurso intertextual sino en el mismo símbolo del infierno o inframundo.

Una nueva escena que invita a la comparación es el entierro de Florita y la descripción del cementerio de Madrid, con el entierro de Paddy Dignam y la visita de Bloom a otras tumbas en el cementerio de Dublín. Otro paralelismo igualmente significativo es el que concierne a las reflexiones metaliterarias que realizan Stephen y Pedro sobre Shakespeare y Cervantes. Finalmente, ambas novelas terminan con dos monólogos interiores, aunque *Ulysses* se cierra con la palabra interior de Molly mientras que, en *Tiempo de silencio*, es Pedro quien hace una última reflexión sobre la futilidad de la vida en Madrid. A partir de estas concomitancias y de las que se analizarán en la siguiente sección se puede demostrar que las coincidencias espaciales entre ambas novelas invitan a la comparación y al contraste. Por esta razón, Rey señala que debió haber un deseo consciente por parte de Martín-Santos de tomar partes aisladas del argumento de *Ulysses*, "que unió de manera parcialmente diferente, con el fin de construir sus propios cimientos novelescos" (9).

5.4.2 La noche

Si parece haber muchas similitudes en las acciones de los protagonistas durante el día, los paralelismos que les depara la noche son todavía más sorprendentes. El periplo nocturno de los personajes por las calles de sus ciudades, junto a las escenas de los respectivos prostíbulos, es la mayor fuente de analogías. La noche viene representada por la borrachera, la alucinación, el caos y, desde un punto de vista simbólico, el fin del viaje. En *Ulysses*, el burdel de Bella Cohen se convierte en el lugar de encuentro de Stephen, Buck Mulligan, Lynch y Bloom, y representa una verdadera exhibición de estilo por el acoplamiento del estado alucinatorio de los personajes con el lenguaje de la noche. En *Tiempo de silencio*, es la casa de citas de Doña Luisa el lugar que acoge a Pedro y Matías, y también es el sitio donde se esconde Pedro cuando le busca la policía. La diferencia más significativa entre ambas escenas es que este lugar aparece en dos ocasiones en la novela de Martín-Santos, mientras que en *Ulysses* constituye un único capítulo. Sin embargo, en las dos, este preámbulo les conduce al fin del viaje y se convierte en un lugar fantasmagórico donde los protagonistas se encuentran consigo mismo a través de sus conciencias. Si Stephen y Bloom se enfrentan con sus propias angustias vitales y son objeto de múltiples transformaciones, también a Pedro le persigue un sentimiento de culpa por no haber sido capaz de evitar la muerte de Florita durante el aborto clandestino. La descripción del lugar, para el que se emplea un lenguaje onírico, también se convierte en un centro órfico, según he comentado anteriormente a propósito de las técnicas discursivas que utiliza en narrador en sus digresiones.

El hecho de que sea el mundo de la noche el que ofrezca más posibilidades de comparación se puede explicar por la larga tradición literaria que recoge lo que se conoce como escena de *Walpurgisnacht*. Este es un término acuñado por Middleton Murry que, siguiendo a Goethe, vendría a significar "noche de Walpurgis, de magia negra y aquelarre, en la que Fausto se da cuenta del profundo abismo en que ha caído" (cit. por Villanueva "Valle-Inclán" 67). Según Benet, Martín-Santos conocía esta tradición literaria y además pensaba que una buena novela no podía carecer de un episodio de este tipo –algo que también explicaría la presencia del carnaval y del aquelarre en *Tiempo de destrucción*–, para lo cual, nos remite a una anécdota curiosa que revela la atracción del escritor por este tipo de escenas:

> Luis se refugiaba en la doctrina de que toda obra tenía, aunque fuera disimulada y poco perceptible para el lector superficial, una Walpurgisnacht. Así pues constituía un deporte buscar la Walpurgisnacht en los textos más insólitos –no ya de la literatura sino de la historia, de la filosofía y hasta de la ciencia– y el día que le comuniqué, torpe de mí, que había descubierto una Walpurgisnacht, taimadamente disimulada, en el mismo corazón de «Moby Dick», la doctrina quedó confirmada para siempre, fuera del alcance de toda investigación erudita. ("Luis Martín-Santos" 123)

Curiosamente, Martín-Santos no sólo consideraba imprescindible incluir este tipo de situaciones en sus novelas, sino que formaban parte de su experiencia vital cuando estaba en Madrid.[27] En capítulos anteriores se ha dicho en más de una ocasión que era asiduo en encuentros artísticos y literarios, llegando a jugar un papel más que destacable en la vida cultural donostiarra. Pues bien, otra de estas reuniones era la de los "Hijos de Aitor" que él, junto a otros intelectuales y amigos, dedicaban a cuestiones más mundanas, como la de beber sin parar hasta el final de la noche. Su compañero Jorge Orteiza explica que:

> Fuimos hermanos del plenilunio, como los hijos de Aitor, la noche que el celebrante Alkorta nos impuso su ofita mágica colgada del cuello, en una cantera abandonada, cerca de la capital donostiarra. Sólo recuerdo que el grupo iniciático éramos pocos y que yo estaba al lado de Luis, a su derecha, frente a la cantera, en la misma línea entre lo lunar y lo oscuro. Luego, el barricote ritual de sidra que vaciamos y que haría imposible que yo recordara qué conversamos. (Cit. por Gorrotxategi 96-97)

De modo similar, Joyce fue tan precoz intelectual como sexualmente. El irlandés, que vivía cerca del barrio de prostitutas de Dublín –lo que en *Ulysses* se llama "Night Town"–, mantuvo aquí sus primeras experiencias sexuales durante su adolescencia y, como Martín-Santos, también las incorporó a su obra en el personaje de Stephen. Este apartado de la vida de Joyce es sumamente significativo por cuanto que supuso el abandono definitivo de la moralidad que imponía la ortodoxia católica, al entrar en contradicción con su propio despertar sexual. De esto, al rechazo definitivo por todo lo que supusiese imponer límites a su concepción de la vida y el arte, sólo hubo un paso.

El fin de la noche en ambas novelas les lleva a la madrugada y vuelta a casa cuando, tanto Stephen como Pedro tienen que ser ayudados por sus respectivos guardianes, Bloom y Matías. El estado de embriaguez en que se encuentran les hace percibir la ciudad por medio de visiones que transforman este espacio familiar y conocido en un laberinto inconexo y caótico, en el que ninguno de los dos puede encontrarse a sí mismo. Las calles se convierten en sombras que parecen emitir ruidos, en luces que se mueven, en coches que pasan a una velocidad imperceptible, y en

---

27 Como relata Benet, ambos consideraban que se tenía que aprovechar la noche de los sábados "en su totalidad y para todo: para el alcohol, para las conversaciones literarias, para el sexo, para los amigos, para bailar, para visitar lugares poco recomendables, en fin, para gastar la asignación semanal y llenar el domingo con un descanso bien ganado" ("Luis Martín-Santos" 120).

apariciones y desapariciones aparentemente inexplicables. La descripción de Pedro y Matías es la que sigue:

> La próxima desaparición fue la de la misma tasca con su barra metálica [...]. Toda esa fantasmagoría apenas existente hizo un movimiento de envés y se sumió en un vacío recién creado. Avisados por estas repentinas transfiguraciones del posible ascenso a su propio monte Tabor, se asieron el uno al otro por los hombros, aunque de diferentes estaturas, e intentaron resistir a pie firme el peor momento. (*Tds* 93)

La noche une a Pedro y Matías en un intento por dar coherencia a sus respectivas realidades. De forma parecida, en *Ulysses*, el sensato Bloom tendrá que hacer de buen samaritano y ayudar a Stephen a ponerse en pie:

> Preparatory to anything else Mr Bloom brushed off the greater bulk of the shavings and handed Stephen the hat and ashplant and bucked him up generally in orthodox Samaritan fashion which he very badly needed. His [Stephen's] mind was not exactly what you would call wandering but a bit unsteady and on his expressed desire for some beverage to drink. (*U* 501)

Pero los paralelismos no acaban aquí porque el penúltimo capítulo de *Ulysses*, "Ithaca", escrito a base de preguntas y respuestas en imitación a un catecismo, tiene también similitudes con uno de los monólogos de Pedro mientas camina, en el que se entrecruzan varias acotaciones del narrador (Rey 8). La llegada a casa ofrece no menos similitudes porque Pedro, medio dormido y borracho, comparte el final de la noche con Dorita, al igual que Bloom invita a Stephen a pasar la noche en su casa. Aunque éste no accede, la escena final cuando Bloom desaparece de la obra conecta los pensamientos de Molly con la llegada de Stephen: "I suppose hes 20 or more Im not too old for him if hes 23 or 24 I hope hes not that stuckup university student sort no otherwise he wouldnt go sitting down in the old kitchen with him taking Epps cocoa [...] I suppose he wond find many like me" (*U* 637). Una última diferencia es que *Ulysses* finaliza cuando acaba el día, y dejamos a Bloom y Molly durmiendo, mientras que el desenlace de *Tiempo de silencio* se amplia dos días más, cuando Pedro abandona la capital por el mismo sitio por donde llegó.

5.4.3 *Personajes paralelos y arquetipos opuestos*

Como se ha ido sugiriendo a lo largo de esta comparación, las similitudes entre ambas obras no se restringen a los periplos nocturnos y diurnos, sino que los personajes además comparten rasgos significativos. Así, Molly se podría relacionar con la abuela de Dorita, por el tipo y contenido de sus monólogos, que revelan aspectos de sí mismas –de sus debilidades, obsesiones sexuales y deseos reprimidos– de forma desinhibida e involuntaria. También Bella Cohen y Doña Luisa comparten varias funciones, como ayudar a los protagonistas y ser dueñas de las respectivas casas de citas. Asimismo, la parodia de la filosofía de Ortega y Gasset puede equipararse con el papel que desempeña el Professor MacHugh en el capítulo "Aeolus" de *Ulysses*. Pero el verdadero centro de atención se encuentra en las coincidencias personales entre Stephen y Pedro. Ambos protagonistas vienen representados esencialmente por su timidez, frustración sexual, desvalimiento, vulnerabilidad y fracaso final en sus proyectos vitales. Stephen es el artista solipsista que se evade de la realidad en su torre de marfil manteniendo sus ideales no realizados. De igual modo, la falta de realismo de Pedro, por su incomunicación y por sus sueños de llegar a convertirse en Premio Nobel, le hace partícipe de un acto que cuestiona su ética profesional, pero que él justifica con su obsesión investigadora. Si Stephen es un artista, Pedro es un intelectual de clase media, propenso al autoanálisis, depresivo e inseguro, que cae en la trampa de entregarse sexualmente a Dorita aun conociendo la estrategia a la que le han sometido. Los dos, de algún modo, integran los efectos alienantes de la ciudad, del aislamiento y de la soledad que les define como personajes débiles, pues sus desarraigos no son sólo con la sociedad, sino con la vida misma. En este sentido, Pike señala que

> [...] weak heroes and artists are intensely involved with cities. Their creators use the city thematically to represent the isolation or alienation of the individual within the culture [...]. The protagonists are excluded from these communities and feel their exclusion, although at the same time they may reject the communities as inferior or ignorant. (101)

Ni Stephen, ni Pedro pueden integrarse en la vida de sus ciudades porque no tienen cabida en ellas, al considerarlas demasiado provincianas para sus aspiraciones. La relación Stephen-Pedro se hace extensible además a la de Stephen-Agustín en *Tiempo de destrucción*, al compartir rasgos distintivos en sus personalidades y frustraciones existenciales.

Lo que se desprende de la lectura de *Ulysses* y *Tiempo de silencio*, en cuanto a las funciones de los personajes, es la delineación de sus opuestos, cuya función es enfatizar la idiosincrasia de cada uno a través de la comparación y el contraste. Si antes mencionaba que existe una conexión entre Stephen y Pedro, ahora ambos vuelven a relacionarse con sus paralelos respectivos, Buck Mulligan y Matías. Estos personajes son más carismáticos y dominantes, les hacen sombra y cumplen la función de contrastar sus respectivas integraciones sociales a modo de oposición. En el caso de Joyce, la perfilación de Mulligan es significativa porque él mismo, en septiembre de 1904, vivió en la torre Martello con Oliver St. John Gogarty, un poeta estudiante de medicina, que se convertiría posteriormente en su modelo. Gogarty había alquilado la torre para convertirla en un centro bohemio pero, a los pocos días, las relaciones entre Joyce y los otros dos compañeros se hicieron insostenibles y éste decidió situar el lugar como centro simbólico del idealismo artístico de Stephen. A su vez, Mulligan y Matías comparten algunos rasgos, como el ser personajes cultos y burlones, que gustan de la parodia, las citas clásicas y las juergas nocturnas.

Pero una diferencia clave es que mientras *Tiempo de silencio* tiene un único protagonista, en *Ulysses* nos encontramos con dos personajes principales. Esto permite que el juego de contrastes no se agote en la relación Stephen-Mulligan, sino que éste último sirva también de contrapunto a Bloom. Aunque ambos coinciden poco y no intercambian ninguna palabra, sus caminos se cruzan en varias ocasiones a lo largo del día. En realidad, las suficientes para que Mulligan sea hostil con Bloom, primero en "Scylla and Charybdis", cuando le llama "wandering jew" y "ancient mariner" (*U* 176), y más adelante, en "Circe", acusándole de ser "bisexually abnormal" (*U* 402). A partir de aquí, Bloom aconseja a Stephen que no vuelva a Sandycove con Mulligan, y que no confíe en él. En cuanto a la acusación, han sido varios críticos, como Kiberd (lx), Henke (46) y Maddox (277), quienes han apuntado que Bloom representa un ejemplo del nuevo "womanly man".[28]

Pero el doble protagonismo que comparten Stephen y Bloom merece mayor detenimiento, ya que ambos son objeto de contraste y complementación hasta el punto de haber sido considerados "complementary counterparts" (Goldberg 36). De hecho, sus relaciones se establecen a partir de sus acciones paralelas, pues los dos van por las mismas calles de la

---

28 Kiberd señala que Joyce tomó la idea de los judíos como "womanly men" del libro de Otto Weininger, *Sex and Character*. De hecho, en *The Study of Thomas Hardy*, Lawrence había descrito al judío como "the servant of his God, the female, passive". Joyce pensaba, como Lawrence, que los judíos eran víctimas de una nueva apocalipsis y profetas de una nueva era y, por esta razón, "Circe" está dedicado a la Nueva Bloomusalem (lx).

ciudad a horas distintas, los dos aparecen en la novela a la misma hora del día y los dos presentan reacciones distintas ante los mismos hechos. Así, la aversión de Stephen por el agua, que le recuerda al baño en su colegio de Clongowes, contrasta con el baño que toma Bloom por la mañana en el capítulo "The Lotus Eaters", para quien sólo se puede comparar con un placer divino. De igual modo, el miedo de Stephen hacia los perros se opone al cariño de Bloom por su gata y demás animales. Bloom sirve de contrapunto a Stephen porque el primero representa al ciudadano generoso, instintivo, humano y pragmático, mientras que Stephen es el artista idealista que encarna la voluntad creadora. Como afirma Ellmann: "Bloom's common sense joins Stephen's acute intelligence; Stephen Dedalus, the Greek-Christian-Irishman, joins Bloom Ulysses, the Greek-Jewish-Irishman; the cultures seem to unite against horsepower and brutality in favor of brainpower and decency" (*JJ* 372).

Pasando a *Tiempo de silencio*, también Pedro contrasta con el personaje secundario Amador por las mismas razones que diferencian a Stephen de Bloom. Pedro, en temperamento, idealismo y edad, tiene más en común con Stephen, aunque en algunos momentos muestra paralelismos con Bloom. Asimismo, con quien verdaderamente se puede relacionar Bloom es con Amador, hombre pacífico, humano y práctico, a pesar de que su función en *Tiempo de silencio* es menos relevante.[29] Pero los contrastes entre ambas parejas cumplen una función similar, ya que el idealismo de Pedro choca con el sentido práctico de Amador, de la misma manera que las cualidades artísticas de Stephen difieren de las más mundanas de Bloom. Finalmente, el encuentro Stephen-Bloom produce un cambio positivo en el segundo, ya que le aporta la seguridad de anunciar a Molly que, a partir de ese momento, ella también tendrá que hacer algo por él – como llevarle el desayuno a la cama. La primera vez que el personaje había aparecido en "Calypso" era precisamente para preparar el desayuno a Molly y atender todas sus necesidades, por lo que resulta verdaderamente significativo que la novela se cierre con el monólogo de ésta reflexionando sobre el cambio de su marido. En líneas similares, también al final de *Tiempo de silencio* Matías ha cumplido la función de hacer ver a Pedro la realidad, aunque éste decida aceptarla pasivamente. El desenlace es dramático y mantiene un tono pesimista, mientras que el de *Ulysses* resulta más ambiguo. Como se ha apuntado antes, son los pilares que sostienen la

---

29 No coincido con la interpretación de Rey cuando apunta que Bloom "no ha dejado huella en *Tiempo de silencio*" (10 n6), pues parte de su esencia se encuentra en Pedro y Amador.

estructura de *Ulysses* los que parecen haber ayudado en la construcción del armazón de *Tiempo de silencio*, salvando las distancias y los objetivos ideológicos de las dos novelas.

5.4.4 El espacio cotidiano y su trasfondo mítico-simbólico

Según lo visto hasta ahora, el espacio narrativo de ambas novelas muestra a unos personajes que asientan su identidad en la soledad de la ciudad y que experimentan un exilio intra-urbano. Aunque la ciudad como símbolo de alienación está presente en *Ulysses* y *Tiempo de silencio*, en el caso de Martín-Santos el espacio urbano tiene como función ahondar en la dialéctica que se establece entre el individuo y la comunidad. Para el narrador, Madrid es un lugar solitario al que se va "a gastar la tarde entera en una cafetería sin que la camarera nos sonría una sola vez, a hacer como que bebemos y beber poco, a hacer como que hablamos y no decir nada" (*Tds* 17). Aunque *Ulysses* es más rica en alusiones simbólicas, Rey afirma que ambos escritores coinciden en su concepción del espacio "como un mundo que ha de ser explorado, tras lo cual se enriquece el conocimiento y el aprendizaje del explorador" y también, "en presentarla bajo reminiscencias míticas y simbólicas" (7). En definitiva, en la ciudad como metáfora del viaje hacia sí mismo y en los itinerarios de los personajes es donde debe buscarse este caudal de significado simbólico, que arranca de la misma fuente homérica.

Joyce aconsejó una vez a su tía Josephine Murray que si quería comprender *Ulysses* debería primero "get or borrow from a library a translation in prose of the *Odyssey* of Homer" (*SL* 286).[30] Pero la única referencia de *Ulysses* que claramente nos remite a la *Odisea* se encuentra en el título, porque la incorporación del mito sólo cumple una función estructural sobre la que el escritor asentó otra innumerable cantidad de asociaciones y nuevas referencias que evocasen el simbolismo de la trivialidad de la vida.[31] Joyce pensaba que el tema de la *Odisea* era más grande y humano que el de *Hamlet, Don Quijote* o *Fausto*, como le

---

30 El mito que Joyce había leído no era el original de la *Odisea* de Homero, sino la versión reducida de Charles Lamb, *Adventures of Ulysses*, que consideraba como la verdadera guía para leer su obra (Litz *The Art* 1).
31 Almagro interpreta la presencia homérica en un sentido más global, al demostrar ecos de la *Odisea* no sólo en la perfilación de los personajes sino en la estructura de la novela, en la objetividad narrativa, en los monólogos y en los juegos de palabras.

comunicó a su alumno Georges Borach, porque consideraba a este héroe el ser más completo y más humano de la literatura (325-326). No hay que olvidar que incluso se le conoce por dos nombres: el griego Odiseo y el latino Ulises. De hecho, Ulises desempeña una gran variedad de facetas en la *Odisea:* la de cuerdo y loco, héroe y a la vez cobarde, hombre cauto y arriesgado, fuerte y débil, marido y amante, padre e hijo, etc. Una reducción paródica de esta multiplicidad de aspectos es la que definirá la personalidad de Bloom: como judío a la vez que irlandés, como padre en busca de un hijo, como marido no realizado, como hijo de un padre que se había suicidado o como amante platónico. Así, el Ulises en esta novela es Leopold Bloom, un ciudadano de clase media e ideales medios. Telémaco es Stephen Dedalus, un artista joven frustrado por haber renunciado a su patria, familia y religión, y perseguido por un sentimiento de culpa al no haber cumplido el último deseo de su madre. Y finalmente, Penélope es Molly Bloom, esposa infiel de Bloom y famosa en la ciudad por sus ligerezas.

Siguiendo a Homero, *Ulysses* aparece dividida en tres partes principales que se subdividen en capítulos y que se corresponden de forma desordenada con algunos episodios de la *Odisea*. La acción se estructura en veinticuatro cantos. Los cuatro primeros reciben el nombre de Telemaquia, ya que describen a Telémaco en Ítaca presenciando la llegada de los numerosos pretendientes de su madre, y su viaje en busca de noticias sobre su padre. Los ocho cantos que siguen narran las andanzas de Ulises desde su salida de la isla de la ninfa Calipso hasta su llegada al palacio de Nausicaa, donde cuenta sus aventuras. Los últimos doce cantos se denominan Nostos, o el regreso a casa, y cuentan cómo Ulises pudo volver a su reinado contra el terrible destino. El poema narra los años que pasa Ulises vagando de un lugar a otro, viviendo múltiples aventuras, para al final retornar a su hogar donde le espera su fiel esposa Penélope. A lo largo de la *Odisea*, Ulises destaca por ser un personaje astuto e inteligente y un *outsider* alienado, como también lo será más tarde Bloom.

En consonancia con lo expuesto, *Ulysses* también presenta una estructura tripartita. La primera parte se corresponde con la Telemaquia, llamada así por tener a Stephen como protagonista. Stephen-Telémaco sale de su torre –que no es Ítaca–, pero no a buscar a un padre, que ya tiene –aunque a lo largo de la novela negará constantemente su autoridad–, sino a sí mismo. En ambas historias, su papel se subordina al de las aventuras del héroe homérico. La segunda parte, llamada Odisea –o Uliseida–, tiene como protagonista a Leopold Bloom-Ulises, en una significativa variación del orden de los episodios que aparecía en Homero y con una función opuesta, ya que es Bloom quien realmente busca un hijo adoptivo. El protagonista sólo perderá esta entidad en la tercera parte, titulada Nostos –o Retorno–, con su vuelta a casa y su encuentro con Molly-Penélope. En esta final inversión de términos, la infiel y sexual Molly contrasta con la paciente y fiel Penélope del paralelo homérico. A lo largo de *Ulysses*, son muchos los personajes que degradan el mito homérico, como Mr. Deasy – el director del colegio donde trabaja Stephen–, que representa al elocuente, sabio y justo Néstor, y que en la novela de Joyce es un irlandés racista con ideas equivocadas sobre la historia de Irlanda, y lleno de prejuicios y sospechas por las revolucionarias ideas de Stephen.[32] Sin embargo, a pesar de las múltiples referencias a la épica homérica, Highet señala que

> [...] many readers could go through *Ulysses* without realizing that it was patterned on the *Odyssey* [...]. Even a reader who had seen a general resemblance to the *Odyssey* would surely not observe that every chapter in *Ulysses*, almost all the characters who appear for more than a moment, and many of the inanimate things they use are designed to be parallel to elements in the *Odyssey*. (505)

Aunque ambos textos presenten una gran cantidad de analogías, también las diferencias llaman la atención. Así, "The Wandering Rocks" constituye un capítulo completo en *Ulysses*, mientras que en el poema de Homero sólo hace referencia a los peligros de unas rocas que Circe menciona a Ulises en un episodio en el que éste ni siquiera toma parte. También en "Shylla and Charybdis", que se corresponde con la escena en la Biblioteca Nacional, el paralelismo hace referencia al peligro de las teorías de Stephen, por lo que la presencia de Bloom es muy breve, mientras que, en Homero, éste sigue manteniendo su protagonismo. En este episodio, Ulises se encuentra con el peligro de tener que cruzar un canal en el que a un lado está el monstruo de seis cabezas Escila, y al otro Caribdis, un remolino violento. Igualmente hay que señalar que los diez años que pasa Ulises fuera de su hogar se transforman en un sólo día en la obra de

---

[32] Son muchos más los personajes de *Ulysses* que encuentran un paralelo con otras figuras del mito de Homero como: Buck Mulligan-Antinoo; el pretendiente de Penélope que se ríe de Telémaco al igual que Mulligan mira por encima del hombro a Stephen; y otros que no incluyo porque constituiría un trabajo aparte que supera las dimensiones de este capítulo. Véanse los siguientes estudios: Manuel Almagro Jiménez, *James Joyce y la épica moderna: Introducción a la lectura de* Ulysses; Gilbert Highet, "The Symbolist Poets and James Joyce"; y W. B. Stanford, "Ulyssean Qualities in Joyce's Leopold Bloom", entre otros muchos.

Joyce, como también son múltiples los espacios de la *Odisea*, mientras que en *Ulysses* la acción se concentra en la ciudad de Dublín. Asimismo, en la *Odisea*, la primera vez que se encuentran Ulises y Telémaco es en la casa del porquero, mientras que en *Ulysses* lo hacen casi constantemente aunque sin intercambiar palabra, y la primera vez que realmente están juntos es en el burdel de Bella Cohen-Circe. Por lo tanto, Joyce no utiliza la épica de Homero de una forma paralela sino que, sirviéndose de algunos episodios, juega con algún tipo de analogía. En este sentido, Peake discrepa de la afirmación de T. S. Eliot, de que en vez de entender *Ulysses* a partir de una estructura narrativa, haya que acudir a la estructura mítica. Para Peake: "He [Joyce] establishes the epic as a level of figurative reference (as Pope did in *The Dunciad*), which he can ignore or variously exploit" (124). Sin embargo, Stanford afirma que en la caracterización de Bloom hay una réplica del Ulises de Homero, en cuanto a los valores éticos que ambos comparten (125).

Pasando a *Tiempo de silencio*, sorprendentemente su lectura nos remite de nuevo a la *Odisea*. De hecho, algunos críticos, como Juan Palley, en "The Periplus of don Pedro" (239), o Juan Villegas, en "La aventura en un mundo mitificadamente desmitificado" (204), definen la novela como una obra mítica, aunque otros, como Jo Labanyi, en *Ironía e historia en* Tiempo de silencio (162) y *Myth and History in the Contemporary Spanish Novels* (54), señalan que Martín-Santos utiliza el mito de forma irónica. Ambas interpretaciones son válidas puesto que el aspecto mítico, como en el caso de *Ulysses*, cumple una función estructural. Y también, al igual que el irlandés, Martín-Santos parodia y satiriza la magia del mito al adaptarla a la cruda realidad de la sociedad de posguerra. Lo que ofrece la novela es una desmitificación de las tradiciones que perviven en una España anclada en el pasado. En este sentido, tanto Gil Casado como Stacey L. Dolgin coinciden en destacar este proceso desmitificador de la realidad española, "para lograr una superación del anquilosamiento colectivo en todos los órdenes, tanto mentales y culturales como politicosociales... [sic] Esto supone un replanteamiento de la historia y de la tradición, abandonando las falsas interpretaciones, o sea, destruyendo los tópicos consagrados" (Gil Casado *La novela social* 128). Y Dolgin añade que, de esta forma, Martín-Santos inaugura una tendencia en la literatura española que desembocará en el tema de la alienación en novelas posteriores, como *Juan sin tierra*, de Juan Goytisolo, o *El paralelepípedo*, de Gil Casado (71).

En *Tiempo de silencio* el esquema mítico viene representado por los siguientes aspectos: el viaje iniciático de Pedro, en los dos sentidos de vagabundear por la ciudad y de meterse dentro de sí mismo; la entrada en un mundo laberíntico, también en el sentido literal de la ciudad y en el metafórico de los conflictos con los que se enfrentará el protagonista; la odisea diurna, que comienza con su viaje a las chabolas; la odisea nocturna en su visita al prostíbulo; la caída, que es el drama en el que se ve involucrado Pedro; y el descenso a los infiernos, o su entrada en el submundo de la cárcel. A su vez, palabras como "odisea", "periplo" y otras referencias a personajes del mito homérico aparecen con frecuencia. Cuando el Muecas acude a buscar a Pedro para que intente salvar a su hija, el narrador nos informa que "la misma decana [...] introdujo a presencia de Pedro al mensajero que la noche enviaba para volverlo a englobar en su seno pecaminoso, por no haber cumplido aún la total *odisea* que el destino le había preparado" (énfasis mío, *Tds* 122). De igual modo, el narrador anuncia que Pedro deberá acercarse a "los periplos nocturnos hacia la aún no explorada Nausicaa" (*Tds* 125). Florita aquí encuentra un paralelismo con Gerty MacDowell en "Nausicaa" aunque, en este caso, no es Florita quien seduce a Pedro, como había hecho Gerty con Bloom, sino que ésta ha sido violada por su padre. Sin embargo, como Cartucho cree que Pedro es el responsable del embarazo de Florita, este malentendido desencadenará la venganza final con el asesinato de Dorita a manos de Cartucho. Al igual que en Joyce, la inversión del mito se hace patente, ya que Pedro sólo se había acercado a Nausicaa-Florita para llevar a cabo un aborto. Más adelante se vuelve a aludir al viaje homérico de Pedro, cuando el narrador señala que al final de "la subterránea y mortífera odisea" (*Tds* 255) Pedro consigue salir del inframundo de la cárcel y volver a casa, a una Ítaca donde le espera Dorita-Penélope, con quien compartirá la noche. Finalmente, nos encontramos con Pedro y Dorita, que "siguieron su *periplo nocturno* a través de la ausencia de la madre" (énfasis mío, *Tds* 284).

Pero las referencias al mito no acaban aquí, porque la secuencia de la casa de citas a la que llegan Pedro y Matías después de haber "estado viajando" (*Tds* 108) aparece descrita como lugar sagrado, "templos de celebración de los nocturnales ritos órficos" (*Tds* 99). Asimismo, la sala de visitas y las prostitutas sufren transformaciones de naturaleza parecida a las de los personajes de "Circe" en *Ulysses*. El lenguaje pedante y retórico que utiliza Matías para hablar con éstas encuentra un paralelismo claro con los diálogos de "Circe":

—Dulce servidora de la noche, maga de mi tristeza dolorida, dime: ¿Cómo conseguiste hallar el secreto de la eterna juventud? ¿Quién te permitió a través de tantos besos, conservar el color rojo de tu boca? ¿Cómo es posible que tras tantos catres la carne de tu cuerpo no parezca una esponja empapada en pipí de niño tonto? ¡Habla! Comunica tu secreto a tus admiradores. (*Tds* 106)

En esta escena, los personajes de *Tiempo de silencio* se transfiguran y adoptan las más increíbles formas, siguiendo el paralelo homérico en el que la maga Circe había convertido a los acompañantes de Ulises en cerdos. Aquí, Doña Luisa-Circe: "Como su homóloga en el otro reino de las sombras, es también capaz de transformar las jóvenes criaturas en potencia aptas para llegar a ser vestidas-de-largo-velo-blanco honestas danzarinas del vuelo nupcial, en infatigables obreras ápteras" (*Tds* 180).

Pero no sólo se metamorfosean los personajes y los objetos, sino que durante la tertulia que tiene lugar en casa de Matías los invitados se convierten en pájaros a los ojos de Pedro, "los pájaros culturales que encaramados en tales perchas y con un vaso de alpiste en la mano, lanzaban sus gorgoritos en todas direcciones [...]. La señora de la casa volaba de rama en rama" (*Tds* 165-166). La referencia al viaje mítico se introduce, además, páginas antes, cuando se describe el ascensor y su banqueta de terciopelo con objeto de ofrecer "descanso a los fatigados argonautas" (*Tds* 149), es decir, a Pedro y Matías. No es de extrañar así la forma en que el narrador presenta a la madre de Matías, quien "penetró [...] en aquel mismo salón tan bruscamente metamorfoseado", donde el "maestro" –Ortega y Gasset–, se convierte ahora en "el gran macho cabrío [...] presidiendo el inmóvil aquelarre" (*Tds* 170). Más aún, en esta realidad madrileña (des)mitificada tampoco puede faltar el cíclope de un sólo ojo, nublado por su odio y violencia, que viene representado por el personaje de Cartucho, pues su existencia también resulta misteriosa: "No podía adivinar de dónde había salido aquel hombre negro, como llovido del cielo o vomitado de una mina" (*Tds* 148). Éste, como su paralelo homérico, atenta contra Pedro-Ulises asesinando a su novia Dorita-Penélope, de igual modo que también en "Cyclops", el ciudadano nacionalista arremete contra Bloom-Ulises lanzándole una caja de galletas.

En consonancia con todo ello, la entrada de Pedro en el calabozo se presenta como un descenso a los infiernos, a los "avernos entreabiertos" (*Tds* 186). Posteriormente, en su conversación con el policía, el narrador vuelve a aludir al mito para describir la situación:

Y tras la cegadora visión de Júpiter-tonante, Moisés-destrozante-de-becerros-áureos.
Padre-ofrecedor-de-generosos-auxilios-que-han-sido-malignamente-recha-zados,
Virtud-sorprendida-y-atónica-por-la-magnitud-casi-infinita-de-la-maldad humana,
Pedro muy justa y naturalmente, fue privado de la augusta presencia y conducido al

proceloso averno en el que la caída, aunque rápida e ininterrumpible, se produjo a través de los meandros y complejidades que canta la fábula. (énfasis mío, *Tds* 208)

Martín-Santos había establecido esta comparación de la cárcel con el infierno en la dedicatoria de un ejemplar de *Tiempo de silencio* a su amigo Vicente Girbau, con quien sufrió su primera detención policial: "A Vicente Girbau, compañero de mi primer descenso a los infiernos" (cit. por Gorrotxategi 105).

En realidad, lo que Pedro revive en su periplo-viaje son peripecias del personaje Ulises aunque, como en Joyce, la imagen del infierno también muestra ecos de Dante. Así, la descripción de los sótanos de la Dirección General de Seguridad se asemeja a un laberinto dantesco:

> [...] un largo pasillo laberíntico en el que los zigzagues maliciosos estaban dispuestos a lo largo y a lo ancho de dos y también a lo profundo de otra dimensión del espacio, mediante intercalación de artificiosos y disimulados escalones que ora subían, ora descendían sin aparente regla ni posible recelo. Tras del pasillo, por un momento, se atravesaba un patio [...]. Tras el que una nueva boca, ya más próximas a las fauces definitivas, engullía con poderoso sorbo las almas trémulas de los descendientes. Tras las que nuevas escaleras [...]. (*Tds* 208-209)

A lo largo de las dos páginas donde se presentan los corredores que llevan al calabozo de Pedro, su descenso se compara con el de la comida por la boca, la garganta y el esófago, hasta llegar a "la amplia plazoleta gástrica donde se iniciara la digestión de los bien masticados restos" (*Tds* 209), en un nuevo paralelismo con el capítulo "The Lestrygonians" de *Ulysses*, cuando se describe el paso de la comida de Bloom de la boca al estómago. La llegada final a la celda supone la "ubicación definitiva en este infierno", aunque en este lugar no hay gritos, sino que, siguiendo el tono de la novela, se vuelve a producir un "profundo silencio" (*Tds* 210).

Por todo ello, esta comparación revela que en la incorporación del mito homérico a la realidad de *Tiempo de silencio*, Martín-Santos parte tanto de *Ulysses* como de la *Odisea*; opinión que comparten Palley ("The Periplus" 240) y Jo Labanyi (*Myth* 79). Pero además de la presencia de Homero, la novela hace alusión a otros mitos clásicos como el de Edipo y Electra, y también supone un intento por destruir los mitos y las tradiciones populares que perviven en los pueblos. En la entrevista que mantuvo con Janet Winecoff Díaz, el mismo escritor señaló que la función del novelista es "la que llamo desacralizadora-sacrogenética: desacralizadora –destruye mediante una crítica aguda de lo injusto. Sacrogenética –al mismo tiempo colabora a la edificación de los nuevos mitos que pasan a formar las sagradas escrituras del mañana" (237). Martín-Santos creía en el valor didáctico de la novela y en su capacidad para cambiar la sociedad a través de la denuncia social. Y esto es algo que sólo podía hacerse a partir de una mitología:

> La literatura tiene dos funciones bien definidas frente a la sociedad. Una primera función relativamente pasiva: la descripción de la realidad social. Otra función especialmente activa: la creación de una Mitología para uso de la sociedad. En ambas funciones, la literatura ejerce su capacidad para llegar a ser una técnica de transformación social. En cuanto que descripción pone el dedo en las llagas sociales y suscita tomas de conciencia de las mismas. En cuanto Mitología, puede actuar de dos modos opuestos: si se trata de una Mitología enajenada, como encubrimiento de lo injusto; si se trata de una Mitología progresiva, como pauta ejemplar de la realización. (Cit. por Castellet "Tiempo" 145)

Para Martín-Santos, la función principal de la literatura residía en la liberación de la sacralización irracional mediante la crítica y en la destrucción de los valores y mitos establecidos, que no son más que la expresión de un inconsciente colectivo. Trataba, como informa Mainer, de realizar "un ataque frontal a los mitos mostrencos de la vida española y la construcción de una posible liberación de los mismos hacia otros nuevos" ("Prólogo" 22). Por esta razón, la diferencia principal entre Joyce y Martín-Santos, en cuanto a la incorporación del mito homérico, estriba en que Joyce lo utiliza de forma irónica, mientras que el escritor español dirige su ironía hacia la misma existencia del mito.

En cuanto a la dimensión simbólica de ambas novelas, ésta se manifiesta en muy diversos planos, por lo que me centraré únicamente en el significado de los nombres. En el caso de *Ulysses*, el nombre Stephen Dedalus fue cuidadosamente pensado por Joyce, pues Stephen hace referencia al primer mártir, y Daedalus, al primer inventor del paganismo. Para que la referencia y el contraste entre estas dos alusiones fuese menos evidente –o quizá para hacerlo más difícil–, Joyce eliminó la vocal "a" del apellido, transformando Daedalus, en Dedalus.[33] De esta forma, "Stephen would be a saint of literature, and like Dedalus would invent wings to soar beyond his compatriots, and a labyrinth, a mysterious art based on great cunning" (Ellmann *JJ* 148). Tanto en *A Portrait* como en *Ulysses*, Stephen Dedalus viene a representar al artista dublinés que reniega de las limita-

---

33 Ellmann es más preciso cuando señala que la razón fue "to diminish a little its ostentatious hellenism, and to make it more compatible with local patronymics. It remained an extremely odd name for an Irishman" (*The Consciousness* 15).

ciones de la sociedad en la que ha sido educado pero que, incapaz de reconciliar su vida con la de su entorno, siente que el laberinto de la ciudad le engulle y oprime.[34] Por esta razón, Stephen se convierte en un símbolo irónico de San Esteban, el primer mártir cristiano, que fue apedreado hasta la muerte, y también en Dedalus, inventor del laberinto donde fue apresado por el rey Minos. En el mito griego, Dédalo consigue salir de su propia construcción laberíntica gracias a unas alas de cera y plumas que él mismo crea, al igual que Stephen también se libera de la opresión del laberinto de la ciudad a través de la creación de su propia teoría sobre el arte. Pero en el mito, al artífice le acompaña su hijo Icarus quien, por no prestar atención al consejo de su padre de volar lejos del sol, ve como sus alas se derriten, cayendo finalmente al mar. Stephen integra irónicamente la imagen del padre, verdadero creador, en un artista que finalmente no creará nada. Por esta razón, Stephen es también Ícaro en su rebeldía y desobediencia, y en su afirmación final al pronunciar la famosa frase de Lucifer, de *non serviam*.

Por su parte, Leopold, hijo del judío húngaro Rudolf Virag, lleva como apellido Bloom, que es una traducción del húngaro "Virag" al inglés, y que significa flor o floración —nótese que adopta el pseudónimo Henry Flower en su correspondencia con Martha Clifford. Las razones por las que Joyce eligió a un protagonista judío arrancan de su admiración por el sentido de la familia que iba ligado a esta raza: "Jews, he said, are 'better husbands than we are, better fathers and better sons'" (cit. por Maddox 274). En este sentido, Budgen aclara que, aunque Joyce renunció a las opresiones de la religión, del nacionalismo y de las clases sociales, concebía la familia como una institución casi sagrada ("James Joyce" 23). Por esta razón, Bloom, además de representar a Ulises, también es el judío errante, un personaje legendario condenado a vivir hasta el fin del mundo y a pasar su vida en un eterno vagabundeo. Pero a lo largo de la novela, el nombre Bloom se altera continuamente, transformándose en Poldy, Siopold, Bloohom, Poldycock, Henry Flower, Stoom, etc., hasta que él mismo llega a imaginarse creador de una nueva Bloomusalem, como ocurre en "Circe". En este capítulo, la personalidad de Bloom también sufre diferentes transformaciones, desde Mesías salvador del mundo, hasta mártir quemado en la hoguera, pasando por su travestismo en una mujer que da a luz a ocho niños prodigio y toda

---

[34] Para Pike, la ciudad, en su forma espacial, es tanto la imagen de un mapa como la de un laberinto donde los personajes se orientan y también se pierden. Por esta razón, la imagen ambigua de la ciudad se convierte en un centro de ansiedad para el lector y para los personajes, y la ansiedad es un elemento importante en el periplo de Bloom (121).

una larga lista de funciones que nos conducen a un significativo Bloomcentrismo, que desplaza el protagonismo de Stephen.

De forma paralela, también en *Tiempo de silencio* los nombres adquieren un significado simbólico. Los nombres de Pedro y Matías, por una parte, poseen resonancias bíblicas al referirse a los dos apóstoles. Amador, en su nombre carismático, representa a un personaje atrayente durante toda la novela, descrito por el narrador como de "un carácter generoso. Lo mismo era capaz de regalar su tiempo sin mirar minucias a un investigador especialmente activo, como de comprar sin previo aviso un bolso de plástico color café con leche a su mujercita adorada" (*Tds* 190). El Muecas solo revela su nombre al final, el de "Pablo González" (*Tds* 245), que sorprendentemente tiene resonancias bíblicas. Pero todos los personajes e incluso el narrador le conocen por su apodo, debido a las continuas muecas que hace. Cartucho, foco de violencia de la novela, como su mismo nombre indica, será el asesino de Dorita. Florita, diminutivo de "flor", presenta connotaciones sexuales, víctima como es de la violación e incesto por parte de su propio padre. Dorita, a su vez, en la duplicación del nombre de su madre Dora, se desenvuelve en un ambiente superficial y vacío, y está destinada a repetir las vidas de su madre y abuela. A las tres, asimismo, les une el mismo deseo de atrapar a Pedro y, por esta razón, el narrador las suele describir en grupo haciendo referencia a "las tres parcas" (*Tds* 49), o las "tres vulgares y derrotadas mujeres" (*Tds* 46). Por otra parte, hay que señalar aquí que la hija de la dueña de la pensión se llama Dora, pero que en una ocasión, el narrador utiliza el nombre de Carmencita para referirse a ella. Y lo mismo ocurre con la mujer del Muecas, que aparece en la novela como Ricarda y como Encarna. Esta confusión de nombres se puede deber al mismo método de trabajo de Martín-Santos, que escribía cada fragmento de una sóla vez, corrigiendo poco (Gorrotxategi 151), aunque, para Sanz Villanueva, lo que muestra este error es la falta de atención de Martín-Santos hacia los personajes secundarios de la novela (851).

A la luz de esta comparación sobre la función de la ciudad en la representación de las realidades de *Ulysses* y *Tiempo de silencio*, se puede apreciar que la limitación espacio-temporal parece arrancar de un deseo por mostrar la interacción ser humano-ciudad en su dimensión más simbólica. Esto es algo que llegamos a conocer a partir de las reflexiones que produce el medio en los propios protagonistas. Ambas novelas parten de lo cotidiano como envoltorio de un trasfondo mítico y simbólico que se acopla a sus acciones. Por otro lado, *Ulysses* es todo símbolo, estructural, alusivo, lingüístico, espacial y ordenador, mientras que, en *Tiempo de silencio*, la demarcación individual de los personajes se convierte en un análisis de la situación social del Madrid de los años cuarenta. En esta novela, la interrelación e interdependencia que existe entre medio e individuo [35] sitúa la novela en una demarcación histórica concreta, inseparable del momento y las circunstancias en que se desarrolla la acción, porque ni la ciudad se podría trasladar a otro lugar geográfico, ni las acciones de los personajes serían las mismas en diferentes circunstancias. No es éste el caso de la novela de Joyce, en la que la individualización de los personajes y la limitación espacio-temporal son parte del carácter más universal de la obra, que es, como diría Bradbury, "the task of finding what is transubstantial in the substantial" ("James Joyce" 160). Esta diferencia funcional de la experiencia urbana permite que *Ulysses* haya sido interpretada hasta la saciedad, no como la historia de una ciudad o de unos personajes, sino como la conciencia universal del ser humano, en la que Dublín se convierte en modelo de microcosmos, mientras que Madrid emerge como modelo a pequeña escala de la España de posguerra. A pesar de ello, los paralelismos interpretativos que surgen de estas lecturas adquieren un significado nuevo que transciende las fronteras culturales y lingüísticas de estas dos literaturas, al asentar la función de la ciudad no sólo como tematización del espacio novelesco sino como elemento estructurador del discurso.

---

35   Es lo que Suárez Granda define como "conflicto socio-existencial entre un individuo y la sociedad" (44).

6 Morfología

> El proceso primario es la clave que nos permite comprender obras como el *Ulises* de Joyce, en las que las asociaciones libres determinan el flujo narrativo, un objeto simboliza otro, un sentimiento desplaza a otro y se pone en su lugar y las totalidades se condensan en partes. En este proceso, el tiempo no existe ni tampoco existe la ley de causa y efecto; de hecho, en el proceso primario el «no» no existe sino que es todo posible. El método psicoanalítico es, en parte, el arte de descifrar y desvelar el significado de estas sustituciones.
>
> Daniel Goleman

6.1 Diferentes aproximaciones al estudio de los procedimientos formales

La aplicación del término "morfología" a la literatura es una herencia del formalismo ruso con su unión de formas literarias y estructuras lingüísticas. Fue el estudio del antropólogo Vladimir Propp, *Morfología del cuento literario* (1928), en el que clasificó las diferentes formas que podían adoptar los temas, motivos y personajes de los cuentos populares, lo que dio nombre a este concepto. El mismo Propp comenzaba su prefacio anotando: "La palabra *morfología* significa el estudio de las formas" y, citando a Goethe, añadía que ésta "debe ser legitimada como ciencia particular que tenga como objeto principal aquello que no se trata en las demás más que rara vez y de pasada, recogiendo lo que en ellas está disperso y estableciendo un nuevo punto de vista" (13). El estudio de los procedimientos que articulan la poética de una obra literaria y el desarrollo de la narratología han impulsado un acercamiento crítico que busca, no tanto una explicación conceptual o descriptiva, sino formal o de tipo estilístico. En lo que concierte a este capítulo, hay que comenzar señalando que si, por una parte, la línea formalista ha aportado interpretaciones relevantes sobre las técnicas narrativas del *stream of consciousness*, por otra, la excesiva teorización ha dado lugar a una terminología demasiado variada, que en el mejor de los casos inventa términos nuevos para designar algo definido anteriormente y, en el peor, crea nuevas definiciones tomando una novela ejemplo como base, pero haciendo imposible su aplicación a otras que pertenecen al mismo género.

En cuanto a las orientaciones formales que la crítica española ha aplicado a la obra de Joyce, es significativa la contribución de José Antonio Álvarez Amorós con sus dos estudios: *En torno al discurso narrativo de "Dubliners"*, donde trata la dicotomía relato-discurso, la relación temporal, la caracterización, el modo y la voz narrativa desde presupuestos estructuralistas; y *"Ulysses" como paradigma de intertextualidad: La hipótesis del narrador-citador*, que presenta un marco teórico inscrito dentro de la semiología de la narración, sobre el que analiza la narratología del discurso. Amorós inscribe el monólogo interior y el *stream of consciousness* como dos modelos de intertextualidad, y su estudio parte de la descomposición de la obra de Joyce en diferentes signos textuales. Sin embargo, a lo largo de las siguientes páginas, mi acercamiento crítico al concepto de monologación, como técnica incluida en el *stream of consciousness*, se aleja del plano de la lingüística del texto. Me centro en cuestiones relativas al origen y evolución del concepto desde las bases psicológicas y filosóficas que lo sustentan, para aplicarlas al contexto literario de *Ulysses* y *Tiempo de silencio*. Por esta razón, no es mi objetivo analizar las diferentes voces narrativas que aparecen en los discursos interiores de los personajes, porque es algo que ya ha realizado muy bien Hugh Kenner, en *Joyce's Voices*, a partir del tan comentado "Uncle Charles Principle" o principio de contaminación estilística. No trato tampoco aspectos de estilística, semántica o pragmática de discurso, sino que me centro en las técnicas narrativas y recursos literarios que utilizan estos autores para reproducir un discurso en el que la voz del personaje parece surgir de sí mismo, simulando una falta de mediatización entre sus palabras y las de su creador. Desde mi perspectiva, los resultados de las comparaciones entre estas dos obras son bastante iluminadoras, puesto que coinciden en ilustrar uno de los temas claves del Modernismo: la presentación introspectiva del flujo de la conciencia de los personajes, que incide en su soledad y contrasta con la multiplicidad de voces de la comunidad que les acoge.

Mi análisis parte de la definición de los términos *stream of consciousness* y monólogo interior, pues la crítica ha tendido a considerarlos sinónimos. Tras distinguir varios tipos de monólogo interior e incluirlos dentro de la categoría de novela de *stream of consciousness*, intentaré demostrar que tanto *Ulysses* como *Tiempo de silencio* utilizan las mismas técnicas narrativas y recursos literarios para reflejar la interioridad de sus respectivos personajes. Naturalmente, las diferencias que emergen de esta comparación también son reveladoras porque ni se pueden reducir las obras de *stream of consciousness* a un listado de técnicas narrativas ni, mucho menos, se puede esperar una equivalencia exacta entre dos novelas que pertenecen a contextos histórico-culturales y lingüísticos distintos. Por un lado, aunque ambas presentan el mismo tipo de formulaciones narratológicas, el nivel de experimentación formal y de profundidad psicológica de *Ulysses* supera al de *Tiempo de silencio*. Y, por otro, la recursividad expresiva de las dos lenguas obedece a reglas gramaticales que necesariamente conduce a soluciones distintas, como se tendrá la oportunidad de ver a lo largo de las siguientes páginas.

6.2 El *stream of consciousness:* génesis y adaptación literaria

6.2.1 Años veinte: novelas de monólogo

La literatura ha mostrado siempre un interés especial por reproducir la voz del personaje desde diferentes perspectivas. Una de éstas es la que permite que sea él mismo quien descubra su propia interioridad a través de monólogos interiores o soliloquios. Hasta principios de este siglo, la presentación del discurso del personaje solía ser lineal y coherente. Pero la aparición de la palabra interior como modelo del proceso de aprehensión de la realidad es inseparable del desarrollo de la psicología moderna, la epistemología y el simbolismo. Es decir, las producciones literarias que exploran este tipo de interiorización –en la línea de Joyce, Woolf, Faulkner, Döblin, Martín-Santos o Goytisolo– no reproducen las reflexiones internas del personaje sino sus impresiones, sensaciones, asociaciones y pensamientos incoherentes, separándose de otra larga tradición de escritores que habían contribuido a la novela de profundidad psicológica, como Dostoyevski, Henry James o Marcel Proust.[1] Es decir, si los personajes, en sus respectivos monólogos, no muestran procesos racionales ni organizados es porque el autor no trata de mostrar *qué* pensamientos son los que le

---

1 Sandulescu apunta que en la literatura modernista el monólogo pasó de ser un recurso textual a un método estructural, puesto que ejemplos de monólogo interior se pueden encontrar a lo largo de toda la historia de la literatura (24).

definen e identifican, sino *cómo* funcionan sus asociaciones mentales a partir de sus propias idiosincrasias. Intentar dar una explicación a este hecho constituye el objetivo del presente apartado.

Resulta difícil rastrear el origen del término monólogo interior porque desde la época greco-latina diferentes autores, como Sócrates o Platón, lo describen como un diálogo del alma consigo mismo (Friedman *Stream* 25), a partir de su misma etimología griega *mono-logos*. En literatura, su primera manifestación es en las tragedias clásicas y, posteriormente, en una gran diversidad de autores y obras, como Shakespeare o el mismo *Mío Cid*, aunque en muchos casos adoptando la forma de lo que hoy se llamaría soliloquio, cuya formación latina sería *solus* "solo" y *loqui* "hablar". A caballo entre ambos modos, la historia de la literatura se ha preocupado por encontrar términos como: el monólogo narrado,[2] frecuente en las novelas de Jane Austen; el estilo indirecto libre de Flaubert; el monólogo dramático de Robert Browning; el *erlebte Rede*, término de amplio uso por la crítica alemana; o la misma técnica del punto de vista, claramente definida por Henry James. Melvin J. Friedman señala, que aunque no se puede saber el origen exacto del monólogo interior, la primera referencia se encuentra en la obra de Dumas padre, *Vingt ans après* (1845), y más tarde en *Jettatura* (1857) de Gautier (*Stream* 1). Pero C. D. King añade que es sólo la acuñación del término lo que surge entonces, pero no el empleo del monólogo interior (122). También Silvia Burunat asegura que en la obra de Victor Egger, *La parole intérieure* (1881), se encuentran varios aspectos del monólogo interior, de su origen y de su empleo tanto en literatura como en filosofía (16).

El término que utilizó Joyce para describir la técnica que estaba explotando en *Ulysses* fue "monólogo interior", asegurando además haberla tomado de la obra de Édouard Dujardin, *Les Lauriers sont coupés* (1887), ya que era la primera que capturaba los contenidos más irracionales de la mente y el proceso de pensamiento del personaje (Ellmann *JJ* 126). De hecho, como agradecimiento, Joyce llegó a regalarle una copia de *Ulysses* con una dedicatoria que decía: "A Édouard Dujardin, annonciateur de la parole intérieure,/ le larron impenitent", aunque Ellmann asegura que, "secretly he believed he was giving Dujardin 'cake for bread'. The method of the *mologue intérieur* was of consequence only because Joyce saw what could be done with it" (*JJ* 520). Efectivamente, el concepto de

---

2   Dorrit Cohn lo define como "an inner voice with which a consciousness addresses itself; and its narrator is, in a sense, the imitator of his character's silent utterances" ("Narrated" 110).

monólogo interior del que parte Joyce no se corresponde con el modo como tradicionalmente se ha definido esta técnica narrativa, por lo que el mencionado reconocimiento ha originado gran discrepancia entre la crítica especializada. Por un lado, están los que no veían en esta novela una calidad artística suficiente como para haber inspirado a Joyce;[3] por otro, los que veían que lo que Joyce había hecho era dar publicidad a una obra que estaba en el olvido de las letras francesas,[4] y por otro más, los que pensaban que esta novela fue precursora, pero sólo en grado menor, puesto que Joyce desarrolló su método a partir de muchas lecturas.[5]

Según Steinberg, no fue sólo Dujardin quién influyó a Joyce, sino que otras dos personas muy cercanas a su vida también habían hecho amplio uso de la técnica del monólogo interior: su hermano menor Stanislaus, que lo utilizó de una manera consciente como experimento literario; y su mujer Nora, a través de sus cartas, cuyo estilo muestra sorprendentes similitudes con el monólogo final de Molly Bloom. En el diario de Stanislaus, que Joyce leía con bastante regularidad, hay un largo apartado que su hermano dedica al flujo de pensamientos en la mente:

> The mind 'sees,' that is conscious of the image the eye reflects for it, and says continually within itself: 'This is a road, the Malahide Rd. I know it well now that I see it. There are high broken hedges on both sides of it, and a few trees. Where the road branches an irregular dwelling-house with an orchard about it, sidles [?] [sic] to an arm and before pointing the bifurcation, is an old gate entrance. There is a young fellow on the opposite side going in the same direction as I am'; thinking not in sentences as in a book, but thought succeeding thought without utterance like harmonies in music, while conveying a more definite impression to the mind. (cit. en *Stream* 40-41)

También en el caso de Nora, si se analizan sus cartas, se percibe que no hay signos de puntuación –no hay que olvidar que Nora no había tenido

---

3   Véase Bickerton, para quien Joyce estaba reconociendo una deuda al movimiento simbolista entero (23), o Stewart, que interpreta la afirmación como una broma del escritor (429).
4   Gracias a este reconocimiento, la obra fue traducida a varios idiomas. De hecho, Joyce ayudó a Stuart Gilbert a traducirla al inglés en 1938, adoptando el título de *We'll to the Woods No More*, que hacía referencia al primer verso de la canción que había inspirado el título original francés.
5   Véase: Ellmann (*JJ* 519-520); C. D. King, "Édouard Dujardin, Inner Monologue and the Stream of Consciousness", que a partir de una copiosa cantidad de información demuestra que el reconocimiento de Joyce fue verdadero; y Kathleen M. McKilligtan, *Édouard Dujardin: Les Lauriers sont coupés and the interior monologue*, que defiende la evolución experimental de Dujardin a partir de la publicación de esta novela.

estudios– y que el contenido reproduce sus pensamientos de forma directa, según aparecen en su conciencia:

> My darling Jim since I left Trieste I am continually thinking about you how are you getting on without me or do you miss me at all. I am dreadfully lonely for you I am quite tired of Ireland already well I arrived in Dublin on Monday night your father charley Eva Florrie were at the Station all looking very well we all went on to Finn's Hotel I stayed two nights. (Cit. en *Stream* 41)

Aunque no se sepa hasta qué punto influyeron estas fuentes en la creación de *Ulysses*, lo que sí es cierto es que, a partir de 1903, Dujardin se había convertido en una celebridad literaria gracias a la publicidad que le dio Joyce. Comenzó a dar conferencias para definir el monólogo interior y declararse inventor de una nueva técnica, y finalmente publicó el estudio *Le monologue intérieur, son apparition, ses origines, sa place dans l'oeuvre de James Joyce et dans le roman contemporain*. Las conclusiones del mismo han sido ampliamente criticadas por varias razones. Edel señala que Dujardin no distingue *speech* y *discourse*, que habla de los pensamientos en términos de palabras y que confunde *consciousness* con *unconscious* (*The Psychological* 55). Bowling también sugiere que su definición se puede aplicar al último monólogo de Molly (340), por lo que sus formulaciones se adecuaban más a la obra de Joyce, que a la suya propia.[6] Además, como señala McKilligan, Dujardin elaboró sus teorías después de considerar las ideas que le había aportado Valery Larbaud (60), quien también conocía a Joyce. En cualquier caso, aunque Dujardin se reconoció creador de esta nueva técnica literaria, siempre tuvo cuidado de diferenciar entre "la modeste tentative qu'ont été les *Les Lauriers sont coupés* et la géniale réalisation qu'est *Ulysse*" (McKilligan 101).

6.2.2 Entre el monólogo interior y el stream of consciousness: ambigüedad de conceptos

El término *stream of consciousness* o flujo de conciencia, como se conoce generalmente dentro de la crítica española, resulta confuso a pesar del gran uso que se ha hecho de él. Una revisión crítica del concepto muestra que se ha venido empleando de forma ambigua porque se suele

---

[6] Cuando su obra, olvidada durante casi treinta años, volvió a publicarse en 1925 gracias a Joyce, Dujardin realizó toda una serie de cambios en su empleo del monólogo interior que, según C. D. King, mejoraron el resultado final (116).

utilizar como sinónimo de monólogo interior y porque no hay acuerdo sobre si es una técnica o un tipo de novela, cuál es su origen literario y dónde se sitúan los límites de la exploración de la conciencia. A lo largo del apartado expondré diversas opiniones sobre el estado de la cuestión, aunque adelanto que concibo el *stream of consciousness* como un tipo de novela y el monólogo interior como una técnica narrativa.[7] Esta forma de narrar la interioridad, que abarca otra serie de términos etiquetados casi siempre bajo el adjetivo interior –llámese monólogo, ángulo, palabra, discurso, visión o focalización– incluye la respuesta mental de un personaje desde un nivel anterior a la verbalización, hasta un nivel de pensamiento articulado y racional. Así, el discurso del personaje puede venir representado por frases y pensamientos incoherentes, con escasa o sin ninguna puntuación, que reproducen sus deseos más íntimos, sensaciones, impulsos y motivaciones, en su propio lenguaje, y sin el apoyo de verbos como "dijo", "pensó" o "sintió".

Un intento de definición del término *stream of consciousness* hace necesario su estudio desde el momento en que aparece mencionado dentro de la psicología de William James –hermano de Henry James– y más tarde a partir de la filosofía de Henri Bergson. Junto a James y Bergson, también hay que aludir a Sigmund Freud, quien contribuyó a la expansión del concepto de la libre asociación de ideas, fundamental para la exposición del movimiento de la conciencia. La libre asociación de ideas, presente en los monólogos interiores más puros, fue definida por primera vez en *Essay Concerning Human Understanding* (1690) del filósofo inglés John Locke, y posteriormente ha constituido una base fundamental en el psicoanálisis de Freud. En esta obra, Locke no sólo demuestra que pensamos por medio de ideas, sino que éstas ya están presentes en nuestra mente cuando vemos, olemos, gustamos, oímos o sentimos. Locke distingue entre la asociación de ideas que tiene una correspondencia natural con el uso de la razón y la provocada por la casualidad o la costumbre: "Ideas that in themselves are not all of kin, come to be so united in some men's minds, that it is very hard to separate them; they always keep in company, and the one no sooner

---

[7] Son muchos los críticos que siguen esta línea. Entre estos: Leon Edel, en "Literature and Psychology" (98-99) y *The Psychological Novel;* Robert Humphrey, en *Stream of Consciousness in the Modern Novel;* Silvia Burunat, en *El monólogo interior como forma narrative;* René-Marie Albérès, en *Metamorfosis de la novella;* Melvin J. Friedman, en *Stream of Consciousness: A Study of Literary Method;* Frederick J. Hoffmann, en *Freudianism and the Literary Mind;* y Constantine-George Sandulescu, en *The Joycean Monologue: A Study of Character and Monologue in Joyce's "Ulysses".*

at any time comes into the understanding, but its associate appears with it" (529). Una aplicación de estas teorías a *Ulysses* y *Tiempo de silencio* resulta fundamental para comprender las implicaciones de los diferentes usos de monólogo interior. Joyce conoció las técnicas del psicoanálisis gracias a su amigo y alumno, Italo Svevo, cuyo sobrino las había introducido en Italia en 1910 (*JJ* 340). El caso de Martín-Santos es más claro puesto que era psiquiatra de profesión y escribió una numerosa cantidad de artículos sobre el psicoanálisis existencial.

La primera vez que se acuñó el término *stream of consciousness* fue en 1890, cuando William James publicó su *Principles of Psychology*, en el que explicaba que la mente se movía siguiendo una corriente continua de pensamientos, en un flujo incesante:

> Consciousness, then, does not appear to itself chopped up in bits. Such words as "chain" or "train" do not describe it fitly as it presents itself in the first instance. It is nothing jointed; it flows. A "river" or "stream" is the metaphor by which it is most naturally described. *In talking of it hereafter, let us call it the stream of thought, of consciousness, or of subjective life.* (155)

De esto se deduce que la mente no posee una representación concreta de la realidad, sino que su funcionamiento viene provocado por un conjunto de imágenes, ideas o recuerdos que, almacenados y estructurados, salen a la luz formando un *continuum* –a partir de las relaciones que se establecen entre lo acumulado y la nueva impresión de la experiencia. James define *consciousness* como la amalgama de todo lo que experimentamos: "Experience is remoulding us every moment, and our mental reaction on every given thing is really a resultant of our experience of the whole world up to that date" (152). Y dentro del proceso mental del pensamiento, distingue cinco características: 1) que cada pensamiento es parte de una conciencia personal e individual; 2) que dentro de cada conciencia, el pensamiento aparece siempre en continuo cambio; 3) que éste es asimismo sensiblemente continuo; 4) que trata con objetos independientes del pensamiento mismo; y 5) que siempre hay un proceso de selección entre los objetos a los que se refiere el pensamiento (146). Si se aplican estos cinco puntos a los discursos interiores de los personajes de *Ulysses* y *Tiempo de silencio*, se pueden ver las diferencias que definen y delimitan las individualidades e idiosincrasias de cada uno.

El empleo del *stream of consciousness* en literatura también se relaciona con las teorías filosóficas de Henri Bergson, quien distingue entre tiempo externo cronológico y tiempo interno psicológico, y sitúa la intuición por encima de la razón. En su obra *El pensamiento y lo moviente*, afirma que el cambio es la base de la realidad (122-123) y asienta su filosofía sobre tres conceptos: la duración, la memoria involuntaria y la intuición.[8] Con duración se refiere al tiempo psicológico durante el cual fluyen los pensamientos ininterrumpidos, porque "ya se trate del exterior o ya del interior, ya de nosotros o ya de las cosas, la realidad es la movilidad misma" (Bergson 139).[9] Este tiempo subjetivo es el que dirige los discursos interiores de los personajes a través de la intuición del novelista:

> In attempting to seize reality from within, with an unprecedented effort of the imagination, the new novelist ceases to have any *point de vue* in the traditional sense, as his object is to reproduce, as faithfully as possible, his character's internal rhythms of thought and experience. It is through this intuitive process that characters like Miriam Henderson, Molly Bloom, Stephen Dedalus and Mrs. Dalloway are created. All descriptive or analytical details are either completely dispensed with or reduced to a bare minimum in order to capture the "original" with "the least possible shrinkage". (Kumar 21)

La memoria involuntaria, o la memoria por excelencia, como la denomina Bergson, es la que da forma al material del arte al fundir pasado y presente (Kumar 27). Por esta razón, las novelas que presentan los recursos más característicos de *stream of consciousness* lo hacen desde el concepto del tiempo psicológico, que tiene su base en la intuición y en la memoria. Bergson interpreta la continuidad de la vida como un flujo ininterrumpido en el que la duración se convierte en la medida de la existencia, en el progreso indivisible del pasado que se va proyectando en el futuro. El presente, por lo tanto, "loses its static nature and ceaselessly fades into the past and future", que coincide con lo que William James define como "the precious present" (cit. por Kumar 15).

La influencia de Bergson fue muy importante en Proust y Joyce. Proust no puso en práctica las técnicas del *stream of consciousness*, pero el concepto del tiempo con el que experimenta en *A la recherche du temps perdu* tiene una relación directa con la filosofía de Bergson. De la misma manera, afirma Kumar, es posible interpretar la obra de Joyce en términos

---

8   Los trabajos más significativos en los que Bergson expone sus teorías son: *Matière et mémoire* (1886) y *Essai sur les données immédiates de la conscience* (1889).
9   En sus palabras: "[...] la *duración real* es lo que siempre se ha llamado el *tiempo*, pero el tiempo percibido como indivisible. Que el tiempo implica la sucesión, convengo en ello. Pero que la sucesión se presenta ante todo a nuestra conciencia como la distinción de un 'antes' y de un 'después'» yuxtapuestos, es lo que no podría aceptar" (138).

de la duración, la memoria y la intuición (104). En la mente humana no existe separación clara entre presente y pasado porque la memoria sitúa la experiencia en un distrito compartido. Como señala Burunat, aludiendo a Bergson, "nuestro pasado permanece siempre en la conciencia individual y espera la oportunidad de salir a la superficie cuando se presenta el encuentro con un objeto externo que produzca una reminiscencia dada" (7). A partir de esta interpretación, se puede decir que en realidad todo *Ulysses* es la impresión que produce un momento cualquiera en un día determinado, "es la comedia del devenir, del ser y del pasar" (Varela 82). Y la misma afirmación se puede aplicar a *Tiempo de silencio* porque, aunque hay menor penetración en el contenido de la mente de los personajes, los monólogos de Pedro se pueden interpretar bajo el concepto del tiempo subjetivo de Bergson. De hecho, para Martín-Santos, el tiempo no sucede ni de forma lineal ni tampoco cíclica, sino que es "regresivo y progresivo a la vez. El tiempo es un flujo dialéctico que se mueve en sentidos diversos al mismo tiempo" (cit. por Labanyi *Ironía* 159).

Respecto a Freud, la inclusión de su psicoanálisis y sobre todo de la libre asociación de ideas en las técnicas del *stream of consciousness* viene estimulada por el estudio psicoanalítico que éste hizo de *Gradiva* de Vilhelm Jensen en 1907, "a partir del cual la preconciencia y la inconsciencia (o el preconsciente y el inconsciente) penetraron en el dominio de la ficción literaria" (Burunat 13). Freud consideraba que el inconsciente era la parte del cerebro con un desarrollo artístico mayor.[10] Pero los pensamientos, esto es, la fase verbal, se localizan en el consciente. El inconsciente no puede poseer la misma base lingüística, puesto que aquí se sitúan fundamentalmente los impulsos innatos, las sensaciones, los sentidos y los instintos. Es el nivel superior el que tratará de verbalizar todo este conjunto de impresiones inconscientes.

Se sabe que Joyce conoció las ideas de Freud y de Jung,[11] cuyas teorías impactaron la vida intelectual europea de principios del siglo,

---

10 Freud pensaba que el contenido de la obra de un escritor podría revelar sus deseos inconscientes si se analizaba de la misma forma que el psicoanálisis interpreta los sueños. Sin embargo, también reconocía que el psicoanálisis no podía explicar siempre la génesis de la creación artística (Edel "Literature" 98).

11 Jung era discípulo de Freud, pero ante los desacuerdos con su maestro ya que el creía en el inconsciente colectivo, formó su propia escuela de psicología analítica. Ellmann señala que Joyce tenía en su biblioteca de Trieste varios estudios de psicología de ambos: *A Childhood Memory of Leonardo da Vinci*, de Freud; y *The Significance of the Father in the Destiny of the Individual*, de Jung (*JJ* 340).

aunque se mantuvo bastante escéptico sobre su valor terapéutico.[12] Sin embargo, encontró en Freud mitos que más tarde reproduciría en *Ulysses*, como el de la relación de Stephen con su madre muerta, el valor simbólico de los sueños o su rechazo de la autoridad paternal.[13] De hecho, Joyce afirmó que en *Ulysses* había reproducido de forma simultánea "what a man says, sees, thinks, and what such seeing, thinking, saying does, to what you Freudians call the subconscious" (*JJ* 524). En cuanto a Martín-Santos, se tiene constancia de que conocía el psicoanálisis de Freud –aunque estuvo prohibido en España hasta 1949 por cuestiones sociopolíticas y por sus teorías sobre la sexualidad–[14] antes de escribir *Tiempo de silencio*. Es más, en 1956 publicó el artículo "Jaspers y Freud", a pesar de que toda su producción psiquiátrica puede considerarse postfreudiana.[15] Para José Schraibman, los monólogos interiores de Pedro no son más que "las diversas etapas de una cura psicoanalítica muy cuidadosamente explicada por Martín-Santos en su libro teórico" (10). Este libro teórico *Libertad, temporalidad y transferencia en el psicoanálisis existencial*, en el que Martín-Santos describe un tratamiento psicoanalítico combinando elementos de fenomenología y existencialismo, y aplica el proceso dialéctico de todo análisis al método psicoterapéutico. También John Caviglia reconoce que la estructura de *Tiempo de silencio* está determinada por la psicología existencial del autor, que se manifiesta en el dilema de Pedro y en su conflicto interno entre razón y experiencia, por lo que la trama es la de un drama terapéutico en el que Pedro se psicoanaliza a sí mismo a través de su búsqueda de integración social (452 y 455).

En lo que respecta a Jung, no se puede pasar por alto su pionero análisis psicoanalítico de *Ulysses*, de 1932, en el que consideraba que esta novela era cubista por mostrar un control racional y un mundo de aparente

---

12 Véase el estudio de Hoffmann, *Freudianism and the Literary Mind*, que demuestra que hacia 1922 Joyce no sólo se había familiarizado con el psicoanálisis, sino que había leído casi toda la obra de Freud y parte de la de Jung (125).
13 En 1919, Joyce tuvo una discusión con su benefactora Mrs Harold McCormick (Edith Rockefeller) porque se negó a que Jung le psicoanalizase. A partir de entonces, Joyce dejó de percibir el dinero que ella había estado pasándole durante dos años (*JJ* 85).
14 Véase el artículo de J. S. Lázaro, "La recepción de Freud en la cultura española (1893-1983)".
15 También en su trabajo "Paralelo e influencia mutua entre la Psiquiatría general y la Psiquiatría infantil" (1959), reconoce la aportación de Freud al desarrollo de la psiquiatría infantil. Por otra parte, Gorrotxategi añade, que aunque en un principio Martín-Santos criticó la obra de Freud, inclinándose por los germánicos Dilthey, Jaspers y Kurt Schneider, posteriormente trató de conciliar su línea fenomenológica con el dinamismo freudiano (171 y 178).

locura dentro de una nueva conciencia fría y dislocada (116-117).[16] La crítica de Jung fue muy negativa, pues sostenía que en *Ulises* no había nada y que podía leerse tanto de adelante hacia atrás, como de atrás hacia adelante (110-111).

En cuanto al empleo del término *stream of consciousness* en literatura, la primera vez que se documenta es en 1918, en un artículo de May Sinclair que revisaba las novelas de Dorothy Richardson.[17] La definición de *stream of consciousness* de James explicaba el funcionamiento de la conciencia, pero aplicar este concepto a la literatura supone superar una serie de dificultades relativas a los límites del poder referencial del lenguaje. La psicología puede establecer varios niveles mentales, como el consciente y el inconsciente, y puede analizar sus contenidos por medio de tratamientos puramente psicológicos. Pero en la obra literaria sólo se pueden establecer límites entre los niveles verbal y pre-verbal. Y este es precisamente uno de los aspectos más discutidos por psicólogos, lingüistas, filósofos y críticos literarios. Determinar si el pensamiento o, en ultima instancia, el proceso de interiorización de la conciencia se realiza través de palabras, imágenes, símbolos o sensaciones es algo que todavía no se ha llegado a demostrar científicamente.[18]

El término *stream of consciousness* fue en un principio la solución a la falta de una expresión adecuada que pudiese aludir a la novela modernista esencialmente introspectiva. Pero el concepto se comenzó a definir como una nueva técnica narrativa en la línea del monólogo o el soliloquio, cuyas diferencias se basaban en aspectos tan ambiguos como incluir contenidos que provienen del consciente o el inconsciente. Edward Bowling, en su artículo "What is the stream of consciousness technique?", mantiene que el monólogo interior recoge la fase verbal, mientras que el *stream of consciousness* crea la ilusión de provenir de un lugar de la conciencia

---

16 Jung llega a afirmar que la obra de Joyce "pertains to the class of cold-blooded animals and specifically to the worm family. If worms were gifted with literary powers they would write with the sympathetic nervous system for lack of a brain. I suspect that something of this kind has happened to Joyce, that we have here a case of visceral thinking with severe restriction of cerebral activity and its confinement to the perceptual processes" (112).

17 Se trata de "The novels of Dorothy Richardson", donde comentaba: "There is no drama, no situation, no set scene. Nothing happens. It is just like life going on and on. It is Miriam Henderson's stream of consciousness going on and on" (57-58).

18 Véase el artículo de Samuel Porter, "Is Thought Possible without Language?" Ya incluso en la filosofía de Locke, hace más de dos siglos, se ven preocupaciones por este tipo de interrogantes.

anterior a la verbalización. Erwin S. Steinberg, en su detallado estudio *The Stream of Consciousness and Beyond in "Ulysses"*, también concibe el *stream of consciousness* como una técnica literaria y afirma que términos como monólogo o soliloquio no son apropiados para referirse al pensamiento y la conciencia porque además de palabras están formados por otro tipo de elementos (*The Stream* 33 y 245).

Para Auerbach, monólogo interior es sinónimo de "discurso vivido", y es parte de una larga tradición literaria (504). Myers y Simms, en su diccionario de términos literarios, definen el *stream of consciousness* como una técnica narrativa que recoge el flujo de pensamientos del consciente y subconsciente de un personaje, cuyo sentido se establece a partir de la asociación lógica (290). Y son mas cautos al afirmar que monólogo interior es un tipo de escritura –es decir, no una técnica o un recurso– que revela los pensamientos de un personaje que está pasando por unas experiencias físicas, emocionales o psicológicas intensas. Pero añaden que a veces el monólogo interior funciona como el monólogo dramático (145). En la misma línea, Wellek y Warren definen el *stream of consciousness* como un recurso dramático que nos muestra la mente de un personaje, aunque nunca llega a ser una reproducción real del proceso mental (92). Para ellos, se trata de una técnica que relacionan con el estilo indirecto libre, el monólogo interior y el *erlebte Rede* (224). Finalmente, Stuart Gilbert, en su pionero estudio *James Joyce's "Ulysses"*, habla de "unspoken soliloquy or silent monologue", equiparando los términos y explicando que este monólogo es "an exact transcription of the stream of consciousness of the individual" (21). Para él, monólogo, soliloquio y *stream of consciousness* son lo mismo.

También la crítica española goza de numerosos ejemplos que inciden en esta confusión de conceptos. Juan Benet equipara ambos términos e incluso señala que son los críticos anglosajones quienes hablan del *stream of consciousness*, mientras que, para él, todo *Ulysses* es un monólogo interior ("Prólogo" 13 y "¿Contra Joyce?" 26). Varela se inclina por el término monólogo interior para describir la técnica de *Ulysses*, aunque la define ambiguamente como, "la sustitución de la memoria lógica que encadena el presente al pasado, por una memoria poética que reconstruye el pasado como presente" (83-84). Amorós tampoco distingue entre "monólogo interior" y "corriente de conciencia" (*Introducción a la novela* 99). Juan Ramón Jiménez interpreta el monólogo interior como una técnica que pasará igual que lo hace una moda, pues se trata de una forma de poesía que "desde el comienzo de los siglos poéticos, viene sucediéndose en muchos grandes poetas de obra mayor o menor, de Esquilo y Shakespeare a Laforgue y James Joyce" (*Ideolojía* 430-431 y *Prosas críticas* 322). Y para Navajas, el monólogo interior y el *stream of consciousness* son dos técnicas narrativas que se diferencian en que, en la primera hay una estructuración de pensamientos "desde la mente del personaje, pero tras haber sufrido una criba más o menos extensa que ordena el discurso lingüística y semánticamente", mientras que en el *stream of consciousness* no hay orden porque se sitúa en una fase inferior a la del pensamiento, utilizando para su representación el método de la libre asociación de ideas (172-173).

Por otra parte, también se ha tendido a considerar el *stream of consciousness* como un término inclusivo de otro tipo de técnicas, como puede ser la del monólogo interior o la del soliloquio (Abrams 187, Humphrey). Leon Edel va un poco más lejos al definir el *stream of consciousness* como una forma de novelar que se relaciona con la narrativa analítica francesa, y considerar que Joyce escribió un tipo de novela psicológica en la línea de Marcel Proust y Dorothy Miller (*The Psychological* 11). Liisa Dahl diferencia *stream of consciousness* de monólogo interior, pero no distingue monólogo de soliloquio (9). Quizá toda esta confusión se origine en que cada novela emplea diferentes variaciones del mismo método para reproducir los monólogos de los personajes y, en general, la crítica no ha relacionado esta pluralidad de formas con el hecho de que una técnica narrativa puede utilizar diversos recursos literarios. La falta de una delimitación de conceptos clara no encontró solución hasta prácticamente los años cincuenta, cuando se empieza a considerar el *stream of consciousness* no como un recurso literario, sino como un tipo de narrativa.

En 1954, Robert Humphrey publica el estudio *Stream of Consciousness in the Modern Novel*, donde hace un análisis detallado de la naturaleza del *stream of consciousness* y del modo en que aparece en las novelas de Dorothy Richardson, James Joyce, Virginia Woolf y William Faulkner, llegando a la conclusión de que este concepto se debe utilizar para definir un tipo de novela, y no una técnica narrativa. Para Humphrey, la narrativa de *stream of consciousness* se manifiesta de forma distinta en cada escritor e incluso dentro de la misma novela, porque ésta utiliza cuatro técnicas diferentes: el monólogo interior directo, el monólogo interior indirecto, el soliloquio y la descripción omnisciente, según sea mayor o menor la intervención del autor, y según se pretenda mostrar una idea anterior o posterior a la verbalización. A esto añade otros recursos literarios posibles que utiliza el escritor para que la conciencia de su personaje resulte convincente, como: la libre asociación de ideas, que relaciona las experiencias pasadas con sus obsesiones presentes; la técnica cinematográfica; y la técnica mecánica, que se relaciona con la tipografía, la puntuación y demás elementos ortográficos.

Humphrey distingue dos categorías dentro del nivel consciente: el *pre-speech level* y el *speech level* (3). En el primero, por ser anterior a la verbalización, no hay control racional ni orden lógico, "consciousness is in its pre-speech level is unpatterned; a consciousness by its nature exists independent of action" (121); y en el segundo se situan los pensamientos más coherentes de los personajes. De este modo, se utiliza el concepto *stream of consciousness* para designar a un tipo de narración cuyo objetivo es expresar el movimiento de la mente de los personajes en el que, junto a los pensamientos más o menos coherentes, aparecen también sentimientos, sensaciones y asociaciones de ideas. Dependiendo del grado de racionalización, estaremos en una parte más alta o más baja del consciente. En realidad, cuando Joyce y Martín-Santos nos transmiten el contenido de los pensamientos de sus personajes –incluso los más incoherentes–, lo que están haciendo es una selección de lo que quieren presentar, pues en esto consiste el artificio del lenguaje literario: en hacer creer a través del símbolo de la palabra que lo que se está exponiendo es lo que realmente ocurre. El mérito está en presentarlo de forma natural dando la impresión de que el lector se encuentra dentro de la mente del personaje, sin la aparente mediación de un narrador. Así, Humphrey define las novelas de *stream of consciousness* como, "a type of fiction in which the basic emphasis is placed on exploration of the prespeech levels of consciousness for the purpose, primarily, of revealing the psychic being of the characters" (4). Y el monólogo interior se concibe como una de las técnicas narrativas que se utilizan para representar el contenido psíquico y el proceso mental del personaje, "partly or entirely unuttered, just as these processes exist at various levels of conscious control before they are formulated for deliberate speech" (24).

Pero como no todos los monólogos coinciden en la manera de formular los pensamientos, Humprey distingue entre dos tipos: el directo y el indirecto. El monólogo interior directo aparece en primera persona, no hay intervención del autor, y el personaje no da la sensación de hablar con otro, ni con el lector, sino que simplemente transmite su proceso de pensamiento. Formalmente éste resulta incoherente, con frases que se interrumpen según van apareciendo nuevas ideas, sensaciones o asociaciones. Por el contrario, en el monólogo interior indirecto, "an omniscient author presents unspoken material as it were directly from the consciousness of a character and, with commentary and description, guides the reader through it" (29). Aquí, se percibe la presencia del autor, que interviene entre la mente del personaje y el lector. La tercera técnica es la descripción omnisciente, aunque Humphrey añade que suele sorprender reconocer que una de las formas más extremas de experimentación narrativa requiera un método de descripción convencional. Por último, el soliloquio se caracteriza por ser una técnica que representa "the psychic content and process of a character directly from character to reader without the presence of an author, but with an audience tacitly assumed" (36). Como el soliloquio asume la presencia de una audiencia, hay coherencia en los pensamientos. Lo que se comunican son emociones e ideas relacionadas con el argumento y la acción, mientras que los dos tipos de monólogo sirven para expresar la identidad psíquica del personaje.

Cada una de estas técnicas literarias lleva consigo el empleo de otros recursos narrativos. Así, Humphrey señala la libre asociación de ideas como el principal recurso de la comunicación, que se hace a través de la memoria, como base, los sentidos, que la guían, y la imaginación, que aporta flexibilidad. Para él, aunque los escritores de *stream of consciousness* no sean conscientes de la complejidad de los contenidos psíquicos de la mente, todos reconocen la importancia de la asociación de ideas para describir los procesos mentales de sus personajes (43). Como segundo recurso, Humphrey habla de la técnica cinemática, que no es más que la aplicación de diversos procedimientos del cine a la literatura, con el fin de producir nuevos efectos y conseguir un mayor grado de verosimilitud. Entre estos, el montaje se utiliza para reproducir una sucesión rápida de imágenes desde diferentes puntos de vista. El *flash-back* y el *camera eye* dan una sensación de movimiento, "to represent the dual aspect of human life –the inner life simultaneously with the outer life" (50). Y el *cutting* o corte sirve para fijar un aspecto concreto de la mente de un personaje. Myers y Simms añaden otras técnicas cinemáticas de uso literario: la edición o el montaje y la posición de la cámara.

Es curioso como, rastreando gustos y aficiones de Joyce y Martín-Santos, se descubre que ambos compartieron ciertos intereses. Joyce, ya en 1909, se embarca en la aventura de inaugurar un cine en Dublín, el "Cinematograph Volta", con la ayuda de varios empresarios de Trieste que habían creado cines en otros lugares de Europa. Aunque esta experiencia fracasó, el escritor mantuvo siempre un interés especial por el cine ya que lo consideraba un arte con futuro y, por ello, incorporó diferentes técnicas cinemáticas a su obra –especialmente a *Finnegans Wake*–[19] como la superposición de escenas simultáneas, el corte y otras que se comentarán a propósito de *Ulysses*. Además, Joyce intentó que el director ruso Sergei Eisenstein filmara *Ulysses* y ayudó a varios amigos a preparar un guión para el capítulo "Anna Livia Plurabelle" de *Finnegans Wake* (*JJ* 654). Martín-Santos también compartió la afición del cine, sintiéndose especialmente atraído por Antonioni, Fellini y el cine italiano. Incluso llegó a mantener una larga amistad con el director Anttón Eceiza, ya que le interesaban cuestiones de dirección y realización cinemática (Gorrotxategi 73). No extraña así, que tanto *Ulysses* como *Tiempo de silencio* se hayan llevado al cine, a pesar de que ambas han cuestionado fronteras de linealidad y ficción. *Ulysses* fue presentada al festival de Cannes por el realizador americano Joseph Strick en 1967, causando una gran polémica.[20] Sorprendentemente, la primera versión cinematográfica de una obra de Joyce fue una versión de *Finnegans Wake*. Posteriormente, Joseph Strick produjo *A Portrait of the Artist as a Young Man* en 1977 y John Huston presentó una versión de "The Dead" en 1987.[21] Asimismo, *Tiempo de silencio* fue llevada al cine en 1985 por Vicente Aranda, con guión del mismo director y de Antonio Rabinad. La producción de Lola Films, S. A. y Morgana Films S. A. tuvo la colaboración de TV Española, y fue subvencionada por el Ministerio de Cultura.

Finalmente, y volviendo a los recursos narrativos que aparecen en las novelas de *stream of consciousness*, Humphrey señala el procedimiento mecánico a través del cual el texto modifica su apariencia. Así, la utilización de cursiva, el paréntesis, la puntuación –que controla el movimiento de la conciencia–, la tipográfica y, en general, todos los

---

19 El episodio que va de las páginas 558 a 590 reproduce incluso un guión de cine con las técnicas que aquí se mencionan.
20 Vicente Antonio Pineda, en "El escándalo de *Ulysses*", recoge la polémica suscitada entre Strick y el director del Festival, Favre Le Bret: "Cada película se pasa dos veces en el Palacio de Festivales. Durante la primera parte de la proyección se produjeron algunas protestas ruidosas de un cierto sector del público, disconforme con el tema de Joyce. En la segunda, de gala, estalló el escándalo. Parte de los subtítulos en francés habían sido tachados. Strick subió a la cabina para impedir la proyección ante la insólita acción de suprimir frases y palabras, que la dirección del Festival consideraba demasiado crudas y audaces. Al no conseguir su propósito, Strick regresó a la sala gritando: 'Parad la proyección. Soy el director. Parad la proyección'" (60-61).
21 También Anthony Burgess realizó una versión de *Ulysses*, que se emitió por radio el 2 de febrero de 1982, para conmemorar el centenario del nacimiento del escritor.

recursos que se manifiestan de forma visible en el texto mismo. La finalidad de este recurso es "to capture the irrational and incoherent quality of privated unuttered consciousness and in doing so still to communicate to his readers" (62).

Para cerrar este apartado, baste añadir que las novelas de *stream of consciousness* se definen fundamentalmente por el tema –la representación de la conciencia de los personajes– más que por el estilo, que sufre variaciones constantes dentro incluso de la misma novela. Aunque el análisis lingüístico y estilístico de las técnicas narrativas del *stream of consciousness* pueda aportar una clasificación alternativa del tipo de estructuras sintácticas que utilizan estas novelas, las teorías de Humphrey siguen estando en vigor. Por ello, el estudio comparativo de las técnicas narrativas que aparecen en *Ulysses* y *Tiempo de silencio* que incluyo en las siguientes páginas se realiza siguiendo la terminología de este crítico, que resulta más consistente que las demás.

6.2.3 *El* stream of consciousness *y las epifanías joyceanas*

Después de esta presentación sobre la naturaleza del *stream of consciousness* y sobre el interés, tanto de Joyce como de Martín-Santos, por reproducir la interioridad de la mente de sus respectivos personajes, el propósito de este apartado y del siguiente es estudiar el contexto en el que surge esta nueva preocupación por entender la complejidad mental. En el caso de Joyce, su teoría sobre las epifanías –según aparecen engendradas en el boceto *Stephen Hero* y más tarde puestas en práctica en *A Portrait*, *Ulysses* y *Finnegans Wake*– como momentos de revelación que produce la trivialidad de un momento, se puede relacionar con la técnica del examen del conciencia que practicó durante su educación jesuítica. La importancia que tienen estos momentos epifánicos para la construcción de la individualidad psíquica de los personajes de *Ulysses* es más que significativa, al igual que el hecho de que Joyce adoptase un concepto religioso –la epifanía o revelación de Cristo por los Reyes Magos– para referirse a una manifestación de tipo espiritual.[22] En *Stephen Hero*, el protagonista define la epifanía como "a sudden spiritual manifestation, whether in the vulgarity of speech or of gesture or in a memorable phase of

---

22   Beja aclara que, aunque se trata de un concepto teológico, no tiene por qué asociarse siempre con la religión, porque también está presente en otros autores como Woolf, Wolfe, Faulkner, Richardson o Proust (*Epiphany* 14).

the mind itself", y pone como ejemplo el reloj de pared de la Ballast Office: "Imagine my glimpses at the clock as the groupings of a spiritual eye which seeks to adjust its vision to an exact focus. The moment the focus is reached the object is epiphanized. It is just in this epiphany that I find the [...] supreme quality of beauty" (*SH* 188-189).

Sandulescu también ha relacionado las epifanías joyceanas con las técnicas de *stream of consciousness* que aparecen en *Ulysses* (60). Y es que parece inevitable que se deje ver la influencia de la educación jesuítica en la creación joyceana. Para empezar, el mismo escritor corrigió a su amigo Frank Budgen señalando: "You allude to me as a Catholic. Now for the sake of precision and to get the correct contour on me, you ought to allude to me as a Jesuit" (*JJ* 27). La educación que recibió Joyce fue bastante especializada si se tiene en cuenta que iba dirigida a lograr su entrada en la orden. Los métodos de enseñanza de los jesuitas eran muy tradicionales y seguían una línea clásica. Partiendo del *trivium*, la base eran los estudios de gramática, retórica y lógica. De hecho, los libros que estudiaban y los manuales de ejercicios espirituales eran tan importantes por el contenido religioso como por la retórica, que derivaba de las *artes praedicandi* medievales (Wales 35). En este ambiente adquirió una importante formación humanística, y aprendió no sólo teología y aspectos de liturgia, que luego aprovecharía en su obra, sino mucho más importante, "to arrange things so that they can be grasped and judged" (cit. por Suter 64). Esto es, una disciplina intelectual y un sentido del orden profundamente inspirados en el examen diario de conciencia, que posteriormente aplicaría a la exploración de la interioridad de sus personajes. Stephen sigue conservando en *Ulysses* ciertos hábitos, actitudes y formas de conocimiento escolástico que, según Budgen, reflejan la influencia de su educación (20). Esto se percibe en sus monólogos interiores y en su peculiar forma de percibir y dar sentido a la realidad. El examen de conciencia, con el que está familiarizado Stephen, lleva consigo un tipo de formalización lingüística que, como afirma Valverde, consistía en un repaso de

> los actos, palabras y pensamientos, con una actitud bastante compleja y distanciada, por un lado sin dejar nada posible, aún la peor hipótesis, pero, por otro lado, sin exagerar en la autoacusación, sino matizando dentro de la 'casuística', todas las circunstancias atenuantes [...]. Es decir, el examen de conciencia es un proceso de sentido lingüístico, de verbalización de lo vivido, en cuanto que haya podido ser pecaminoso, pero en sí mismo, con la mayor objetividad: el arrepentimiento, de hecho, se promueve y expresa *después* del examen de conciencia, en oraciones aparte. Así, cabe decir que *Ulysses* es un ejemplo extremo de examen de conciencia, al modo jesuítico, sólo que sin 'dolor de corazón' ni 'propósito de enmienda'. (*El autor* 84)

Joyce, a pesar de haber criticado duramente la educación que recibió, también reconoció haber aprendido mucho de los jesuitas: "They are tarts. They want you to flatter them, to fondle them. A heartless order that bears the name of Jesus by antiphrasis. But, I spent sixteen years of my life with them, and I owe them a great deal" (cit. por Mercanton 240). El capítulo "Ithaca" es el que mejor ejemplifica la postura de Joyce, pues aquí puso en práctica la técnica de un catecismo impersonal a base de preguntas y respuestas.[23] Este episodio, de hecho, contrasta con el segundo, "Nestor", que sigue la técnica de un catecismo personal. "Ithaca" comienza así:

> What parallel courses did Bloom and Stephen follow returning?
>
> Starting united both at normal walking pace from Beresford place they followed in the order named Lower and Middle Gardiner streets and Mountjoy square, west: then, at reduced pace, each bearing left, Gardiner's place by an inadvertence as far as the farther corner of Temple street: then [...]. (*U* 544)

Las preguntas y respuestas que estructuran este capítulo funcionan a modo de examen de conciencia en la mente de Bloom, pues después de que Stephen abandone su casa, los ideales más mediocres y una reflexión sobre las infidelidades de su mujer comienzan a llenar su mente mientras se acuesta con la cabeza a los pies de Molly. Joyce consideró este capítulo "the ugly duckling of the book and therefore, I suppose, my favorite" (*JJ* 500). A pesar del quizá excesivo cúmulo de datos, esta técnica invita al lector a evaluar bajo una nueva perspectiva todo lo que les ha ocurrido a Bloom y Stephen durante el día. Después de conocer las preocupaciones de Bloom, el catálogo de los libros que posee en su biblioteca, el contenido de sus cajones e incluso cómo pasa el agua por las cañerías de la calle hasta llegar a su casa, se nos muestra ahora la futilidad de su vida. El carácter aparentemente científico que caracteriza el estilo del episodio contribuye a revelar otra faceta más oscura de la vida de Bloom, tan íntimo, que el símbolo del órgano a que hace referencia es el esqueleto.

En definitiva, muchos de los monólogos interiores de *Ulysses* proceden de momentos epifánicos. Asimismo, la ordenación de ideas y la falta de inhibición mental de los personajes deriva en gran medida del examen diario de conciencia con el que se había familiarizado Joyce. De hecho, no hay que ovidar que Stephen se revela no sólo como artista sino como ejemplo de pensamiento escolástico. Pero, además de todo esto, la

---

23 También la sección IV, i de *Finnegans Wake* sigue esta misma técnica (Wales 36).

presencia de la educación religiosa en la obra joyceana se deja ver aún más en el empleo de una retórica clásica, que encuentra un uso casi desmesurado en *Ulysses*.

6.2.4 *El* stream of consciousness *y la fenomenología de Martín-Santos*

Interpretar *Tiempo de silencio* a la luz de las teorías de su autor supone partir de bases científicas y filosóficas. La realidad de la novela viene definida por un juego de contradicciones dialécticas que se establece a partir de la relación entre la sociedad y el individuo, el individuo y su entorno, y el narrador y los personajes. Martín-Santos adoptó el término "realismo dialéctico" para describir su novela, "una teoría muy rigurosa elaborada a partir de un conocimiento profundo de la literatura y el arte –en todas sus implicaciones sociales, históricas, políticas, económicas, psicológicas, filosóficas, etc.– de una seriedad ejemplar" (cit. por Schraibman 109). Así, la dimensión dialéctica de *Tiempo de silencio* forma parte de su concepción de la historia, de su experiencia psiquiátrica, de la fenomenología y de su teoría sobre el psicoanálisis existencial, en el que "la acción psicoterapéutica se convierte en algo vivo, permanentemente móvil, un proceso auténticamente dialéctico de la persona consigo misma" (Castilla del Pino "Prólogo" XIII-XIV).

En noviembre de 1960, fruto de su participación en la Asociación Artística de Guipúzcoa, Martín-Santos pronunció tres ponencias, tituladas: "Fenomenología en la obra de arte", "La función expresiva en la obra de arte" y "La obra de arte como instrumento de modificación". Estas aportaciones a la teoría de la novela forman la base de su creación literaria. En ellas exploró los temas de la comprensión y la atracción en la obra de arte, la dialéctica del tiempo y el espacio, el concepto de materia, la percepción estética y el lenguaje, distinguiendo entre la verdad del artista y la de la obra (Gorrotxategi 85-86). A su vez, defendió el pensamiento fenomenológico en su Tesis doctoral, *Dilthey, Jaspers y la comprensión del enfermo mental*. En cuanto a su aplicación en la literatura, se hace necesario citar a Ortega y su *Deshumanización del arte*, porque en el apartado "Unas gotas de fenomenología" expone lo que significa esta forma de revelar que no existe una única realidad, sino todo un conjunto de percepciones y puntos de vista sobre ella, en muchos casos divergentes. La cita es larga, pero merece la pena comentarla:

> Un hombre ilustre agoniza. Su mujer está junto al lecho. Un médico cuenta las pulsaciones del moribundo. En el fondo de la habitación hay otras dos personas: un periodista, que asiste a la escena obitual por razón de su oficio, y un pintor que el azar ha conducido allí. Esposa, médico, periodista y pintor presencian un mismo hecho. Sin embargo, este único y mismo hecho –la agonía de un hombre– se ofrece a cada uno de ellos con aspecto distinto. Tan distintos son estos aspectos, que apenas si tienen un núcleo común. La diferencia entre lo que es para la mujer transida de dolor y para el pintor que, impasible, mira la escena, es tanta, que casi fuera más exacto decir: la esposa y el pintor presencian dos hechos completamente distintos. Resulta, pues, que una misma realidad se quiebra en muchas realidades divergentes cuando es mirada desde puntos de vista distintos [...] todas estas realidades son equivalentes: cada una la auténtica para su congruo punto de vista. (21)

La aplicación de la fenomenología a la literatura conforma la realidad dialéctica de *Tiempo de silencio*. Sobre este tema Martín-Santos escribió varios artículos, entre los que destaca "Dialéctica, concienciación y totalización", donde define claramente el término

> [...] *proceso dialéctico* significa que, a partir de un conflicto entre contrarios, en lugar de una simple anulación o sustracción, se origina una nueva totalidad [...]. De esta nueva 'totalidad' ha de alcanzar una visión plena tanto en su nueva realidad constituida, como en su devenir sintético constituyente. (*A* 137)

Martín-Santos diferencia dialéctica de la naturaleza y dialéctica de la historia, y critica la dialéctica marxista por estudiar sólo las contradicciones sociales que determinan al ser humano, y no las que surgen de la relación de éste con su medio. Desde su concepción, el ser posee la libertad de hacerse cargo de las contradicciones, porque "la naturaleza es dialéctica desde el hombre y para el hombre, en cuanto que contradicción asumida y objeto modificado" (*A* 139-140).

Tusón y Lázaro definen la novela dialéctica como literatura comprometida porque "arranca de la 'dialéctica histórico-social', que *se hace eco de las oposiciones sociales y toma partido ante ellas*" (339). Y esta es una esta es una característica de *Tiempo de silencio*, pues las contradicciones sociales ejercen tal influencia sobre el individuo que llegan a cambiarlo. Pero esta dialéctica se manifiesta no sólo en la alienación de Pedro sino en la pluralidad de voces y en el juego de perspectivas que se adoptan. Con frecuencia, el punto de vista del narrador se contradice con el del personaje. Esto ocurre, por ejemplo, cuando después de que Cartucho mate a Dorita por venganza, el narrador remite a una frase del *Burlador de Sevilla* de Tirso de Molina: "Que no hay plazo que no se cumpla ni deuda que no se pague" (*Tds* 285). La secuencia siguiente comienza con un breve monólogo de Pedro, que cuestiona la afirmación anterior: "No, no, no es así. La vida no es así, en la vida no ocurre así. El que la hace no la paga" (*Tds* 285). También es frecuente que el narrador emplee apodos y frases irónicas, haciendo una doble lectura de la realidad. Así, suele llamar a Pedro por su nombre, mientras que los personajes que se sienten social y culturalmente por debajo de él le llaman "don Pedro" o "el médico". Cada vez que ocurre esto, el narrador interviene irónicamente con frases del tipo: "[...] momento en que recuperaba el *Don* que la amistad, el lupanar, la borrachera y el amor le habían sucesivamente arrebatado" (*Tds* 123).

El narrador hace extensible este recurso a los demás personajes, pues el Muecas se convierte en "el digno propietario" o el "Gentelman-farmer-Muescasthone". Ortega unas veces es "el maestro", y otras "el-que-lo-dijo-antes-que-Heidegger" o "el gran matón de la metafísica". La dueña de la pensión es "la patrona", "la primera generación", "la viuda", "la madre mayor", "la anciana" o "la decana", dependiendo de si se está adoptando un tono conmiserativo o despectivo. Dora es "la madre", "la segunda generación" y Dorita es "la nieta", "la tercera generación" o "la novia". El policía es "uno de los omnipotentes habitantes de las oficinas". Doña Luisa es "la ogresa", "la presidenta". Y las prostitutas son "obreras ápteras" o "inframujeres". Los ejemplos se multiplican. (Galán 58-59).

La realidad de *Tiempo de silencio* surge de la dialéctica entre la percepción de los personajes y las intervenciones constantes del narrador, que interpreta sus contradicciones. Así se crea una visión multidimensional, cuyo sentido arranca de la contradicción de la sociedad, que ejerce su influencia sobre la propia contradicción del individuo y a su vez de éste con la sociedad. "Un hombre que no sufre dudas y contradicciones íntimas no está vivo por dentro" (cit. por Winecoff Díaz 233), es quizá la frase de Martín-Santos que más cerca está del significado último de la novela. Y de la realidad dialéctica, Martín-Santos crea los monólogos dialécticos, que definió como una técnica que le permitía combinar el monólogo interior con la narración, dando la sensación de que el personaje es consciente de su propia subjetividad y de los hechos externos (Winecoff Díaz 235). Los monólogos dialécticos combinan los dos puntos de vista subjetivo y objetivo, que son los que llevan a la contradicción. A través de los monólogos y soliloquios de los personajes conocemos sus debilidades y contradicciones porque sus palabras dicen más de sí mismos que lo que ellos se atreverían a reconocer. En este sentido, Labanyi explica que:

> Es importante que, al final de la novela, Pedro no haya conseguido reconciliar sus contradicciones. Al contrario, sus intentos de evadir las contradicciones de su

existencia le llevan a multiplicarlas [...]. La misma contradicción irónica que frustra los intentos del hombre de reconciliar la realidad con sus deseos, también frustra sus intentos de destruirse a sí mismo. La ironía lo declara todo provisional, incluso el fracaso. Pedro fracasa incluso en sus intentos de ser un fracasado. El hecho de que él lo ignore constituye la suprema ironía de la historia. (*Ironía* 161)

En definitiva, toda la novela es en sí misma dialéctica porque no ofrece una sóla interpretación de los hechos y, por lo tanto, el lector tampoco puede llegar a una única conclusión, a no ser que ésta sea contradictoria. Así, la dialéctica de la novela se convierte en una dialéctica del texto, porque: "Si el lector de *Tiempo de silencio* adopta una actitud sumisa a la autoridad del texto, será tan incapaz de desentrañar su sentido como Pedro lo es de desentrañar el sentido de su vida" (Labanyi *Ironía* 116).

6.3   *Ulysses* y *Tiempo de silencio* como novelas de *stream of consciousness*

6.3.1   *Representación del* stream of consciousness *en* Ulysses *y* Tiempo de silencio

Partiendo de la definición de novela de *stream of consciousness* de Humphrey, y considerando los monólogos interiores directo e indirecto, el soliloquio y el narrador omnisciente como cuatro técnicas pilares en este tipo de narrativa, la finalidad de este apartado es demostrar que *Ulysses* y *Tiempo de silencio* pueden interpretarse como tales. Empezando por el narrador omnisciente, hay que señalar que su presencia en *Ulysses* es más que significativa a pesar de que haya habido una tendencia crítica a considerar la obra impersonal. A diferencia del narrador de las novelas tradicionales, que juzgaba o comentaba, éste adquiere una multiplicidad de voces e identidades, y está presente en las numerosas situaciones en las que el lector no se expone directamente a la mente de cualquiera de los personajes. Asimismo, el papel del narrador en *Tiempo de silencio*, aunque difiere del de *Ulysses*, cumple diversas funciones por el carácter plural de sus intervenciones, habiendo llegado a ser interpretado como otro personaje de la novela.

En cuanto a los monólogos, el monólogo interior directo aparece en *Ulysses* para presentar el contenido psíquico y el proceso mental del personaje, sin interferencias del autor y sin la presencia de una audiencia. Como modelo, se puede señalar el monólogo de Molly en el último capítulo, aunque toda la novela está llena de ejemplos de este tipo:

> [...] I suppose I ought to have buried him in that little woolly jacket I knitted crying as I was but give it to some poor child but I knew well Id never have another our 1st death too it was we were never the same since O Im not going to think myself into the glooms about that any more I wonder why he wouldnt stay the night I felt all the time it was somebody strange he brought in instead of roving around the city meeting God knows who nightwalkers and pickpockets his poor mother wouldnt like that if she was alive ruining himself for life perhaps still its a lovely hour so silent I used to love coming home after dances the air of the night... (*U* 640)

Este monólogo va sin puntuación porque representa el movimiento de su mente entre el sueño y la vigilia. No se puede comprender en su totalidad de forma lineal, sino a través de la libre asociación, relacionando las ideas y sensaciones que pasan por su mente, sin que aparentemente tengan conexión alguna.

En el monólogo interior indirecto, la penetración en la mente del personaje es menos profunda y hay mayor coherencia porque es el narrador quien reproduce los pensamientos, aunque adoptando el lenguaje del personaje. El capítulo "The Wandering Rocks" comienza con una frase del narrador que introduce al Padre John Conmee, pero en la línea siguiente se pasa directamente a sus pensamientos:

> The superior, the very reverend John Conmee S. J. reset smooth watch in his interior pocket as he came down the presbytery steps. Five to three. Just nice time to walk to Artane. What was that boy's name again? Dignam. Yes. *Vere dignum et iustum est.* Brother Swan was the person to see. Mr Cunninghma's letter. Yes. Oblige him, if possible. Good practical catholic: useful at mission time. (*U* 180)

Aunque el lenguaje empleado coincide con el del personaje, no es un monólogo interior directo porque se percibe la presencia del narrador, y por la construcción de las frases, la puntuación y la coherencia.

Asimismo, en *Tiempo de silencio* hay ocho secciones completas dedicadas a la exposición de la interioridad de varios personajes. De entre éstas, los tres monólogos interiores directos del protagonista aparecen estratégicamente al comienzo, en el medio y al final de la novela. Como ejemplo, reproduzco un fragmento del último cuando Pedro, fracasado, decide abandonar Madrid:

> Si no encuentro taxi no llego. ¿Quién será el Príncipe Pío? Príncipe, príncipe, principio del fin, principio del mal. Ya estoy en el principio, ya acabó, he acabado y me voy. Voy a principiar otra cosa. No puedo acabar lo que había principiado. ¡Taxi! ¿Qué más da? El que me vea así. Bueno, a mí qué. Matías, qué Matías ni qué. Como voy a encontrar taxi. No hay verdaderos amigos. Adiós amigos. ¡Taxi! Por fin. A Príncipe Pío. Por ahí empecé también. Llegué por Príncipe Pío, me voy por Príncipe Pío. Llegué sólo, me voy solo. Llegué sin dinero, me voy sin... [sic] ¡Qué bonito día, qué cielo más hermoso! No hace frío todavía. ¡Esa mujer! Parece como si hubiera sido, por un momento, estoy obsesionado... (*Tds* 287)

Sus pensamientos fluyen de forma continua y van de una idea a otra –como en el caso de Molly–, sin más relación aparente que la que se puede establecer a través de la libre asociación de ideas.

La mente de Pedro también se reproduce en otras circunstancias mediatizada por la voz del narrador. Como ejemplo de este tipo de monólogo interior indirecto expongo un breve fragmento de la noche del sábado, cuando vuelve borracho a la pensión:

> La imagen de la belleza de Dorita seguía flotando en la confusión de su mente. No como la de un ser amado ni perdido, sino como la de un ser decapitado [...]. La cabeza flotaba –como cortada– en el embozo de la cama. ¡Era tan bella! Ella dormía. Todo era natural en ella. Ella estaba en su silenciosa mecedora esperando y nada podía sorprenderla. (*Tds* 120)

La primera frase pertenece al narrador, que nos describe los pensamientos de Pedro al acercarse a Dorita. La segunda, sin embargo, es una reproducción de la imagen de ésta según la percibe Pedro que, debido su estado de embriaguez, la imagina decapitada porque la sábana le tapa hasta el cuello.

En cuanto a la técnica del soliloquio, ésta aparece con menos frecuencia en *Ulysses*, ya que en esta novela se percibe un mayor interés por perfilar una identidad psíquica, que emociones e ideas relacionadas con el argumento. El capítulo "Circe", escrito en forma dramática con los nombres de los personajes introduciendo sus diálogos y con el uso de acotaciones, es quizás el mejor ejemplo:

> BLOOM
> Wildgoose chase this. Disorderly houses. Lord knows where they are gone. Drunks cover distance double quick. Nice mixup. Scene at Westland row. Then jump in first class with third ticket. Then too far. Train with engine behind. Might have taken me to Malahide or a siding for the night or collision. Second drink does it. Once is a dose. What am I following him for? Still, he's the best of that lot. If I hadn't heard about Mrs Beaufoy Purefoy I wouldn't have gone and wouldn't have met. (*U* 369)

Esta cita reproduce los pensamientos de Bloom cuando está buscando a Stephen y Lynch. Es un soliloquio porque lo que nos comunica es importante para el desarrollo de la acción y porque la forma de trasmitirlo es racional, lógica y ordenada, como si se encontrase ante la presencia de una audiencia.

En cuanto a *Tiempo de silencio*, hay tres soliloquios que, además, aparecen entrecomillados. Dos de ellos pertenecen a la dueña de la pensión y muestran tal coherencia, que hacen pensar en un discurso dirigido a una audiencia. El tercero corresponde a un personaje secundario, Cartucho, cuya individualidad se hace patente por el lenguaje tan peculiar que utiliza y por sus idiosincrasias. Así, Cartucho dice:

> Y yo no aguanto que me digan Cartucho más que cuando yo quiero. Pero, chito chitón. Yo achaparrao y ella mirándome como si para decir que era marica. Y él 'Bueno, si no quiere priva, pañí de muelle'. Y viene con el vaso de sifón y me lo pone en las napies y yo lo bebo. Mirándole a la jeta. Y él, riéndose 'Que me hinca los acáis'. Y se va chamullando entre dientes. 'No hay pelés' 'No hay pelés.' Pero a ella la tenía yo camelá y mira que te mira como si fuera yo marica. Me cago en el corazón de su madre, la zorra. (*Tds* 55)

Y, finalmente, hay en la novela lo que Mainer denomina, un "juego de monólogos" ("Prólogo" 27) de cuatro personajes: Matías, Similiano, Amador y Cartucho. Se trata de cuatro soliloquios que tienen lugar mientras estos personajes van andando por las calles, cada uno por separado. Lo significativo es que se presentan de forma encadenada sin comentarios del narrador que informen quién es cada uno. Si la identificación de los personajes resulta fácil es porque el habla de cada grupo social se convierte en un rasgo distintivo. Además de los monólogos y soliloquios mencionados, que cubren secciones completas, hay otros que aparecen insertados dentro de una misma secuencia narrativa, que comentaré más adelante.

Para algunos críticos, la técnica del monólogo interior, por su carácter introspectivo, no es más que una representación eminentemente subjetiva de la realidad. Edel, por ejemplo, define la narrativa de *stream of consciousness* como la novela de la subjetividad ("Literature" 99), y Amorós señala que: "El monólogo interior o corriente de conciencia [...]. Significa el triunfo total de un subjetivismo sin límites" (*Introducción a la novela* 99). Buckley, sin embargo, establece una división clara entre la narración objetiva y la subjetiva, situando a Martín-Santos como un ejemplo de esta última, mientras que concibe la narrativa de Joyce como el mayor ejemplo de la "más absoluta objetividad novelística" (*Problemas* 142 y 206). Esta aparente subjetividad en la novela de Martín-Santos se puede poner en relación con su rechazo de la narrativa anterior, que se caracterizaba por seguir la técnica del objetivismo behaviorista.[24] Por su parte, cuando se dice que Joyce utiliza un método objetivo de presentación de la realidad, lo que se está sugiriendo es que el autor permite que el personaje revele su conciencia directamente al lector, sin intervenciones previas por parte de otra voz narrativa. Pero naturalmente, siempre hay "una mano" que reproduce esos pensamientos en forma de palabras.[25]

Junto a las cuatro técnicas narrativas expuestas, se ha explicado en el apartado anterior que hay otros tres recursos literarios propios de la novela de *stream of consciousness*, cuya finalidad es hacer que la presentación de la conciencia de los personajes resulte más convincente. Éstos son, según los distinguía Humphrey: la libre asociación de ideas, la técnica cinemática y la técnica "mecánica". La libre asociación de ideas permite que el proceso psíquicos de los personajes –que en principio resulta incoherentes– cobre sentido al lo largo del texto. El monólogo interior directo de Molly, citado más arriba, es un ejemplo claro. En su conciencia se percibe que hay un flujo de pensamientos –la chaqueta que tejió para su hijo–, sentimientos –hacia su hijo Rudy muerto–, recuerdos –sobre el hecho de que a ella le gustaba llegar a casa tarde por la noche después de los bailes–, sensaciones –su marido Leopold ha traído a un extraño a casa esa noche– etc. Su imaginación fluye de una idea a otra mostrando una irracionalidad solo aparente. No es consciente de las incoherencias de sus pensamientos ya que éstos pertenecen a un nivel de *pre-speech* y representan parte del subconsciente al que no tiene acceso.

En *Tiempo de silencio* se emplea el mismo recurso pero de forma distinta. Los monólogos interiores directos de Pedro son más racionales que el de Molly, o los de Bloom o Stephen. Si volvemos al ejemplo anterior,

---

24 Labanyi señala que en lo que debió ser el comienzo de *Tiempo de destrucción*, el autor parodia de forma directa la técnica del objetivismo, al interrumpir la descripción para comunicar al lector: "Acabo de elegir como técnica de narración la objetivista". Este comentario fue modificado y ahora aparece en el segundo capítulo de la primera parte con una forma todavía más paródica: "[...] y espera hasta que, tras un lapso de espera (que la descripción objetiva no puede precisar si es debido a deliberación, a duda o a sorpresa)" (*Ironía* 121).
25 Evidentemente, los conceptos de objetividad y subjetividad dependen de la posición en que se sitúe cada uno, confusión que se presta a mayores engaños cuando se trata de la representación de la ficción que, en su sentido más literal, no es más que hacer creer al lector que lo que se presenta es real.

vemos que Pedro está buscando un taxi porque quiere ir a una dirección concreta, Príncipe Pío. Pero, a través de una serie de juegos de palabras, este lugar le sugiere otra multitud de ideas que fluye sin relación aparente. Sin embargo, esta racionalización contrasta con la incapacidad que tienen los personajes para comunicarse y que, además, es una de las razones por las que hay tan poco diálogo en la novela:

> Los personajes no recurren a la asociación libre intencionalmente, sino que intentan imponer una disciplina a sus pensamientos, al racionalizarlos. Pero sus intentos de racionalización fallan, al ceder, sin querer, a la libre asociación que –de acuerdo con la ley del retorno de lo reprimido– les conduce a la verdad desagradable que intentan evadir. Justamente cuando Pedro se congratula de haber convertido su vida en una fórmula lingüística controlable, descubre que sus palabras dicen lo contrario de lo que él quería. (Labanyi *Ironía* 132)

El segundo recurso es el cinemático, que se basa en la manipulación del tiempo y el espacio. Esto se consigue de muy diversas maneras. Así, a través del *cutting* o reproducción de imágenes secuenciales en las que, sin concluir la presentación completa de la primera, se suceden una segunda y tercera. Uno de los recursos que con más frecuencia aparece en *Ulysses* y *Tiempo de silencio* es el enfoque o *camera eye*, por medio del cual el narrador, a una distancia relativa del personaje, se le va acercando hasta que se pasa de la narración en tercera persona a la reproducción del contenido de la mente del personaje. Para Albérès, esto constituye un ejemplo de voz en *off*, un procedimiento que se empezaría a utilizar en el cine hablado a partir de 1945 (218). También en el capítulo "The Wandering Rocks", Joyce utiliza la técnica del "montaje" como base para presentar diecinueve descripciones de la vida de Dublín de forma simultánea, en un mismo tiempo cronológico. Con esta visión panorámica, el espacio se mueve mientras el tiempo se para. En *Tiempo de silencio* aparece asimismo lo que Saludes define como "*slow-motion*", utilizado para detener la acción y presentar "la elasticidad del momento" a partir de la acumulación de detalles (*La narrativa* 94). Esto ocurre, por ejemplo, en las descripciones de las chabolas y en el aborto de Florita. En general, la novela de Martín-Santos no experimenta con tantas técnicas cinemáticas como la de Joyce, aunque una de sus características es la superposición de planos, que encuentra un ejemplo extremo en el pasaje mencionado de los cuatro soliloquios simultáneos.

El tercer recurso que queda por aplicar es el "mecánico", y se refiere principalmente a la puntuación como elemento controlador del movimiento de la conciencia. En *Ulysses*, el monólogo de Molly carece de puntuación porque representa el estado de su conciencia cuando está a punto de dormirse. Pero de forma general, los elementos tipográficos forman un aspecto importante, como es claro ejemplo el capítulo "Aeolus", que incluye los titulares de un periódico. También la utilización poco convencional de la cursiva, las mayúsculas, los paréntesis y algún tipo de dibujo –como el de un pentagrama musical– contribuye a romper la linealidad del texto. En el caso de *Tiempo de silencio*, aunque hay menor profusión de este tipo de elementos, la forma en que se suceden también cumple una función distinta a la tradicional. Aparecen paréntesis para aclarar alguna información o para eliminar una posible ambigüedad; comillas, para diferenciar los soliloquios de los monólogos directos e indirectos;[26] exclamaciones, para mostrar el habla y las expresiones típicas de cada personaje; y cursiva, para lo que en lenguaje escrito se utilizarían comillas y distinguirlas de las comillas, que aquí sirven para diferenciar los monólogos de los soliloquios.

A partir de este análisis comparativo de las técnicas narrativas y recursos literarios que aparecen en *Ulysses* y *Tiempo de silencio*, la primera diferencia que se percibe es la mayor penetración en las zonas inferiores de la conciencia por parte de Joyce –esto es, en el nivel de *pre-speech*–, que se manifiesta en una mayor utilización del monólogo interior directo, mientras que en la novela de Martín-Santos, los monólogos muestran un mayor grado de racionalización y coherencia. Esta desigualdad se produce tanto a nivel cuantitativo como cualitativo porque, en el caso de Joyce, los monólogos se presentan de una forma más pura, a partir de la utilización de un lenguaje "fresh and 'raw' as if it had not yet undergone any exact formulation" (Dahl 68), mientras que el de *Tiempo de silencio* no llega tan lejos en nivel de experimentación. Además, en *Ulysses* las transiciones que se suceden entre las descripciones del narrador y la evocación de la respuesta mental del personaje ocurren frecuentemente dentro del mismo párrafo, resultando más radical su ruptura narrativa. En *Tiempo de silencio*, la transición es más gradual presentándose generalmente en secuencias narrativas distintas.

Por otra parte, hay en ambas novelas una preocupación común por ahondar en la multiplicidad de perspectivas que conforma la realidad de

---

26 No todos los críticos coinciden en esta interpretación. Para Vicente Cabrera, que no distingue entre la voz del personaje y la del narrador, todo son monólogos y el entrecomillado en alguno de ellos muestra la inconsistencia de *Tiempo de silencio* (39).

cada personaje. Esto se consigue fundamentalmente a través de la libre asociación de ideas, de la fusión de presente y pasado, del desdoblamiento en varias personas narrativas y, sobre todo, de la utilización de un lenguaje complejo y una sintaxis muchas veces truncada. Estos recursos permiten que el lector se haga consciente de la naturaleza multidimensional de la experiencia humana. Los conocimientos psiquiátricos que Martín-Santos tenía de la psiquiatría se equiparan en Joyce con su familiaridad con la psicología y el psicoanálisis. Pero, aunque los dos recurran a este material para hacer más verosímil el flujo de la conciencia de sus personajes, ninguno se plantea como propósito ahondar en el estudio psicoanalítico profundo de la conducta humana, ni buscar una explicación a los hechos y las acciones de los personajes.

6.3.2 La monologación de Ulysses *ante la multiplicidad de voces y la soledad de los personajes*

Como se ha podido ver hasta, la incorporación del discurso interior a *Ulysses* y *Tiempo de silencio* acontece como solución a un mundo moderno fragmentado que expresa la soledad, el aislamiento y la alienación del ser humano. Retomando las líneas generales de las teorías que William James desarrolló en *Principles of Psycology*, a lo largo de este apartado se analizarán los monólogos de los tres personajes principales de *Ulysses*, dejando para el apartado siguiente los que conciernen a *Tiempo de silencio*. Siguiendo el esquema de James, en primer lugar hay que señalar que, como cada pensamiento forma parte de una conciencia individual, los monólogos de Stephen, Bloom y Molly se caracterizan por presentar una serie de elementos recurrentes o *leitmotivs* que dan unidad estructural y temática al contenido de los mismos, aunque el lenguaje y la forma en que se reproducen son distintos. Si se comparan algunos motivos, como puede ser el de la muerte, que es objeto de atención por parte de los tres, se percibe que la reacción de cada uno viene determinada por sus actitudes ante la vida y por sus experiencias vitales. Según Peake, la respuesta de Stephen es poética, la de Bloom materialista y realista y la de Molly sentimental y un tanto depresiva (172). Cada uno evoca una serie de elementos que los individualiza y a medida que éstos se van repitiendo, se convierten en *leitmotivs*.[27]

William James señala, en segundo lugar, que no sólo el pensamiento está siempre en continuo movimiento y es objeto de nuevas transformaciones sino que, en diferentes circunstancias, el objeto obsesivo y recurrente de la mente produce sensaciones distintas, "*no state once gone can recur and be identical with what it was before*" (149). En este sentido, uno de los *leitmotivs* más característicos de Stephen es el remordimiento por no haber cumplido el último deseo de su madre, rezar ante su lecho de muerte. Esta imagen aparece por primera vez al comienzo de la novela. El narrador introduce el tema y da paso a los pensamientos de Stephen:

> In a dream, silently, she had come to him, her wasted body within its loose graveclothes giving off an odour of wax and rosewood, her breath, bent over him mute secret words, a faint odour of wetted ashes. Her glazing eyes, staring out of death, to shake and bend my soul. On me alone. The ghostcandle to light her agony. Ghostly light on the tortured face. Her hoarse loud breath rattling in horror, while all prayed on their kness. Her eyes on me to strike me down. (*U* 9)

Buck Mulligan, cuatro páginas antes, ya había recriminado a Stephen: "You could have knelt down, damn it, Kinch, when your dying mother asked you [...]. And you refused. There is something sinister in you" (*U* 5). Sin embargo, hasta el tercer capítulo, cuando se menciona el telegrama que éste había recibido anunciando la enfermedad de su madre y su inminente vuelta de París (*U* 35), el lector carece de la información que le permitiría asociarlo con la imagen obsesiva de su madre en el lecho de muerte. Esta imagen vuelve a aparecer en nuevos capítulos: en "Nestor", cuando ayuda a un alumno con el álgebra; en "Proteus", en la escena de la biblioteca cuando piensa en Hamlet; en muchos otros pasajes en los que se repite la expresión "Agenbite of Inwit",[28] símbolo de su remordimiento; y más significativamente en "Circe", cuando la madre parece salir de su tumba para comunicarse con Stephen y exigirle arrepentimiento:

---

27   Este término se originó en la música, aunque más tarde pasó a aplicarse a la literatura – según Friedman, durante el periodo simbolista (*Stream* 14)– con el significado de imagen recurrente, símbolo o frase asociada a una determinada idea o tema.

28   Como apuntan Gifford y Seidman, la expresión parte del manual medieval de edificación religiosa con su exposición de virtudes y vicios, *Agenbite of Inwyt* (1340).

THE MOTHER

(her face drawing near and nearer, sending out an ashen breath) Beware! *(She raises her blackened withered right arm slowly towards Stephen's breast with outstretched finger)* Beware God's hand!

(A green crab with malignant red eyes sticks deep its grinning claws in Stephen's heart)

STEPHEN

(strangled with rage, his features drawn grey and old) Shite! [...] Ah non, par example! The intellectual imatination! With me all or not at all. *Non serviam!* (*U* 475)

Este *leitmotiv* constituye el centro temático de la mayor parte de los monólogos de Stephen y es especialmente significativo porque Joyce hace revivir a su personaje las mismas experiencias por las que pasó él mismo cuando, en París, también recibió un telegrama de su padre pidiéndole su vuelta a casa por a la grave enfermedad de su madre. El hecho de que cada aparición de este *leitmotiv* se asocie a una imagen y a un sentimiento distinto se explica, según James, porque:

> Every thought we have of a given fact is, strictly speaking, unique [...] When the identical fact recurs, we *must* think of it in a fresh manner, see it under a somewhat different angle, apprehend it in different relations from those in which it last appeared. And the thought by which we recognize it is the thought of it-in-those-relations, a thought suffused with the consciousness of all that dim context. (151)

El tema de la relación entre la vida y la muerte es significativo en la producción joyceana y, de hecho, fue un asunto sobre el que meditó desde su juventud. A los veinte años escribió un ensayo sobre el poeta irlandés James Clarence Mangan, donde hablaba de la vida y la muerte como dos estados del mismo proceso: "[...] the time is come wherein a man of timid courage seizes the keys of hell and of death, and flings them far out into the abyss, proclaiming the praise of life, which the abiding splendour of truth may sanctify, and of *death, the most beautiful form of life*" (énfasis mío, *CW* 83). Esta idea la desarrolló posteriormente no sólo en "The Dead" –que describe a unos personajes cuyas vidas se reducen a evocar la imagen de los que están muertos, dando la sensación de que los muertos no lo están porque viven en la mente de los vivos–, sino en varios relatos de *Dubliners*, como: "The Sisters", "A Little Cloud", "Clay", "A Painful Case" y "Ivy Day in the Committee Room". En *Finnegans Wake*, la polaridad vida/muerte se encuentra ya en el mismo título, a partir del doble significado de "wake", como los conceptos opuestos de "despertar" o "velatorio". Y más aún, en el mismo nombre *Finn–egans*, que no es más que "fin"–"*again*", porque del fin vamos al principio siguiendo la concepción cíclica de la vida y la historia según Vico.[29] Pero todavía se podría decir más, ya que en este libro "Anna Livia Plurabelle, the river of life, flows toward the sea, which is death; the fresh water passes into the salt, a bitter ending", por lo que la unión de Ana Livia no sólo es con el amor, a través de la vida, sino con la muerte (*JJ* 253).

Otro *leitmotiv* de Stephen, directamente relacionado con el primero, es el de la religión o la pérdida de su fe a resultas de su educación en el colegio jesuita. Así, en el primer capítulo, el narrador introduce los pensamientos de Stephen –en cursiva– a modo de monólogo interior indirecto: "[...] *et unam sanctam catholicam et apostolicam ecclesiam:* the slow growth and change of rite and dogma like his own rare thoughts, a chemistry of stars" (*U* 17). Para comprender a Stephen en toda su dimensión hay que acudir a las bases de sus ideas y actitudes ante la vida, según aparecen en *A Portrait*, ya que es el único personaje que conocemos de forma evolutiva. Así, el germen de sus remordimientos se encuentra en la decisión tomada previamente en *A Portrait*. Es especialmente significativo el pasaje que introduce en su diario:

> Mother indulgent. Said I have a queer mind and have read too much. Not true. Have read little and understood less. Then she said I would come back to faith because I had a restless mind. This means to leave church by backdoor of sin and reenter through the skylight of repentance. Cannot repent. Told her so and asked for sixpence. Got threepence. (*A* 248)

La actitud de Stephen con respecto al incumplimiento del deseo de su madre, como también fue la de Joyce, es la de "*non serviam*", conectando con el final de *A Portrait*, en el que Stephen había anunciado a Cranly:

> I will not serve that in which I no longer believe whether it call itself my home, my fatherland or my church: and I will try to express myself in some mode of life or art as freely as I can and as wholly as I can, using for my defence the only arms I allow myself to use –silence, exile and cunning. (*A* 246-247)

Es la asociación de este motivo con el modo de vida que ha elegido lo que le transforma en un personaje solitario y aislado de su entorno. Al igual

---

29 De la misma manera, como bien apunta García Tortosa, *The Book of the Dead* encuentra amplia resonancia en *Finnegans Wake*, al igual que el mito de Osiris y diferentes creencias egipcias sobre la resurrección ("Introducción" 61).

que el autoexilio de Joyce, la liberación de las fuerzas que le oprimen a través del silencio, la astucia y el exilio le convierte en un ser alienado.

Pasando ahora a los monólogos de Bloom, hay que señalar, en primer lugar, que como es un personaje que casi siempre va caminando, su función es mostrar su percepción de la ciudad. El lector sigue sus pasos desde que se levanta por la mañana, va a comprar su desayuno, pasa por el cuarto de baño, acude a un funeral, visita un periódico buscando trabajo para sus anuncios de publicidad, va a comer, se esconde en la biblioteca, etc. A partir del tipo de pensamientos que evoca y del modo como organiza las ideas, se percibe que su mente es menos analítica que la de Stephen: "He sees immediate images and reflects upon them immediately; he has a literal, fact-accumulating mind. He has absorbed all kinds of data and all manner of clichés" (Edel *The Phychological* 84). Su *leitmotiv* principal es su preocupación por las infidelidades de Molly, que va reapareciendo cada vez que se encuentra con Blazes Boylan en la ciudad. Pero, al igual que a Stephen, también le invaden pensamientos sobre la muerte –especialmente de su hijo Rudy y del suicidio de su padre. Otro de sus *leitmotivs* es su sentimiento de exilio intra-urbano, que se complementa con los de la alienación y soledad que siente Stephen.

Las características más sobresalientes de la personalidad de Bloom se perfilan entre los capítulos cuarto y sexto. "Calypso" empieza *in medias res*, como también había comenzado el primer episodio de la novela, con una descripción en tercera persona y un cambio rápido de perspectiva que nos introduce en su mente y en sus pensamientos sobre su gata:

> Mr Leopold Bloom ate with relish the inner organs of beats and fowls. He liked thick giblet soup, nutty gizzards, a stuffed roast heart, liverslices fried with crustcrums, fried hencod's roers. Most of all he liked grilled muttons kidneys which gave to his palate a fine tang of faintly scented urine [...]. She [the cat] understands all she wants to. Vindictive too. Cruel. Her nature. Curious mice never squeall. Seem to like it. Wonder what I look like to her. Height of a tower? No, she can jump me. (*U* 45)

En este capítulo aparece ya la primera referencia a la sospechas de las infidelidades de Molly, quien acaba de recibir una carta de su promotor de conciertos, Boylan, anunciando que la visitará esa tarde. Durante todo el día Bloom evitará encontrarse con Boylan e incluso pensar en él, al que nunca menciona por su nombre sino a través del pronombre personal "he", manteniendo una distancia física y mental. Bloom incluso reprime sus sentimientos al ver la carta que ha recibido su mujer, permitiéndose sólo pensar en el tipo de letra empleado: "His quickened heart slowed at once.

Bold hand" (*U* 50). Sin embargo, a lo largo del día se encuentra con Boylan varias veces y tiene que enfrentarse a los comentarios insinuantes de otros personajes sobre la relación entre Boylan y su mujer.

En "Hades", Bloom va en un coche de caballos al entierro de Dignam y ve pasar a Boylan por la calle. Esta imagen le hace recordar que irá a visitar a Molly por la tarde: "He's coming in the afternoon. Her songs [...]. Worst man in Dublin" (*U* 76). Los indiscretos acompañantes no dudan en preguntarle si Boyland si va a acompañar a su mujer en los conciertos. Bloom contesta evasivamente, pero de forma negativa, aludiendo a que tiene que hacer algunos negocios en la ciudad. Poco a poco, los comentarios se van incrementando y su mente parece no poder escaparse de esta obsesiva angustia por las infidelidades de su mujer y por el conocimiento que tiene toda la ciudad de ello. En el capítulo octavo Bloom se dedica a hacer un recuento de los admiradores que ha tenido Molly, para pasar a recordar amargamente que no ha tenido relaciones sexuales completas con ella desde la muerte de sus hijo: "[She] could never like it again after Rudy. Can't bring back time. Like holding water in your hand" (*U* 137). También en Davy Byrne, el bar donde come, Flynn le pregunta si Molly va a cantar dentro de poco, y si esa no es la razón por la que Boylan ha llegado a la ciudad. Bloom comienza a obsesionarse por la hora que es, pues se va acercando el momento de la visita de Boylan a su casa. A partir de aquí, las referencias a los relojes y a la hora del día se multiplican: "A warm shock of air heat of mustard hanched on Mr Bloom's heart. He raised his eyes and met the stare of a bilious clock. Two. Pub clock five minutes fast. Time going on. Hands moving. Two. Not yet" (*U* 141). Al final del capítulo, el encuentro cara a cara con Boylan en la calle le obliga a buscar refugio en la Biblioteca Nacional:

> His heart quopped softly. To the right. Museum. Goddesses. He swerved to the right.
> Is it? Almost certain. Won't look. Wine in my face. Why did I? Too heady. Yes it is. The walk. Not see. Get on [...]. Not following me? [...]
> The flutter of his breath came forth in short sighs. Quick. Cold statues: quiet there. Safe in a minute.
> No. Didn't see me. After two. Just at the gate.
> My heart! [...]
> Safe! (*U* 150)

Según se van acercando las cuatro de la tarde, hora en que Boylan irá a su casa, imágenes de Molly invaden la mente de Bloom. Los contrastes entre la personalidad de Bloom y Boylan añaden más patetismo a su sentimiento de inferioridad, pues le percibe como "the conquering hero", mientras que el narrador le describe a él como un "unconquered hero" (*U* 217). Sin embargo, Bloom le sigue hasta el Ormond Hotel porque le preocupa que haya olvidado la hora de la visita: "Has he forgotten? Perhaps a trick. Not come: whet appetite. I couldn't do" (*U* 219). Cuando finalmente le ve desaparecer, sus pensamientos fluyen obsesivamente llenos de deseos por su mujer, mientras que intenta evadirse escribiendo una carta platónica a Martha. Más tarde, en "Cyclops", una conversación en el pub Barney Kiernan muestra que la gente conoce las ligerezas de Molly, poniendo en duda, además, la hombría de Bloom:

—Do you call that a man? says the citizen.
—I wonder did he ever put it out of sight, says Joe.
—Well, there were two children born anyhow, says Jack Power.
—And who does he suspect? says the citizen. (*U* 277)

El tema del adulterio de Molly constituye una de las muchas ambigüedades de la novela. Todas las referencias provienen de la mente de Bloom, de las insinuaciones de la gente y de las exageraciones de la propia Molly en el último capítulo. En "Nausicaa", Bloom percibe que se le ha parado el reloj justo a la hora de la visita de Boylan y se pregunta si hay "any magnetic influence between the person because that was about the time he. Yes, I suppose, at once" (*U* 306). Su mirada se posa en Howth Hill, donde poseyó a Molly por primera vez, pero el momento más dramático ocurre al final de este episodio, cuando "the voice of the cuckoo-clock from the priest's house tells Bloom that he is now a cuckold" (Wilson 198).

El segundo *leitmotiv* de Bloom es el de la muerte de su hijo Rudy, tema de muchos de sus pensamientos que, unas veces se asocia con la falta de intimidad entre él y su mujer, y otras con la imagen de Stephen, de quien se siente padre espiritual. Así, en "Hades", mientras va al funeral en el coche de caballos que comparte con el padre de Stephen, Simon Dedalus, al ver al primero a través de la ventana piensa en su hijo Rudy: "If little Rudy had lived. See him grow up. Hear his voice in the house. Walking beside Molly in an Eton suit. My son. Me in his eyes. Strange feeling it would be. From me. Just a chance" (*U* 73). De la imagen de su hijo pasa a la de su padre y su último deseo antes de morir, cuidar a su perro Athos: "Dogs' home over there. Poor old Athos! Be good to Athos, Leopold, is my last wish. Thy will be done. We obey them in the grave" (*U* 74-75). Este último deseo del padre de Bloom conecta de nuevo con el último deseo de la madre de Stephen, al unir a ambos en uno de los temas más importantes de *Ulysses*, que es el de la paternidad. De este modo, en "Circe", el sentimiento paternal que Bloom siente por Stephen le lleva a evocar una imagen idealizada de su hijo Rudy:

> (*Against the dark wall a figure appears slowly, a fairy boy of eleven, a changeling, kidnapped, dressed in an Eton suit with glass shoes and little bronze helmet, holding a book in his hand. he reads form right to left inaudibly, smiling, kissing the page*)
>
> BLOOM
> (*Wonderstruck, calls inaudibly*) Rudy!
>
> RUDY
> (*gazes, unseeing, into Bloom's eyes and goes on reading, kissing, smiling. He has a delicate mauve face. On his suit he has diamond and ruby buttons. In his free left hand he holds a slim ivory cane with a violet bowknot. A white lambkin peeps out of his waistcoat pocket.*). (*U* 497)

Wilson relaciona la descripción de Rudy, inteligente, culto, sensible y refinado, con la imagen que Bloom tiene de Stephen (200). Sin embargo, Stephen-Telémaco, en su reversión del mito homérico, no buscará a un padre espiritual, sino que negará constantemente la paternidad.

Otro *leitmotiv* de Bloom es su condición de judío-irlandés y sus sentimientos de soledad y alienación. Como señala Maddox, a pesar de haber tenido un bautismo cristiano, sus actitudes ante la vida son las de un judío, abstemio y preocupado por el dinero (274). Bloom tiene un sentimiento de inferioridad que le oprime y que alimenta su introversión, no sólo por ser judío –un extraño en el entorno de Dublín– sino por la inseguridad de su trabajo y por ser un marido engañado. Son muchas las escenas que ejemplifican su condición de forastero. De camino al cementerio, Bloom comparte coche con Simon Dedalus, Jack Power y Martin Cunningham, y hay continuas referencias a la frialdad de éstos hacia Bloom por no ser puramente irlandés. Pero es especialmente en "The Cyclops", cuando la figura del ciudadano incrementa la alienación de Bloom, provocándole constantemente con sus ideas sobre el nacionalismo irlandés. Su necesidad de reconocimiento le lleva imaginarse, en "Circe", representando toda suerte de figuras importantes: emperador-presidente; rey; sucesor de Parnell; reformador de la ciudad, generoso, apreciado y sabio; ídolo de las mujeres, ante quién son capaces de devoción completa y suicidio; Mesías capaz de hacer milagros; creador de la nueva Bloomusalem, etc. Todas estas transformaciones incrementan sus profundos deseos de aceptación por parte de una sociedad prejuiciosa.

En general, el contenido de los monólogos de Bloom se puede clasificar en: impresiones sobre la ciudad, sensaciones, sentimientos, recuerdos repentinos sobre lo que va a hacer el resto del día, reminiscencias, imágenes de su adolescencia y juventud, y deseos no realizados. Asimismo, es característico de Bloom llevar consigo una serie de objetos sin significado aparente, que funcionan como elementos fetichistas y que cobran sentido al relacionarlos con sus acciones durante el día. De entre estos: la patata que lleva el en bolsillo –símbolo de Irlanda– que heredó de su madre, una pastilla de jabón que va a comprar por la mañana y la tarjeta que esconde bajo su sombrero con las señas de Martha Clifford. Bloom mantiene correspondencia secreta y platónica con esta mujer bajo el falso nombre de Henry Flower –recuérdese la relación de este apellido con el nombre originario húngaro de su padre "Virag", que significa flor, y con el suyo propio. Finalmente, la palabra "metempsychosis" y sus variaciones –"Met him pike hoses" o "Met him what?"–, relacionadas con la transmigración de las almas o la reencarnación recurren en sus monólogos como *leitmotivs* verbales, además de constituir un tema importante por su significado de "regeneración", claramente evocado en "Circe", cuando Bella transforma a los hombres en diferentes objetos.

Por último, a pesar de que Molly Bloom tiene una presencia menor en *Ulysses*, aparece continuamente en los pensamientos de su marido y en las alusiones de otros personajes. Lo primero que pronuncia en la novela es el sonido "–Mn" (*U* 46), como respuesta a la pregunta de Bloom de si quiere algo para desayunar. Durante este capítulo conversa brevemente sobre su hija Milly y su trabajo, y no vuelve a aparecer hasta el final –en "The Wandering Rocks" asoma su brazo por la ventana para echar una limosna. Sin embargo, el último episodio se dedica exclusivamente a su monólogo interior directo, que consta de ocho frases extremadamente largas y sin puntuación, mientras está tumbada en la cama, entre el sueño y la vigilia. Durante el monólogo, por primera vez no hay interrupciones del narrador, ni diferentes focalizaciones. Su posición es curiosamente la que recomiendan los psicoanalistas para que la mente de los pacientes pueda pensar libremente sin interferencia alguna. De hecho, Molly sólo se distrae dos veces al escuchar el sonido de un tren que pasa, mientras que los pensamientos de Stephen y Bloom se han ido interrumpiendo constantemente.

La primera imagen que evoca el monólogo de Molly es el cambio súbito que ha notado en la actitud de su marido, quien ha llegado tarde a casa y le ha hablado de su encuentro con Stephen: "Yes because he never did a thing like that before as ask to get breakfast in bed with a couple of eggs since the City Arms hotel" (*U* 608). El *leitmotiv* más significativo de Molly es la relación triangular entre Bloom, ella y Boylan. Aunque parece preferir a este último como amante, cuando piensa en la posibilidad de tener otro hijo, desea que sea de su marido. De esta imagen va a la de su matrimonio, a la razón por la que se casó, a recuerdos de su hijo Rudy, a la imagen de su hija Milly, etc. Básicamente los mismos pensamientos que han inundado la mente de Bloom durante el día, aunque a la luz de una perspectiva distinta. Así, los dos comparten el *leitmotiv* sobre la infidelidad. Molly ha engañado a su marido esa misma tarde pero, para justificar su acto, desconfía de Bloom por haber llegado tarde, pensando que quizás también ha estado con otra mujer: "I hate having a long wrangle in bed or else if its not that its some little bitch or other he got in with somewhere or picked up on the sly if they only knew him as well as I do yes because the day before yesterday he was scribbling something a letter when I came into the front room" (*U* 609). En las ocho frases que conforman su monólogo, Molly pasa de un pensamiento a otro sin que haya ningún tipo de transición. Después de desconfiar de su marido recuerda las miradas de Bloom a otras mujeres y las sospechas de su relación con una criada que tuvieron, que finalmente consiguió echar. Sabe que Bloom conoce sus infidelidades pero anuncia que no le va a dar la satisfacción de confirmárselo. Sin embargo, al describir su relación con Boylan por la tarde, lo hace de una manera bastante exagerada y poco fiable –resaltando las cualidades de éste como amante–, contradiciéndose en varias ocasiones.

Otro de sus *leitmotivs* es el de la condición de ser mujer. En unos casos triunfa una postura feminista, denunciando el papel tan pobre que tienen las mujeres en la sociedad y proclamando un nuevo mundo dirigido por ellas: "I dont care what anybody says itd be much better for the world to be governed by the women in it you wouldnt see women rolling around drunk like they do or gambling every penny they have and losing it on horses yes because a woman whatever she does she knows where to stop" (*U* 640). Pero en otras ocasiones, las critica duramente. En ambos casos, su obsesión sexual se hace patente. En la tercera frase compara la constitución femenina, que considera más atractiva, con la fealdad de los órganos masculinos. Piensa en diferentes técnicas contraceptivas y se queja de lo injusto de la naturaleza femenina por tener que menstruar todos los meses – acaba de tener la regla y esto estropeará su encuentro con Boylan el próximo lunes–, por tener que ser madre y por quedar relegada a ser simple ama de casa. Curiosamente, ni Molly es el prototipo de ama de casa frustrada y subyugada bajo las órdenes de su marido, ni se ha ocupado demasiado de Milly, a quién Bloom ha mantenido lejos del hogar para que no sea testigo de las ligerezas de su madre. Por último, y al igual que Bloom, relaciona a Stephen su hijo Rudy, aunque a diferencia de su marido, no se tormenta con estos pensamientos y vuelve a pensar en por qué Stephen no se ha quedado en su casa a pasar la noche:

> I suppose hes running [Stephen] wild now out at night away from his books and studies and not living at home [...] I suppose I oughtnt to have buried him [Rudy] in that little woolly jacket I knitted crying as I was but give it to some poor child but I knew well Id never have another our 1st death too it was we were never the same since O Im not going to think myself into the glooms about that any more I wonder why he wouldnt stay [Stephen] the night. (*U* 640)

En la última frase, su conciencia gira en torno a su nueva vida con Bloom: se levantará pronto, le llevará el desayuno y reanudarán sus relaciones sexuales, porque ella le seducirá por la mañana con su nueva ropa interior. La novela termina con un "yes" final, que constituye una de las mayores ambigüedades de la novela. Para Navajas, este "yes" no resuelve sus problemas con Bloom, sino que se relaciona con la esperanza de su futura amistad con Stephen (49). Para Maddox, la última frase de Molly: "[...] yes I said yes I will Yes" (644), es una traslación de: "I am the flesh that always affirms", para contrarrestar el principio tan masculino de la novela con las ironías de Buck Mulligan y su mofa por todo (273-274). Es decir, este "sí" final, repetitivo es una afirmación de la vida humana, pero no una resolución de su vida futura con Bloom.

Este monólogo de Molly, o como se ha llamado frecuentemente *Mollylogue*, ha producido interpretaciones para todos los gustos. Desde que se publicó *Ulysses*, Molly ha sido acusada y redimida en multitud de ocasiones. La crítica va desde los que piensan que sus acciones son el fruto justificado del estado de soledad en que se encuentra por el poco caso que le hace su marido, hasta la acusación de Hodgart de que es "little better than a whore", porque sus pensamientos desinhibidos le llevan a hablar de desviaciones sexuales, a hacer una recolección de todos los amantes y admiradores que ha tenido e incluso a considerar la posibilidad de que Stephen se añada a la lista (128). Las apertura interpretativa de la novela nos lleva a la ambivalencia de *Ulysses*, sublimando, según Van Boheemen, el principio de duda sobre el que se fundamenta la estrategia textual que lleva al lector a experimentar esa duda: "Rather than Homer, it is Penelope, weaving and unweaving her web, who may have been Joyce's model of authority. Her example is a style of weaving which suggests and promises closure, but simultaneously postpones and subverts it, in defiance of full definition and definite choice" (65).

Sobre este monólogo hay un aspecto más importante, que remite a cuestiones de verosimilitud y que se refiere a si en realidad el fluir de los pensamientos de Molly son los que se originarían realmente en la mente de una mujer. Varela sostiene que este monólogo es "la confesión más libre, más audaz de un personaje femenino, en la novela universal" (86). Sin embargo, para Maddox, Molly representa a una "manly woman in balance of Bloom's womanly man" (277), y Edel se pregunta si Molly no sería en realidad el concepto masculino de lo que debería ser la mente femenina, y si en la representación de su interioridad no hay en realidad más imaginación masculina que sentimientos femeninos (90). Más acertadamente, Van Boheemen interpreta que el capítulo de Molly funciona a modo de garantía y prueba de la posición de Joyce con respecto a la tradición anterior, al subvertir las convenciones del realismo y mostrar la experiencia pública y privada (64-65). Para Joyce, "Penelope" era el capítulo más importante del libro:

> *Penelope* is the clou [star turn] of the book. The first sentence contains 2500 words. There are eight sentences in the episode. It begins and ends with the female word *yes*. It turns like the huge earthball slowly surely and evenly round and round spinning, its four cardinal points being the female breasts, arse, womb and cunt expressed by the words *because, bottom* (in all senses, bottom buttom, bottom of the glass ...) *woman, yes*. Though probably more obscene than any preceding episode it seems to me to be perfectly sane [...]. *Weib. Ich bin der Fleisch der stets bejaht. (JJ 501)*

En general, los pensamientos de Molly son muchas veces repetitivos, no siguen un orden de pensamientos lógico y van sin puntuación, quizá conectando con la afirmación de Dorothy Richardson de que la prosa femenina "should properly be unpunctuated, moving from point to point without formal obstructions" (cit. por Allen 355). Sin embargo, y a diferencia de los monólogos de Stephen y Bloom, si se añade puntuación a este texto, resultaría más coherente que los de los otros dos personajes. La sintaxis de su monólogo se caracteriza por la coordinación de ideas – aunque la conjunción "y" no aparezca– que incrementa la sensación de un flujo continuo de conciencia. Por lo tanto, a pesar de que con frecuencia se ha tomado el monólogo de Molly como ejemplo de técnica pura de *stream of consciousness*, su interioridad es sólo reflejo de un tipo de monólogo interior directo. Por último, sólo me queda apuntar apuntar que es curioso cómo en la edición facsímil del manuscrito Rosenbach se ve que Joyce escribió "Penelope" dando la vuelta a su cuaderno de notas, empezando por la última página. Acaso este modo de diseñar el capítulo, al revés, inscriba precisamente la característica de la diferencia, como base para la interpretación de la conciencia y del modo de pensar de los dos géneros, masculino y femenino.

6.3.3 Los monólogos y soliloquios de Tiempo de silencio ante la alienación de los personajes

Pedro es el único personaje de *Tiempo de silencio*, cuya interioridad se manifiesta a través de monólogos interiores directos, de forma caótica, con ideas desordenadas y frases truncadas, y como un verdadero fluir de la conciencia. Pero a diferencia de *Ulysses*, los monólogos de Pedro aparecen con menos frecuencia que los de Stephen o Bloom, y en lugares fácilmente identificables cubriendo secciones narrativas completas. La interioridad de los otros dos personajes principales, la dueña de la pensión y Cartucho, se presenta a través de soliloquios, con una sintaxis más coherente y un orden lógico de pensamientos. Desde el punto de vista formal, al igual que en la novela de Joyce, los tres se distinguen por el tipo de léxico o de registro lingüístico utilizado, y desde el punto de vista del contenido, cada uno presenta una serie de *leitmotivs* diferentes que caracterizan el tema de sus pensamientos. Estos son los únicos personajes que se presentan al lector de forma directa, sin la intervención previa del narrador y sin que el lector pueda identificarles hasta que posteriormente se muestran bajo una nueva luz. La única excepción es el caso del policía Similiano, cuya identidad se revela por primera vez en un soliloquio breve, dentro de la sección que cubre los cuatro soliloquios encadenados. Además de los monólogos interiores directos de Pedro, éste también se presenta a través de monólogos interiores indirectos, introducidos por el narrador, pero empleando su lenguaje y su propia forma de pensar. En total, en *Tiempo de silencio* aparecen tres monólogos de Pedro, dos soliloquios de la dueña de la pensión, uno de Cartucho y un juego de soliloquios encadenados de cuatro personajes: Matías, Similiano, Amador y Cartucho.[30] Estos monólogos y soliloquios cubren secuencias completas, aunque hay además otros que se

---

30 La técnica de los monólogos encadenados vuelve a aparecer en el capítulo sexto de la segunda parte de *Tiempo de destrucción*.

insertan en nuevas secuencias mediante la indicación formal de las comillas, el empleo de la primera persona o el cambio de tiempos verbales.

Los tres monólogos interiores directos de Pedro, que ocupan una secuencia narrativa completa, aparecen estratégicamente al principio, en medio y al final de la novela. En su primer monólogo, el *leitmotiv* es claramente triunfar en su investigación y quizá conseguir el premio Nobel que se otorgó a Ramón y Cajal, cuya foto tiene en su laboratorio:

> El retrato del hombre de la barba, frente a mí, que lo vio todo y que libró al pueblo ibero de su inferioridad nativa ante la ciencia, escrutador e inmóvil, presidiendo la falta de cobayas [...] ¿Quién podrá nunca aspirar otra vez al galardón nórdico, a la sonrisa del rey alto, a la dignificación, al buen pasar del sabio que en la península seca, espera que fructifiquen los cerebros y los ríos? Las mitosis anormales, coaguladas en su cristalito, inmóviles –ellas que son el sumo movimiento–. (*Tds* 7)

Este monólogo corresponde a la primera página de la novela, cuando todavía no conocemos a Pedro. En general, los monólogos de Pedro se van haciendo más incoherentes a medida que va experimentando momentos claves de su vida.

Relacionado con el *leitmotiv* de su ambición científica, y como causa desencadenante de la tragedia final, también obsesiona a Pedro la falta de ratones cancerígenos del laboratorio, necesarios para poder continuar su investigación. Las frases que abren la novela presentan a Pedro trabajando en su laboratorio:

> Sonaba el teléfono y he oído el timbre. He cogido el aparato. No me he enterado bien. He dejado el teléfono. He dicho: "Amador". Ha venido con sus gruesos labios y ha cogido el teléfono. Yo miraba por el binocular y la preparación no parecía poder ser entendida. He mirado otra vez: "Claro, cancerosa". Pero, tras las mitosis, la mancha azul se iba extinguiendo. "También se funden estas bombillas, Amador." No; es que ha pisado el cable. (*Tds* 7)

En esta escena, el protagonista ve las cosas a modo de causa y efecto, y el lector tiene la sensación de observar lo que ocurre de la misma manera que lo hace él, a través de su microscopio. Aparece aquí también parte de su diálogo con Amador, entre comillas. El lenguaje se caracteriza por la profusión de tecnicismos relacionados con la medicina, algún extranjerismo y latinismo, y una sintaxis compleja.

A lo largo de la novela, Pedro se presenta como un personaje contradictorio, con más curiosidad científica que compromiso social. De hecho, ante la precariedad económica del laboratorio y la falta de ratas traídas del "Illinois nativo" (*Tds* 8) para continuar su investigación sobre el cáncer, no duda en ir a buscarlas a la chabola del Muecas, aunque esto implique una falta de honestidad científica. No sorprende así la crítica socio-política que introduce el narrador. Si en las chabolas Pedro puede encontrar la solución a su investigación, aunque para ello tenga que utilizar medios que cuestionen la ética profesional, esto constituiría el "origen de otro descubrimiento más importante" (*Tds* 11). La sátira resulta más efectiva cuando se compara el modo en que se lleva a cabo la investigación médica en España, donde "se carece de lo más elemental" (*Tds* 10), con las condiciones de trabajo en Estados Unidos, "en laboratorios traslúcidos de paredes brillantes de vidrio, con aire acondicionado ex profeso para la mejor vida ratonil" (*Tds* 9).

En su segundo monólogo, Pedro se encuentra en la cárcel por haberse visto involucrado en la muerte de Florita a raíz de un aborto ilegal, del que es sólo parcialmente responsable. Sus sus pensamientos son mucho menos organizados y más repetitivos porque se siente dominado por la angustia. El *leitmotiv* es su conflicto entre la libertad y la determinación:

> El destino fatal. La resignación. Estar aquí quieto el tiempo que sea necesario. No moverse. Aprender a estar mirando un punto de la pared hasta ir, poco a poco, concentrándose en un vacío sin pensamiento. [...] Relax. Dominar la angustia. Pensar despacio. [...] No se está mal. No se está tan mal. Para qué pensar. No hay más que estar quieto. [...] No puedo hacer nada; luego no puedo equivocarme. No puedo tomar ninguna resolución errónea. (*Tds* 215)

Las frases son cortas porque la frustración que siente Pedro y su impotencia no le permiten pensar racionalmente. Todo el monólogo oscila entre frases impersonales con ideas repetidas, y el uso de la primera y segunda persona narrativa. Este cambio de focalización se hace gradualmente, a medida que el personaje se va autoengañando al decir sentirse más libre en la cárcel que fuera, como resultado de su propia resignación. Finalmente, su sentimiento de culpa le lleva a acabar con un desdoblamiento del "yo" y una autoacusación de haber matado a Florita. Con esta actitud justifica su pasividad, aunque sin llegar a convencerse de su aparente libertad, y sólo funciona como un mecanismo de defensa. Desde el punto de vista de su crisis existencial, es el monólogo más importante de la novela.

El desdoblamiento del "yo" en "tu" comienza con una pregunta que se dirige a sí mismo: "¿Por qué fui?", que en un principio se niega a contestar justificando su error con frases como: "Todos los hombres se equivocan", pero que provoca una reacción en su identidad para dar paso a la voz de su conciencia lógica que le dice: "No te puede pasar nada porque tú no has hecho nada. No te puede pasar nada. Se tienen que dar cuenta de que tú no has hecho nada. Está claro que tú no has hecho nada" (*Tds* 216). Es como si Pedro, en su estado de impotencia y frustración, fuese incapaz de encontrar una lógica a lo que ha pasado, y la falta de responsabilidad y aceptación de los errores cometidos le lleva a un sentimiento de culpa que la otra parte de sí se niega a aceptar. Es una lucha entre dos fuerzas, una racional que le obliga a imponer una lógica a sus pensamientos –pero también a autoengañarse pensando que ya no se puede hacer nada–, y otra irracional dominada por su sentimiento de fracaso e impotencia:

> ¿Por qué tuviste que beber tanto aquella noche? ¿Por qué tuviste que hacerlo borracho, completamente borracho? Está prohibido conducir borracho y tú... tú... [sic]. No pienses. Estás aquí bien. Todo da igual; aquí estás tranquilo, tranquilo, tranquilizándote poco a poco. Es una ventura. Tu experiencia se amplía. Ahora sabes más que antes. Sabrás mucho más de todo que antes, sabrás lo que han sentido otros y nunca te lo podías imaginar. Tú enriqueces tu experiencia. Llegas a conocer mejor lo que eres, de lo que eres capaz. (*Tds* 216)

Las dos veces que Pedro llega casi a convencerse de que él no la mató y de que se siente libre en la cárcel reacciona de forma autodestructiva insultándose: "Todo lo que has hecho ha estado bien. Tú no tenías ninguna mala idea. Lo hiciste lo mejor que supiste. Si otra vez tuvieras que volver a hacerlo [...] ¡Imbécil!" (*Tds* 219). El monólogo acaba con un segundo "imbécil", muestra de su conflicto interno, cuando trata de convencerse de que en el fondo sigue estando en libertad.

La utilización de la segunda persona narrativa en determinado tipo de monólogos forma parte del proceso del pensamiento cuando uno habla consigo mismo. El estado de confusión en que se encuentra llega a incapacitarle para diferenciar entre la voz que habla desde dentro y la suya propia. Así, cuando afirma: "Tú no la mataste. Estaba muerta. No estaba muerta. Tú la mataste. ¿Por qué dices tú? – Yo" (*Tds* 217). Esta frase muestra claramente la contradicción dialéctica por la que pasa el personaje hasta que, al final, su sentimiento de culpa le hace llegar a afirmar en el interrogatorio con el policía que fue él quien la mató:

> Y era verdad que él nunca debería haber intentado hacer un raspado porque no lo había aprendido a hacer antes. Y era verdad que nunca debería haber intentado una operación de urgencia, habiendo como hay tantas clínicas de guardia en la ciudad. Y era verdad que no debería haber intervenido sin estar colegiado ni dado de alta en el ejercicio de la

profesión. Y era verdad que habiendo comprobado una muerte y siendo médico, debería haber dado parte de ella a la autoridad competente. Y era verdad que, por todo ello, sentía una culpabilidad abrumadora, una culpabilidad cierta y tremenda.
—Sí. En realidad, yo la maté – reconoció agachando la cabeza. (*Tds* 243-244)

El policía ha sido muy astuto en la forma de llevar el interrogatorio y Pedro, a pesar de su preparación intelectual, se ha dejado engañar. De hecho, Labanyi señala que "por tener un alto nivel de competencia lingüística, Pedro es el personaje que tiene más dificultades de entenderse. Los monólogos de Pedro muestran cómo las palabras le distancian cada vez más de la realidad" (*Ironía* 135). Precisamente por ser un intelectual, necesita buscar un doble sentido a las cosas, que le lleva a ser víctima y cómplice. Aunque es el único personaje que podría hacer algo para modificar la realidad, no hace nada porque ni siquiera es consciente del poder que tiene. Para Zulueta, el lector puede interpretar el monólogo de Pedro en dos niveles distintos, "uno, el de Pedro en la cárcel; otro, el del español en la España oprimida, silenciosa, quieta, de Franco. El 'no pensar,' repetido una y otra vez en el primer párrafo; el 'esperar en silencio'; la distracción absurda de la sirenita rayada en la mancha de la pared, parecen representar la vida de la España de la posguerra" (304).

Otro de los *leitmotivs* de Pedro es su frustración existencial, el hecho de verse a sí mismo como ser pensante incapaz de actuar. Su afirmación: "Nunca llegaré a vivir, siempre me quedaré al margen" (*Tds* 112), culmina con su monólogo final producto de un sentimiento de fracaso a nivel personal, social y profesional. Este monólogo va precedido de otro muy breve en el que reflexiona sobre el asesinato de Dorita, que tiene como tema "el hombre lobo para el hombre" (*Tds* 286). Pedro ha fracasado personal y profesionalmente ya que no ha podido llevar a cabo su investigación debido a una cadena de circunstancias sin sentido. Le han echado del laboratorio porque, aunque ha quedado demostrada su inocencia, en esta sociedad no sólo hay que ser honesto sino que además hay que parecerlo, y el escándalo que ha producido su arresto ha cuestionado el buen nombre de la institución (*Tds* 258). Su último monólogo se presenta de forma continua, sin puntos y aparte, uniendo un pensamiento con otro sin aparente lógica ni coherencia, y contrasta con su estado mental más ordenado al comienzo de la novela:

[...] sentado en el casino con dos, cinco, siete, catorce señores que juegan al ajedrez y me estiman mucho por mi superioridad intelectual y mi elevado nivel mental. Ya está, Príncipe Pío. Sí, por arriba. Luego se baja en un ascensor gratis con un tornillo por debajo que parece que le están dando [...]. Comprar un megret para el tren, hace tiempo que no leo policíacas, a mí policíacas. Por qué serán siempre gallegos los mozos, qué gana un mozo, dónde tiene oculta toda esa fuerza. (*Tds* 288)

Pedro reflexiona de forma pesimista sobre lo que le ha ocurrido e, incapaz de asumir su propia responsabilidad, echa la culpa al destino: "Si la cosa está dispuesta así. No hay nada que modificar. Ya se sabe lo que hay que aprender, hay que aprender a recetar sulfas. Pleuritis, pericarditis, pancreatitis, prurito de ano" (*Tds* 287). Se resigna a convertirse en médico de pueblo y se convence de lo bien que va a estar allí, pero de nuevo le atormenta la angustia de su impotencia y pasividad "¿Por qué me estoy dejando capar? [...]. Hay algo que explica por qué me estoy dejando capar y por qué ni siquiera grito mientras me capan" (*Tds* 291). La respuesta es precisamente lo que da sentido al título del libro porque, como dice Pedro, le ha tocado vivir en un "tiempo de silencio", en el que: "La mejor máquina eficaz es la que no hace ruido [...] nos arrastramos y nos vamos yendo hacia el sitio donde tenemos que ponernos silenciosamente a esperar silenciosamente que los años vayan pasando y que silenciosamente..." (*Tds* 292). Incapaz de rebelarse contra la injusticia y contra su derrota científica, social y personal, Pedro decide adoptar la máxima de: "Todo consiste en estar callado" (*Tds* 293). Pero esta sumisión le convierte en víctima y culpable de las circunstancias que le han llevado al fracaso.

Además de estos monólogos interiores directos, los pensamientos de Pedro también se reproducen de forma indirecta introducidos por frases del narrador, aunque el lenguaje y el punto de vista que se mantiene es el de personaje. Esto ocurre varias veces en la novela, y reproduzco como ejemplo la escena cuando Pedro, después de haberse acostado con Dorita y de ser descubierto por la abuela, se siente culpable por lo que ha hecho:

[...] se encontró como un gallo encaramado en lo alto de una tapia que lanza su kikirikí estridente contra los animales sin alas que circulan allá abajo, alrededor, y que le miran con ojos burlones: el gato, el zorro, la raposa. ¿Ese kikirikí qué dice? ¡Pero si estoy borracho! ¿Y ella? Duerme; ella se ha quedado dormida. Ella estaba dormida, no se ha despertado apenas. Solo un dulce sueño. Duerme y yo aquí por qué. Qué kikirikí ni ladrido a la luna. Qué necesidad de saber qué es lo que he hecho. (*Tds* 119)

La narración en tercera persona se interrumpe con las preguntas y respuestas de Pedro en su estado de embriaguez, y después se vuelve otra vez a la descripción del narrador. Este tipo de recurso aparece de nuevo en la misma sección cuando intenta lavarse física y moralmente con agua, y se imagina a Dorita como decapitada porque su cabeza es lo único que se ve por encima de las sábanas.

A partir de esta exposición sobre la interioridad de Pedro, los demás personajes cobran sentido en relación a él. No es que sea el protagonista, es que es el único capaz de expresarse a través de monólogos interiores directos. Después de Pedro son importantes la dueña de la pensión, Amador, Muecas, Matías y Cartucho, aunque, de éstos, sólo la dueña de la pensión y Cartucho tienen el privilegio de poseer voz propia presentándose al lector directamente. Los monólogos de Pedro no explicaban ni nos informaban sobre ningún aspecto de su vida, y su única función era reproducir el estado de confusión en que se encontraba. A diferencia de éstos, los soliloquios aportan información sobre el argumento, comunican aspectos del pasado de los personajes y de sus motivaciones, y resultan más coherentes porque asumen la presencia de una audiencia.

El primer soliloquio de la novela es el de la dueña de la pensión, también llamada "la abuela", "la decana", "la patrona", "la primera generación" y "la viuda". Su *leitmotiv* es el deseo de que su pasado y el de su hija no se repitan en su nieta Dorita. "La decana" cuenta la historia de su matrimonio cargada de rencor hacia un marido militar que la maltrataba, y que era mujeriego, bebedor y jugador. El soliloquio se reproduce enteramente entre comillas, y empieza con una acusación:

> Mi marido podía haberme dejado algo más pero no dejó sino su recuerdo, [...] que nunca me permitió estar tranquila, porque él con su apostura gozaba en corretear tras las faldas, aunque más bien creo que eran ellas las que caían embobadas, [...]. Y gracias a que me había hecho mi niña ya antes de ir a las islas porque cuando volvió estaba inútil para la fecundación [...] él que era muy hombre y que no podía retenerse tuvo que ver con una tagala convencido de que era jovencita pura y de que estaba limpia, pero le tuvo que pegar la infección la muy sucia. (*Tds* 20-21)

Culpa a su marido de que su hija, "por falta de padre o hermano mayor que obligara al cochino del novio a dar la cara" (*Tds* 22), se convirtiera en madre soltera. Sin embargo, como es común en la novela, se contradice constantemente con frases como "no sé yo de muchos matrimonios que hayan sido tan unidos como el mío" (*Tds* 24). Después de pasar revista a los defectos de su marido, justifica su falta de moralidad por haber utilizado a su hija Dora y a sí misma para atraer a los hombres y conseguir dinero con el fin de montar una pensión y, al final, acabar dándose a la bebida. El soliloquio acaba con la ilusión de que su nieta Dorita, "obra maestra de nuestros pecados no se nos malogre" (*Tds* 29), y el deseo de que con su ayuda y la de su hija consiga casarse con un hombre joven, digno y respetable. Este soliloquio, totalmente desinhibido, con abundantes alusiones sexuales e incluso con comentarios sobre los efectos de su menopausia y la pérdida de virginidad de su hija, hacen pensar inevitablemente en el monólogo de Molly Bloom. Todo él ocupa cinco páginas sin punto y aparte, y emplea el léxico y la sintaxis que corresponden a un personaje de un nivel cultural bajo. Hasta tres secuencias más adelante, con la descripción del "rito de la tertulia" al que se ve sometido Pedro, su soliloquio no cobra sentido al ponerse en relación con el deseo de atrapar a Pedro para casarle con su nieta Dorita.

El segundo soliloquio de "la decana" tiene como *leitmotiv* los planes que ha trazado para "cazar" a Pedro. La degradación moral del personaje queda patente al haber puesto a dormir a su nieta en una habitación sola, junto a la de Pedro, para que la tentación le haga entrar y "el día que se vea comprometido no ha de saber defenderse y ha de caer con todo el equipo y cumplir como un caballero" (*Tds* 96). Su falsa preocupación porque Pedro vuelva a casa a altas horas de la noche le hace adoptar una postura ambivalente. Por una parte, desconfía de las malas compañías que puedan llevarle junto a "esas tierras frescas que puedan hacerle cualquier cosa y pervertírnoslo" (*Tds* 97) y, por otra, ante el miedo de que Pedro no se decida, desea que adquiera algo de experiencia antes:

> Un hombre se tiene que foguear como los soldados y más éste que nunca ha ido a la guerra. Es lo que les pasa a los hombres de ahora [...] con tanta paz y la alimentación floja que han tenido en la infancia, están poco seguros de lo que es una mujer y creen que es como un diamante que hay que coger con pinzas y que hay que hablar con ella antes en francés para averiguar lo que tiene dentro. (*Tds* 98)

Esta sección, irónicamente, acaba con el deseo de que uno de sus huéspedes se le declare un día con un ramo de flores. A partir de este soliloquio y de su alegría porque Pedro ha caído, el narrador sarcásticamente comenta sus celestineos e incluso la legalidad del apellido del que gozará ahora la familia.

Cartucho es otro personaje que, como "la patrona", se presenta sin la intervención previa del narrador. Su *leitmotiv* es el deseo de vengar la muerte de Florita. Cartucho cree que Pedro es el responsable de su embarazo, lo que le lleva a asesinar a Dorita. Sus soliloquios son fáciles de identificar por el lenguaje de la jerga de Madrid que emplea. El personaje queda perfectamente retratado por su violencia, su venganza, su carácter impulsivo y su manera de pensar primitiva y salvaje, totalmente embrutecido por el entorno. Su primer soliloquio gira en torno a su pasado tumultuoso y a su estancia en la cárcel por haber matado al "Guapo" y haber pegado a su novia hasta partirle la nariz, ya que ésta le perseguía tras haberse quedado embarazada de él. El soliloquio comienza:

> ¿Qué se habrá creído? Que yo me iba a amolar y a cargar con el crío. Ella, 'que es tuyo', 'que es tuyo'. Y yo ya sabía que había estao con otros. Aunque fuera mío. ¿Y qué? Como si no hubiera estao con otros [...]. Se lo tenía creído desde que le pinché al Guapo [...]. Ya sé yo que es mío. Pero a mí qué. No me voy a amolar y a cargar con el crío. Que hubiera tenio cuidao la muy zorra. (*Tds* 54)

Las expresiones y el léxico de Cartucho reproducen el lenguaje de la clase social más baja de la novela, el que pertenece a las sub-cabolas. Hay repeticiones constantes, formaciones sintácticas agramaticales, y una sucesión de pensamientos enlazados mediante la conjunción coordinada "y", como corresponde a un personaje con un nivel cultural bajo.

Hasta la mitad de la novela el narrador no describe el lugar donde vive Cartucho: "Cartucho pertenecía a la jurisdicción más lamentable de los distintos distritos de chabolas [...] la de Cartucho era una chabola avinagrada, emprecariante y casi cueva" (*Tds* 143). Sin embargo, éste ha ido apareciendo en otros soliloquios breves, mezclados con la narración en tercera persona pero identificables por las comillas. Y también en un caso de monólogo interior indirecto, sin comillas, aunque reproduciendo su propio lenguaje y forma de pensar. En el pasaje que se reproduce a continuación, las primeras frases pertenecen al narrador, los pensamientos entrecomillados a un soliloquio de Cartucho y las últimas frases a su monólogo interior indirecto, sin comillas y mediatizado por el narrador:

> Cartucho, vuelto al vericueto, paseaba con una mano tocándose la navaja cabritera y con la otra la hombría que se le enfriaba. "Ya me la están jeringando" y "Todavía no ha nacido entodavía" y "Si me la descomponen me están descomponiendo los mismos virgos ya tocaos" [...]. Entre la hartá que se iba y la hartá que se venía él la iba recorriendo, aunque no la hubiera todavía conocido por miramiento, que no se sabe cómo, porque era tan hombre y a ver si siendo tan hombre, iba a haber estao trabajando para otro. (*Tds* 128-129)

Para terminar, baste añadir que los soliloquios, a diferencia de los monólogos de la novela, aparecen siempre entre comillas. Esta es una distinción no sólo formal sino también de contenido. Los monólogos de Pedro no nos explican nada de su vida, sólo reproducen la tensión que siente, su angustia vital, su conflicto interior y sus dudas. Sin embargo, los soliloquios de los demás personajes nos resumen sus experiencias, lo que piensan y cómo se sienten. Las frases son más largas, los pensamientos tienen una cierta continuidad, son coherentes y sobre todo racionales.

6.3.4 Finalidad psicológico-temática del stream of consciousness en Ulysses y Tiempo de silencio

A lo largo del capítulo se ha venido definiendo el *stream of consciousness* como un tipo de narrativa que reproduce el movimiento de la mente de los personajes. En los apartados anteriores se ha llevado a cabo un análisis de las técnicas narrativas que aparecen en Ulysses y *Tiempo de silencio*, a raíz del cual se percibe que, aunque los dos escritores utilizan todos los recursos literarios que aparecen en este tipo de novelas, los resultados producen efectos distintos. Estas diferencias en modo de presentación, que se resumen en una mayor utilización del monólogo interior directo por parte de Joyce, y del soliloquio y el narrador omnisciente por parte de Martín-Santos, tienen una serie de implicaciones que afectan a la función que ocupa el modo de mostrar la interioridad en ambas obras. En este apartado se intentará reflejar cómo a partir de una mayor penetración en la interioridad de la mente –el caso de *Ulysses*– se perfila la base psíquica y universal del movimiento de la conciencia, y cómo una mayor racionalización de pensamientos y una menor profundización en las zonas preverbales –el caso de *Tiempo de silencio*–, viene a construir la psicología individual de cada personaje.

Ulysses presenta una acción prácticamente desvalorizada en función de una máxima introspección en la presentación del movimiento de la conciencia de los personajes. El lector toma contacto con ellos directamente a través de sus pensamientos y de los diálogos que mantienen con otros. Por lo tanto, lo que conocemos es fundamentalmente lo que piensan, cómo piensan y las impresiones y sensaciones que esto les produce. En *Tiempo de silencio*, el lector se encuentra también directamente frente a las interioridades de varios personajes sin que haya habido ningún tipo de comentario previo por parte del narrador. Llegamos a conocer sus motivaciones más profundas, sus ideales y sus frustraciones pero, a diferencia de lo que ocurre en la novela de Joyce, el perfil de los personajes viene definido no sólamente por sus intervenciones, sino por los comentarios, aclaraciones e interpretaciones del narrador. A esto se añade el hecho de que los monólogos y soliloquios de *Tiempo de silencio* son fundamentalmente autoanálisis de las situaciones por las que pasa el personaje, no representaciones directas y puras de sensaciones, instintos e impresiones, que pertenecen a una zona anterior a la verbalización. Esta idea se ve claramente si comparamos un monólogo interior directo de Pedro con uno de Leopold Bloom. Como ejemplo del primero:

> Aquí estoy. No sé para qué pienso. Podía dormirme. Soy risible. Estoy desesperado de no estar desesperado. Pero podría también no estar desesperado a causa de estar desesperado por no estar desesperado. A qué viene aquí ahora ese trabalenguas. Parece como si me gustara decirlo a alguien [...] Otra vez estoy pensando y gozo en pensar como si estuviera orgulloso de que lo que pienso son cosas brillantes... ajj [sic]. (*Tds* 294)

Aquí, Pedro es consciente de estar pensando, y por eso sus pensamientos resultan coherentes. Sin embargo, en el siguiente monólogo de Bloom, lo que se percibe no son las racionalizaciones de sus pensamientos, sino la forma en que su mente capta ciertas sensaciones y las asociaciones que establece él mismo. Así:

> Stains on his coat. Slobbers his food, I suppose. Tastes all different for him. Have to be spoonfed first. Like a child's hand, his hand. Like Milly's was. Sensitive. Sizing me up I daresay from my hand. Wonder if he has a name. Van. Keep his cane clear of the horse's legs: tired drudge get his doze. That's right. Clear. Behind a bull: in front of a horse. (*U* 148)

Los modos distintos de presentación de las conciencias de los personajes en ambas novelas se asientan sobre diferencias cuantitativas y cualitativas. A nivel cuantitativo hay que señalar, en primer lugar, que en *Ulysses* hay una mayor utilización del monólogo interior directo e incluso indirecto, que del soliloquio o de la narración omnisciente. En *Tiempo de silencio* hay casi la misma cantidad de secciones dedicadas a los monólogos interiores directos de Pedro, que a los soliloquios de la dueña de la pensión y de Cartucho, por no mencionar la cantidad de veces que interviene el narrador. La forma de la novela en general, y de las diversas técnicas que se utilizan para representar el movimiento de las mentes en particular, naturalmente marca diferencias significativas. Esto es así porque los monólogos interiores directos exploran el fluir de la conciencia de forma pura, algo que en la novela de Martín-Santos sólo ocurre en el caso de Pedro. Al utilizar el soliloquio en la misma media –que es ya el producto final de los pensamientos– y la técnica del narrador omnisciente –que dirige y controla la dirección de la novela–, la exploración de la conciencia se hace en un grado menos profundo que en el caso de Joyce.

A nivel cualitativo esto se ve de forma más clara. Si se comparan sólamente los monólogos interiores directos de ambas novelas, se percibe que en *Ulysses* hay una mayor profundización en las zonas inferiores de la conciencia, a través de la utilización de un lenguaje incoherente que muestra el nivel preverbal de los pensamientos. En *Tiempo de silencio* hay más coherencia en los monólogos de Pedro, menos experimentación a nivel lingüístico y un mayor grado de racionalización, como revela el tipo de lenguaje utilizado. Los efectos que producen estos dos modos de representación se traducen básicamente en una exploración del aspecto psíquico y universal del movimiento de la mente, por parte de Joyce, y una exploración del aspecto psicológico como delineador de la personalidad de los personajes, por parte de Martín-Santos.

Quizás uno de los mayores logros de *Tiempo de silencio* sea la capacidad del narrador para trascribir no sólo los pensamientos individualizados de cada personaje, sino su habla peculiar y su sintaxis. Tanto es así, que en el momento en que se producen los cuatro soliloquios simultáneos podemos diferenciar claramente quién es el que está hablando por su particularidad lingüística y su forma de pensar. Todos los personajes quedan caracterizados más por lo que dicen o piensan, que por lo que hacen, llegando al punto de poder perfilar el estamento social de Ricarda, mujer del Muecas, precisamente por su incapacidad para comunicarse a través de pensamientos lógicos.[31] Ricarda es incapaz de expresarse a través de un soliloquio, por eso el narrador tiene que intervenir para formular verbalmente sus pensamientos. Los recuerdos de su pasado no se transmiten cronológicamente como ocurre con los otros personajes porque Ricarda no es consciente de la evolución de su existencia. Es el narrador quien selecciona los recuerdos que tienen más relación con el pasado y con la muerte de su hija.

Joyce se centra en el aspecto psíquico porque lo que nos presenta en los monólogos interiores directos es, tanto el nivel preverbal formado por sensaciones, olores o instintos, como el verbal, formado por reminiscencias, asociaciones y otro tipo de relaciones que establecen los personajes. Por eso, el lenguaje resulta más incoherente y menos comunicativo que el de Martín-Santos. Pero el escritor español, al penetrar menos en esta zona alejada de lo que es el autoanálisis del personaje, lo que hace es

---

31 Respecto a este personaje, es interesante el hecho de que parece ser el único a quien no critica el narrador. Es Ricarda, la madre de Florita, quien saca a Pedro de la cárcel. Y resulta irónico que un personaje inarticulado, y en un "tiempo de silencio", sea el único que realmente haga algo contra la injusticia.

individualizarlo a través de sus propias racionalizaciones y su peculiar forma de expresión. No se profundiza más en la mente de Pedro porque lo que se intenta reflejar es su crisis y su frustración, que vienen motivadas tanto por su debilidad personal, como por la situación de injusticia y atraso social que refleja la novela.

Las técnicas de *stream of consciousness* permiten que el personaje incluya en sus monólogos los procesos anteriores a la verbalización, lo que Bergson definía como memoria involuntaria y lo que Humphrey describía como representación del contenido psíquico y del proceso mental del personaje. Humphrey señala que como la actividad psíquica es privada, el autor tiene que representarla como tal para ganarse la credibilidad del lector. Para ello debe hacer dos cosas: "[...] he has to represent the actual texture of consciousness, and [...] he has to distill some meaning from it for the reader" (63). En ambas novelas, los monólogos interiores directos de Stephen, Bloom, Molly y Pedro cumplen estas características, pero en *Ulysses* se hace de una manera mucho más radical. En los monólogos de Pedro hay discontinuidad del proceso psíquico, y es necesario acudir a la libre asociación de ideas para comprender el movimiento de la mente, aunque ninguno de sus monólogos directos tiene el mismo nivel de incoherencia. Esta diferencia se ve claramente si comparamos el fluir de las conciencias de Stephen y Pedro. En el capítulo anterior se mostraba la similitud en la delineación de ambos en cuanto a sus debilidades personales y fracasos finales. Sin embargo, aunque psicológicamente tengan analogías, la forma en que se introducen en las dos novelas difiere en gran medida. Stephen analiza el mundo y se pone en relación con él, pero Pedro se analiza a sí mismo, intenta conocerse y comprender lo que ocurre a su alrededor. Los monólogos de *Ulysses* están formados fundamentalmente por impresiones, sensaciones, olores, sonidos o reminiscencias, que aparecen en la mente de manera aleatoria y sin conexión aparente con el argumento, pero los monólogos de Pedro muestran la fase posterior a esas impresiones, la racionalización de lo que ocurre con una sintaxis correcta, y con ideas desordenadas sólo en apariencia.

Las dos novelas profundizan en formas distintas de interiorización del mundo exterior. No conocemos prácticamente nada del pasado de los personajes, a excepción de Stephen y sólo porque había aparecido en *A Portrait*. Pero de Pedro no sabemos nada de su vida antes de llegar a Madrid, de dónde viene o a dónde va después de abandonar su investigación. Y de Bloom, como de Molly, sólo conocemos su origen y parte de su vida matrimonial. Sin embargo, en el caso de Pedro, al tener sus monólogos un mayor grado de racionalización y al contar con las intervenciones del narrador, llegamos a conocer algo más. También hay en esta novela un amplio uso de la técnica del soliloquio, a través de la cual conocemos el pasado de los personajes, así como parte del argumento. En *Ulysses* ocurre prácticamente lo contrario: hay más monólogos que soliloquios y también más interés por reproducir los estados de la mente anteriores a la verbalización. Esto es así porque la novela responde a un intento de perfilar lo más universal del ser humano, mientras que la acción y la caracterización de *Tiempo de silencio* se sitúan en un momento concreto de la historia, imposible de aplicar a otros seres o lugares.

La exploración de la conciencia de los personajes de *Ulysses* resulta universal por varias razones. Como sugiere Eco, "we move inside the facts of consciousness and if each fact is recorded with the same absolute fidelity as any other, then personal identity falls into doubt", y esto ocurre porque mientras se supone que la mente goza de una cierta privacidad, diferentes personajes tienen pensamientos o asociaciones de ideas similares en momentos distintos (*The Middle* 42). Al leer *Ulysses*, se tiene la impresión de que Joyce está intentando reflejar cómo cualquier ser humano entra en contacto con su alrededor, cómo percibe la realidad y cómo la interioriza en su conciencia. En el caso de Martín-Santos, lo que los personajes piensan y la manera en que actúan cobra sentido a partir de la situación concreta que están viviendo. Curutchet llega incluso a afirmar que "la intención de Martín-Santos fue psicoanalizar a su personaje, y a través de Pedro a cada español, e indirectamente al lector [...] *Tiempo de silencio* es una tentativa de psicoterapia en su sentido más estricto" (39).[32]

En realidad, a Joyce le atraía más el mundo del subconsciente que las motivaciones conscientes y el desarrollo psicológico de los personajes. El mismo comentó a Power, que "the hidden or subconscious world is the most exciting and the modern writer is far more interested in the potential than in the actual –in the unexplored and hallucinatory even– than in the well-trodden romantic or classical world" (75). Es decir, a Joyce no le interesaba lo que hace a un personaje moverse o ser, sino sus potencialidades mentales interiores, dónde puede ir su mente y cómo lo hace.

---

32 El psicoanálisis es una técnica que se aplica no sólo a individuos, sino también a colectividades. Véase el apólogo de Martín-Santos "El complejo de Raimuncho, entre los vascos", donde explica que: "La psiquiatría, no trata exclusivamente con sujetos individuales. Hay, una psicología también, de pueblos y naciones. Cada pueblo tiene sus complejos" (*A* 104).

Martín-Santos, en el prólogo de *Tiempo de destrucción*, también habla de la diferencia entre el consciente y el inconsciente:

> Estamos hartos de saber que el hombre no se conoce plenamente, que efectivamente la zona lúcida de la vida psíquica no es sino una porciúncula mientras que la mayor parte permanece en una oscuridad más o menos impenetrable. Podemos recurrir a la comparación del iceberg, que no saca sino 1/8 de su volumen fuera de las aguas del mar, o bien hablar del corcho que flota, o bien referirnos a los fenómenos de mala fe, ocultamiento fingido, ignorancia invencible, motivación inconsciente. (*A* 147)

Por ello, para Burunat: "Pedro está en el centro de los experimentos de psicología existencial que Martín-Santos lleva a cabo [...]. El aparente desorden estilístico y de contenido corresponde, en realidad, a un estricto orden interno, a una lógica del inconsciente que tratamos de desentrañar" (181-182). Como el psicoanálisis intenta comprender y en última instancia curar síntomas neuróticos causados por la presión del inconsciente en el consciente, el *stream of consciousness* podría interpretarse como el mejor modo de que dispone posee el novelista para representar la realidad más única del ser humano.

Pero es *Tiempo de silencio*, en mayor medida que *Ulysses*, la novela que profundiza en este pseudoanálisis del contenido de la mente. En resumen, para los análisis particulares de los monólogos y soliloquios de los personajes principales se ha partido del concepto de *leitmotiv* como término que engloba las asociaciones egocéntricas que van sucediendo en la mente, sin aparente relación a primera vista, pero con sentido dentro de la historia peculiar de cada personaje. Los monólogos interiores de Pedro muestran un intento de comprenderse a sí mismo, de analizar las situaciones por las que está pasando, aunque sin ahondar en esas zonas más profundas de la mente, como ocurre con Bloom o Dedalus. Estos dos personajes, sin ser conscientes de que el flujo de sus conciencias reciben los impulsos de toda una serie de sensaciones, van creando diferentes asociaciones que se materializan en forma de palabras. Lo que el narrador de *Tiempo de silencio* presenta es al protagonista Pedro en su estado de búsqueda de autoconocimiento y de elevación de su nivel de conciencia. Pero el mayor éxito de *Ulysses* reside precisamente en su habilidad para revelar la interioridad de los procesos de la mente humana y, sobre todo, de lo más más trivial e insignificante, como reflejo de las experiencias vitales por las que pasa cualquier individuo.

Conclusiones

> I want to stress the universality of Joyce's creations. Also I enfold there the wish that it will not be long before everybody comes to Joyce, seeing in him not tortuous puzzles, obscenity, and jesuistry gone mad, but one of the largest affirmations of man's worth that this century has given us.
>
> Anthony Burgess

La propuesta de este trabajo, el estudio de la tradición y recepción de la obra de James Joyce en la narrativa de Luis Martín-Santos, ha permitido mostrar que la presencia de Joyce en la literatura española ha sido más significativa de lo que en un principio se podía suponer. Para llevar a cabo este análisis se ha adoptado una metodología comparativa, teniendo en cuenta que la labor del comparatista no es tanto buscar puentes visibles de unión entre las obras, como trascender las fronteras socio-culturales que las separan para explorar toda una serie de analogías y diferencias que de otro modo quedarían sin respuesta. Las obras de ambos escritores han sido objeto del mismo tipo de aproximación, que se ha asentado bajo unos presupuestos teóricos delimitados en cada capítulo. A partir de una breve presentación de las trayectorias personales y creativas de los dos autores, se han fijado los principios comparativos que han guiado los análisis de los sucesivos apartados.

Partiendo de una exposición sobre las condiciones socio-culturales que favorecieron la entrada de la obra de Joyce en España ya en los años veinte, se ha explorado la evolución de su recepción hasta llegar a los ecos joyceanos perceptibles en la narrativa de Luis Martín-Santos. Desde esta revisión histórica y, a partir de los marcos teóricos que apoyan cada uno de los capítulos, he aportado mi propia lectura crítica sobre las comparaciones y contrastes que subyacen de las lecturas de *Ulysses* y *Tiempo de silencio*. Tomando el *Modernism* de las letras inglesas como un movimiento de renovación que cuestionó la validez de las formas tradicionales de pensamiento, de la posición del ser humano en el mundo y de los gustos literarios decimonónicos, se ha procedido a compararlo con el Modernismo hispánico. Aunque la obra de Martín-Santos se sitúa en un contexto histórico posterior, constituye un puente de acceso entre esas soluciones vanguardistas y el agotamiento de la narrativa española anclada en el realismo social de posguerra. Si *Ulysses* se presenta como una novela en la que lo importante no es tanto la trama como sus diferentes planos narrativos y el nivel de experimentación lingüística, *Tiempo de silencio* se erige como la primera novela española que, rompiendo con la tradición anterior, aporta una solución nueva siguiendo la línea de Joyce.

Las diferencias que emergen de esta comparación encuentran su explicación en la distancia histórico-literaria que las separa. *Ulysses*, como exponente del *Modernism* de las letras inglesas, es una novela claramente más experimental e innovadora que su paralelo español y es, a su vez, una novela más despersonalizada y más abierta al relativismo de cualquier tipo de interpretación. A pesar de que *Tiempo de silencio* presenta un menor grado de experimentación, su originalidad e innovación estética deben ser puestas a la luz de la trayectoria que había venido manifestando la narrativa española anterior, vinculada a la situación político-social del momento. Asimismo, ambas novelas han roto con las barreras de la linealidad de la ficción para mostrar dos soluciones narrativas que acogen la pluralidad y la fragmentación del mundo moderno en sus diferentes niveles de lectura y de búsqueda de coherencia del texto. La integración de la multiplicidad de perspectivas sobre las que asentar la realidad, la variabilidad de sus recursos estilísticos, la experimentación lingüística y discursiva, la polifonía y la introspección permiten que *Ulysses* y *Tiempo de silencio* puedan interpretarse como soluciones innovadoras que, en su momento, rompieron con las expectativas del lector generando una poética sumamente original e inaugurando una nueva trayectoria narrativa. Al final de este capítulo, también se compara la novela anterior de Joyce, *A Portrait*, con la novela inconclusa de Martín-Santos, *Tiempo de destrucción*, en cuanto a la apropiación que hacen ambas de la tradición del *Bildungsroman*, favoreciendo el encuentro con nuevas conexiones literarias entre ambos escritores.

Pasando a los aspectos temáticos que comparten ambas novelas, me he centrado en la representación literaria de la ciudad moderna porque constituye uno de los puntos claves de la poética modernista. A pesar de la distancia temporal que separa a *Ulysses* de *Tiempo de silencio*, una vez más se puede comprobar que la novela de Martín-Santos coincide con la de Joyce en la recreación de un espacio urbano que se hace realidad en la discursividad del mismo texto. En este sentido, se ha interpretado *Ulysses* no como la historia de una ciudad o de unos personajes, sino como la representación de la conciencia universal del ser humano en la que Dublín se convierte en modelo de microcosmos. Pero un microcosmos ficcional, al igual que también lo es el Madrid de *Tiempo de silencio*, a pesar de la gran acumulación de detalles y de las referencias topográficas a las realidades respectivas de las dos ciudades. Sin embargo, mientras la novela de Joyce pretende incidir en los elementos más universales del ser humano, la de Martín-Santos reproduce una situación concreta imposible de trasladar a otra ciudad. Además, los personajes resultan altamente individualizados no por su forma común de pensar, sino precisamente por las idiosincrasias personales y por el lenguaje peculiar que utiliza cada uno. El trasfondo mítico y simbólico que encubre las realidades poéticas del Dublín de Joyce y del Madrid de Martín-Santos une a ambas en la función que cumplen como pilares estructurales que dan forma a esta espacialización narrativa.

Tomando *Ulysses* y *Tiempo de silencio* como dos novelas genuinas e innovadoras dentro de un mismo ámbito de experimentación literaria y de exploración de la conciencia de los personajes, lo que se ha pretendido mostrar es que el significado último de ambas no se halla tanto en lo que se cuenta, como en la forma de hacerlo. En las dos novelas, el mundo exterior de los personajes no es más que el marco donde se inscriben éstos, y el mundo interior es la base sobre la que se asienta el significado de sus existencias. Así, desde el punto de vista del lenguaje, éste se presenta a veces como incoherente, ilógico e incluso irracional, a modo de simulación del movimiento de conciencia de cualquier ser humano. Es el recurso de la libre asociación de ideas el que tiene que adoptar el lector para comprender el sentido y la lógica de las palabras, que previamente ha utilizado el escritor para transcribir el movimiento y la privacidad de la mente de los personajes. Por esta razón, tanto *Ulysses* como *Tiempo de silencio* presentan las mismas técnicas narrativas y recursos literarios que caracterizan a las novelas de *stream of consciousness*, aunque hay diferencias en cuanto al grado de exploración y profundización. La representación del contenido de la conciencia de los personajes se realiza de forma distinta porque *Ulysses* insiste en sus pretensiones de universalidad, mientras que *Tiempo de silencio* emerge ideológicamente como una respuesta crítica a una sociedad que debe salir de su aislamiento, desvinculándose de sus propias tradiciones ancladas en el pasado.

Si Joyce presenta en su obra una influencia importante de la educación jesuítica que recibió, gracias a la cual aprendió la técnica del examen de conciencia y el sentido del orden que daría forma a los monólogos de sus personajes, las teorías de la psiquiatría existencial de Martín-Santos no se pueden separar de su concepción del lenguaje como medio encubridor de la realidad. Al partir ambos de fuentes distintas, Joyce muestra en su obra la búsqueda de una realidad descrita al máximo detalle, mientras que Martín-Santos desarrolla en su novela lo que él mismo denominó realismo dialéctico, basado fundamentalmente en la contradicción como única realidad verdadera. Asimismo, frente a la idea generalizada de que el recurso del monólogo interior cae en la subjetividad, la obra de Joyce emerge como modelo máximo de distanciamiento, mientras que Martín-Santos se inclina por la utilización más subjetiva de un narrador que interpreta, comenta, ironiza y satiriza sobre la realidad. En *Ulysses* siempre hay presentación, contribuyendo a su afán de universalidad, frente a la explicación e interpretación del narrador de *Tiempo de silencio*, que hace de ésta una novela más comprometida con el momento histórico. También hay en la primera una pluralidad de sentidos, mientras que en la segunda hay un sentido único y circunstancial. En la novela de Joyce no hay una historia ni unos acontecimientos encadenados que producen la acción, mientras que en la de Martín-Santos hay planteamiento, nudo y desenlace. Pero en ambos autores hay una preocupación casi obsesiva por romper con los límites del lenguaje. Joyce intenta llegar con su *Ulysses* al agotamiento de todas las posibilidades expresivas, y Martín-Santos presenta en *Tiempo de silencio* un tipo de lenguaje innovador, irónico y sarcástico, que en muchos casos resulta contradictorio con la realidad discursiva de la misma novela. En lo que respecta a los personajes, los protagonistas son antihéroes, aunque sólo en la novela de Martín-Santos son conscientes de su fracaso, de su frustración y de su conciencia de víctimas. Esto es así porque detrás de la denuncia hay un sarcasmo, reflejo de un profundo pesimismo no sólo por a la situación social de España, sino en lo que concierne a la dimensión humana y existencial.

Apéndices

Apéndice I: Traducciones de las obras de Joyce a lenguas hispánicas[1]

CHAMBER MUSIC (1904) y *POMES PENYEACH* (1927)
- Traducciones al español:
    Música de cámara. Lima: Universidad Nacional Mayor de San Marcos, 1953. Trad. C. E. Zavaleta. [Ed. bilingüe].
    Poemas manzanas. Madrid: Alberto Corazón, colección "Visor de poesía", 1970. Trad. y prólogo de José María Martín Triana. [Ed. bilingüe].
    Música de cámara. Madrid: Alberto Corazón, colección "Visor de poesía", 1972. Trad., prólogo y notas de José María Martín Triana.
    Música de cámara, Pomas a penique y otros poemas. [*Chamber Music, Pomes Penyeach and Other Poems*]. Alicante: Instituto de Estudios Alicantinos, 1983. Trad. José Antonio Álvarez Amorós. [Ed. Bilingüe].
    Poesía completa. Lima: Instituto Nacional de Cultura, colección de Ultramar, 1986. Trad. C. E. Zavaleta. [Sólo incluye *Chamber Music* y *Pomes Penyeach*].
    Poesía completa. Madrid: Visor, colección "Visor de poesía". 1987. Trad., estudio preliminar y notas de José Antonio Álvarez Amorós. [Incluye *Chamber Music*, *Pomes Penyeach* y *Other Poems*]. [Ed. bilingüe].
    Poemas de James Joyce. Miami, Florida: Casa de la Cultura, 1999. Trad. José Enrique Puente.
- Traducción al gallego:
    "Música de cámara." *Grial* 94 (1986): 204-215. Trad. Alfredo Conde. [Sólo incluye los doce primeros poemas].
- Traducciones al catalán:
    "A la finestra abocada", "Estimada meva, escolta", "En aquesta hora." *La Revista* (enero-marzo 1924): 126-36. Trad. [Josep] M[illàs]-R[Burell]. [Poemas de *Chamber Music*].
    "Sento un exèrcit, Música de cambra." *La Publicitat* (6 de noviembre de 1932): 10. Trad. Tomàs Garcés. [Poemas de *Chamber Music*].
    "Les obres de James Joyce." *Rosa dels Vents* 2 (mayo 1936): 89-100. Trad. Josep Sol. [Fragmentos de *Música de cámara* y *Dublineses*.]
    "Lámor vingué a nosaltres...", "Sento el soroll continu...", "Ecce Puer", "Nocturn." *Noves versions de poesia inglesa i francesa*. Palma de Mallorca: Moll, 1977. 53-56. Trad. Marià Villangómez Llobet. [Poemas de *Chamber Music* y de *Pomes Penyeach*].

---

[1] En la lista que sigue sólo doy los datos de las primeras ediciones, y no de las siguientes reediciones en las que figura el mismo traductor.

"Tilly", "Ella Plora a Rahoon", "Tutto è Sciolto", "A la Platja de Fontana", "Sol", "Bahnhofstrasse", "Ecce Puer." *James Joyce en els seus millors escrits.* Ed. Miquel Arimany. Barcelona: Miquel Arimany, 1982. 85-93. Trad. Francesc Parcerisas. [Poemas de *Pomes Penyeach*].

DUBLINERS (1914)
- Traducciones al español:
    "Dos entretenidos." *Hoy* Santiago de Chile (agosto 1935). [Traducción parcial de "Two Gallants"].
    "Eveline." *Hoy* Santiago de Chile (septiembre 1935). [Traducción parcial de "Eveline"].
    "La casa de pensión." *Hoy* Santiago de Chile (mayo 1937). [Traducción parcial de "The Boarding House"].
    Los muertos. Barcelona: Grano de Arena, 1941. Sin nombre del traductor.
    Gente de Dublín. Barcelona: Tartessos, colección "Grandes narradores contemporáneos", 1942. Trad. Ignacio Abelló.
    Dublineses. Santiago de Chile: Ediciones Ercilla, 1945. Trad. Luis Alberto Sánchez. [A excepción de los relatos "A Mother" y "Grace"].
    Gente de Dublín. Buenos Aires: Los Libros del Mirasol, Compañía General Fabril Editora, 1961. Trad. Óscar Muslera.
    Dublineses. Barcelona: Lumen, colección "Palabra en el Tiempo", 1972. Trad. Guillermo Cabrera-Infante.
    Dublineses. Madrid: Cátedra, colección "Letras Universales", 1993. Trad. Eduardo Chamorro. Ed. Fernando Galván.
    Los muertos. Madrid: Alianza, colección "Alianza Cien", 1994. María Isabel Butler de Foley.
- Traducción al gallego:
    Dublineses. Vigo, Pontevedra: Edicións Xerais de Galicia, colección "Grandes do noso tempo", 1990. Trads. Débora Ramonde, Rafael Ferradáns y Xela Arias.
- Traducciones al catalán:
    "Evelina." *D'Ací i D'Allà* 98 (febrero 1926): 432-433. Trad. [Josep] M[illàs]-R[aurell].
    "Un nuvolet." *D'Ací i D'Allà* 153 (1930): 305-309 y 322. Trad. Joseph Pius i Luís.
    "Dubliners." *La Publicitat* 2 (septiembre 1934): 2. Trad. Josep Sol. [Extractos de *Dublinés.*]
    "Araby." *La Humanitat* (21 julio 1935): 5. Trad. Josep Sol.
    "Les obres de James Joyce." 2 (1936): 89-100.
    "Aràbia." *James Joyce en els seus millors escrits.* Ed. Miquel Arimany. Barcelona: Miquel Arimany, 1982. 35-42. Trad. Joaquim Mallafrè.
    "Contrapartides." *Els Marges: Revista de Llengua i Literatura* 32 (1984): 59-66. Trad. Joaquim Mallafrè.
    Dublinesos. Barcelona: Edhasa, colección "Clàssics moderns", 1988. Trad. Joaquim Mallafré.
    Els morts i altres contes. Barcelona: Deriva, colección "Gárgola", 1996. Traducción, introducción y notas de Helena Rotés. [Traducciones de "Counterparts", "Clay", "A Painful Case", "Ivy Day in the Committee Room" y "The Dead"].
    Un cas dolorós, La gràcia, Els morts (de Dublinesos). València: Edicions 314, 1999.

Trad. Sofía Pastor.
- Traducción al bable:
Los muertos. Xixón: Vtp, Biblioteca Atlántica, colección "Ar gêr mor", 1996. Trad. Susana Marín Álvarez.

A PORTRAIT OF THE ARTIST AS A YOUNG MAN (1916)
- Traducciones al español:
El artista adolescente: (retrato). Madrid: Biblioteca Nueva, 1926. Trad. Alfonso Donado. [Pseudónimo de Dámaso Alonso].
Retrato del artista adolescente. Buenos Aires: Rueda, 1956. Sin nombre del traductor.
Retrato del artista adolescente. Madrid: Alianza Editorial, 1978. Trad. Dámaso Alonso.
- Traducción al gallego:
Retrato do artista cando novo. Santiago de Compostela: Edicións Laiovento, 1994. Trad. Vicente Araguas.
- Traducción al catalán:
Retrat de l'artista adolescent. Barcelona: Vergara, 1967. Trad. María Teresa Vernet.
- Fragmentos al catalán:
"James Joyce i la nova novellística.» La Humanitat (11 septiembre 1935): 5. Trad. Josep Sol.
-"L'Estètica de James Joyce." Mirador (24 diciembre 1936): 5-6. Trad. Josep Sol.
- Traducción al vasco:
Artistaren gaztetako portreta. Euba, Bizkaia: Ibaizabal Argitaletxea, 1992. Trad. Irene Aldasoro.

ULYSSES (1922)
- Traducciones al español:
Ulises. Buenos Aires: Editorial bonaerense Santiago Rueda, 1945. Trad. José Salas Subirat.
Ulises. Barcelona: Lumen, colección "Palabra en el Tiempo", 1976. Trad. y prólogo de José María Valverde.
Ulises. México: Colofón, 1984. Trad. José Salas Subirat.
El Ulises ilustrado. Barcelona: Círculo de lectores, 1991. Trad. José Salas Subirat. Ed. Julián Ríos. Diseño de Eduardo Arroyo.
Ulises. Barcelona: Planeta, colección "Clásicos Universales Planeta", 1996. Trad. José Salas Subirat. Editor literario, revisión y notas de Eduardo Chamorro. Cronología y bibliografía de Carlos Lagarrica.
Ulises. Madrid: Cátedra, colección "Letras universales", 1999. Trads. Francisco García Tortosa y María Luisa Venegas.
- Fragmentos al español:
"Fragmentos de Ulises." Revista de Occidente 6 (noviembre 1924): 177-202. Trad. Antonio Marichalar.
"La última hoja del Ulises." Proa 6 (1925): 8-9. Trad. Jorge Luis Borges.
"Fragmentos de Ulises." La Gaceta Literaria 21 (1 de noviembre de 1927): 3. Trad. E[rnesto] G[iménez] C[aballero].

"James Joyce. Fragmento del monólogo de M. Bloom, de *Ulysses*." *Barcarola: Revista de Creación Literaria* 35-36 (abril 1991): 97-103. Trad. Dámaso López García.

"Pasajes obscenos del soliloquio de Molly Bloom y sus traducciones al español, de *Ulysses*." *Barcarola: Revista de Creación Literaria* 44-45 (enero 1994): 90-141. Trad. Mª Ángeles Conde Parrilla.

Los pasajes obscenos de Molly Bloom en español. Albacete: Ediciones de la Diputación de Albacete, 1994. Trad. Mª Ángeles Conde Parrilla.

- Fragmentos al gallego:
    "Anacos da soudisema novela de James Joyce postos en galego do texto inglés por Ramón Otero Pedrayo." *Nós* 32 (15 de agosto de 1926): 3-11. Trad. Ramón Otero Pedrayo.

- Traducción al catalán:
    Ulises. Barcelona: Edhasa, 1980. Trad. Joaquim Mallafrè.

- Fragmentos al catalán:
    "Fragmentos de *Ulises*." *Hèlix* 9 (febrero 1930): 4-5. Trad. M[anuel] [Trens] y R[ibas].
    "Penélope (fragment del darrer capítol d'*Ulisses*) per James Joyce." *Els Marges: Revista de Llengua i Literatura* 14 (1978): 51-56. Trad. Joaquim Mallafrè.
    "Fragmentos de *Ulises*." *Notes del Capvesprol*. Barcelona: Destino, 1979. 232-234 y 245-247. Trad. Josep Plá.

EXILES (1918)
- Traducciones al español:
    Desterrados: Comedia en tres actos. Buenos Aires: Sur, 1938. Trad. A. Jiménez Fraud.
    Exiliados. Buenos Aires: Compañía General Fabril Editora, 1961. Trad. Osvaldo López-Noguerol.
    Exiliados. Barcelona: Barral, colección "Libros de Enlace", 1970. Trad. Javier Fernández de Castro.
    Exiliados. Madrid: Cátedra, colección "Letras Universales", 1987. Trad. Fernando Toda Iglesia. Ed. Manuel Almagro.

- Fragmentos al español:
    "Una escena de desterrados." *Sur* 35 (agosto 1937): 68-86. Trad. A. Jiménez Fraud.
- Traducciones al catalán:
    "Teatre." *James Joyce en els seus millors escrits*. Ed. Miquel Arimany. Barcelona: Miquel Arimany, 1982. 97-102.
    Exiliats. Barcelona: Edicions 62, colección "Les millors obres de la literatura universal segle XX", 1989. Trad. Joan Soler i Amigó.

STEPHEN HERO (1944)
- Traducciones al español:
    Steban el héroe. Buenos Aires: Sur, 1960. Trad. Roberto Bixio.
    Stephen el héroe. Barcelona: Lumen, colección "Palabra en el Tiempo", 1978. Trad. y prólogo de José María Valverde.

Stephen el héroe. Barcelona: Lumen, 1984. Trad. Andrés Bosch.
- Fragmentos al español:
    "Stephen, héroe." *Laye* 23 (1953): 105-116. Trad. Joan Ferrater.

FINNEGANS WAKE (1939)
- Traducción al español:
    Finnegans Wake. Barcelona: Lumen, colección "Palabra en el Tiempo", 1993. Trad. Víctor Pozanco.
- Fragmentos al español:
    Anna Livia Plurabelle y otros textos del "Finnegans Wake". Ed. para circulación privada, 1988. Trad./Recreac. Ricardo Silva-Santisteban.
    Shem y Shaun: una aproximación al "Finnegans Wake" de Joyce. Madrid: Kain, 1991. Trad y adapt. de María Teresa Muñoz Jiménez.
    Anna Livia Plurabelle (Finnegans Wake, I, viii). Madrid: Cátedra, colección "Letras Universales", 1992. Trads. Francisco García Tortosa, Ricardo Navarrete Franco y José Mª Tejedor Cabrera. [Ed. bilingüe de Francisco García Tortosa].
    "La primera página de *Finnegans Wake*." *Teoría del infierno y otros ensayos*. México: El Colegio Nacional, Ediciones del Equilibrista, 1992. 155-62. Trad. Salvador Elizondo.
- Fragmentos al gallego:
    "Impresións encol do *Finnegans Wake* de James Joyce." *Grial* 26 (1969): 471-75. Trad. Leopoldo R. L. Rodríguez.
    Finnegans Wake, I-i, I-ii. Santiago de Compostela: Laiovento, 1997. Trad. Alberte Pagán.
- Fragmentos al catalán:
    "Finnegans Wake." *Les Ales d'Icar*, suplement literari de *El Eco de Sitges* (31 de diciembre de 1982): 14-15. Trad. Josep-Miquel Sobré.

GIACOMO JOYCE. (1914, inédito hasta 1959)
- Traducciones al español:
    Giacomo Joyce. Barcelona: Tusquets, colección "Cuadernos Ínfimos", serie "Los Heterodoxos", 1970. Trad. Alfredo Matilla. [Ed. bilingüe].
    "*Giacomo Joyce*." *Barcarola* 47-48 (marzo 1995): 116-45. Trad. Mª Ángeles Conde Parrilla.
- Traducción al gallego:
    "Giacomo Joyce." *Grial* 28 (1970): 161-172. Trad. Domingo García-Sabell.
    Giacomo Joyce. A Coruña: Espiral Maior, 1994. Trad. Elvira Souto. [Ed. bilingüe].
- Traducción al catalán:
    Giacomo Joyce. Barcelona: Edhasa, colección "Clàssics moderns", 1992. Trad. Joaquim Mallafré. [Ed. bilingüe].

THE CAT AND THE DEVIL (1936, inédito hasta 1965)
- Traducción al español:
    El gato y el diablo. Barcelona: Lumen, 1974. Trad. Julián Ríos. Ilustr. de Gerald Rosé.

El gato y el diablo. Madrid: Altea, colección "Altea Benjamin", 1985. Trad. Miguel A. Diéguez. Ilustr. de Roger Blachen.

- Traducciones al catalán:

"El gat de Beaugency." *Revista del Centre de Lectura* 280 (1976): 7-9. Trad. Joaqim Mallafrè.

El gat i el diable. Barcelona: Lumen, 1993. Trad. Montserrat Gispert. Ilustrac. Mabel Piérola.

OTROS

Escritos críticos. [*The Critical Writings of James Joyce*. Eds. Ellsworth Mason y Richard Ellmann. 1959]. Barcelona: Lumen, colección "Palabra en el Tiempo", 1971. Trad. Andrés Bosch.

Cartas de amor a Nora Barnacle. México: Premià, colección "La Nave de los locos", 1979. Trad. Carlos Millet F.

Cartas escogidas. [*Selected Letters 1957-1975*. Ed. selecc. y prólogo Richard Ellmann. 1975]. 2 vols. Barcelona: Lumen, 1982. Trad. Carlos Manzano.

James Joyce en els seus millors escrits. Pres. Joan Ramón Masoliver. Barcelona: Miquel Arimany, colección "Els dies i els homes", 1982. [Extractos de traducciones al catalán de los siguientes textos: "Aràbia", por Joaquim Mallafré; "*Retrat de l'artista adolescent*", por María Teresa Vernet; "*Ulisses*", por Joaquim Mallafré; "*Finnegans Wake*", por Josep Miquel Sobré; y "Exiliats", por Miquel Arimany.[2]

James Joyce. Seguido de: correspondencia entre Italo Svevo y James Joyce. [*Opera Omnia*. 1968]. Barcelona: Argonauta, 1990. Comp. trad. y notas de Alejandro Manara y Mario Trejo.]

"Diez epifanías en versión bilingüe." *Revista de Occidente* 121 (1991): 51-61. Trad. Manuel Soto.

Epifanías. Ed. David Hayman. Barcelona: Montesinos, 1996. Trad. Isabel Galdámez.

---

[2] Se publicó en conmemoración del naciomiento de Joyce. Hay varios estudios de la obra del irlandés, por parte de Joan Ramón Masoliver, Marc Soler y Joaquim Mallafré.

Apéndice II: Esquema cronológico de *Tiempo de destrucción*[3]

	Prólogo	
1945	Narración objetiva	
	Relato impotencia	Oposiciones a juez
	Monólogo interior impotencia	
1942	Salto atrás	Salamanca
		Castidad intelectual
		Dudas de fe
		Proclamación de pureza escéptica y no pecadora
1920	Salto atrás	Demetrios
		Infancia pueblerina
	Salto adelante	Bilbaína violenta
1948		Matrimonio de la bilbaína. Establecimiento de su vida y de su burguesía

                        CONTINUACIÓN DEL INICIO

1950		La busca del demonio
		Esteticismo madrileño. La búsqueda del estilo
		Choque con la bilbaína. Imagen de Melibea
		Hallazgo del demonio

                        AQUELARRE SINTÉTICO

		Aprovechamiento de Águeda
		La guardia civil
		La prisión
	Salto atrás	La infancia de la bilbaína. Adolescencia
1947		¿Historia del juez?
	Sigue adelante	Crescendo amatorio
1954		Vencimiento de la impotencia
		Furor amatorio
		Expedición a los disciplinantes
		[*Palabra ininteligible*: ¿Provocación?] Fin. 1956

---

[3] El esquema que reproduzco corresponde en su totalidad al Apéndice que José-Carlos Mainer incluye en su edición de *Tiempo de destrucción* (43-44).

Bibliografía

Fuentes primarias

Obras de James Joyce

PROSA:

Dubliners. 1914. Ed. Robert Scholes y A. Walton Litz. New York: Viking Penguin, 1969.
A Portrait of the Artist as a Young Man. 1916. Ed. Chester G. Anderson. New York: Viking Penguin, 1968.
Ulysses. 1922. London: Penguin, 1986.
Ulysses: A Facsimile of the Manuscript. 3 Vols. London: Faber and Faber, 1975.
Finnegans Wake. 1939. London: Minerva, 1992.
Stephen Hero. 1944. Ed. Theodore Spencer. London: Grafton Books, 1986.
Giacomo Joyce. 1959. Ed. Richard Ellmann. London: Faber and Faber, 1984.
The Cat and the Devil. Ed. Richard Ellmann. London: Faber and Faber, 1964.
Letters of James Joyce. Vol. I. Ed. Stuart Gilbert. London: Faber and Faber, 1957.
Letters of James Joyce. Vols. II y III. Ed. Richard Ellmann. London: Faber and Faber, 1966.
Selected Letters. Ed. Richard Ellmann. London: Faber and Faber, 1975.
The Critical Writings of James Joyce. Ed. Ellsworth Mason y Richard Ellmann. New York: Viking Press, 1958.

TEATRO:

Exiles: A Play in Three Acts. 1918. London: Granada Publishing Ltd., 1983.

VERSO:

Chamber Music. 1907.
Pomes Penyeach. 1927.
Poems and Shorter Writing. Ed. Richard Ellmann, A. Walton Litz y John Whitlier-Ferguson. London: Faber/Viking, 1991.
Collected Poems. 1936. New York: Viking, 1957.

Obras de Luis Martín-Santos

PROSA:

Tiempo de silencio. 1961. Barcelona: Seix Barral, 1987.
Apólogos y otras prosas inéditas. Ed. Salvador Clotas. Barcelona: Seix Barral, 1970.
Tiempo de destrucción. 1975. Ed. José Carlos Mainer. Barcelona: Seix Barral, 1983.

VERSO:

Grana gris. Madrid: Afrodisio Aguado, 1945.

PUBLICACIONES PSIQUIÁTRICAS:[1]

"Megaesófago, ligeros comentarios sobre su tratamiento." *Revista Española de Cirugía, Traumatología y Ortopedia* 6.31-32 (enero-febrero 1947): 50-57.
"Vaguectomía experimental y el test de la ligadura del píloro en la rata." *Archivos de Medicina Experimental, CSIC* 12.11/3 (1948): 127-144.[2]
(Con J. J. López Ibor, y M. Peralta). "Leucotomías transorbitarias." *Revista Clínica Española* 38.4 (1950): 272-279.
"El problema de la alucinosis alcohólica." *Actas Luso-Españolas de Neurología y Psiquiatría* 9.2 (mayo 1950): 136-148.
"El psicoanálisis existencial de Jean-Paul Sartre." *Actas Luso-Españolas de Neurología y Psiquiatría* 9.3 (agosto 1950): 164-178.
"Los conceptos de alucinación y conciencia de la realidad en Dilthey y su puesto en la evolución histórica de la psicopatología de la alucinación." *Archivos Iberoamericanos de Historia de la Medicina* 2.1 (enero-junio 1950): 250-254.
"Un caso de depresión angustiosa curado tras un ictus leve." *Revista Clínica Española* 38.5 (septiembre 1950): 382-384.

---

1 Los trabajos que se reproducen aquí no constituyen la totalidad de las publicaciones de Martín-Santos. Queda todavía parte de su obra inédita. De entre ella, poemas, apólogos, algún texto para el teatro, relatos y artículos de carácter científico.

2 Este trabajo está basado en las prácticas quirúrgicas que realizó en el Instituto Ramón y Cajal donde trabajó con ratas, origen de la investigación que realiza el protagonista de *Tiempo de silencio*.

Reseña de *La angustia vital. Patología general psicosomática*. De J. J. López Ibor. *Actas Luso-Españolas de Neurología y Psiquiatría* 9 (1950): 331-334.

Reseña de *Los problemas de las enfermedades mentales. Corrientes actuales del pensamiento psiquiátrico*. De Juan J. López Ibor. *Archivos Iberoamericanos de Historia de la Medicina* 2.1 (1950): 284-286.

Reseña de *Concepto de melancolía en el siglo XVII*. De Alberto Escudero Ortuño. *Archivos Iberoamericanos de Historia de la Medicina* 2.2 (1950): 657-658.

"Referata: Tratamiento de la espasticidad por el dihidroxi-2-mentilfenoxipropano (Myanesin), de Jaime Romero." *Actas Luso-Españolas de Neurología y Psiquiatría* 9 (1950): 257.

"Referata: La prueba de Rorschach en la afasia, de Emilio Majluf." *Actas Luso-Españolas de Neurología y Psiquiatría* 9 (1950): 256-257.

Reseña de *Trastornos del lenguaje. Las afasias. Su importancia en la medicina y la teoría del lenguaje*. De Kurt Goldstein. *Actas Luso-Españolas de Neurología y Psiquiatría* 9 (1950): 149-150.

Reseña de *La historia clínica. Historia del relato patográfico*. De Pedro Laín Entralgo. *Actas Luso-Españolas de Neurología y Psiquiatría* 9 (1950): 150-153.

"Referata: Sobre la doctrina de la polineuritis, especialmente acerca del origen de los hallazgos morfológicos, de G. Döring." *Actas Luso-Españolas de Neurología y Psiquiatría* 9 (1950): 155-157.

"Referata: Sobre la leucotomía prefrontal, de Barahona Fernandes." *Actas Luso-Españolas de Neurología y Psiquiatría* 9 (1950): 157-158.

"Referata: Catatonia experimental en relación con el problema de la voluntad y la personalidad, de H. Baruk." *Actas Luso-Españolas de Neurología y Psiquiatría* 9 (1950): 158.

"Referata: El principio de la 'inversión brusca' en el análisis de la autorregulación vegetativa, de H. Selbach." *Actas Luso-Españolas de Neurología y Psiquiatría* 9 (1950): 158-159.

"Referata: Mecanismos de la circulación cerebral, de Fernando Cabreses Molina." *Actas Luso-Españolas de Neurología y Psiquiatría* 9 (1950): 255-256.

Reseña de *Psychiatrie générale*. De Paul Guiraud. *Actas Luso-Españolas de Neurología y Psiquiatría* 10 (1951): 85-87.

Reseña de *Estudios sobre los delitos*. De Henri Ey. *Actas Luso-Españolas de Neurología y Psiquiatría* 10 (1951): 87-88.

Reseña de *Agnosie und Funktionwendel. Eine hirnpathologische Studie*. De. E. Bay. *Actas Luso-Españolas de Neurología y Psiquiatría* 10 (1951): 237-238.

Reseña de *Lehrbuch der psychologischen Diagnostik*. De Richard Meili. *Actas Luso-Españolas de Neurología y Psiquiatría* 10 (1951): 306-307.

Reseña de *Glücklichere ehen-praktische ehe-psychologie*. De P. Plattner. *Actas Luso-Españolas de Neurología y Psiquiatría* 10 (1951): 308-311.

"La medicina de la persona, noticia y comentarios críticos." *Actas Luso-Españolas de Neurología y Psiquiatría* 11 (1952): 180-189.

"Ideas delirantes primarias, esquizofrenia y psicosis alcohólica aguda." *Actas Luso-Españolas de Neurología y Psiquiatría* 11.4 (noviembre 1952): 322-333.

"La influencia del pensamiento de Guillermo Dilthey sobre la psicopatología general de Karl Jaspers y sobre la posterior evolución del método de la comprensión en psicopatología." Madrid, Archivo de San Bernardo: Tesis doctorales, 1953.

"La crítica de los recuerdos delirantes." *Actas Luso-Españolas de Neurología y Psiquiatría* 12.4 (octubre 1953): 320-339.

Reseña de *El destino humano como problema científico. Nuestros resultados con la prueba de Szondi*. De F. Soto Yárritu. *Actas Luso-Españolas de Neurología y Psiquiatría* 12.4 (octubre 1953): 370-371.

"Intentos de aislamiento de un tipo específico de vivencia en algunas psicópatas criminales." *Curso de Neuropsiquiatría Forense y Criminología*. Ed. Ricardo Royo-Villanova y Morales. Madrid: Marbán, 1954. 131-148.

"La paranoia alcohólica." *Actas Luso-Españolas de Neurología y Psiquiatría* 13.4 (noviembre 1954): 263-280.

"La falta de realidad fenomenológica de la doble membración de las llamadas 'percepciones delirantes' descritas por Kurt Schneider." *IV Congreso Nacional de Neuropsiquiatría*. Madrid (1954): 152-159.

Dilthey, Jaspers y la comprensión del enfermo mental. Madrid: Paz Montalvo, 1955.

"Fundamentos teóricos del conocer psiquiátrico." *Theoria* 3.9 (octubre 1955): 53-66.

"Correlaciones entre el «test» de Rorschach y los hallazgos electroencefalográficos en un grupo de cincuenta pacientes sometidos a tratamiento convulsivante." *Actas Luso-Españolas de Neurología y Psiquiatría* 15.1 (enero 1956): 29-49.

"La interpretación de las respuestas de movimiento en el test de Rorschach, su significación patológica." *Revista de Psiquiatría y Psicología Médica de Europa y América Latinas* 2.6 (abril 1956): 538-565.

(Con Pascual Martínez González de Langarita y Jesús María Ganzarain Hernandorena). "Estudios sobre el delirio alcohólico agudo, I Comunicación. el test de Rorschach en sesenta y seis casos de Delirium Tremens. Los índices de fragmentación de inestabilidad." *Actas Luso-Españolas de Neurología y Psiquiatría* 15.4 (noviembre 1956): 318-326.

"Jaspers y Freud." *Revista de Psiquiatría y Psicología Médica de Europa y América Latina* 2.7 (julio 1956): 694-699.

(Con Pascual Martínez González de Langarita). "Descripción y validación estadística provisional de una adaptación española de la Escala de Wechsler-Bellevue para la inteligencia de los sujetos adultos." *Archivos de Neurobiología* 19.4 (octubre-diciembre 1956): 449-474.

"La Psiquiatría experimental. I Parte general: Bases gnosológicas de la Psiquiatría experimental. II Parte especial." Comun. al *V Congreso Nacional de Neuropsiquiatría*. Salamanca (1957): 85-135.

"Formación del Psicoterapeuta." *Revista de Psiquiatría y Psicología de Europa y América Latinas* 3.4 (1957): 323-350.

"Coloquio sobre las nuevas drogas en Psiquiatría." *Actas Luso-Españolas de Neurología y Psiquiatría* 16.2-3 (mayo-agosto 1957): 208-209.

"Estudios sobre el delirio alcohólico agudo, II Comunicación. Sobre la evolución en el tiempo y otros aspectos de los índices de fragmentación e inestabilidad." *Actas Luso-Españolas de Neurología y Psiquiatría* 16.4 (diciembre 1957): 283-295.

"Paralelo e influencia mutua entre la psiquiatría general y la psiquiatría infantil." *Actas de la Sociedad de Neuropsiquiatría infantil*. San Sebastián (mayo 1958): 7-30.

"Libertad, temporalidad y transferencia en el psicoanálisis existencial." *Revista de Psiquiatría y Psicología Médica de Europa y América Latinas* 4.3 (1959): 200.

"Descripción fenomenológica y análisis existencial de algunas psicosis epilépticas agudas." *Revista de Psiquiatría y Psicología Médica de Europa y América Latinas* 5.1 (enero 1961): 26-49.

Libertad, temporalidad y transferencia en el Psicoanálisis existencial. Para una fenomenología de la cura psicoanalítica. Barcelona: Seix Barral, 1964.

"El plus sexual del hombre: el amor y el erotismo." *El amor y el erotismo.* Ed. Lorenzo Gomis. Madrid: Ínsula, Tiempo de España III, 1965. 118-130.

"La psiquiatría existencial." *Apólogos.* Barcelona: Seix Barral, 1970. 108-135.

PUBLICACIONES LITERARIAS:

"Anatema sit..." *Boletín del Círculo Cultural Guipuzcoano* 1: 30-31.

"Zum Roten Ochsen." *Boletín del Círculo Cultural Guipuzcoano* 15 (noviembre 1951): última página.

"Lope de Aguirre ¿loco?" *La Academia Errante. Lope de Aguirre descuartizado* Nº 1 y 2. San Sebastián: Auñamendi, 1963. 167-174.

"Baroja, Unamuno." *La Academia Errante. Sobre la generación del 98. Homenaje a don Pepe Villar* Nº 3. San Sebastián: Auñamendi, 1963: 103-116. Reimp. *Pío Baroja.* Ed. Javier Martínez Palacio. Madrid: Taurus, 1977. 227-235.

"El naturalista y su psicología." *La Academia Errante. Homenaje a José Miguel Barrandiarán. Una jornada de cultura en compañía del maestro* Nº 4 y 5. San Sebastián: Auñamendi, 1963. 189-212.

"Realismo y realidad en la literatura contemporánea." *Le Socialiste* (16 Janvier 1964): 7.

"Monólogo del chulo." *Índice* 185 (1964): 10.[3]

"Condenada belleza del mundo." *Griffith* 3-4 (1964-1965): n.p. Reimp. *El Urogallo* 1 (mayo 1986): 33-40.

"Elea o el mar." *Apólogos.* Barcelona: Seix Barral, 1970. 21-24.

"Tauromaquia." *Triunfo* (6 de abril de 1963): n.p. Reimp. *Apólogos.* Barcelona: Seix Barral, 1970. 71-81.

"Alex cuenta las losas del aula." *Insula* 31.358 (septiembre 1976): 5.

"Tiempo de destrucción (dos fragmentos)" *Plural* suplemento 23 3.1 (15 de octubre de 1973): 33-41.

"Ciudades sin catedral." *Alfoz* 9 (octubre 1984): 75-77.[4]

"Barojataz esandakoak." *Zabalik (El Diario Vasco)* 77.alea (1988.eko Apirilak 13): 5.[5]

"Dudas de un activista." *ABC Literario* (11 de noviembre de 1989): VIII.

---

3 Se trata del soliloquio de Cartucho en *Tiempo de silencio.*
4 Este fragmento corresponde a la descripción de Madrid en *Tiempo de silencio.*
5 Traducción al euskera de un fragmento de su publicación "Baroja-Unamuno".

"Imprevista evolución de una noche de voluptuosidad." *ABC Literario* (11 de noviembre de 1989): VIII.

PUBLICACIONES DE CARÁCTER POLÍTICO:

"Análisis de la situación política en España." *VII Congreso del PSOE*. Toulouse 1958.[6]
"Hay que hacer un llamamiento al pueblo de San Sebastián para que participe en el trabajo municipal, dicen los señores Echevarren, Munoa, Pidal y Santa Cruz." *El Diario Vasco* (24 de noviembre de 1960): 6.[7]

INÉDITOS DE CARÁCTER PSIQUIÁTRICO:[8]

"Manera de enfrentarse a los problemas de la psiquiatría. Problemática general de la psiquiatría".
"Patología estructural de la vivencia".
"Patología general de la vivencia".
"Episodios agudos del alcoholismo crónico".
"Plan para una investigación de la personalidad básica del aldeano vasco".
"Consideraciones analítico-existenciales de las perversiones sexuales".
"Sin título".[9]

---

[6] Es un documento de la Fundación Pablo Iglesias (Archivo PSOE, JSE, UGT, 1940-1974). Según Gorrotxategi, aunque este documento se atribuye a la ASU (Agrupación Socialista Universitaria), fue redactado por Luis Martín-Santos (387).

[7] Programa para las elecciones municipales del Ayuntamiento de San Sebastián en 1960 que, según Gorrotxategi, redactó en su mayor parte Martín-Santos (387).

[8] A la muerte del escritor, su padre nombró a Carlos Castilla del Pino albacea de los textos psiquiátricos. Éste realizó una monografía que envió a Seix Barral y que la editorial no deseaba publicar porque se trataba de trabajos inconclusos. Sin embargo, lo hizo y éstos se perdieron cuando los mandó (Gorrotxategi 309); algo que también confirma Compitello (256).

[9] Hay tres textos inéditos sin título: el primero es un estudio de psiquiatría de unos 140 folios en preparación; el segundo es un análisis del "yo" de unos 13 folios; y el tercero es un ensayo de tipo comparativo sobre la psiquiatría rusa y el psicoanálisis, de tres folios (Gorrotxategi 389).

INÉDITOS DE CARÁCTER LITERARIO:[10]

El vientre hinchado.[11]

Las voces.[12]

"Bloom".[13]

"Opiniones acerca de la narración corta en comparación con la narración larga y la novela grande. Acerca del escritor genial. Visión de Madrid".[14]

"Orestes".[15]

La novela sin terminar, *El saco.*

"Texto inspirado en un aguafuerte de Goya".

---

10 Además de los inéditos literarios aquí citados, existe una colección de unas veinte historias cortas que realizó junto a Juan Benet, de dos o tres páginas cada una. Benet poseía el manuscrito, que se negó a publicar aludiendo a que Martín-Santos no quiso hacerlo y a que se trataba de trabajos de juventud (Gorrotxategi 51).

11 Corresponde al manuscrito de una novela presentada al Premio Sésamo en 1953.

12 Se trata, según Benet, de "un interminable y farragoso poema épico [...] saturado de reminiscencias helénicas", que Martín-Santos estaba acabando de escribir alrededor de 1948 ("Luis Martín-Santos" 125).

13 Se trata de una historia corta de una página, inspirada por la lectura de *Ulysses*, cuya autoría se debate entre Benet y Martín-Santos.

14 Se trata de la grabación de la voz de Martín-Santos en una cena-coloquio para la entrega de premios del concurso de cuentos "Premio Espelunca", que data de después de 1961. José María Bellido posee la grabación, que fue transcrita por Gorrotxategi y ocupa tres folios (387).

15 Es un cuento en el que una prostituta, "la vieja Norton", "se dejaba estrangular por su hijo para que alcanzara la categoría de huérfano" (Benet "Luis Martín-Santos" 124).

Obras citadas

Abrams, M. H. *A Glossary of Literary Terms*. 1957. New York: Holt, Rinehart and Winston, 1981.
Ahearn, Ed, y Arnold Weinstein. "The Function of Criticism at the Present Time." *Comparative Literature in the Age of Multiculturalism*. Ed. Charles Bernheimer. Baltimore and London: The John Hopkins UP, 1995. 77-85.
Ainge, Michel W. "An Examination of Joycean Influences on Itoh Sei." *Comparative Literature Studies* 30.4 (1993): 325-350.
Alarcos Llorach, Emilio. "Notas viejas sobre *Tiempo de silencio*." *Los Cuadernos del Norte* 4.1 (octubre-noviembre 1980): 66-71.
Albérès, René-Marie. *Metamorfosis de la novela*. 1966. Madrid: Taurus, 1971.
Alberich, José. "La difusión de la literatura inglesa en España." *Minervae Baeticae (Boletín de la Real Academia Sevillana de Buenas Letras)* 22 (Segunda época 1994): 49-71.
Aldridge, A. Owen, ed. *Comparative Literature: Matter and Method*. Chicago: U of Illinois P, 1969.
Allen, Walter. *The English Novel: A Short Critical History*. 1954. London: Penguin, 1958.
Almagro Jiménez, Manuel. *James Joyce y la épica moderna: Introducción a la lectura de "Ulysses"*. Sevilla: U de Sevilla, 1985.
Alter, Robert. "The Modernist Revival of Self-Conscious Fiction." *Partial Magic: The Novel as a Self-Conscious Genre*. Berkeley & London: U of California P, 1975. 138-179.
Álvarez Amorós, Jose Antonio. *En torno al discurso narrativo de "Dubliners"*. Alicante: Secretariado de Publicaciones, 1986.
_____. *"Ulysses" como paradigma de intertextualidad: La hipótesis del narrador-citador*. Madrid: Palas Atenea, 1991.
Alviar, Lourdes S. "The Stream-of-Consciousness Technique in James Joyce, *Portrait of the Artist as a Young Man*." *Saint Louis University Research Journal of the Graduate School of Arts and Sciences* 15.1 (June 1984): 46-54.
Amorós, Andrés. *Introducción a la literatura*. Madrid: Castalia, 1979.
_____. *Introducción a la novela contemporánea*. Madrid: Cátedra, 1985.

Asís Garrote, María Dolores de. *Última hora de la novela en España*. Madrid: EUDEMA, 1990.

Auerbach, Erich. *Mimesis: The Representation of Reality in Western Literature*. 1946. Princeton, New Jersey: Princeton UP, 1991.

Ayala, Ramón Pérez de. "Algo sobre Joyce." *Joyce en España (II)*. Ed. Francisco García Tortosa y Antonio Raúl de Toro Santos. La Coruña: U da Coruña, 1997. 51-54.

_____. "El pregonero de Joyce." *Joyce en España (II)*. Ed. Francisco García Tortosa y Antonio Raúl de Toro Santos. La Coruña: U da Coruña, 1997. 55-56.

_____. "Los panegiristas (?) de Joyce." *Joyce en España (II)*. Ed. Francisco García Tortosa y Antonio Raúl de Toro Santos. La Coruña: U da Coruña, 1997. 57-59.

Bakhtin, Mikhail. "The Word in the novel." *Comparative Criticism* 2 (1980): 213-220.

_____. *The Dialogic Imagination: Four Essays*. Austin, Texas: U of Texas P, 1981.

Ballesteros, Antonio. "La digresión paródica en dos modelos narrativos: *Rayuela* y *Ulysses*." *Joyce en España (I)*. Ed. Francisco García Tortosa y Antonio Raúl de Toro Santos. La Coruña: U da Coruña, 1994. 93-100.

_____. "En la penumbra: el extrañamiento de las formas narrativas en James Joyce y Juan Benet." *Estudios de Filología Moderna* 3 (2002): 79-90.

Bassnett, Susan. *Comparative Literature: A Critical Introduction*. Oxford: Blackwell, 1993.

Beach, Joseph Warren. "Post-impressionism: Joyce." *The Twentieth Century Novel: Studies in Technique*. 1932. New York: Appleton-Century-Crofts, 1960. 403-424.

Beckett, Samuel. "Dante... Bruno. Vico... Joyce." *Our Exagmination Round his Factification for Incamination of Work in Progress*. Ed. Samuel Beckett et al. London: Faber and Faber, 1929. 3-22.

Beebe, Maurice. "James Joyce: The Return From Exile." *Ivory Towers and Sacred Founts: The Artist as Hero in Fiction from Goethe to Joyce*. New York: New York UP, 1964. 260-295.

Beja, Morris. *Epiphany in the Modern Novel*. London: Peter Owen, 1971.

_____. "A Poor Trait of the Artless: The Artist Manqué in James Joyce." *Joyce, The Artist Manqué, and Indeterminacy*. 1988. Buckinghamshire: Colin Smythe Limited, 1989. 7-25.

Benet, Juan. "Prólogo." *El "Ulises" de James Joyce*. De Stuart Gilbert. Bilbao: Siglo XXI de España editores, 1971. 1-24.

_____. "¿Contra Joyce?" *Camp de l'Arpa* 52 (junio 1978): 26-28.

_____. "A Short Biographia Literaria." *La moviola de Eurípides y otros ensayos*. Madrid: Taurus, 1981. 59-65.

_____. "Luis Martín-Santos, un memento." *Otoño en Madrid, hacia 1950*. Madrid: Alianza editorial, 1987. 109-141.

Benstock, Bernard. "*Ulysses* Without Dublin." *Ulysses: Fifty Years*. Ed. Thomas F. Staley. 1972. Bloomington & London: Indiana UP, 1974. 90-117.

_____. "*A Portrait of the Artist* in *Finnegans Wake*." *Makers of the Twentieth-Century Novel*. Ed. Harry R. Garvin. New Jersey: Ass. University Presses, 1977. 28-39.

_____. "Opaque and Transparent Narrative." *Narrative Con/Texts in Ulysses*. Hampshire: Macmillan, 1991. 19-38.

Berceo, Gonzalo de. *Milagros de Nuestra Señora*. Madrid: Espasa-Calpe, 1984.

Bergson, Henri. *El pensamiento y lo moviente*. Madrid: Espasa-Calpe, 1976.

Bernheimer, Charles. "Introduction: The Anxieties of Comparison." *Comparative Literature in the Age of Multiculturalism*. Ed. Charles Bernheimer. Baltimore and London: The John Hopkins UP, 1995. 1-17.

Bickerton, Derek. "Modes of Interior Monologue: A Formal Definition." *Modern Language Quarterly* 28.2 (June 1967): 229-239.

Bidwell, Bruce, y Linda Heffer. *The Joycean Way: A Topographic Guide to "Dubliners" and "A Portrait of the Artist as a Young Man"*. Dublin: Wolfhound Press, 1981.

Blamires, Harry. *The New Bloomsday Book: A Guide Through Ulysses*. 1966. London: Routledge, 1988.

_____. *Studying James Joyce*. Essex: Longman, 1987.

Bloom, Harold. *The Anxiety of Influence: A Theory of Poetry*. New York: Oxford UP, 1973.

_____. *A Map of Misreadings*. New York: Oxford UP, 1975.

_____. *The Western Canon: The Books and School of Ages*. 1994. London: Papermac, Macmillan, 1995.

Bollettieri Bosinelli, R. M., C. Marengo Vaglio, y Christine Van Boheemen, eds. *The Languages of Joyce: Selected Papers from the 11th International James Joyce Symposium*. Philadelphia / Amsterdam: John Benjamins Publishing Company, 1992.

Borach, Georges. "Conversations with James Joyce." *College English* 15 (March 1954): 325-327.

Borges, Jorge Luis. "El Ulises de Joyce." *Proa* 6 (enero 1925): 3-6.

―――――. "James Joyce." *Elogio de la sombra*. 1969. *Obra Poética 1923-1979*. 1972. Madrid: Alianza Emecé, 1985. 326.

Bosch, Rafael. *La novela española del siglo XX: De la República a la Postguerra (las generaciones novelísticas del 30 y del 60)*. Vol. 2. New York: Las Américas Publishing Co., 1970.

Bowling, Laurence Edward. "What is the Stream of Consciousness Technique?" *PMLA* 65 (June 1950): 333-345.

Boyer, D., J. Fressar, B. Gille, J. I. Murcia, y J. P. Ressot. "Notes sur *Tiempo de silencio*." *Les Langues Néo-latines* 214 (1975): 40-91.

Bradbury, Malcolm. "The Cities of Modernism." *Modernism: 1890-1930*. Eds Malcolm Bradbury y James McFarlane. London: Penguin, 1976. 96-104.

―――――. *The Modern World: Ten Great Writers*. London: Penguin, 1988.

Bradbury, Malcolm, y James McFarlane. "Preface." *Modernism: 1890-1930*. Eds Malcolm Bradbury y James McFarlane. London: Penguin, 1976. 11-15.

―――――. "The Name and Nature of Modernism." *Modernism: 1890-1930*. Eds Malcolm Bradbury y James McFarlane. London: Penguin, 1976. 19-55.

Britton, R. K. "Don Quixote's Fourth Sally: Cervantes and the Eighteenth-Century English Novel." *New Comparison* 15 (Spring 1993): 21-32.

Brooks, David. "Modernism." *Encyclopedia of Literature and Criticism*. Ed. Martin Coyle et al. 1990. London: Routledge, 1991. 119-130.

Brown, Joan Lipman. "*Tiempo de silencio* and *Ritmo lento*: Pioneers of the New Social Novel in Spain." *Hispanic Review* 50.1 (Winter 1982): 61-73.

Brown, Terence. "The Dublin of *Dubliners*." *James Joyce: An International Perspective*. Ed. Suheil Badi Bushrui y Bernard Benstock. Gerrards Cross, Buckinghamshire: Colin Smythe Ltd., 1982. 11-18.

Buckley, Ramón. *Problemas formales de la novela española contemporánea*. 1968. Barcelona: Península, 1973.

―――――. *Raíces tradicionales de la novela contemporánea en España*. Barcelona: Península, 1982.

Budgen, Frank. "James Joyce." *James Joyce: Two Decades of Criticism*. Ed. Seon Givens. New York: Vanguard Press, 1948. 19-26.

———. *James Joyce and the Making of 'Ulysses' and other writings.* 1934. Oxford: Oxford UP, 1991.

Burgess, Anthony. *Here Comes Everybody: An Introduction to James Joyce for the Ordinary Reader.* 1965. Feltham, Middlesex: Hamlyn Paperbacks, 1982.

Burunat, Silvia. *El monólogo interior como forma narrativa en la novela española (1940-1975).* Madrid: José Porrúa Turanzas, 1980.

Butler, Christopher. "Joyce, Modernism, and Post-modernism." *The Cambridge Companion to James Joyce.* 1990. Ed. Derek Attridge. Cambridge: Cambridge UP, 1993. 259-282.

Cabrera, Vicente. "*Tiempo de silencio.*" *Duquesne Hispanic Review* 10.1 (primavera 1971): 31-47.

Cabrera-Infante, Guillermo. "El armisticio del tiempo." *El País* Suplemento *Libros* (7 de julio de 1991): 1, 4-5.

Calinescu, Matei. *Five Faces of Modernity: Modernism, Avant-Garde, Decadence, Kitsch, Postmodernism.* Durham, N. C.: Duke UP, 1987.

Calvino, Italo. *Las ciudades invisibles.* 1972. Barcelona: Minotauro, 1984.

Carnero González, José. *James Joyce y la explosión de la palabra.* Sevilla U de Sevilla, 1989.

Castellet, Jose María. *La hora del lector: Notas para una iniciación a la literatura narrativa de nuestros días.* Barcelona: Seix Barral, 1957.

———. "Tiempo de destrucción para la literatura española." *Literatura, ideología y política.* Barcelona: Anagrama, 1976. 135-156.

Castle, Gregory. "The Book of Youth: Reading Joyce's Bildungsroman." *Genre* 22.1 (Spring 1989): 21-40.

Castilla del Pino, Carlos. "Prólogo." *Libertad, temporalidad y transferencia en el Psicoanálisis existencial. Para una fenomenología de la cura psicoanalítica.* De Luis Martín-Santos. Barcelona: Seix Barral, 1964. III-XV.

———. "Evocación de Luis Martín-Santos." *Olvidos de Granada* 13 (extraordinario 1986): 159-162.

Caviglia, John. "A Simple Question of Symmetry: Psyche as structure in *Tiempo de silencio.*" *Hispania* 60.3 (September 1977): 452-460.

Cervantes, Miguel de. *Don Quijote de la Mancha.* 2 Vols. Ed. de Martín de Riquer. Barcelona: Juventud, 1979.

Chantraine de Van Praag, Jacqueline. "Un malogrado novelista contemporáneo." *Cuadernos Americanos* 24.5 (julio-diciembre 1965): 269-275.

Clotas, Salvador. ed. "Prólogo." *Apólogos y otras prosas inéditas.* De Luis Martín-Santos. Barcelona: Seix Barral, 1970. 7-19.

_____. "Intervención: Homenaje a Martín-Santos." Biblioteca Nacional (19 de mayo de 1989). Sin publicar.

Cohn, Alan M. "The Spanish Translation of *A Portrait of the Artist as a Young Man.*" *Révue de Littérature Comparée* 36 (1963): 405-409.

Cohn, Dorrit. "Narrated Monologue: Definition of a Fictional Style." *Comparative Literature* 18.2 (Spring 1966): 97-112.

Compitello, Malcolm A. "Luis Martín-Santos: A Bibliography." *Letras Peninsulares* 2.2 (Fall 1989): 249-269.

Conde Parrilla, Mª Ángeles. "James Joyce's *Ulysses*: The Obscene Nature of Molly's Soliloquy and Two Spanish Translations." *James Joyce Quarterly* 33.2 (Winter 1996): 211-236.

_____. "James Joyce's *Ulysses*: The Obscene Nature of Molly's Soliloquy and Two Spanish Translations." *James Joyce Quarterly* 33.2 (Winter 1996): 211-236.

Conte, Rafael. "La narrativa en 1975. Entre la tradición y la vanguardia." *Informaciones de las Artes y las Letras* Suplemento 389 (26 de diciembre de 1975): 1-2.

Corrales Egea, José. *La novela española actual (Ensayo de ordenación).* Madrid: Edicusa, 1971.

Crespo Allúe, María J., y Luisa F. Rodríguez Palomero. "*A Portrait of the Artist as a Young Man*, su traducción y Rosa Chacel." *James Joyce: A New Language.* Actas/Proceedings del Simposio Internacional en el Centenario de James Joyce. Ed. Francisco García Tortosa et al. Sevilla: Publicaciones de la Universidad de Sevilla, 1982. 67-85.

Cuddon, J. A. *A Dictionary of Literary Terms.* London: André Deutsch Ltd., 1977.

Curutchet, Juan Carlos. "Luis Martín-Santos: el fundador." *Cuadernos de Ruedo Ibérico* 17 y 18 (febrero-marzo 1968 y Abril-Mayo 1968): 3-18 y 3-15.

_____. *Cuatro ensayos sobre la nueva novela española.* Uruguay: Alfa, 1973.

Dahl, Liisa. *Linguistic Features of the Stream-of-Consciousness Techniques of James Joyce, Virginia Woolf, and Eugene O'Neill.* Turku, Finland: U of Turku, 1970.

Daiches, David. *The Novel and the Modern World.* Chicago: Chicago UP, 1939.

Davis, Joseph K. "The City as Radical Order: James Joyce's *Dubliners*." *Studies in the Literary Imagination* 3.2 (October 1970): 79-96.
De la Selva, Mauricio. "Libros sobre España." *Cuadernos Americanos* 126 (febrero 1963): 299-320.
De Nora, Eugenio. "Cien años de literatura." *Leer* 76 (primavera 1995): 34-41.
Deane, Seamus. *Celtic Revivals: Essays in Modern Irish Literature 1880-1980*. London: Faber and Faber, 1985.
_____. "Joyce the Irishman." *The Cambridge Companion to James Joyce*. 1990. Ed. Derek Attridge. Cambridge: Cambridge UP, 1993. 31-53.
Díaz Plaja, Guillermo. *La estética de Valle-Inclán*. Madrid: Gredos, 1965.
Díaz Valcárcel, Emilio. *La visión del mundo en la novela: ("Tiempo de silencio", de Luis Martín-Santos)*. Puerto Rico: U de Puerto Rico, 1982.
Dolgin, Stacey L. "*Tiempo de silencio*: desmitificación de la psique española." *La novela desmitificadora española (1961-1982)*. Barcelona: Anthropos, 1991. 71-96.
Domenech, Ricardo. "Ante una novela irrepetible." *Insula* 187 (junio 1962): 4.
Doody, Terrence A. "*Don Quixote, Ulysses*, and the Idea of Realism." *Novel* 12 (1979): 197-214.
Eco, Humberto. *Obra abierta*. 1962. Barcelona: Ariel, 1990.
_____. *The Middle Ages to James Joyce*. 1982. London: Hutchinson Radius, 1989.
_____. *Las poéticas de Joyce*. Barcelona: Lumen, 1993.
Edel, Leon. *The Psychological Novel: 1900-1950*. London: Rupert Hart-Davis, 1955.
_____. "Literature and Psychology." *Comparative Literature: Method and Perspective*. Ed. Newton P. Stallknecht y Horst Frenz. Carbondale, Edwardsville: Southern Illinois P, 1961. 96-115.
Edenia, Guillermo, y Juana Amelia Hernández. *La novelística española de los sesenta*. Nueva York: Eliseo Torres, 1970.
Eliot, T. S. "Tradition and the Individual Talent." *The Sacred Wood: Essays on Poetry and Criticism*. 1020. London: Methuen, 1969. 47-59.
_____. "*Ulysses*, order and Myth." *Forms of Modern Fiction*. 1948. Ed. William Van O'Connor. Bloomington: Indiana UP, 1959. 120-124.
Elizondo, Salvador. *Teoría del infierno y otros ensayos*. México: El Colegio Nacional, Ediciones del Equilibrista, 1992.

Elkhadem, Saad. *The York Companion to Themes and Motives of World Literature: Mythology, History, and Folklore.* Fredericton, Canada: York Press, 1981.

Ellmann, Richard. *James Joyce.* 1959. Oxford: Oxford UP, 1983.

⎯⎯⎯⎯. "Introduction." *Giacomo Joyce.* De James Joyce. 1968. London: Faber and Faber, 1984. xi-xxvi.

⎯⎯⎯⎯, ed. *Selected Letters of James Joyce.* 1975. London: Faber and Faber, 1992.

⎯⎯⎯⎯. *The Consciousness of James Joyce.* London: Faber and Faber, 1977.

⎯⎯⎯⎯. "James Joyce. In and out of Art." *Four Dubliners: Oscar Wilde, Willian Butler Yeats, James Joyce and Samuel Beckett.* 1986. London: Hamish Hamilton, 1987. 52-77.

⎯⎯⎯⎯. "Preface." *Ulysses.* De James Joyce. London: Penguin, 1986. ix-xiv.

Eoff, Sherman H., y José Schraibman. "Dos novelas del absurdo: *L'Étranger* y *Tiempo de silencio.*" *Papeles de Son Armadans* 56 (marzo 1970): 213-241.

Étiemble, René. "Literatura comparada." *Métodos de estudio de la obra literaria.* Coord. J. M. Díez Borque. Madrid: Taurus, 1985. 279-310.

Fanger, Donald L. *Dostoyevski and Romantic Realism. A Study of Dostoyevski in Relation to Balzac, Dickens, and Gogol.* Chicago: Chicago UP, 1965.

Faris, Wendy B. "Cities and towns: The development of a Collective Voice." *III. Interamerican Literary Relations. Proceedings of the Xth Congress of the International Comparative Literature Association.* Ed. M. J. Valés. Coord. Anna Balakian. New York & London: Garland Publishing, 1985. 3-13.

Faulkner, Peter. *Modernism.* London: Methuen, 1977.

Ferrater, Joan. "*Stephen Héroe* por James Joyce." *Laye* 23 (abril-junio 1953): 105-116.

Festa-McCormick, Diana. *The City as Catalyst: A Study of Ten Novels.* Rutherford, New Jersey: Fairleigh Dickinson UP, 1979.

Fiddian, Robin William. "James Joyce and Spanish-American Fiction: A Study of the Origins and Transmission of Literary Influence." *Bulletin of Hispanic Studies* 66.1 (January 1989): 23-39.

Ford, Boris, ed. *The Pelican Guide to English Literature: The Modern Age.* Vol. 7. Middlesex: Penguin, 1961.

Fowler, Alistair. "The Life and Death of Literary Forms." *New Literary History* 2 (1970-1971): 199-216.
Fowler, Roger, ed. *A Dictionary of Modern Critical Terms*. London: Routledge & Kegan Paul, 1973.
Franz, Thomas R. "Baroja's 'science' in Martín-Santos's 'Time'." *Hispania* 66.3 (September 1983): 324-332.
_____. "From Baroja and Ayala to Martín-Santos." *Crítica Hispánica* 7.1 (1985): 25-35.
Fraser. G. S. *The Modern Writer and his World*. 1953. Middlesex: Penguin, 1972.
Frenzel, Elisabeth. *Diccionario de argumentos de la literatura universal*. 1970. Madrid: Gredos, 1980.
Friedrich, Werner Paul, y David Henry Malone. *Outline of Comparative Literature: From Dante Alighieri to Eugene O'Neil*. Chapel Hill: The U of North Carolina, 1954.
Friedman, Melvin J. *Stream of Consciousness: A Study in Literary Method*. New Haven: Yale UP, 1955.
_____. "The Symbolist Novel: Huysmans to Malraux." *Modernism: 1890-1930*. Ed. Malcolm Bradbury y James McFarlane. London: Penguin, 1976. 453-466.
Friedman, Norman. "Point of View in Fiction: The Development of a Critical Concept." *PMLA* 70 (1955): 1160-1184.
Fuentes, Carlos. *Cervantes, o la crítica de la lectura*. México City: Joaquín Mortiz, 1976.
G. Santa Cecilia, Carlos. *La recepción de James Joyce en España a través de la prensa (1921-1976)*. Sevilla: Secretariado de Publicaciones de la Universidad, 1997.
Galán Font, Eduardo. *Claves para la lectura de "Tiempo de silencio" de Luis Martín-Santos*. Barcelona: Daimon, 1986.
García, Álvaro. "Difícil, pero no imposible." *Diario 16: Cultura* (27 de febrero de 1993): X.
García Berrio, Antonio, y Javier Huerta Calvo. *Los géneros literarios: Sistema e historia (Una introducción)*. Madrid: Cátedra, 1992.
García de Dueñas, Jesús, y Pedro Olea. "Bardem, 64. Confesiones a las cinco de la tarde." *Nuestro Cine* 29 (1964): 24-40.
García Tortosa, Francisco. "España y su función simbólica en la narrativa de *Ulysses*." *Revista Canaria de Estudios Ingleses* 8 (abril 1984): 13-31.

———. "*Ulysses* in Spanish." *Assesing the 1984 "Ulysses"*. Ed. C. George Sandulescu, y Clive Hart. Gerrard Cross: Colin Smythe, 1986.

———. "Introducción." *Anna Livia Plurabelle. (Finnegans Wake, I, viii)*. Madrid: Cátedra, 1992. 110-126.

———. "Las traducciones de Joyce al Español." *Joyce en España (I)*. Ed. Francisco García Tortosa y Antonio Raúl de Toro Santos. La Coruña: U da Coruña, 1994. 19-29.

Garmendía Larrañaga, Juan. *Iñauteria: El carnaval vasco*. San Sebastián: Sociedad Guipuzcoana de ediciones y publicaciones, 1973.

Georescu, Paul Alexandru. "Lo real y lo actual en *Tiempo de silencio*, de Luis Martín-Santos." *Nueva Revista de Filología Hispánica* 20.1 (1971): 114-120.

Gicovate, Bernardo. *Conceptos fundamentales de Literatura Comparada: Iniciación de la Poesía Modernista*. San Juan de Puerto Rico: Asomante, 1962.

Gifford, Don, y Robert J. Seidman. *"Ulysses" Annotated: Notes for James Joyce's Ulysses*. 1974. Berkeley: U of California P, 1989.

Gil Casado. Pablo. *La novela social española (1920-1971)*. 1968. Barcelona: Seix Barral, 1975. 471-491.

———. *La novela deshumanizada española (1958-1988)*. Barcelona: Anthropos, 1990.

Gilbert, Stuart. *James Joyce's "Ulysses": A Study*. 1930. Revised ed. 1952. Middlesex: Peregrine Books, 1963.

Goldberg, Samuel Louis. "Homer and the Nightmare of History." *Modern Critical Views: James Joyce*. Ed. Harold Bloom. New York: Chelsea House Publishers, 1986. 21-37.

Goldring, Douglas. "Letras Inglesas." *La Pluma* 17 (octubre): 244-246.

Goleman, Daniel. *Inteligencia emocional*. Barcelona: Círculo de Lectores, 1997.

Gómez de Liaño, Ignacio. "La deshumanización del arte, 1925-1989." *Revista de Occidente* 96 (mayo 1989): 57-79.

González, Manuel Pedro. "La novela hispanoamericana en el contexto de la internacional." *Coloquio sobre la novela hispanoamericana*. Ed. Ivan A. Schulman, Manuel Pedro González, Juan Loveluck y Fernando Alegría. Mexico City: Tezontle, 1967. 35-67.

González de Mendoza, Pilar. *Diccionario de temas de la literatura española*. Madrid: Istmo, 1990.

Gorrotxategi Gorrotxategi, Pedro. *Luis Martín-Santos: Historia de un compromiso*. Donostia, San Sebastián: Fundación Social y Cultural Kutxa, 1995.

Goytisolo, Juan. *El furgón de cola*. 1967. Barcelona: Seix-Barral, 1976.

_____. "La novela española contemporánea." *Disidencias*. 1977. Barcelona: Seix Barral, 1978. 153-169.

Grande, Félix. "Luis Martín-Santos: *Tiempo de silencio*." *Cuadernos Hispanoamericanos* 158 (febrero 1963): 337-342.

Guillén, Claudio. *Literature as System: Essays Towards the Theory of Literary History*. Princeton: Princeton UP, 1971.

_____. *Entre lo uno y lo diverso: Introducción a la literatura comparada*. Barcelona: Crítica, 1985.

Gullón, Ricardo. *Novelistas ingleses contemporáneos: Cinco damas y nueve caballeros*. Zaragoza: Cronos, 1945.

_____. "Mitos órficos y cáncer social." *El Urogallo* 17 (septiembre-octubre 1972): 80-89.

Hart, Clive, y Leo Knuth. *A Topographical Guide to James Joyce's "Ulysses"*. Colchester: A Wake Newslitter Press, 1975.

Hassan, Ihab H. "The Problem of Influence in Literary History: Notes Toward a Definition." *Journal of Aesthetics and Art Criticism* 14 (1955): 66-76.

Heller, Felisa L. "Voz narrativa y protagonista en *Tiempo de silencio*." *Anales de la Novela de Postguerra* 2.3 (1977-1978): 27-37.

Henke, Suzette. "Joyce's New Womanly Man: Sexual Signatures of Androgynous Transformation in *Ulysses*." *Joycean Occasions: Essays from the Milwakee James Joyce Conference*. Ed. Janet E. Dunleavy, Melvin J. Friedman y Michael Patrick Gillespie. Newark: U of Delaware P, 1991. 46-58.

Henríquez Ureña, Max. "Historia de un nombre." *Breve historia del modernismo*. Buenos Aires, México. 1954. 156-169.

Highet, Gilbert. "The Symbolist Poets and James Joyce." *The Classical Tradition: Greek and Roman Influences on Western Literature*. 1949. Oxford: Oxford UP, 1976. 501-519.

Hodgart, Matthew. *James Joyce: A Student's Guide*. 1978. London: Routledge & Kegan Paul, 1983.

Hoffman, Frederick J. *Freudianism and the Literary Mind*. 1945. Louisiana State UP, 1967.

Homero. *Odisea*. Madrid: Gredos, 1982.

Humphrey, Robert. *Stream of Consciousness in the Modern Novel.* Berkeley: U of California P, 1954.
Iglesias Santos, Monserrat. "La estética de la recepción y el horizonte de expectativas." *Avances en Teoría de la Literatura.* Comp. Darío Villanueva. Santiago de Compostela: Universidade de Santiago de Compostela, 1994. 35-115.
_____. "El sistema literario: Teoría empírica y teoría de los polisistemas." *Avances en Teoría de la Literatura.* Comp. Darío Villanueva. Santiago de Compostela: U de Santiago de Compostela, 1994. 309-356.
Igoe, Vivien. *A Literary Guide to Dublin.* London: Methuen, 1994.
Iser, Wolfgang. *The Implied Reader: Patterns of Communication in Prose Fiction from Bunyan to Beckett.* Baltimore: John Hopking UP, 1974.
James, William. *The Principles of Psychology.* 2 Vols. 1890. Chicago: The U of Chicago P, 1982.
Jauss, Hans Robert. "Literary History as a Challenge to Literary Theory." *New Literary History* 2 (1970-1971): 7-37.
_____. "The Theory of Reception: A Retrospective of its Unrecognized Prehistory." *Literary Theory Today.* 1990. Ed. Peter Collier, y Helga Geyer-Ryan. London: Poly Press, 1992. 53-73.
Jiménez Fraud, A. "Una escena de desterrados." *Sur* 35 (agosto 1937): 68-86.
Jiménez, Juan Ramón. *Ideolojía (1897-1957) (metamórfosis, IV).* Ed. Antonio Sánchez Romeralo. Barcelona: Anthropos, 1990.
_____. *Prosas críticas.* Selec. de Pilar Gómez Bedate. Madrid: Taurus, 1981.
_____. *Tiempo y Espacio.* Madrid: EDAF, 1986.
Johnsen, Willian A. "Joyce's *Dubliners* and the Futility of Modernism." *James Joyce and Modern Literature.* Ed. W. J. McCormack, y Alistair Stead. London: Routledge & Kegan Paul, 1982. 5-21.
Jolas, Eugene. "My Friend James Joyce." *James Joyce: Two Decades of Criticism.* Ed. Seon Givens. New York: Vanguard Press, 1948. 3-18.
Jost, François. "La Tradition Du *Bildungsroman.*" *Comparative Literature* 21.2 (Spring 1969): 97-115.
Juliá, Santos. "Pero el caso es que España necesita un Madrid." *Revista de Occidente* 128 (enero 1992): 7-20.
Jung, Carl Gustav. "*Ulysses*: A Monologue." *The Spirit in Man, Art, and Literature.* 1932. London: Routledge & Kegan Paul, 1971. 109-134.
_____. "(*Ulises* monólogo." *Revista de Occidente* 11.116 (febrero 1933): 113-49.

Kain, Richard Morgan. "The Cosmic View in *Ulysses.*" *Ulysses: Cinquante Ans Après: Témoignages Franco-Anglais sur le Chef-d'oeuvre de James Joyce.* Ed. Louis Bonnerot. París: M. Didier, 1974. 275-286.
Kenner, Hugh. *Joyce's Voices.* Berkeley and Los Angeles: U of California P, 1978.
Kershner, R. Brandon. *Joyce, Bakhtin and Popular Culture: Chronicles of Disorder.* Chapel Hill: U of North Carolina P, 1989.
Kiberd, Declan. "Introduction." *Ulysses.* De James Joyce. London: Penguin, Annotated Students' Edition, 1992. ix-lxxx.
King, C. D. "Édouard Dujardin, Inner Monologue and the Stream of Consciousness." *French Studies* 7 (1953): 116-128.
Khubchandani, Lachman M. "The Bonds and Bounds of a Literary Tradition." *Comparative Literature: Theory and Practice.* Ed. Amiya Dev y Sisir Kumar Das. Calcuta: Indian Institute of Advanced Study, 1989. 107-115.
Kumar, Shiv K. *Bergson and the Stream of Consciousness Novel.* Glasgow: Blackie and Son Ltd, 1962.
Labanyi, Jo. *Ironía e historia en* Tiempo de silencio. Madrid: Taurus, 1985.
___. *Myth and History in the Contemporary Spanish Novel.* Cambridge: Cambridge UP, 1989.
Lacarta, Manuel. *Madrid y sus literaturas: De la generación del 98 a la posguerra.* Madrid: El Avapiés, 1986.
Laín Entralgo, Pedro. "Luis Martín-Santos." *Luis Martín-Santos: Historia de un compromiso.* De Pedro Gorrotxategi Gorrotxagegi. Donostia, San Sebastián: Fundación Social y Cultural Kutxa, 1995. 11.
Lambert, José. "Les relations littéraires internationales comme problème de réception." *Oeuvres & Critiques* 11.2 (1986): 173-189.
Lázaro, J. S. "La recepción de Freud en la cultura española (1893-1983)." *Medicina e Historia* 41 (1991): 5-28.
Lázaro Lafuente, Luis Alberto. "James Joyce and Juan Goytisolo: Echoes from *Ulysses* in *Reivindicación del conde don Julián.*" *Papers on Joyce* 2 (1996): 25-33.
Lázaro, Luis Alberto, y Marisol Morales. "Técnicas narrativas en James Joyce y Luis Martín-Santos: Estudio comparativo de *Ulysses* y *Tiempo de silencio.*" *Joyce en España (I).* Ed. Francisco García Tortosa y Antonio Raúl de Toro Santos. La Coruña: U da Coruña, 1994. 101-112.
Lázaro, Luis Alberto y Antonio Raúl de Toro, eds. *James Joyce in Spain: A Critical Bibliography (1972-2002).* A Coruña: Asociación Española James Joyce, Universidade da Coruña, Servicio de Publicacións, 2002.

Leopold, Keith. "Some Problems of Terminology in the Analysis of the stream-of-consciousness novel." *Stream of Consiousness Technique in the Modern Novel*. Ed. Erwin R. Steinberg. London: Kenniat Press, 1979. 144-152.

Levin, Harry. *James Joyce: A Critical Introduction*. 1941. London: Faber and Faber, 1960.

_____. *Grounds for Comparison*. Cambridge, Massachusetts: Harvard UP, 1972.

_____. "Introduction." *Ulysses: A Facsimile of the Manuscript*. De James Joyce. London: Faber and Faber, 1975. 1-11.

Lillyman, W. J. "The Interior Monologue in James Joyce and Otto Ludwig." *Comparative Literature* 23.1 (1975): 45-54.

Lima, Robert. *Valle-Inclán: The Theatre of his Life*. Columbia: U of Missouri P, 1988.

Limón, Mercedes. "Modernismo y ciudad en la novela española contemporánea." *Mester* 21.1 (Spring 1992): 101-117.

Litz, A. Walton. *The Art of James Joyce: Method and Design in Ulysses and Finnegans Wake*. London: Oxford UP, 1961.

_____. "The Genre of *Ulysses*." *James Joyce: A Collection of Critical Essays*. Ed. Mary T. Reynolds. New Jersey: Prentice-Hall, 1993. 109-117.

Locke, John. *An Essay Concerning Human Understanding*. 1690. 2 vols. New York: Dover Publications, 1959.

Long, Sheri Spaine. "El instituto: Madrid as a Structuring Device and the Poetization of Space in *Tiempo de silencio*." *Selected Proceedings of the Thirty-Ninth Annual Mountain Interstate Foreign Language Conference*. Ed. Sixto E. Torres y S. Carl King. Clemson: Clemson UP, 1991. 63-67.

López Ibor, J. "Prólogo." *Dilthey, Jaspers y la comprensión del enfermo mental*. De Luis Martín-Santos. Madrid: Paz Montalvo, 1955. 7-8.

Lowe, Elizabeth. "Visions of Violence: From Faulkner to the Contemporary City Fiction of Brazil and Colombia." *III. Interamerican Literary Relations. Proceedings of the Xth Congress of the International Comparative Literature Association*. Ed. M. J. Valés. Coord. Anna Balakian. New York & London: Garland Publishing, 1985. 14-19.

McCarthy, Jack, y Danis Rose. *Joyce's Dublin: A Walking Guide to "Ulysses"*. 1986. Dublin: Wolfhound Press, 1988.

McKilligan, Kathleen M. *Édouard Dujardin: "Les Lauriers sont coupés" and the interior monologue*. Leeds: U of Hull Publications, 1977.

Maddox, Brenda. *Nora: A Biography of Nora Joyce*. 1988. London: Minerva, 1989.
Mainer, José-Carlos. "Prólogo." *Tiempo de destrucción*. De Luis Martín-Santos. Barcelona: Seix Barral, 1975. 9-42.
_____. "Luis Martín-Santos, de *Tiempo de silencio* a *Tiempo de destrucción.*" "*Tiempo de silencio*" *de Luis Martín-Santos*. "*Señas de identidad de Juan Goytisolo*". *Deux Romans de la rupture*. Toulouse: Universite de Toulouse-le Mirail, 1980. 53-65.
Maio, Eugene A. "*Tiempo de silencio* and the Aesthetics of Modern Art." *Critique: Studies in Contemporary Fiction* 30.3 (Spring 1989): 155-162.
Malamud, Randy. *The Language of Modernism*. London: Ann Arbor, 1989.
Mallafré, Joaquim. "Joyce en Catalán." *Joyce en España (I)*. Ed. Francisco García Tortosa y Antonio Raúl de Toro Santos. La Coruña: U da Coruña, 1994. 39-43.
Manrique, Jorge. *Poesía*. Madrid: Cátedra, 1988.
Marichalar, Antonio. "Valery Larbaud." *Los lunes de El Imparcial* (3 DE septiembre de 1922): 4.
_____. "James Joyce en su laberinto." *Revista de Occidente* 17 (noviembre 1924): 177-202. Reimpr. *Revista de Occidente* 146-147 (julio-agosto 1993): 35-54.
_____. "Prólogo." *El artista adolescente (Retrato)*. Trad. Alfonso Donado. Madrid: Biblioteca Nueva, 1926. 7-31.
_____. "Nueva Dimensión." *Revista de Occidente* 72 (junio 1929): 380-383.
_____. "Último grito." *Revista de Occidente* 91 (enero 1931): 101-107.
_____. "Prólogo." *Novelistas ingleses contemporáneos: Cinco damas y nueve caballeros*. De Ricardo Gullón. Zaragoza: Cronos, 1945. 11-34.
Martí, José. *Obras completas*. Vol. 2. La Habana: Lex, 1946.
Martin, Augustine. "Novelist and City: The Technical Challenge." *The Irish Writer and the City*. Ed. Maurice Harmon. Gerrard Cross, Buckinghamshire: Colin Smythe, 1984. 37-51.
Martínez Cachero, Jose María. *La novela española entre 1936 y 1980: Historia de una aventura*. 3ª ed. aumentada. Madrid: Castalia, 1985.
Masoliver, Joan Ramón. "E. Giménez Caballero." *Hélix* 5 (junio 1925): 4-5.
_____. "Breve recuerdo de James Joyce." *Destino* 280 (28 de noviembre de 1942): 10.

Matamoro, Blas. "Modernos, modernidad y modernismo." *Revista de Occidente* 86-87 (julio-agosto 1988): 25-39.

Mays, J. C. C. "Some Comments on the Dublin of *Ulysses*." *Ulysses: Cinquante Ans Après: Témoignages Franco-Anglais sur le Chef-d'œuvre de James Joyce*. Ed. Louis Bonnerot. Paris: M. Didier, 1974. 83-98.

Mercanton, Jacques. "The Hours of James Joyce." *Portraits of the Artist in Exile*. Ed. Willard Potts. New York: Harvest/HBJ, 1986. 205-252.

Mitchel, Breon. "*A Portrait* and the *Bildungsroman* Tradition." *Approaches to Joyce's "Portrait"*. 1976. Ed. Thomas F. Staley y Bernard Benstock. Ann Harbor, Michigan: UMI, 1994. 61-76.

Mohan, Devinder. "Indian Comparative Literature and Its Pedagogical Implications." *Comparative Literature: Theory and Practice*." Ed. Amiya Dev y Sisir Kumar Das. Calcuta: Indian Institute of Advanced Study, 1989. 87-93.

Montanyà, Lluís. "Primeras notas sobre *Ulysses*." *Joyce en España (II)*. Ed. Francisco García Tortosa y Antonio Raúl de Toro Santos. La Coruña: U da Coruña, 1997. 33-36.

Moral Aguilera, Rafael del. *Madrid como escenario literario en la novela española contemporánea (1939-1975)*. Madrid: Universidad Complutense, 1991.

Morales Ladrón, Marisol. "Entrevista personal con Salvador Clotas." (3 de diciembre de 1993). Sin publicar.

_____. "El demiurgo como base para las teorías estéticas de James Joyce y Ramón del Valle-Inclán." *Joyce en España (I)*. Ed. Francisco García Tortosa y Antonio Raúl de Toro Santos. La Coruña: U da Coruña, 1994. 73-81.

_____. "The Impact of James Joyce on the Work of Juan Ramón Jiménez." *Papers on Joyce* 2 (1996): 49-66.

_____. "Vida, muerte y parálisis en *Pedro Páramo* de Juan Rulfo y "The Dead" de James Joyce." *Exemplaria* 3 (1999): 145-158.

_____. *Breve introducción a la literatura comparada*. Alcalá: Servicio de Publicaciones de la Universidad, 1999.

_____. *Tradición y recepción de la obra de James Joyce en la narrativa de Luis Martín-Santos*. Alcalá: Servicio de Investigación de la Universidad, Micropublicaciones ETD, 1999.

_____. "Gonzalo Torrente Ballester, "'¿el nuevo Joyce del Finisterre?'" *Silverpowdered Olivetrees: Reading Joyce in Spain*. Ed. Jefferey Simons, Jose María Tejedor, Margarita Estévez Saá y Rafael

I. García León. Sevilla: Servicio de Publicaciones de la Universidad, 2003. 91-101.

———. "Joycean Aesthetics in Spanish Literature." *The Reception of James Joyce in Europe*. Ed. Geert Lernout. Londres y Nueva York: Continuum, 2004.

Morán, Fernando. *Novela y semidesarrollo (una interpretación de la novela hispanoamericana y española)*. Madrid: Taurus, 1971.

Munoa Roiz, José Luis. "Prólogo." *Luis Martín-Santos: Historia de un compromiso*. De Pedro Gorrotxategi Gorrotxagegi. Donostia, San Sebastián: Fundación Social y Cultural Kutxa, 1995. 15-17.

Myers, Jack, y Michael Simms. *Longman Dictionary and Handbook of Poetry*. New York & London: Longman, 1985.

Navajas, Gonzalo. *Mímesis y cultura en la ficción: Teoría de la novela*. Madrid: Talleres Gráficos de Selecciones Gráficas, 1985.

Nicholson, Robert. *The "Ulysses" Guide: Tours through Joyce's Dublin*. 1988. New York: Routledge, 1989.

Orr, John. "The Modernist Novel in the Twentieth Century." *Encyclopedia of Literature and Criticism*. Ed. Martin Coyle et al. 1990. London: Routledge, 1991. 619-630.

Ortega, José. "*Luces de Bohemia* y *Tiempo de silencio*: dos concepciones del absurdo español." *Cuadernos Hispanoamericanos* 106 (octubre 1976): 303-321.

———. "La técnica del esperpento en *Tiempo de silencio*, de Martín-Santos." *Nueva Estafeta* 7 (junio 1979): 56-62.

Ortega y Gasset, José. *La deshumanización del arte y otros ensayos de estética*. 1925. Madrid: Alianza, 1981.

Orwell, George. "Inside the Whale." *The Collected Essays, Journalism and Letters of George Orwell*. Vol. 1 de *An Age Like This 1920-1940*. Ed. Sonia Orwell y Ian Angus. Harmondsworth: Penguin Books, 1970. 540-578.

Otero Pedrayo, Ramón. "Anna Livia Plurabela." *Joyce en España (II)*. Ed. Francisco García Tortosa y Antonio Raúl de Toro Santos. La Coruña: U da Coruña, 1997. 37-38.

Palley, Julián. "The Periplus of Don Pedro: *Tiempo de silencio*." *Bulletin of Hispanic Studies* 48 (1971): 239-254.

———. Reseña a "*Tiempo de Destrucción*." *Hispanic Review* 45.2 (Spring 1977): 220-222

Peake, C. H. *James Joyce: The Citizen and The Artist*. Stanford, California: Stanford UP, 1977.

Pichois, Claude, y André-M. Rousseau. *La Littérature comparée*. París: Armand Colin, 1967.

Pierce, David. *James Joyce's Ireland*. New Haven and London: Yale UP, 1992.

Pike, Burton. *The Image of the City in Modern Literature*. Princeton, New Jersey: Princeton UP, 1981.

Pineda, Vicente Antonio. "El escándalo *Ulises*." *Destino* 1553 (13 de mayo de 1967): 60-61.

Porter, Samuel. "Is Thought Possible without Language?" *Princeton Review* 57 (January 1881): 108-112.

Power, Arthur. *Conversations with James Joyce*. Ed. Clive Hart. London: Millington Ltd, 1974.

Praga Terente, Inés. "El escritor irlandés y la ciudad: Dublín y Belfast en la literatura del siglo XX." *Estudios de literatura en lengua inglesa del siglo XX (2)*. Coords. Pilar Abad, José M. Barrio, y José M. Ruiz. Valladolid: Instituto de Ciencias de la Educación, 1994. 25-35.

Prawer, Siegbert S. *Comparative Literary Studies: An Introduction*. London: Duckworth, 1973.

Propp, Vladimir. *Morfología del cuento*. Madrid: Fundamentos, 1992.

Puig, Valentí. *Dublin*. Barcelona: Destino, 1987.

Ramos-Gascón. "Historiología e invención historiográfica: el caso del 98." *Teorías literarias en la actualidad*. Ed. Graciela Reyes. Madrid: El Arquero, 1989. 203-229.

Rey, Alfonso. *Construcción y sentido de "Tiempo de silencio"*. 3ª ed. aumentada. Madrid: José Porrúa Turanzas, 1988.

Reynolds, Mary T. "Davin's Boots. Joyce, Yeats, and Irish History." *Joycean Occasions: Essays from the Milwaukee James Joyce Conference*. Ed. Janet E. Dunleavy Melvin J. Friedman, y Michael Patrick Gillespie. Newark: U of Delaware P, 1991. 218-234.

Riezu, Jorge. *Análisis sociológico de una novela: "Tiempo de silencio", de Luis Martín-Santos*. Granada: U de Granada, 1980.

Rimmon-Kenan, Shlomith. *Narrative Fiction: Contemporary Poetics*. London: Methuen, 1983.

Riquelme, John Paul. "Enjoying Invisibility: The Myth of Joyce's Impersonal Narrator." *The Seventh of James Joyce*. Ed. Bernard Benstock. Bloomington, Indiana: Indiana UP, 1982. 22-24.

―――. *Teller and Tale in Joyce's Fiction: Oscillating Perspectives*. Baltimore: John Hopkins UP, 1983.

Risco, Vicente. "La moderna literatura irlandesa: James Joyce." *Nós: Boletín Mensual da Cultura Galega* 28 (abril 1926): 2-5.

_____. "'Dedalus en Compostela' (Pseudoparáfrasis)." *Nós: Boletín Mensual da Cultura Galega* 67 (julio 1929): 123-29.

_____. "El *Ulysses* fue más fuerte que yo." *La Noche* (30 de julio de 1954): 6.

Roberts, Gemma. *Temas existenciales en la novela española de postguerra*. Madrid: Gredos, 1973.

Rogers, Margaret. "Decoding the Fuge in 'Sirens'." *James Joyce Literary Supplement* 4.1 (Spring 1990): 13-20.

Romana Paci, Francesca. *James Joyce: Vida y obra*. 1968. Barcelona: Nexos, 1987.

Romera Castillo, José. "¿Un relato autobiográfico de ficción?" *"Tiempo de silencio" de Luis Martín-Santos. "Señas de identidad" de Juan Goytisolo. Deux Romans de la rupture*. Toulouse: Université de Toulouse-le Mirail, 1980. 15-29.

Rosa, Julio M. de la. "James Joyce en España." *Joyce en España (I)*. Ed. Francisco García Tortosa y Antonio Raúl de Toro Santos. La Coruña: U da Coruña, 1994. 13-17.

Sábato, Ernesto. *El escritor y sus fantasmas*. 1963. Barcelona: Círculo de lectores, 1994.

Sagaró Faci, Matilde. *Biografía literaria de Madrid:* Madrid: Concejalía de Educación, Juventud, Deportes y Coordinación, 1993.

Saludes, Esperanza G. *La narrativa de Luis Martín-Santos a la luz de la psicología*. Miami: Universal, 1981.

_____. "Presencia de Ortega y Gasset en la novela *Tiempo de silencio* de Luis Martín-Santos." *Hispanic Journal* 3.2 (1981-82): 91-103.

Sancho, José Luis. *Madrid en la literatura*. Madrid: Papeles de Acción Educativa, 1985.

Sandulescu, Constantin-George. *The Joycean Monologue: A Study of Character and Monologue in Joyce's Ulysses against the Background of Literary tradition*. Colchester: Wake Newslitter Press, 1979.

Sanz Villanueva, Santos. *Historia de la novela social española (1942-75)*. 2 Vols. Madrid: Alhambra, 1980.

Sastre, Alfonso. "Poco más que anécdotas culturales alrededor de quince años (1950-1965)." *Triunfo* 507 especial (17 junio 1972): 81-85.

Schraibman, José. "Notas sobre la novela española contemporánea." *Revista Hispánica Moderna* 35.1-2 (enero-abril 1969): 113-121.

_____. "*Tiempo de destrucción*: ¿novela estructural?" *Revista Iberoamericana* 47 (julio-diciembre 1981): 213-220.
Schraibman, José, y Janet Winecoff Díaz. "Un par de charlas sobre *Tiempo de silencio*." *Hispanofila* 62 (1978): 109-120.
Schulman, Iván A. *Génesis del modernismo*. México: El Colegio de México, Washington UP, 1966.
Schutte, William M. *Joyce and Shakespeare: A Study in the Meaning of Ulysses*. 1957. Yale: Yale UP, 1971.
Seale, Mary L. "Hangman and Victim: An Analysis of Martin-Santos' *Tiempo de silencio*." *Hispanofila* 45 (enero 1972): 45-52.
Senn, Fritz. "Book of Many Turns." *Ulysses: Fifty Years*. Ed. Thomas F. Staley. 1972. Bloomington & London: Indiana UP, 1974. 29-46.
_____. "The Rhythm of *Ulysses*." *Ulysses: Cinquante Ans Après: Témoignages Franco-Anglais sur le Chef-d'oeuvre de James Joyce*. Ed. Louis Bonnerot. París: M. Didier, 1974. 33-43.
_____. "*Ulysses:* Book of Dislocution." *Il Confronto Letterario*. 4.7 (maggio 1987): 66-92.
Shakespeare, William. *The Complete Works*. Eds Stanley Wells y Gary Taylor. Oxford: Clarendon Press, 1994.
Shaw, J. T. "Literary Indebtness and Comparative Literary Studies." *Comparative Literature: Method and Perspective*. Ed. Newton P. Stallknecht y Horst Frenz. Carbondale, Edwardsville: Southern Illinois P, 1961. 58-71.
Shipley, Joseph T., ed. *Dictionary of World Literature: Criticism, Forms, and Technique*. New York: The Philosophical Library, 1943.
Sinclair, May. "The Novels of Dorothy Richardson." *The Egoist* (April 1918): 55-61.
Sobejano, Gonzalo. *Novela española de nuestro tiempo: (En busca del pueblo perdido)*. 1970. Madrid: Prensa española, 1975.
Spears, Monroe K. *Dionysus and the City: Modernism in Twentieth-Century Poetry*. 1970. Oxford: Oxford UP, 1971.
Spires, Robert C. "Otro tu, yo: La creación y destrucción del ser auténtico en *Tiempo de silencio*." *Kentucky Romance Quarterly* 22.1 (1975): 91-110.
_____. "El papel del lector implícito en la novela española de posguerra." *Novelistas españoles de postguerra. 1*. Madrid: Taurus, 1976. 241-52.
Spoo, Robert. *James Joyce and the Language of History: Dedalus's Nightmare*. New York, Oxford: Oxford UP, 1994.

Stanford, W. B. "Ulyssean Qualities in Joyce's Leopold Bloom." *Comparative Literature* 5.2 (Spring 1953): 125-136.
Steinberg, Erwin R. *The Stream of Consciousness and Beyond in "Ulysses"*. 1958. Pittsburgh: U of Pittsburgh P, 1973.
_____., ed. *Stream of Consciousness Technique in the Modern Novel*. London: Kenniat Press, 1979.
Stewart, J. I. M. "Joyce." *Eight Modern Writers*. 1963. London: Oxford UP, 1973. 422-483.
Suárez Granda, Juan Luis. *"Tiempo de silencio" de Luis Martín-Santos*. Madrid: Alhambra, 1986.
Suter, August. "Some Reminiscences of James Joyce." *Portraits of the Artist in Exile*. Ed. Willard Potts. New York: Harvest, 1986. 59-66.
Swales, Martin. "The German *Bildungsroman* and 'The Great Tradition'." *Comparative Criticism* 1 (1979): 91-105.
Sylvestre, H. "El psiquiatra, Luis Martín-Santos. *Les Demeures du silence*." *Le Socialiste* (6 Febrier 1964): 2.
Talahite, Claude. "*Tiempo de silencio*, une écriture de silence." *Co-textes* 1 (novembre 1980): 1-58.
Tena, Jean. "Pour une lecture de *Tiempo de silencio*." *Co-textes* 1 (novembre 1980): 61-94.
Thomas, Brook. "Formal Re-creation: Re-reading and Re-joycing the Re-rightings of *Ulysses*." *The Seventh of James Joyce*. Ed. Bernard Benstock. Bloomington, Indiana: Indiana UP, 1982. 5-9.
Thornton, Weldon. *The Antimodernism of Joyce's Portrait of the Artist as a Young Man*. Syracuse, New York: Syracuse UP, 1994.
Todorov, Tzvetan. "The Origin of Genres." *New Literary History* 8 (1976-77): 159-170.
Toro Santos, Antonio Raúl de. "La huella de Joyce en Galicia." *Joyce en España (I)*. Ed. Francisco García Tortosa y Antonio Raúl de Toro Santos. La Coruña: U da Coruña, 1994. 31-37.
_____. "Literature and Ideology: the Penetration of Anglo-Irish Literature in Spain." *Revista Alicantina de Estudios Ingleses* 8 (1995): 229-237.
_____. "An Approach to the Influence of Joyce in *Devalar* by R. Otero Pedrayo." *Papers on Joyce* 1 (1995): 85-90.
Toro, Suso de. "La sombra del Irlandés." *Joyce en España (I)*. Ed. Francisco García Tortosa y Antonio Raúl de Toro Santos. La Coruña: U da Coruña, 1994. 9-12.

Torrente Ballester, Gonzalo. "Mis lecturas de Joyce. Recuerdos." *Camp de l'Arpa* 52 (junio 1978): 13-15.

Tusón, Vicente, y Fernando Lázaro Carreter. *Literatura española*. Madrid: Anaya, 1975.

Ugarte, Michael. "*Tiempo de silencio* and the Language of Displacement." *Modern Language Notes* 96.2 (March 1981): 340-357.

Valverde, Jose María. *El autor y su obra: Joyce*. Barcelona: Barcanova, 1982.

———. "Apéndice". Vol. 2 de *Ulises*. De James Joyce. Barcelona: Lumen, 1984. 461-471.

Van Boheemen, Christine. "'The Language of Flow': Joyce's Dispossession of the Femenine in *Ulysses*." *European Joyce Studies* 1 (1989): 63-77.

Varela Jácome, Benito. "El 'Ulises' de James Joyce." *Novelistas del S. XX*. San Sebastián: Agora Ensayo, 1962. 81-86.

Vilanova, Antonio. "*Tiempo de silencio*, de Luis Martín-Santos." *Destino* 1318 (3 de noviembre de 1962): 51.

Villanueva Prieto, Darío. *"El Jarama" de Sánchez Ferlosio: Su estructura y significado*. Santiago de Compostela: U de Santiago de Compostela, 1973.

———. "Valle-Inclán y James Joyce." *Joyce en España (I)*. Ed. Francisco García Tortosa y Antonio Raúl de Toro Santos. La Coruña: U da Coruña, 1994. 55-72.

Villegas, Juan. "La aventura en un mundo mitificadamente desmitificado: *Tiempo de silencio* de Luis Martín-Santos." *La estructura mítica del héroe en la novela del siglo XX*. Barcelona: Planeta, 1973. 203-230.

Wales, Katie. *The Language of James Joyce*. London: Macmillan, 1992.

Ward, Denis. "*Tiempo de silencio*." *Revista Hispánica Moderna* 32 (1966): 110.

Weisstein, Ulrich. *Introducción a la literatura comparada*. 1968. Barcelona: Ensayos/Planeta, 1975.

Wellek, René, y Austin Warren. *Theory of Literature*. 1949. Middlesex: Penguin, 1985.

Williams, Raymond. *The Country and the City*. 1973. London: The Hogarth Press, 1993.

Wilson, Edmund. "James Joyce." *Axel's Castle: A Study in the Imaginative Literature of 1870-1930*. New York: Charles Schribner's Sons, 1932. 191-236.

Winecoff Díaz, Janet. "Luis Martín-Santos and the Contemporary Spanish Novel." *Hispania* 51.2 (mayo 1968): 232-238.

Yin, Xiaoling. "The Paralyzed and the Dead: A Comparative Reading of 'The Dead' and 'In a Tavern'." *Comparative Literature Studies* 29.3 (1992): 276-295.

Zulueta, Carmen de. "El monólogo interior de Pedro en *Tiempo de silencio*." *Hispanic Review* 45 (1977): 297-309.

PERSPECTIVAS HISPANICAS

1. Markus Fischer: *Was uns fehlt. Utopische Momente in Juntacadáveres von Juan Carlos Onetti.* 1995. 308 p.
2. Peter Fröhlicher: *La mirada recíproca. Estudios sobre los últimos cuentos de Julio Cortázar.* 1995. 260 p.
3. Peter Fröhlicher, Georges Güntert (eds.): *Teoría e interpretación del cuento.* 1995, 2ª edición 1996. 501 p.
4. Sabine Köllmann: *Literatur und Politik – Mario Vargas Llosa.* 1996. 400 p.
5. Pedro Ruiz Pérez: *El Espacio de la Escritura. En torno a una poética del espacio del texto barroco.* 1996. 312 p.
6. María-Paz Yáñez: *Siguiendo los hilos. Estudio de la configuración discursiva en algunas novelas españolas del siglo XIX.* 1996. 215 p.
7. José Cebrián (ed.): *José de Viera y Clavijo – Los aires fijos.* Edición crítica. 1997. 235 p.
8. Cristóbal Pera: *Modernistas en París. El mito de París en la prosa modernista hispanoamericana.* 1997. 207 p.
9. Dolores Romero López: *Una relectura del "Fin de Siglo" en el marco de la literatura comparada: Teoría y praxis.* 1998. 204 p.
10. Robin Lefere: *Borges y los poderes de la literatura.* 1998. 278 p.
11. Alessandro Martinengo: *El "Marco Bruto" de Quevedo. Una unidad en dinámica transformación.* 1998. 129 p.
12. Daniel Mesa Gancedo: *La apertura órfica. Hacia el sentido de la poesía de Julio Cortázar.* 1999. 334 p.
13. Ulrich Prill: *"Wer bist du – alle Mythen zerrinnen". Benito Pérez Galdós als Mythoklast und Mythograph.* 1999. 302 p.
14. Niall Binns: *Un vals en un montón de escombros. Poesía hispanoamericana entre la modernidad y la postmodernidad.* 1999. 175 p.
15. Bénédicte Vauthier: *Niebla de Miguel de Unamuno: a favor de Cervantes, en contra de los 'cervantófilos'. Estudio de narratología estilística.* 1999. 200 p.

16. Alicia Molero de la Iglesia: *La autoficción en España: Jorge Semprún, Carlos Barral, Luis Goytisolo, Enriqueta Antolín y Antonio Muñoz Molina.* 2000. 421 p.
17. Peter Fröhlicher, Georges Güntert, Rita Catrina Imboden, Itzíar López Guil (eds.): *Cien años de poesía. 72 poemas españoles del siglo XX: estructuras poéticas y pautas críticas.* 2001. 838 p.
18. Enrique Andrés Ros Domingo: *Arthurische Literatur der Romania: Die iberoromanischen Fassungen des Tristanromans und ihre Beziehungen zu den französischen und italienischen Versionen.* 2001. 519 p.
19. Rita Catrina Imboden: *Carmen de Burgos «Colombine» y la novela corta.* 2001. 303 p.
20. Marisol Morales Ladrón: *Las poéticas de James Joyce y de Luis Martín-Santos. Aproximación a un estudio de deudas literarias.* 2005. 336 p.
21. Dora Sales Salvador: *Puentes sobre el mundo: Cultura, traducción y forma literaria en las narratives de transculturación de José María Arguedas y Vikram Chandra.* 2004. XV, 677 p.